甘肃省文化和旅游厅非遗研究经费资助

非物质文化遗产论丛

（第二辑）

叶淑媛　主编

读者出版社

图书在版编目（CIP）数据

非物质文化遗产论丛. 第二辑 / 叶淑媛主编.
兰州 ： 读者出版社, 2024. 11. -- ISBN 978-7-5527
-0836-3
　　Ⅰ. G122-53
中国国家版本馆CIP数据核字第2024L0D129号

非物质文化遗产论丛（第二辑）
叶淑媛　主编

责任编辑　房金蓉
装帧设计　雷们起

出版发行　读者出版社
地　　址　兰州市城关区读者大道 568 号（730030）
邮　　箱　readerpress@163.com
电　　话　0931-2131529（编辑部）　0931-2131507（发行部）

印　　刷　甘肃浩天印刷有限公司
规　　格　开本 787 毫米 ×1092 毫米　1/16
　　　　　印张 22　插页 3　字数 425 千
版　　次　2024 年 11 月第 1 版
　　　　　2024 年 11 月第 1 次印刷
书　　号　ISBN 978-7-5527-0836-3
定　　价　108.00 元

《非物质文化遗产论丛》（第二辑）编委会

马勺脸谱　叶淑媛拍摄

王振华《甘肃非遗三宝——洮砚·黄河奇石·微雕葫芦》　王振华拍摄

庆阳剪纸《生命树》 叶淑媛拍摄

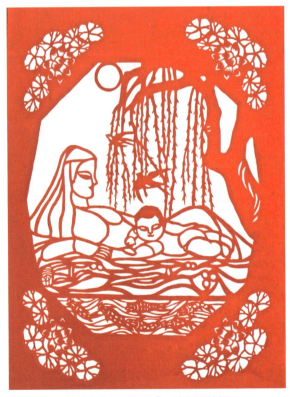

叶长友《黄河母亲》 叶淑媛拍摄

关月辉《窗花》 唐含章拍摄

付忠民《窗花》 唐含章拍摄

傩舞（文县池哥昼） 张淑萍拍摄

西和乞巧节　赵君平拍摄

裕固族服饰　张掖市文旅部门供图

巴当舞　岷县非遗保护中心供图

目　录

丝绸之路非遗研究

程金城主持

非物质文化遗产论丛（第二辑）

主持人语：非遗研究的丝绸之路视域

程金城

非物质文化遗产是人类共有、共享的精神财富，丝绸之路是人类物质和文化交流及相互影响的历史实践，二者有诸多关联性和接榫口。丝绸之路是考察人类非遗的宏观视域，也是一个有待拓展和深化的研究领域，许多问题需要深入进行理论探索。

广义的丝绸之路，在空间上东起长安，西至罗马，包括了东亚、东南亚、中亚、西亚、南亚、地中海周边和北非部分地区（古埃及、阿拉伯）的广大区域，涵盖绿洲丝路、草原丝路、海上丝路、冰上（东北亚）丝路、西南丝路等全域丝绸之路。丝绸之路的起讫时间，学界有不同看法，但大都承认以张骞西域"凿空"为重要节点和标志，分为丝绸之路史前史和丝绸之路史两个部分，向上可以追溯到文明诞生的时代，有"前丝绸之路""丝绸之路史前史""丝绸之路创辟期"等概念。向下一直延续到近代，其中的断续曲折和波澜起伏，不改其总体的延续态势。海上丝绸之路始自中国泉州、漳州、扬州、广州等沿海地区，经东南亚、斯里兰卡、印度等国，抵达红海、地中海以及非洲东海岸等地，东段到达韩国、日本，西段至法国、荷兰、意大利、埃及等。丝绸之路在如此广袤的时空和持续的交往过程中，发生了影响人类进程的无数大大小小的历史事件，经历了绵绵不绝、令人叹为观止的物质交流和沟通人类精神情感的文化交流，也产生和传承了丰富的非物质文化遗产。

丝绸之路非遗研究，关注丝绸之路沿线地区、国家、民族的具体非遗事象，重点则更重视那些因为丝绸之路而出现的非遗事象，那些在丝绸之路上具有相关性、相通性的非遗现象。换句话说，丝绸之路非遗研究的主要对象不是对沿线国家、民族非遗项目的简单相加呈现和静态关照，而是对它们之间联系性的发现，以及由此形成的自然比较。丝绸之路非遗是基于但又超越地域、国家、民族、宗教、文化界限而具有相通性的现象，强调其交流、交融、共享、互鉴和系统性。丝绸之路非遗研究通过对其相互关联性、融合性和系统性的探讨，揭示非遗传承、传播与人类文明共享互鉴之间的关系。

丝绸之路上有一些非遗事象，因为社区、群体或个人生活空间的特殊性而具有非遗的独特性和差异性，同时也能发现它们之间的某种相似性，或者发展变异中的传承性。从丝绸之路宏观角度来看，丝绸之路沿线国家那些单独申报的项目或者在某一国家存在的非遗现象，也具有一定相通性和类似性。这样，丝绸之路非遗研究实际上就产生了两个相关但不同的概念术语："丝绸之路非遗"和"丝绸之路视域中的非遗"。丝绸之路非遗，是指因为丝绸之路而出现的相关的非遗事象，也就是说，这些非遗现象的出现与丝绸之路上的交流交融有关系；丝绸之路视域中的非遗，是指将丝绸之路的时空作为考察非遗现象的视野和角度，这一视域既可看到非遗事象之间的联系性和融合性，也可看到它们之间的差异性和多样性，为考察人类非遗提供了一个整体性宏观维度。在具体研究中，这两种研究视角常常相互关联，可以综合运用，目的是发现人类非遗的更多内在意蕴。

丝绸之路的路网涉及地域非常广，时间跨度非常长，非遗现象丰富复杂，那么，怎样从整体上把握丝绸之路非遗呢？我想主要从几个方面切入探讨：一是要回答什么是丝绸之路非遗，有哪些主要事象和内容？主要探讨丝绸之路非遗的多样性。二是研究丝绸之路上有哪些相通、相联系的非遗现象，它们是怎样传承流布的？主要探讨非遗的相融性问题。三是从宏观视域看丝绸之路非遗与人类文明之间有什么关系？主要探讨丝绸之路非遗的系统性问题。这些问题的研究，可以是宏观上的把握和理论探索，也可以是具体非遗事象的"细描"和深入研究，但都是从丝绸之路视域来考察，或以小见大，或大处着眼，意在有新的发现。本期"丝绸之路非遗研究"的两篇论文，正是基于这样的理解构成一个专题。《丝绸之路非遗的多样性与交融性》，提出研究人类非遗现象的宏观视域问题，意在突出非遗研究的整体性、统一性与异质性、独特性的关系，将非遗保护传承置于人类文化的整体系统中研究，同时指出理论探讨与项目保护的不同重点。《民间传说与景观的叙事互构——以嘉峪关故事传说的田野考察为中心》提出，在非物质文化遗产保护中，口头民间传说的讲述语境日渐衰微，传说的当代传承和创新发展必须寻求新的路径，通过对嘉峪关故事传说体现出"景观—传说"叙事互构的特征分析，认为民间叙事以景观为依托，表征了地域文化和集体记忆，并逐渐成为地方民间传说传承和传播的主要路径。这是非遗保护研究中环视民间文学研究的新见解，值得关注。

丝绸之路非遗的多样性与交融性

程金城

摘要：丝绸之路非遗因为与人类的交往交流交融相关而具有内在的相通性、共同性，体现了人类非遗的多样性、交融性。其多样性既体现在已列入人类非物质文化遗产名录的项目中，也体现在那些还未申报但大量存在的非遗现象中；其交融性既体现在多个国家"联合申报"某些人类非物质文化遗产项目中，也体现在不同名称的非遗现象形态的相似性与内在深刻的历史渊源关系中。正视这些特点，有助于对人类非物质文化遗产价值的整体性理解与系统性保护。

关键词：人类非遗；丝绸之路；宏观视域；多样性；交融性

丝绸之路作为人类历史上最为重要的具有命运共同体特征的实践行动，在极其宏阔辽远的时空中积累了非常丰富的文化遗产，包括大量的非物质文化遗产。丝绸之路非物质文化遗产（以下简称"丝绸之路非遗"），因为与人类的交往交流交融相关而具有内在的相通性和共同性，体现了人类非遗的多样性、交融性和系统性，与某一民族、国家的某种具体非遗事象有别。

丝绸之路非遗的多样性

丝绸之路非遗的类别和内容非常丰富，是任何单一民族、国家不具有的现象，这是由于丝绸之路路网本身的复杂决定的，生活方式和习俗的丰富性构建了文化的多样性。丝绸之路非遗的多样性体现在两个方面，一是经过申报列入人类非物质文化遗产名录的项目构成的多样性，二是那些还未申报，但大量存在的非遗现象的多样性。

先说第一种现象，进入人类非物质文化遗产名录的项目中，与丝绸之路非相关的项目占有重要地位，表明丝绸之路非遗是具有实际内容的历史文化现象而不仅仅是一

个概念。据中国非物质文化遗产网的材料显示，截至 2017 年 12 月，已有 117 个国家的 470 个非遗项目入选《公约》名录。与中国签订"一带一路"相关合作协议的 70 个国家，加上中国，"一带一路"国家共计 71 个。在 71 个"一带一路"国家中，共有 65 个《公约》缔约国，已有非遗项目列入《公约》名录的国家共 56 个，入选非遗项目共计 264 项，其中有 21 项属于联合申报项目。从涉及非遗项目入选的国家数量来看，"一带一路"国家占《公约》名录项目涉及国家总数的 47.9%；在入选《公约》名录的 470 项非遗项目中，由"一带一路"国家独立或联合申报的非遗项目数量占 56.2%，已超过总量一半。"一带一路"国家中，按照所属区域划分，各区域的国家，其中亚洲国家占"一带一路"国家总数的 63.4%，共计 45 个，欧洲国家占比 28.2%，非洲国家占比 5.6%，美洲和大洋洲国家占比 1.4%。在《公约》名录项目中，共有 34 项属于联合申报项目，而"一带一路"国家入选项目中，便有 21 项是由两个或两个以上国家联合申报的，占联合申报总量的 61.8%①。

这个数据在后来有很大发展变化，截至 2024 年 4 月，全球已有 183 个国家加入联合国教科文组织《保护非物质文化遗产公约》。联合国教科文组织非物质文化遗产名录（名册）项目共计 730 个，涉及 145 个国家。其中人类非物质文化遗产代表作名录 611 项，涉及 140 个国家；急需保护的非物质文化遗产名录 82 项，涉及 44 个国家；优秀实践名册 37 项，涉及 32 个国家。中国列入联合国教科文组织非物质文化遗产名录（名册）项目共计 43 项，名列第一②。

结合这些数据来分析，丝绸之路非遗产于历史深处，非遗现象的生成、传承与古丝绸之路历史文化，特别是群体的生产生活空间及观念、习俗等有极大关系。联合国教科文组织《保护非物质文化遗产公约》关于非遗的定义说："'非物质文化遗产'，指被各社区、群体，有时是个人，视为其文化遗产组成部分的各种社会实践、观念表述、表现形式、知识、技能以及相关的工具、实物、手工艺品和文化场所。"[1] 依照这个定义，丝绸之路有非常多的历史文化现象都与非物质文化遗产相关。首先，丝绸之路上各社区、群体或个人，都是参与非遗创造、

---

① 参看《"一带一路"非遗项目译介》第 1 期：《从"一带一路"国家非遗数据说起》，中国非物质文化遗产网 https://www.ihchina.cn/news_1_details/9746.htm，l2017-12-18.

② 参见中国非物质文化遗产网 https://www.ihchina.cn/directory_list.html#target1，2024-07-28.

生成、享受、传承的主体，其作为群体或个人及其精神需求的差异性、独特性决定了非遗需求和创作目标的多样性、丰富性。其次，定义中列举的视为其文化遗产组成部分的内容在丝绸之路上非常广泛，各种文化的社会实践，是一个多到几乎无法具体描述的领域。接下来作为文化遗产的观念表述，如宇宙观念、世界起源、神创造人、生死观念以及与之相关的丧葬观念、家庭婚姻观念等，在各种神话传说中既有相同相通的内容，又有不同的具体的故事，如创世神话、洪水神话等。作为文化遗产的表现形式，既有日常生活习俗形式，也有礼仪和各种仪式，有在时间流程中的音乐等表现形式，也有在空间展开的如绘画艺术形式等等。作为文化遗产的知识和技能以及相关的工具、实物、手工艺品和文化场所等更是数不胜数。这就是说，丝绸之路非遗并不是一个虚拟的概念，而是实实在在的历史存在，只是以前没有丝绸之路这样一个宏阔辽远的时空视域去观照，去思考其中的关系。

近年来，在人类非物质文化遗产名录中，丝绸之路相关国家的非遗项目申报越来越多，以前一些未曾注意的现象被重新发现。以 2018 年入选项目为例，在这一年入选的 39 个项目中，与丝绸之路沿线国家相关的项目占了绝大部分，据笔者粗略的统计，计有：

"图瓦特和梯迪柯尔特的暗渠水测量员或水管理员的知识和技能"（阿尔及利亚民主人民共和国）；

"瓦斯维安德面具舞"（柬埔寨王国）；

"皮影戏"（阿拉伯叙利亚共和国）；

"苏里加吉克：基于结合当地地形的太阳、月亮和星空观测的传统气象和天文实践"（巴基斯坦伊斯兰共和国）；

"传统木偶戏"（阿拉伯埃及共和国）；

"纳希切万传统团体舞蹈雅礼（库恰礼、腾泽礼）"（阿塞拜疆共和国）；

"干石墙艺术，知识和技术"（联合申报：法兰西共和国，克罗地亚共和国，瑞士联邦，塞浦路斯共和国，斯洛文尼亚共和国，西班牙王国，希腊共和国，意大利共和国）；

"约旦的阿萨默尔"（约旦哈希姆王国）；

"布劳德鲁克/摩德罗提斯克/柯克费斯特/摩德罗塔拉克：欧洲蓝印花布印染"（联合申报：奥地利共和国，德意志联邦共和国，捷克共和国，斯洛伐克共和国，匈牙利）；

"斯洛文尼亚的棒槌蕾丝制作"（斯洛文尼亚共和国）；

"布得斯拉夫圣母像纪念（布得斯拉夫节）"（白俄罗斯共和国）；

"查坎：塔吉克斯坦刺绣艺术"（塔吉克斯坦共和国）；

"奇达巴：格鲁吉亚摔跤"（格鲁吉亚）；

"咚当撒央"（马来西亚）；

"《科尔库特之书》遗产、史诗文化、民间故事和音乐"（联合申报：阿塞拜疆共和国，哈萨克斯坦共和国，土耳其共和国）；

"马和骆驼阿达"（阿曼苏丹国）；

"孔剧，泰国面具舞蹈剧"（泰王国）；

"藏医药浴法——中国藏族有关生命健康和疾病防治的知识与实践"（中华人民共和国）；

"梅吉姆路斯卡包贝夫卡——梅吉姆列民歌"（克罗地亚共和国）；

"克拉科夫的耶稣降生场景（肖普卡）传统"（波兰共和国）；

"奥兹伦山的伊瓦草采摘"（波斯尼亚和黑塞哥维那）；

"塞加尼女性的陶艺技巧"（突尼斯共和国）；

"来访神：戴假面和装扮的诸神"（日本国）；

"卢卡达纳提亚：斯里兰卡的传统提线木偶剧"（斯里兰卡民主社会主义共和国）；

"古斯尔伴奏演唱"（塞尔维亚共和国）；

"朝鲜族传统摔跤'希日木'"（朝鲜民主主义人民共和国，大韩民国）；

"哈萨克斯坦牧马人的传统春季节日仪式"（哈萨克斯坦共和国）。

从这里可以看出，人类非遗代表性项目中，"一带一路"国家所占比例越来越大，其多样性特点也越来越突出。

*丝绸之路*非遗，还有大量的直到今天还没有申报进入非遗名录的现象，如具有相关性和传承性的神话传说、英雄史诗等口传和民间文学，如各种手工艺技术，如各种纹饰，如大量的音乐舞蹈及其变异发展，有的在*丝绸之路*流传了千百年，至今还有活力，如此等等有待于发掘。

*丝绸之路*非遗有一个特别值得注意的现象，是非物质文化遗产与物质文化遗产的密切关联，这是由丝绸之路作为东西方交流网路的特点决定的，即精神文化、艺术和审美意识常常附着于物质交流中，形成"物的叙事"的特点。联合国

教科文组织《保护世界文化和自然遗产公约》（1972 年）中，定义以下各项为"文化遗产"："从历史、艺术或科学角度看具有突出的普遍价值的建筑物、碑雕和碑画，具有考古性质成分或结构、铭文、窟洞以及联合体；从历史、艺术或科学角度看在建筑式样、分布均匀或与环境景色结合方面具有突出的普遍价值的单立或连接的建筑群；从历史、审美、人种学或人类学角度看具有突出的普遍价值的人类工程或自然与人联合工程以及考古地址等地方。"[2]这些物质文化产生过程的理念、价值追求、审美意识以及制作工艺等都有非物质文化的内容，在丝绸之路上，与物质文化遗产关系极其密切的非物质文化遗产往往比比皆是，限于篇幅不再展开。

丝绸之路非遗的交融性

丝绸之路非遗的交融性，首先体现在为数众多的国家"联合申报"某项人类非物质文化遗产上，表明这些非遗现象具有深刻的历史渊源关系，特别是交融性。据笔者不完全统计，与丝绸之路相关的联合申报的项目有将近 40 项，重要的如：

阿拉伯书法。知识、技艺和实践。阿拉伯书法是以和谐、优雅和美观为目的、以流畅的方式书写阿拉伯文字的文化艺术现象。阿拉伯书法在阿拉伯和一些非阿拉伯国家都非常普遍。它最初是为了使书写清晰易读，后来为了美观、具有艺术性，把字母拉伸和转换以创造不同的图案，逐渐成为表达传统和现代作品的伊斯兰阿拉伯艺术，通过正规学校与学徒制或者非正式途径传授。2021 年联合申报人类非遗，申报国家有阿尔及利亚民主人民共和国、阿拉伯埃及共和国、阿拉伯联合酋长国、阿曼苏丹国、巴林王国、巴勒斯坦国、黎巴嫩共和国、科威特国、毛里塔尼亚伊斯兰共和国、摩洛哥王国、沙特阿拉伯王国、苏丹共和国、突尼斯共和国、也门共和国、伊拉克共和国、约旦哈希姆王国。

诺鲁孜节。有关资料显示，诺鲁孜节是与游牧民族的生产和生活习俗有关的节日，距今至少已有 3000 年的历史。形成初期，维吾尔族等民族的先辈在晚冬初春把昼夜时差持平之日称之为"日生""年头"，并把此日开头的月称之为"羊羔月"。把一天的时间分为日出更、午时更、日落更、星现更、午夜更和黎明更等六更。诺鲁孜节仪式在节日的黎明便开始，各家的家长首先起床，在房屋正中燃烧起一堆松柏树枝，将冒烟的树枝在每人头上转一圈，预祝他们在新的一年中平安快乐。然后，家长把冒烟的松枝带到牲畜圈门口，让畜群在烟上通过，祈求新的一年里牲畜膘肥体壮，迅速繁殖。节日当天日出更以后，要做"诺鲁孜饭"，家家户户用粮食，加上多种佐料煮成稠粥，称作"克

缺"或"冲克缺"（丰盛粥）。从当天午时便起，维吾尔人成群结队地相互拜年。到日落更以后，每户请客吃饭，男女老少分别跳舞和唱歌，尽兴表达对新春的欢悦之情。诺鲁孜节作为亲善和睦的象征，对加强各国人民相互尊重、和平及睦邻友好相处有重要意义，在增进西域和中原间的礼尚往来、加强古丝绸之路文化交流方面起到了非常重要的作用。2016年联合申报该非遗项目的国家有阿富汗、阿塞拜疆共和国、巴基斯坦伊斯兰共和国、哈萨克斯坦共和国、吉尔吉斯共和国、塔吉克斯坦共和国、土耳其共和国、土库曼斯坦、乌兹别克斯坦共和国、伊拉克共和国、伊朗伊斯兰共和国、印度共和国。

枣椰树相关知识、技能、传统和习俗。枣椰树，又称为海枣，是一种常绿植物，通常与干燥气候有关，在北非、中东和南亚地区都有广泛的种植，并且在全球许多热带和亚热带地区也被引入。枣椰树相关知识、技能、传统和做法在加强阿拉伯地区人民与土地之间的联系方面发挥了关键作用，帮助他们面对严酷沙漠环境的挑战，产生了丰富的文化遗产，包括该地区人民之间的相关实践、知识和技能等文化元素，一直保持到今天。其传承和传播扩散是通过集体参与多种与椰枣相关的活动和众多的节日仪式、传统和习俗来实现的。与提交国的区域人口联系在一起，既是众多相关手工艺、职业、社会和文化传统、习俗和习俗的来源，也是一种重要的营养形式。这些传统和习俗丰富了人们的生活，传承着枣椰树的文化价值。2022年联合申报的国家有阿拉伯埃及共和国、阿拉伯联合酋长国、阿曼苏丹国、巴林王国、巴勒斯坦国、卡塔尔国、科威特国、毛里塔尼亚伊斯兰共和国、摩洛哥王国、沙特阿拉伯王国、苏丹共和国、突尼斯共和国、也门共和国、伊拉克共和国、约旦哈希姆王国。

猎鹰训练术。驯鹰术是指训练和放飞猎鹰等猛禽的传统技艺和实践，是一项活态人类遗产。它最初是一种捕猎手段，现在则作为娱乐活动和与自然联系的方式融入了社区。如今在80多个国家，各个年龄层的人口都参与驯鹰活动。现代驯鹰术着重保护猎鹰、猎物和栖息地以及这一传统本身。驯鹰术通过师徒关系、家族传授或在俱乐部、学校的正式训练传承。2021联合申报的国家有：阿拉伯联合酋长国、阿拉伯叙利亚共和国、爱尔兰、奥地利共和国、巴基斯坦伊斯兰共和国、比利时王国、波兰共和国、大韩民国、德意志联邦共和国、法兰西共和国、哈萨克斯坦共和国、荷兰王国、吉尔吉斯共和国、捷克共和国、卡塔尔国、克罗地亚共和国、蒙古国、摩洛哥王国、葡萄牙共和国、沙特阿拉伯王国、斯洛伐克共和国、西班牙王国、匈牙利、意大利共和国。

烤馕制作和分享的文化：拉瓦什、卡提尔玛、居甫卡、尤甫卡。这是在丝绸之路沿线多国流传的食品制作技术。社区的烤馕制作和分享文化承载着多种社会功能，使其能长久地作为一种传统在这些国家广泛流传。除了作为日常饮食，人们还在婚礼、婴儿降生、葬礼、各种节假日以及祈祷仪式上分享烤馕。在阿塞拜疆和伊朗，人们将烤馕放在新娘的肩膀上或是将其弄碎后撒在新娘头上，以此种方式祝福新人生活美满；而在土耳其，人们将烤馕送给新人的邻居。在哈萨克斯坦，人们相信在葬礼上准备烤馕可以保护正在等待上帝审判的逝者。在吉尔吉斯斯坦，分享烤馕能为逝者带来一个更好的来世。烤馕制作和分享文化通过家族传承和师徒传承得以延续，此项习俗表达了好客、团结及特定信仰，这些共同的文化根源增强了社区归属感。2016 年联合申报的国家有阿塞拜疆共和国、哈萨克斯坦共和国、吉尔吉斯共和国、土耳其共和国、伊朗伊斯兰共和国[①]。

这些众多国家联合申报的项目，与丝绸之路上社区、群体的生产生活方式、宗教信仰、审美追求的共通性密切相关，具有很强的共融性，是长期文化交流交融交汇的结果。

还有不少项目由两个以上的国家联合申报，按照联合国教科文组织《公约》表述的"非遗"具体范围来分类，大致情况如下。

属于传统手工艺的有：

"弓弦乐器卡曼查的制作和演奏艺术"。2017 年联合申报的国家有阿塞拜疆共和国、伊朗伊斯兰共和国。"《科尔库特之书》遗产、史诗文化、民间故事和音乐"，2018 年联合申报的国家有阿塞拜疆共和国、哈萨克斯坦共和国、土耳其共和国。"细密画艺术"，2020 年联合申报的国家有阿塞拜疆共和国、土耳其共和国、乌兹别克斯坦共和国、伊朗伊斯兰共和国。"吉尔吉斯和哈萨克毡房制作的传统知识和技艺"，2014 年联合申报的国家有哈萨克斯坦共和国、吉尔吉斯共和国。"布劳德鲁克 / 摩德罗提斯克 / 柯克费斯特 / 摩德罗塔拉克：欧洲蓝印花布印染"，2018 年联合申报的国家有奥地利共和国、德意志联邦共和国、捷克共和国、斯洛伐克共和国、匈牙利。"阿拉伯咖啡，慷慨的象征"，2015 年联合申报的国家有阿拉伯联合酋长国、阿曼苏丹国、卡塔尔国、沙特阿拉伯王国。"罗马尼亚和摩尔多瓦的传统壁毯制作技艺"，2016 年联合申报的国家有罗马

---

① 参见中国非物质文化遗产网相关介绍。

尼亚、摩尔多瓦共和国。"传统萨杜编织"，2020 年联合申报的国家有科威特国、沙特阿拉伯王国。

属于有关自然界和宇宙的知识和实践的有：

"马吉里斯，文化和社会空间"，2015 年联合申报的国家有阿拉伯联合酋长国、阿曼苏丹国、卡塔尔国、沙特阿拉伯王国。"地中海饮食文化"，2013 年联合申报的国家有克罗地亚共和国、摩洛哥王国、葡萄牙共和国、塞浦路斯共和国、西班牙王国、希腊共和国、意大利共和国。"男子群体圣诞颂歌仪式"，2013 年联合申报的国家有罗马尼亚、摩尔多瓦共和国。"送王船——有关人与海洋可持续联系的仪式及相关实践"，2020 年联合申报的国家有马来西亚、中华人民共和国。"班顿"，2020 年联合申报的有马来西亚、印度尼西亚共和国。"与古斯米的生产和消费有关的知识、技术和实践"，2020 年联合申报的有阿尔及利亚民主人民共和国、毛里塔尼亚伊斯兰共和国、摩洛哥王国、突尼斯共和国。"希得莱斯，春季庆典"，2017 年联合申报的有北马其顿共和国、土耳其共和国。"移牧：地中海和阿尔卑斯山季节性牲口迁移"，2019 年联合申报奥地利共和国、希腊共和国、意大利共和国。

属于表演艺术的有：

"蒙古族长调民歌"，2008 年联合申报的有蒙古国、中华人民共和国。"阿依特斯即兴表演艺术"，2015 年联合申报的国家有哈萨克斯坦共和国、吉尔吉斯共和国。"拔河仪式和比赛"，2015 年联合申报的国家有大韩民国、菲律宾共和国、柬埔寨王国、越南社会主义共和国。"斯洛伐克和捷克的木偶戏"，2016 年联合申报的国家有捷克共和国、斯洛伐克共和国。"朝鲜族传统摔跤'希日木'"，2018 年联合申报的国家有朝鲜民主主义人民共和国、大韩民国。"传统的智力和战略游戏：播棋"，2020 年联合申报的国家有哈萨克斯坦共和国、吉尔吉斯共和国、土耳其共和国。"拜占庭圣歌"，2019 年联合申报的有塞浦路斯共和国、希腊共和国。"沙士木卡姆音乐"，2008 年联合申报的有塔吉克斯坦共和国、乌兹别克斯坦共和国。"弓弦乐器卡曼查的制作和演奏艺术"，2017 年联合申报的有阿塞拜疆共和国、伊朗伊斯兰共和国。

属于社会实践、仪式、节庆活动的有：

"波罗的海的歌舞庆典活动"，2008 年联合申报的国家有爱沙尼亚共和国、拉脱维亚共和国、立陶宛共和国。"三月结文化实践"，2017 年联合申报的国家有保加利亚共和国、罗马尼亚、摩尔多瓦共和国、北马其顿共和国。"干石墙艺术，知识和技术"，2018 年联合申报的国家有法兰西共和国、克罗地亚共和国、瑞士联邦、塞浦路斯共和国、斯洛文尼亚共和国、西班牙王国、希腊共和国、意大利共和国。"树林养蜂文化"，2020 年联合申报的国家有白俄罗斯共和国、波兰共和国。"圣达太修道院朝圣之旅"，2020 年联合申报的有亚美尼亚共和国、伊朗伊斯兰共和国。

而口头传统和表现形式，包括作为非物质文化遗产媒介的语言在联合申报中没有，这是这类项目的特点决定的，是正常的。

分析丝绸之路国家联合申报的原因，有些国家在历史上就是一个民族或者国家，有些则是因为这种非遗事象延展的范围广、延伸时间长，辐射面大，在非遗项目后面，有深刻的历史渊源关系，有相同的文明历程和文化模式，其交融性显而易见。还有一些项目，是某一国家单独申报进入非物质文化遗产名录，但是在不同国家或地区也存在，也是体现非遗交融性的重要方面，这里不再赘述。

另外，还有不少文化现象，也与丝绸之路的交流有很大关系，也应该属于丝绸之路非遗研究的对象和范围，体现出交流中的融合，比如"哈米沙"在丝绸之路的流传。"哈米沙"（Hamisa）意为"五卷诗"，据学者研究，这是中古东方文学中一种独特的文学现象，是丝绸之路文学交流的经典个案。它起始于 12 世纪波斯诗人尼扎米创作的《五卷诗》，随后又有大批诗人模仿尼扎米《五卷诗》的题材和形式，创作"哈米沙"。这一诗歌创作传统持续 800 余年，超越了国家、民族和语言的界限，产生了国际性的影响[①]。

这一现象是丝绸之路多种文化交流的结果，也蕴含着阿拉伯和中亚游牧民族生活背景，以及伊斯兰信仰的文化精神。"哈米沙"现象对于中亚和西亚诸民族文学的发展具有重要意义。关于"哈米沙"现象兴起成因，既有内在深层的游牧民族文化心理，也有直接的诱因，还有丝绸之路文化交流的促进和现实的社会因素。值得注意的是，"哈米沙"促进了细密画的创作与发展。细密画是一种精细刻画的小型绘画，主要用于书籍的插图、封面、扉页，徽章、盒子等的装饰。细密画虽然不是发源于波斯，但在 13—17 世纪，形成了独具风格的波斯细密画，而且在 15 世纪后，细密画逐渐越出波斯语地区，在突厥语民族区域获得发展。这与"哈米沙"的发展相应，与"哈米沙"手抄本插画图、封面装帧等密切相关。"哈米沙"促进了中亚的抄本装帧和书法艺术。尤其是尼扎

---

① 黎跃进：《"哈米沙"现象：丝路文学交流个案研究》，《天津师范大学学报》（社会科学版）2020 年第 2 期。

米、霍斯陆、贾米和纳瓦依的《五卷诗》中的部分长诗被书法家反复抄写、传播。19 世纪末 20 世纪初，随着"哈米沙"创作的发展，中亚、西亚形成了抄录《五卷诗》中的作品，并把它们装订成书的传统。由此，中亚各民族的书法艺术也得到了很大的发展。

另有"老鼠啮铁"型故事及图像在丝绸之路流播的现象。据陈明《"老鼠啮铁"型故事及图像在古代亚欧的源流》一文研究，敦煌研究院收藏的一件敦煌卷子中，抄录了一则"老鼠啮铁"的故事："昔有人寄主人五百斤铁，云：鼠瞰铁尽。主倩小儿买肉，云：鹅持去。"[3]在流传过程中共有 19 个异本。该故事从印度分别流传到中国（敦煌、新疆地区）、波斯与阿拉伯地区、东南亚乃至欧洲的法国和俄罗斯等地，其时间相当悠久，范围相当广阔。故事流传背后所隐含的商业、贸易流通与诚信原则等社会因素，是促进该故事广泛流传的基本因素。该故事的插图及其图像与文字文本，还丰富了对古代丝绸之路文学插图本的认知。研究认为，这个小故事能够在这么大的区域、这么长的时间里流传，是因为其中隐含了共通的主题，即强调"诚信"的价值观。正是人们普遍认识到的诚信原则，才让这个小故事到处被传颂。丝绸之路上的交流则提供了契机，彰显其交融性特点。另外，敦煌、吐鲁番等地新出土文献中显示了丝绸之路多民族语言文学方面的接触和交融的史实，以及中原与西域文人来往的行踪，为研究丝绸之路上的文学发展提供了依据[4]。相似的现象还有佛教诗歌、敦煌讲唱文学、翻译兼改编再创作作品，以及回鹘文化与中原汉文化、漠北蒙古文化及藏文化密切交流，梵文、汉文、藏语、焉耆语、龟兹语、粟特语等语言接触等。

正视丝绸之路非遗的这些特点，有助于对人类非遗价值的整体性理解与系统性保护。从时间维度看，丝绸之路非遗有"常"与"变"，即非遗的基本要素在历史长河中一直保留，而其形式在传承过程中发生变化；从空间维度看，丝绸之路非遗要素在不同时空的"结构"形态及其系统呈现有其相关性和共融性，在诸多方面具有整体上的相通性和共同性。

笔者曾经提出过一个观点，认为作为保护传承和管理需要的非遗，与作为研究范围对象的非遗，相互关联却又有不同，在理念上应该有所区别。人类非物质文化遗产，不等于申报入选名录的非遗项目，它还应包括那些没有申报入选、但实际存在的非遗现象。作为"项目"的非遗，不管是世界级还是国家级、省市级、县级，都是为了便于保护传承采取的举措，这是管理的需要。与此相关却不同的，是"作为研究对象和实际存在"的非遗，它常常不是项目所能涵盖的，有些现象不便于用项目呈现并不是不存在，比如关于世界范围内的神话现象，它在世界不同地区的流传经过了许多地区和久远的时间，流传过程中有置换变形。比如，大量的建筑艺术、雕塑艺术的样式、方法、技巧和风格的流播及其创化，特别是其中的佛像造型艺术，很难用具体项目所包含。这就是说，人类非物质文化遗产，不能仅仅局限于项目研究，还要看得到更大的系统性和整体性特点。这既有助于我们理解作为"人类"共有和共享的非物质文化遗产的真正含义，也有助于更好地理解人类精神文化的相通性和共同性，有助于增强人类命运共同体意识。

参考文献：

［1］联合国教科文组织颁布《保护非物质文化遗产公约》（2003 年）。

［2］联合国教科文组织颁布《保护世界文化和自然遗产公约》（1972 年）。

［3］陈明：《"老鼠啮铁"型故事及图像在古代亚欧的源流》，《西域研究》2018 年第 4 期，第 100—116+143 页。

［4］胡蓉：《敦煌、吐鲁番文献所见元时期的丝路文学》，《吐鲁番学研究》2021 年第 2 期。

作者：

程金城，兰州大学文学院教授、博士生导师，主要研究方向：文艺学、中国现当代文学，艺术史理论。

民间传说与景观的叙事互构*

——以嘉峪关故事传说的田野考察为中心

王 琰

摘要：在非物质文化遗产保护中，口头民间传说的讲述语境日渐衰微，传说的当代传承和创新发展必须寻求新的路径。在文化和旅游融合的推动下，嘉峪关故事传说体现出"景观—传说"叙事互构的特征。景观本身并不具有独立的叙事功能，而是在与地方性知识相关联的过程中清晰地呈现出地域文化的历史发展脉络。民间叙事以景观为依托，表征了地域文化和集体记忆，并逐渐成为地方民间传说传承和传播的主要路径。本文以省级非物质文化遗产"嘉峪关故事传说"的田野口述资料为基础，分析《击石燕鸣》《李陵碑》《左公杨》三则民间传说与景观的同生互构过程。

关键词：民间传说；景观叙事；地域文化

在非物质文化遗产保护中，相较于其他门类，口头文学的保护和存续难度更大。民间传说是口头文学的重要文类之一，而传说的"活态"保护和传承与地方文化之间存在着紧密的联系。伴随着文化产业以及旅游文化的兴起，景观以更直观、更形象的方式讲述民间传说，传递地域文化精神。本文以流传在河西走廊地区的省级非物质文化遗产"嘉峪关故事传说"为中心，从人类学研究视角出发分

---

*［基金项目］2023 年度甘肃省高校教师创新基金项目"河西走廊长城传说中的各民族交往交流交融研究"（项目编号：2023B-251）；兰州文理学院青年科研人才培养计划项目"河西走廊长城传说研究"（项目编号：2022QNPY01）。

析传说与景观的叙事互构过程。

一、作为地方标志性文化的"嘉峪关故事传说"

"嘉峪关故事传说"于 2009 年被确立为嘉峪关市市级非物质文化遗产，于 2011 年被确立为甘肃省省级非物质文化遗产。以水筑关、以关建城、以城聚人，有城才有了嘉峪关故事传说悠久的历史。在嘉峪关数百年间，许多美丽动人且又凄楚哀婉的嘉峪关故事、传说始终流传在守关人和当地劳动人民的心中，并在老百姓心口相传和文人墨客的描绘下，日趋形象生动。地方文化精英和普通民众对故事传说的建构正是在嘉峪关这座"因关得名"的城市文化空间中发生的，民间传说反映出嘉峪关这片土地的历史发展和地域特征，并逐步成为具有代表性的地方文化之一。

在嘉峪关流传着"初有水而后置关，有关而后见楼，有楼而后筑长城，长城筑而后关可守也"的说法。这一说法与一则"选址建关"传说密切相关：

传说，在六百多年前，明朝征虏大将军冯胜，奉命在河西建关设防。他骑马日行夜宿，仔细观察河西走廊的地形。这里虽说是"走廊"，但很多地方竟有一二百里宽，不易防守。有一天，冯胜骑马涉过"九眼泉"，登上嘉峪山，见南面祁连山白雪皑皑，北面马鬃山连绵不断，西面是广阔戈壁，东面绿洲片片，还有淙淙流淌的汩汩泉水。脚下，山势平坦，方圆足有五十亩地大，是建关设防首选之地。冯将军满面春风称赞道："咽喉之地，地势天成，此乃天助我也！"众将领也异口同声地说："这里只有三十里宽，峡谷像个瓶口，易守难攻，建关固若金汤！"冯将军选定关址，立即上奏皇帝。随后，大兴土木，修筑了周长二百二十丈的嘉峪关城。①

冯胜建关在《肃州新志》中有文献记载："明初宋国公冯胜略定河西，截敦煌以西悉弃之，以此关为限，为西北极边。筑以土城，周二百二十丈，高二丈余，阔厚丈余。址倚岗坡，不能凿池。东西两门各有月城，旋以此关，为紧要门户。遂与永定、临水、河清、新城、金佛、下古、塔儿湾、乱古堆、清水九堡，同时加高或五六尺、七八尺不等，连旧城共高三丈五尺。"[1]嘉峪关自创建以来，在长达 123 年的时间里只是一座黄土夯筑的城堡，直到正德初（1506 年），"兵备武陟李端澄又添筑角墩、敌台、悬阁、谯楼共十数座。合计九堡添筑墩台、角楼一百二十六座。又构大楼四座于城头，上下三

---

① "选址建关"传说由省级非物质文化遗产"嘉峪关故事传说"代表性传承人何爱国讲述，访谈时间：2023 年 6 月 13 日；访谈人：王琰；访谈地点：嘉峪关关城文物景区。

层，高三丈九尺，望之四达，足壮伟观，百里外了然在目，时犹未有长城也"。[2] 嘉峪关坐落之处可见祁连山雄峙于南，讨赖河与文殊山是天然屏障；北面有黑山，地势险峻，山后有湖，开阔隐蔽；西接大漠平沙，东连良畴绿野；关内有"九眼泉"，灌溉饮用，终年不绝。费孝通先生曾为嘉峪关题词："千古要塞，丝路西通"。在民间流传的冯胜选址建关传说也体现出嘉峪关独特的地理优势。一方水土孕育一方文化，地方传说作为文化事象的组成部分也是由特定的一方水土孕育而成的。生活在同一地域内的民众共同讲述一些传说，这些传说是由当地的地方性知识支撑的，是特定群体的共同记忆，这些记忆构筑了地方的历史[3]，同时也反映了地方民众的价值观。嘉峪关一带自古即是"番人入贡之要路，河西保障之咽喉"，长久以来发挥着重要的军事作用，因此，"边塞风貌""保家卫国""英勇善战"等主题是嘉峪关故事传说的叙事核心。

省级非物质文化遗产"嘉峪关故事传说"的内容大致包括三个主要类别。第一类是与长城相关的故事传说，例如《定城砖》《击石燕鸣》《山羊驮砖》《冰道运石》《李陵碑》《高楼从顶建》等，长城的修筑经历了上千年的漫长过程，在古代建筑技术比较落后，加之长城所经之处往往地势险要，修筑长城更是困难重重。尽管如此，技术精湛的工匠和吃苦耐劳的劳动人民还是运用自己的聪明智慧克服了困难，表现出中华民族坚韧不拔、自强不息的民族精神。第二类是人物传说，《霍去病》《女将军祁美荣》《满堂箭》《白颜墩》《木兰箭》等传说以爱国将领和民间英雄为叙事核心，表达了边塞普通民众期盼和平的美好愿望，同时体现出团结统一、众志成城的爱国精神。第三类是地方风物传说，包括《九眼泉》《天生桥》《火烧滩》《晾经台》《嘉峪晴烟》《卯来泉的由来》等传说，对地方风物的命名、由来及特征做出解释，具有深厚的地方历史和文化内涵。三类故事传说充分展现了嘉峪关这片土地的历史发展和地域特征，逐步形成了关于地方叙事的整体性图景。

在地域文化的发展中，民间传说是体现地域文化特色的主要形式之一。"嘉峪关故事传说"是嘉峪关地理与文化的表征，同时也是向"他者"进行文化展示的主要内容。与其他类别的非物质文化遗产项目相比较，作为民间文学类非物质文化遗产的地方传说在申报、传承和保护方面处于相对弱势的地位。如刘锡诚教授指出："具有商业开发价值的，便于投入扩大再生产并'打造'成文化产业的，或易于转变为旅游景点的类别和项目，普遍得到了各地政府的重视。而那些不具有商业开发价值的，如属于'口头传统'的类别和项目，尽管具有重要的文化价值，甚至处于濒危境地、亟待抢救的项目，也很难得到地方政府应有的关注。"[4]相较于具有商业价值潜力的非物质文化遗产项目，民间文学类，特别是口头民间传说面临着讲述语境日渐衰微、传播方式贫乏等诸多问题，一直没有得到应有的重视。

因此，如何将民间传说、地方性知识、文化景观相熔铸是民间传说"活态"传承的关键。随着现代旅游业的兴盛，以景观为媒介的传播方式具有十分明显的优势。在游客观赏自然和人文景观时，与之相关的口头传说赋予了景观文化意蕴和审美价值，不仅满足了旅游观赏带来的审美情趣，还使得景观成为传说讲述与传承的特殊文化空间。自然景观、文化景观和遗产景观等实物具有稳定性特征，能够较为清晰地呈现出地域文化的历史发展脉络，因此，景观与传说的同生互构成为地方性传说的主要叙事形态。传说与景观的结合更直观、更形象地对地域文化进行了表达，正如日本民俗学家柳田国男所说："尽管已经很少有人因为有这些遗迹，就把传说当真，但毕竟眼前的实物唤醒了人们的记忆。"[5]

二、景观命名：从"击石问命"到"击石燕鸣"

伴随着旅游业的兴起和发展，旅游景观的修复和再造越来越多地承担起讲述传说、传承传说价值的叙事功能，并在提升地域形象、发展旅游经济、形成文化产业中扮演着重要的角色。在嘉峪关文物景区内有一处文化景观，名为"击石燕鸣"，与之相关的传说是这样记述的：

相传，在关城建好以后，有一对燕子在城内筑巢而居，他们每天日出觅食，日暮而归。有一天，当这对燕子飞出关门不久之后，狂风大作，飞沙走石，使得它们迷失了方向。当这对燕子找到城门时，已经到了城门关闭的时刻，飞在前面的雌燕顺利入关，而雄燕则被关在了门外。雄燕情急之下想触门而入，却碰门而死。雄燕死后，城内的雌燕久盼雄燕不归，也在忧郁中死去。这对燕子死后，其精灵不灭，幽怨之声流传至今。于是古代的人们在出关时都会来这里敲击墙壁，要是能听到"啾啾"的燕鸣声，则表示此次出行能平安归来；将军在出征打仗时，他的夫人也会击墙问卦，祈祷将军能荣归故里、平安归来，城墙被称为"问命壁"。后来为了保护古城墙严禁人们敲击墙体，在拐角之处摆放了"燕鸣石"。用小石头敲击这块"燕鸣石"一样可以听到"唧唧啾啾"的燕鸣声。这个故事寓意连飞鸟都无法逾越的墙体，那么对于入侵者来说更是固若金汤，坚不可摧了。[①]

据马宁邦《嘉峪关调查记》记载："昔日有燕巢于关内，日暮，关门未闭，一燕先归，一燕后至，关门已闭，不得入，遂触城而死，其精灵不灭，是以永作燕鸣之声。"[6]这段话就是"击石燕鸣"的来历。在民间，燕子"唧唧"的叫声与"吉"发音相似，同样也是象征了吉祥和好运。

关于击石发出鸟叫声，在古代和近代许多文人游记中都有记载。据陶葆廉的《辛卯侍行纪》（光绪十七年，1891年）记载："由内城东门外绕南垣而西，出外城西门，有石子横阻在城墙根下，于门旁取小石掷之，有声唧唧如鸡雏，稍远则否。"[7]古人投石击墙，另外一个原因是对这种无法解释其原理的自然现象感到好奇，想要试一试，长此以往在关城的墙壁上敲出了几个凹陷的大洞。嘉峪关关城能发出这种声音的有三处地方，另两处在内城东西二马道附近的墙角处。嘉峪关关城文物景区开放之后，为了保护古城墙严禁人们敲击墙体，据景区内的工作人员回忆，"大约在1995年前后，在拐角之处摆放了'燕鸣石'"[②]。用小石头敲击这块"燕鸣石"一样可以听到"唧唧啾啾"的燕鸣声。《诗经》的《燕燕》一诗中写道："燕燕于飞，差池其羽"，通过描写成对的燕子表达了比翼双飞的美好爱情的寓意。传说的编创者给这种古老的习俗赋予了一个凄美的爱情故事，更具有传奇性和浪漫色彩。

《击石燕鸣》是嘉峪关的四大传说之一，传说中反映的"击石问命"的时俗是这则传说能够长久流传的文化基因。在古代，嘉峪关是河西走廊最西端的边陲锁钥，战事频繁，明代戴弁曾写道："远人遥指斜阳外，蔓草含烟古战场。"清代施补华所作的《题嘉峪关驿壁》中写道："回首昆仑万叠山，黄沙白草几人还。"民间歌谣也唱道："出了嘉峪关，两眼泪汪汪，前是戈壁滩，后是鬼门关。"很多将士出征之后便一去不返了，于是，古代的人们在出关时都会来这里敲击墙壁，要是能听到"啾啾"的燕鸣声，则表示此次出行能平安归来。将军在出征打仗时，他的夫人也会击墙问卦，祈祷将军能荣归故里、平安归来，因此，城墙被称为"问命壁"。古人出关时以能听见燕鸣为吉兆，所以出关之前，叩击石头以卜凶

---

① 《击石燕鸣》传说由嘉峪关丝路（长城）文化研究院副研究馆员张晓燕讲述；访谈时间：2022年。

② 访谈对象：张晓燕；访谈人：王琰；访谈时间：2022年6月9日；访谈地点：嘉峪关关城文物景区内。

吉，"击石问命"逐渐成为一种时俗。

任何一则故事传说都不是无缘无故编造出来的，它反映了一种风俗，或是说明某一事物的成因，往往蕴含着深层的含义。美国人类学家克利福德·格尔茨（CliffordGeertz）提出"地方性知识"（localknowledge）这一概念，他认为知识总是在特定的地方情境（context）下产生。[8]有学者认为："'地方性'不仅是在特定的地域意义上说的，它还涉及在知识的生成与传播中所形成的特定的情境，包括由特定的历史条件所形成的文化与亚文化群体的价值观，由特定的利益关系所决定的立场和视域等。"[9]击石燕鸣的传说，首先是表达了嘉峪关关城的固若金汤、壁垒森严，如果连飞鸟都无法逾越的话，那敌兵就更难攻破了。第二层含义是寄托了当时古代戍边将士对和平的一种祈愿，他们期待自己出征以后能够平安归来，荣归故里，因此才有了"击石问命"这样一个习俗，其实代表他们对和平的一种期盼，同时体现了保家卫国的爱国精神。

从"击石问命"的民间习俗到"击石燕鸣"的产生体现了民间传说建构的过程，一方面，地方性知识是支撑景观与传说相结合的主要因素；另一方面，作为景观的"燕鸣石"的生产是传说讲述的核心，并且实现了民间传说的活态传承。总体而言，景观生产行为实现了民间传说的活态传承，围绕景观所展开的传说叙事推动了当代传说发展的新的传承机制。

1981年8月，罗哲文先生第二次到嘉峪关，再次登上关城，写下了《嘉峪关十唱》，其中，第八首《归塞北》就是罗哲文先生听完《击石燕鸣》的传说之后创作的："嘉峪关，启闭最遵章。晚至旅人空怅惘，迟归飞鸟极心伤；饮恨向高墙。"嘉峪关关城文物景区的"击石燕鸣"经历了从"击石问命"的民间习俗到"击石燕鸣"的景观叙事演变过程，完成了从民间传说到官方讲述的认可转变，这一转变过程体现了传说从口头存在形态到视觉观赏形态的拓展与演变。边塞居民对和平归来的祈望是"击石燕鸣"传说产生的内在文化基因，通过"命名"的景观叙事方式，实现了景观与传说的同生互构。

三、景观叙事重构：从"泛沙泉墩"到"李陵碑"

"李陵碑"是嘉峪关市新城草湖国家湿地公园内的一处景观，相传汉代骑都尉李陵曾在此屯兵，故当地人有"李陵碑"之称。据考证，"李陵碑"实质为烽火台，叫"泛沙泉墩"。《肃镇华夷志》载："泛沙泉墩，亦去（肃州）城四十五里。先年无墩。此处有沙湾，藏房常截哨马墩军。嘉靖三十五年，后备陈其学添筑，今房或不能掩伏，而瞭望亦为之近便矣。"[10]墩台的修筑年代应为明代，具体建筑年份不详，对瞭望、警戒新城草湖敌情具有重要作用，遂成为嘉峪关关城东北烽燧线的重要组成部分。

20 世纪 70 年代，"李陵碑"保存较好。1972 年，嘉峪关文物工作者对"李陵碑"进行了第一次调查。当时"李陵碑"位于新城草湖东段居中处的台地上，碑址呈方形，黄土夯筑，南北长 12 米，东西长约 10 米，高约 2.8 米。1985 年第二次全国文物普查时，对"李陵碑"进行了第二次全面调查。此时碑向东南倾斜，高 3.8 米。1988 年 4 月 24 日，因风蚀作用，碑体倒塌。2008 年第三次全国文物普查时，对"李陵碑"又进行了一次全面调查。这时"李陵碑"仅存圆形土丘状碑基，碑基为黄土夯筑[①]。

其实，所谓的"李陵碑"碑体为风雨侵蚀后残存的泛沙泉墩墩台上部，碑址为泛沙泉墩墩台下部及上部坍塌后的堆积物，四周围墙痕迹为墩台城障遗址。目前，"李陵碑"的遗址仅可见墩台下部及上部坍塌后的堆积物。1989 年 1 月 17 日，嘉峪关市人民政府将其公布为市级文物保护单位。伴随着新城草湖国家湿地公园的开发和建设，2000 年后，当地政府采取措施，"李陵碑"周围的湿地环境逐渐得以恢复并成为草湖内的主要景观之一。

李陵是汉代名将李广的孙子，擅长骑射，爱兵如子，在军中享有很高的威望，受到汉武帝的赏识。李陵曾带领士兵驻扎在酒泉、张掖一带操练骑射，抵御匈奴。景点的解说词提到"征战匈奴立下不世伟绩"，可以看出后人对这位汉代将军正面的颂扬，因此，勒石记功以传颂后代。景观具有唤醒记忆的功能，依托一定的历史人物和神话传说等其他类型的文本为叙事原型，通过命名的叙事策略进行景观的重构，让景观讲述历史，唤醒人们共同的记忆，实现了景观—传说—景观的互动循环过程。"泛沙泉墩"通过与历史人物李陵相关联，产生了一系列的传说，架起了历史与当下的桥梁，并将记忆转化为实物"李陵碑"。这一景观当代建构的过程也体现出传说与地域的文化记忆，景观成为传说讲述的载体，并在传说演化与传承的过程中体现了民间的伦理道德观念。

民间叙事中，"李陵碑"的传说发生了演变。在口头讲述中添加了新的情节：大将李陵同匈奴打仗获胜，为了庆祝此次战役，他不顾士兵困乏，在此处堆台、筑台、立碑。单于率军回击李陵，李陵被俘。《李陵碑》的传说中讲道：

于是，李陵运土填湖，构筑墩台。将士们一连劳累了二十多天，在湖滩中心

---

① 泛沙泉墩的相关考古资料由嘉峪关丝路（长城）文化研究院马振祥提供。

夯筑了一座黄土台。李陵亲笔书写了"誉满边关"四个大字，立碑于墩台之上。当时，李陵虽然打了胜仗，却已到了粮绝箭尽而无后援的地步。由于李陵很自傲，经常对部下训斥，会军侯管敢被他训斥后，心怀不满，趁天黑逃出军营，投奔匈奴单于去了。单于得知情况后，即刻派兵攻打李陵部队。李陵出兵迎战，但士兵劳累过度，最后，落了个全军覆没。李陵力竭而被单于生擒，只得降服。正是由于李陵的骄横暴戾，造成了后来的兵败被擒。①

李陵骄横暴戾，不顾将士作战劳累，执意立碑颂功的行为导致了战争的失败，造成了他悲剧的一生。民间传说中这些情节的添加体现了"胜不骄败不馁"的民间道德观念。关于李陵被俘的情节，也有不同的说法："千余年来，湖滩的这一块碑一直斜而不正。如果用力一推，碑石就晃一晃，正不了，也倒不了。人们一看到李陵碑，就会想到李陵胜则骄，骄而惨遭失败的沉痛教训。"② 由此形成的"斜而不正"的隐喻也体现在另一则《李陵碑》的传说中，并且进一步反映了"忠""奸"二元对立的民间道德观念。传说的主人公杨继业是宋代抗辽名将，率兵在肃州一带征战时被困，退到一个高坡上，只见有一块土碑矗立。杨继业一看，碑上写着"李陵碑"三个字，顿时叹道："真是冤家路窄，真没想到李陵这个奸贼却挡住了我的退路。我杨家世代忠良，是绝不肯做俘虏的。"说着，一头向碑撞去，碑撞歪了，杨继业也惨死碑下③。

在地域文化的建构过程中，负面人物的形象和事迹往往被刻意回避，这一现象在地方人物传说开发中普遍存在，这也导致传说人物所具有的多方面伦理价值被削弱。"李陵碑"传说的建构过程中反映出正邪二元对立的民间价值观念，在一定程度上保留了传说的批评精神。在投降后的二十余年里，李陵没有再踏入中原一步，他虽然没有做出有损汉朝利益的事情，但是他的投降终究没有得到时人与世人的谅解。人们常将他与苏武对比，以显示忠贞气节的不同。而在中国的传统剧目中，有一个家喻户晓的秦腔唱段，说的是宋朝名将杨继业兵败被契丹大军围困于李陵碑附近的狼心窝，"羊入狼窝，焉有生机"，遂碰李陵碑而死的故事。戏剧家把不同时代的两个人物联系在一起，其中的深

①《李陵碑》传说由省级非物质文化遗产"嘉峪关故事传说"代表性传承人周如明讲述，访谈时间：2023年6月20日；访谈人：王琰；访谈地点：嘉峪关关城文物景区。

②访谈对象：嘉峪关丝路（长城）文化研究院副院长胡杨；访谈人：王琰；访谈时间：2022年6月21日；访谈地点：嘉峪关丝路（长城）文化研究院。

③《李陵碑》传说选自《嘉峪关故事传说》，参见嘉峪关市文化馆编《嘉峪关故事传说》，石家庄：河北美术出版社2020年版，第81—82页。

意也是不言自明的。

四、景观记忆：左公杨传说

在嘉峪关关城闸门附近有一棵古杨，被当地老百姓称为"左公杨"。相传，此树是清代名臣左宗棠任陕甘总督时（1866—1881年）亲手所栽，距今已有130多年历史。据说，左宗棠进疆平定阿古柏叛乱时，一路率军植树到达新疆，留下了一段动人的传说：

清朝同治年间，左宗棠来到嘉峪关，看着这一片荒凉的景象，左宗棠不由感慨，吟诵起"羌笛何须怨杨柳，春风不度玉门关"的诗句来。左宗棠除当即命令全体军民加宽道路，在道路两旁大量植树，以便朝廷迅速向边塞调兵，长期在边塞安营。由于制定了十分严格的法令，如栽一棵树要保活一棵，否则便要军法从事等，没几年光景，道路两边的白杨、绿柳逐渐由小树长成了大树。人们都说嘉峪关关城闸门附近的这棵古杨，就是那时栽的，因此，一直被称为"左公杨"。①

这一则传说取材于左宗棠在河西筑路植树的事迹。万建中教授认为，如果将经过艺术加工、充满想象的传说内容视为一种历史信息，就可以解释为何历史要如此记忆和传播，让人们对历史有更全面的理解。许多民间传说的情节和人物可能是虚构的，但是所表达的历史情境与创作者、传播者、改编者的心态和观念却是真实存在的，而我们所要了解的正是这种记忆得以存在、流传的历史情境。[11]左宗棠任陕甘总督期间，在察看了河西形势后便采取一系列的措施改善河西走廊的面貌，在民间流传较广的口头叙事主题包括筑路植树、修缮嘉峪关关城和重修泉湖公园。隆无誉著《西笑日觚》上说，"左恪靖命自泾州以西至玉门，夹道种柳，连绵数千里，绿如帷幄"。这就是后人常说的"左公柳""左公杨"。植树的作用：一是巩固路基；二是限戎马之足；三是供给夏时行旅的荫蔽。河西走廊各县沿路除沙碛外都种了不少杨树和柳树。光绪五年，杨昌浚西行，见到道路旁的杨柳，触景生情，赋诗一首："大将筹边尚未还，湖湘子弟满天山。新栽杨柳三千里，引得春风度玉关。"这首诗，前两句是吟诵左宗棠的豪情胜慨，后两句与王之涣"春风不度玉门关"所描写的边塞场景形成了对比，旧时苍凉的景象已

---

① 《左公杨》的传说由省级非物质文化遗产"嘉峪关故事传说"代表性传承人何爱国讲述，访谈时间：2023年6月13日；访谈人：王琰；访谈地点：嘉峪关关城文物景区。

今非昔比。

　　与此同时，左宗棠还号召人民在肃州四大街和讨赖河岸种了不少杨柳。《点石斋画报》曾将左公西北植柳，以《甘棠遗泽》为题作画，画面上穿行于长城内外，重峦叠嶂中的驿道两侧，绿树成荫，驿卒行旅跋涉其中，免受炎阳之苦，无不感激左公之德。据此画题款，左公收复新疆，调任两江总督后，一些无赖之徒盗伐"左公柳"，致使有些路段寸木无存。杨昌浚继任陕甘总督后，萧规曹随，"令将此项树木重为封植，复严饬兵弁加意巡守。今当春日晴和，美荫葱茏依然，与玉关杨柳遥相掩映"①。"据说，酒泉公园大门正对的那棵柳树正是当年左宗棠修建泉湖时栽种的。数百年来，酒泉人民养成了种树良俗，到处郁郁葱葱，绿树成荫。到解放时，酒泉城南门外，北门口还有几株四人抱不住的大树，就是有名的'左公柳'，可惜整理街道时被挖除了，现仅在酒泉公园和玉门镇一带还存极少'左公柳'"。②

　　"传统的传说论认为，传说有一定的历史依据，反映了一定的历史真实"。[12]而后现代主义历史思潮的观点认为传说是民间群体按照自己的方式构建起来的地方历史。有别于书面记载的历史文献，传说是特定群体对所记忆的历史事实的阐释和记述，传说的制造者是当地的民众而不是历史学家。《左公杨》（或《左公柳》）传说是以特定的历史人物（左宗棠）和特定的地方事物（杨树、柳树）为依据，基于历史记载，并经过地方群体的集体记忆进行了艺术加工，从而建构并广泛流传的地方性传说。传说所讲述的内容有时并非真正的历史事实，但是却无法摆脱历史，如果脱离了一般的历史事物，只能被称作民间故事。正是因为传说讲述的情节具有历史书写中的依据，才使得传说变得真实可信。许多民间传说的情节可能是虚构的，但是所表达的历史情境和创作者的观念是真实存在的，以流传在酒泉地区的《左公杨》为例，当地学者在评述这则传说时讲道："很多人只知道左宗棠收复新疆，当然这在中国历史上是一件大事，特别是在清朝末年这个历史阶段更是意义重大。但是，在老百姓的心里，或者说在民间，我们讲的是跟我们生活息息相关的事情。河西这个地方气候干燥，风沙很大，通过种树是改变了老百姓的生活，让这个种植、植树的传统一直延续了下来，实实在在地受益，正因为如此，我们讲述《左公杨》是有纪念意义的。同样，左宗棠修建了酒泉公园，与民同乐，说明他是一位有亲和力的、为百姓办事的官员，我们修建纪念馆来纪念他，而且就修在酒泉公园里

---

　　① 内部资料，由酒泉市肃州区史志办李万生提供。
　　② 访谈对象：李生万；访谈人：王琰；访谈时间：2021 年 9 月 21 日；访谈地点：酒泉市西汉胜迹公园内。

面来纪念他，用今天的话说，他是有群众基础的……"①

民间传说所讲述的内容并不是随意的，而是一种人为的"选择"使传说与历史相契合，并在漫长的流传过程中得以保存下来。《左公杨》（或称《左公柳》）的传说是河西走廊地区流传范围较广的传说，不仅在泉湖公园、嘉峪关文物景区内，人们讲述《左公杨》传说，在张掖市甘州区、玉门市、敦煌市也同样流传着《左公杨》的传说。传说对于景观的黏附实现了传说的扩布，使"左公杨"的传说范围扩大到河西走廊的张掖、玉门、敦煌等城市。可以说，河西走廊沿线杨柳成荫的地方，人们都会想起左宗棠在西北植树筑路的事迹，通过讲述传说表达了对他的感激之情。同时，这也体现出景观具有唤醒记忆的功能，叙事者依托一定的历史事件、社会记忆、历史文献为叙事原型，以景观为叙事载体讲述历史，唤醒了人们共同的记忆。

结　语

《击石燕鸣》《李陵碑》《左公杨》传说是嘉峪关地区较为知名的民间故事传说，传说与景观之间的密切关联是其广泛流传的主要因素。景观本身并不具有独立的叙事功能，而是在与地方性知识相关联的过程中清晰地呈现出地域文化的历史发展脉络。景观叙事的具体生成方式包括景观命名、景观叙事重构、景观记忆等。随着文化产业和旅游业的兴起，自然景观、文化景观和遗产景观越来越多地担负起讲述民间传说的使命。首先，民间传说与景观叙事构成了一个整体性的叙事图景，民间传说丰富了景观的文化内涵，景观叙事实现了传说的活态化传承；其次，景观具有稳定性特征，在与地方性知识熔铸的过程中为传说的发展提供了更为丰富的地域文化内涵，形成的本地域民间叙事和文化想象逐渐被民众所认可，起到了提升地域认同的作用；最后，民间传说与景观的叙事互构对于打造文化产业、发展旅游业具有一定的应用价值，以景观为依托所展开的传说叙事形态推动了当代传说发展的新的传承机制。

---

① 访谈对象：赵开山；访谈人：王琰；访谈时间：2021 年 9 月 21 日；访谈地点：酒泉市西汉胜迹公园内。

参考文献：

[1][2][6]嘉峪关市志编纂委员会：《嘉峪关志（1978—2010）》（下册），兰州：兰州大学出版社 2019 年版，第 902 页、第 917 页、第 978 页。

[3]万建中：《新编民间文学概论》，上海：上海文艺出版社 2011 年版，第 122 页。

[4]刘锡诚：《非遗保护的一个认识误区》，《河南社会科学》2011 年第 5 期，第 29—32 页。

[5][日]柳田国男：《传说论》，北京：中国民间文艺出版社 1985 年版，第 26 页。

[7]陶葆廉：《辛卯侍行纪》，兰州：甘肃人民出版社 2002 年版，第 328 页。

[8][美]克利福德·格尔茨：《地方知识——阐释人类学论文集》，北京：商务印书馆 2016 年版，第 37 页。

[9]盛晓明：《地方性知识的构造》，《哲学研究》2000 年第 12 期，第 36—44 页、第 76—77 页。

[10]李应魁：《肃镇华夷志校注》，兰州：甘肃人民出版社 2006 年版，第 189 页。

[11][12]万建中：《民间传说的虚构与真实》，《民族艺术》2005 年第 3 期，第 71—75 页。

作者：

王琰，兰州文理学院外语学院副教授，博士研究生，研究方向：民间文学与文化。

岷县宝卷研究

濮文起主持

非物质文化遗产论丛（第二辑）

主持人语：洮岷文化的珍贵遗存

濮文起

20 世纪 80 年代以来，宝卷作为一种重要的传统文化文本，越来越引起国际学界关注。中外学者通过搜集图书馆藏、挖掘民间保藏宝卷，整理、出版了一系列宝卷文献丛书和研究论著，人们逐步认知宝卷已成为了解中国古代与近代广大民众精神生活、信仰风俗、伦理道德、理想境界的不可多得的珍稀资料。因此，宝卷被中国学界视为 20 世纪继敦煌遗书、大内档案之后的第三个重大发现，又被称为独立于佛教《大藏经》、道教《道藏》外的另一中国传统宗教经典。

步入 21 世纪，2006 年甘肃"河西宝卷"被列入第一批国家级非物质文化遗产名录、2008 年江苏"靖江宝卷"被列入第二批国家级非物质文化遗产名录，推动了宝卷研究队伍的逐渐扩大和宝卷研究成果的不断增多。特别是 2021 年甘肃洮岷文化的珍贵遗存——"岷县宝卷"被列入第五批国家级非物质文化遗产名录，更是彰显了国家对宝卷文献的高度重视，定会引领宝卷研究出现一个新的高潮，在社会主义文化建设事业中，发挥其他传统文化不可替代的重要作用。

为了促进宝卷整理与宝卷研究向纵深发展，本期主要围绕着"岷县宝卷"，发表四篇宝卷研究论文，以飨读者。

濮文起撰《宝卷学研究的历史回顾与前景展望》，从宏观视域回顾了步入 21 世纪以后，中国学者宝卷研究历程与其丰硕成果。在此基础上，该文以习近平总书记《在哲学社会科学工作座谈会上的讲话》精神为指导，展望了构建以《中华宝卷目录》《中华宝卷集成》《中华宝卷提要》《中华宝卷辞典》为四块基石的中国"宝卷学"的光明前景，呼吁中国学者应该挺膺担当构建中国"宝卷学"的学术责任与历史使命，为提振文化觉醒、增强文化自信作出贡献。

张润平撰《岷县宝卷的田野发现、研究及其价值》，该文回述了作者十几年来深入

甘肃洮岷地区民间探访宝卷过程，从而发现岷县是一座保藏宝卷的富矿，总藏量达五千多部，版本五六百种，其中不少为明清大字折装本，乃至孤本，实属罕见，十分珍贵。此外，该文还考证了"岷县宝卷"源流，阐释了岷县特殊的地理位置和民族杂居的社会环境，遂使岷县成为保藏明清以来宝卷的理想之地。与此同时，该文又介绍了岷县民间至今盛行的抄写、念诵宝卷祈福禳灾的民俗活动，为人们打开了一方了解"岷县宝卷"历史传承与现实活动的新天地。

霍福撰《张润平先生编著〈岷州宝卷集成〉述评》，该文饱含深情地推介了张润平主编、出版的《岷州宝卷集成》的内容与特色。该文首先介绍了该套丛书所收《目莲卷》《老爷卷》《菩萨卷》《泰山卷》品目；接着，揭示了该套丛书的四个特点，即内容的原真性、形式的古朴性、结构的程式性、故事的完整性；最后，阐述了"岷县宝卷"对青海目连戏、嘛呢经、地方曲艺均产生了深刻影响。

刘玉忠撰《由凡入圣的英雄形象——岷县宝卷中的关帝信仰》，该文通过解析"岷县宝卷"中的《伏魔宝卷》，将关帝信仰传入岷县以后，除了保留原有的关帝信仰内核之外，又吸纳了岷县地区多元文化特质昭示于世，并通过阐述关羽由凡入圣的历史文化进程，论证关帝信仰已经成为岷县各民族共享的文化符号，定能在铸牢中华民族共同体意识的伟业中发挥重要作用。

主持人简介：

濮文起，陕西师范大学人文科学高等研究院特聘研究员、中华宗教文化交流协会理事，中国宗教学会名誉理事，天津社会科学院资深研究员，曾任天津社会科学院宗教文化研究所所长、哲学研究所所长。自 20 世纪 80 年代末始，主要从事中国民间宗教史、中国民间宗教思想史、宝卷学、宗教文化研究；在国内外率先提出建立"中国宝卷学"学术构想，已出版著作、工具书、大型民间宗教历史文献丛书 30 多部（套）；在《世界宗教研究》《世界宗教文化》《宗教学研究》《文史哲》《南开学报》《民俗研究》《天津社会科学》《澳门理工学报》等杂志发表论文百卅余篇；荣获省部级哲学社会科学成果奖一、二、三等奖多项；主持完成国家社会科学基金重点项目"当代中国民间宗教调查与研究——以河北民间宗教现实活动为例"（07AZJ001）、国家社会科学基金重点项目"中国民间宗教通史"（16AZJ006）。目前，担任国家社会科学基金重大招标项目"中国民间宗教思想史"（18ZDA232）首席专家，正在主持该项研究工作。

宝卷学研究的历史回顾与前景展望*

濮文起

摘要： 构建中国"宝卷学"是一项浩大、艰巨的学术工程。回顾步入 21 世纪以来二十多年宝卷研究历程及其丰硕成果，展望未来构建中国"宝卷学"的光明前景，以习近平总书记《在哲学社会科学工作座谈会上的讲话》精神为指导，在打造《中华宝卷目录》《中华宝卷集成》《中华宝卷提要》《中华宝卷辞典》四块学术基石的基础上，构建起中国"宝卷学"的学科体系、学术体系、话语体系，则是题中应有之义，为提振文化觉醒、增强文化自信作出贡献，更是新时代赋予宝卷研究学者肩负的学术责任与历史使命。

关键词： 宝卷学；回顾；展望；学术工程

一

1999 年，笔者曾在《宝卷学发凡》一文中，提出与论述了构建一门新的学科——"宝卷学"的学术构想，并预言"随着这门学科研究的不断深入，定会在研究对象与研究方法上，更加丰富与成熟，并作为一门独立的人文学科活跃于学术之林"。① 如今，四分之一世纪过去了，回首反观中国学者的宝卷研究成果，无论是在宝卷文献搜集、整理、影印、选编方面，还是在宝卷研究专著、文集、论文方面，都是硕果累累，均今非昔比，令学界瞩目。

（一）宝卷文献搜集、整理、影印、选编（按出版时间先后为序）

步入 21 世纪，宝卷文献的搜集、整理、影印出版工作进入高潮，特别是自 2006

---

*［基金项目］国家社科基金重大招标项目"中国民间宗教思想史"（18ZDA232）；陕西省社会科学基金项目"中国河西宝卷文献集成与研究"（2020HO14）。

① 濮文起：《宝卷学发凡》，《天津社会科学》1999 年第 2 期。

年始，相继有甘肃"河西宝卷"、江苏"靖江宝卷"、甘肃"岷县宝卷"被列入国家级非物质文化遗产名录①以及国家哲学社会科学基金不断加大资助宝卷研究项目以后②，更是推动宝卷文献的搜集、整理、影印出版工作的蓬勃发展，相继有十四套大型宝卷文献丛书剞劂面世，其数量是20世纪90年代的7倍③：

1. 濮文起主编：《民间宝卷》20册，合肥：黄山书社2005年版。

2. 马西沙主编：《中华珍本宝卷》第1辑10册，北京：社会科学文献出版社2012年版。

3. 霍建瑜编：《美国哈佛大学哈佛燕京图书馆藏宝卷汇刊》7册，桂林：广西师范大学出版社2013年版。

4. 马西沙主编：《中华珍本宝卷》第2辑10册，北京：社会科学文献出版社2014年版。

---

①2006年甘肃"河西宝卷"被列入第一批国家级非物质文化遗产名录、2008年江苏"靖江宝卷"被列入第二批国家级非物质文化遗产名录、2021年甘肃"岷县宝卷"被列入第五批国家级非物质文化遗产名录

②进入21世纪以后，国家哲学社会科学基金为宝卷研究立项18个，是20世纪90年代的9倍（宗教学，马西沙："宝卷提要与研究"，一般项目，1991年；中国文学，车锡伦："中国宝卷研究"，重点项目，1996年）。其中，重大项目2个，（①宗教学，李永平："海外藏中国宝卷整理与研究"2019年；②中国文学，王定勇："民间宝卷文献集成及研究"，2019年），一般项目9个（①中国文学，尚丽新："北方民间宝卷研究"，2007年；②中国文学，陆永峰："吴方言区民间宝卷研究"，2011年；③中国文学，郭郁烈："河西宝卷整理与研究"，2014年；④宗教学，刘永红："洮岷宝卷研究"，2014年；⑤宗教学，李永平："宝卷禳灾叙述的人类学研究"，2015年；⑥中国文学，韩洪波："河南宝卷文献整理与价值研究"，2016年；⑦语言学，曹强："北方宝卷语言文言化研究"，2017年；⑧中国历史，程瑶："西北宝卷文献整理与语言研究"，2018年；⑨宗教学，刘永红："区域宝卷比较研究"，2020年），青年项目3个（①中国文学，张灵："民间宝卷与古代小说跨文本研究"，2014年；②宗教学，周波："早稻田大学中国宝卷整理与研究"，2022年；③中国文学，陈姵瑄："民间宝卷故事流变研究"，2022年），西部项目3个（①宗教学，刘永红："青海宝卷研究"，2009年；②宗教学，崔云胜："民间宗教视域下的河西宝卷研"，2022年；③宗教学，文俊威："明代宗教宝卷疑难字词考试研究"，2022年），后期资助项目1个（宗教学，程国君："丝路河西宝卷研究"，2019年）。18个资助项目涉及学科主要是中国文学和宗教学，另有语言学、中国历史，宗教学有9个，中国文学7个，语言学、中国历史各1个，总的来看，宗教学与中国文学、语言学、中国历史各占有半壁江山。

③20世纪90年代，海峡两岸各自出版了一套宝卷文献丛书：濮文起、宋军编《宝卷初集》40册，太原：山西人民出版社1994年版；王见川、林万传编《明清民间宗教经卷文献》12册，台北：新文丰出版公司1999年版。

5. 车锡伦、钱铁民编：《中国民间宝卷文献集成·江苏无锡卷》15 册，北京：商务印书馆 2014 年版。

6. 李正中编：《善书宝卷研究丛书》10 册，台北：兰台出版社 2014 年版。

7. 曹新宇编：《明清秘密社会史料撷珍·黄天道卷》7 册，新北：博扬文化事业有限公司 2013 年版。

8. 王见川、范纯武编：《近代中国民间宗教经卷文献》12 册，台北：新文丰出版公司 2015 年版。

9. 马西沙主编：《中华珍本宝卷》第 3 辑 10 册，北京：社会科学文献出版社 2015 年版。

10. 张天佑、任积泉编：《丝路稀见刻本宝卷集成》10 册，天津：天津古籍出版 2019 年版。

11. 张天佑、任积泉编：《丝路稀见抄本宝卷集成》10 册，天津：天津古籍出版 2019 年版。

12. 骆凡、王定勇编：《扬州大学馆藏宝卷》，扬州：广陵书社 2022 年版。

13. 李永平主编：《海外藏中国宝卷汇刊》50 册，北京：商务印书馆 2023 年版。

14. 濮文起主编：《中华宝卷萃编》50 册，北京：商务印书馆 2024 年版。

此外，还出版了十四部宝卷选本，其数量是 20 世纪 80 年代至 90 年代的 3 倍多^①：

1. 梁一波编：《河阳宝卷》，上海：上海文化出版社 2007 年版。

2. 张旭编：《山丹宝卷》，兰州：甘肃文化出版社 2007 年版。

3. 徐永成、崔德斌主编：《金张掖民间宝卷》，兰州：甘肃文化出版社 2007 年版。

4. 尤红编：《中国靖江宝卷》，南京：江苏文艺出版社 2007 年版。

5. 宋进林、唐国增编：《甘州宝卷》，香港：中国书画出版社 2008 年版。

6. 高德祥编：《敦煌民歌宝卷曲子戏》，香港：中国图书出版社 2009 年版。

7. 王学斌编：《河西宝卷集萃》，北京：中国人民大学出版社 2010 年版。

8. 酒泉市文化馆编：《酒泉宝卷》第 4 辑，兰州：甘肃文化出版社 2011 年版。

9. 何国宁：《酒泉宝卷》第 5 辑，兰州：甘肃文化出版社 2011 年版。

10. 中共张家港市委宣传部编：《中国沙上宝卷集》，上海：上海文艺出版社 2011

---

① 段平编《河西宝卷》，兰州：兰州大学出版社 1988 年版；段平编《河西宝卷选》（上下册），台北：新文丰出版公司 1992 年版；方步和编《河西宝卷真本校注研究》，兰州：兰州大学出版社 1992 年版；郭仪、谭蝉雪等编《酒泉宝卷（上编）》，兰州：兰州大学出版社 1992 版。

年版。

11. 常熟市文化广电新闻出版社编：《中国常熟宝卷》，苏州：古吴轩出版社 2015 年版。

12. 余鼎君编：《中国世俗宝卷汇编》7 册，上海：上海文艺出版社 2021 年版。

13. 余鼎君编：《中国常熟宝卷·疏牒符箓纸马汇编》，香港：中华文化出版社 2022 年版。

14. 张润平编：《岷州宝卷集成》第 1 辑 5 册，北京：团结出版社 2023 年版。

上述宝卷文献丛书和宝卷选本的连续出版，为"宝卷学"研究提供了坚实的资料基础。

（二）宝卷研究专著、文集、论文、工具书（按出版时间先后为序）

与此同时，中国学者在二十多年中，围绕宝卷源流、宝卷传承、宝卷方俗词语、宝卷音韵资源、宝卷生存智慧、宝卷当代价值等方面进行了不懈探索，其研究专著、文集数量 30 部，是 20 世纪 80 年代至 90 年代的 4.4 倍[①]：

1. 车锡伦著：《信仰·教化·娱乐——中国宝卷研究及其他》，台北：学生书局 2002 年版。

2. 游子安著：《善与人同：明清以来的慈善与教化》，北京：中华书局 2005 年版。

3. 钱铁民著：《江苏无锡宣卷仪式音乐研究》，上海：上海音乐学院出版社 2005 年版。

4. 李世瑜著：《宝卷论集》，台北：兰台出版社 2007 年版。

5. 王见川著：《汉人宗教、民间信仰与预言书的探索》，新北：博扬文化事业有限公司，2008 年版。

6. 车锡伦著：《中国宝卷研究》，桂林：广西师范大学出版社 2009 年版。

7. 李豫等：《山西介休宝卷说唱文学调查报告》，北京：社会科学文献出版

[①] 郑志明著《中国善书与宗教》，台北：学生书局 1988 年版；郑志明著《台湾的鸾书》，台北：正一善书出版社 1990 年版；段平著《河西宝卷的调查研究》，兰州：兰州大学出版社 1992 年版；喻松青著《民间秘密宗教经卷研究》，台北：联经出版社 1994 年版；车锡伦著《中国宝卷概论》，台北：学海出版社 1997 年版；徐小跃著《罗教·佛教·禅学——罗教〈五部六册〉揭秘》，南京：江苏人民出版社 1999 年版；游子安著《劝化金箴：清代善书研究》，天津：天津人民出版社 1999 年版。

社 2010 年版。

8. 车锡伦、陆永峰著：《靖江宝卷研究》，北京：社会科学文献出版社 2012 年版。

9. 陆永峰、车锡伦著：《吴方言区宝卷研究》，北京：社会科学文献出版社 2012 年版。

10. 游子安著：《善书与中国宗教：游子安自选集》，新北：博扬文化事业有限公司 2012 年版。

11. 庆振轩主编：《河西宝卷与敦煌文学研究》，北京：人民出版社 2012 年版。

12. 黄靖著：《宝卷民俗》，苏州：古吴轩出版社 2013 年版。

13. 刘永红著：《西北宝卷研究》，北京：民族出版社 2013 年版。

14. 刘永红著：《青海宝卷研究》，北京：中国社会科学出版社 2013 年版。

15. 冯锦文主编：《中国宝卷生态化保护与传承交流研讨会论文集》，南京：河海大学出版社 2014 年版。

16. 尚丽新、车锡伦著：《北方民间宝卷研究》，北京：商务印书馆 2015 版。

17. 李永平著：《禳灾与记忆：宝卷的社会功能研究》，北京：中国社会科学出版社 2016 年版。

18. 王定勇主编：《中国宝卷国际研讨会论文集》，扬州：广陵书社 2016 年版。

19. 郭腊梅主编：《苏州戏曲博物馆藏宝卷提要》，北京：国家图书馆出版社 2018 年版。

20. 濮文起、李永平编：《宝卷研究》，北京：商务印书馆 2019 年版。

21. 李妍著：《河西宝卷原型研究》，北京：中国社会科学出版社 2020 年版。

22. 李贵生、王明博著：《河西宝卷研究》，北京：中国社会科学出版社 2021 年版。

23. 李志鸿著：《闽浙赣宝卷与仪式研究》，新北：博扬文化事业有限公司 2021 年版。

24. 车瑞著：《西游宝卷研究》，杭州：浙江大学出版社 2021 年版。

25. 程国君著：《"三教"理念与因果故事——丝路河西宝卷的主题阐释与叙事探索》，北京：商务印书馆 2022 年版。

26. 张润平、石志平著：《岷县宝卷》，北京：团结出版社，2022 年版。

27. 韩洪波著：《河南宝卷目录提要》，郑州：河南大学出版社，2023 年版。

28. 李永平主编：《海外中国宝卷收藏与研究导论》，上海：上海古籍出版社 2023 年版。

29. 余鼎臣编著：《常熟乡风集萃》，北京：中国国际广播出版社 2023 年版。

30. 黄靖著：《中国宝卷活态传承研究》，苏州：古吴轩出版社 2023 年版。

据"中国知闻"统计，自 2000 年至今，宝卷研究论文发表 420 多篇，其数量是 20 世纪 80 年代至 90 年代的 10 倍多，而硕士论文 53 篇、博士论文 3 篇，均出自 2000 年以后。这些研究成果激活了宝卷这个历史传承下来的民间文化文本，成为人们了解中国古代与近代广大民众精神生活、信仰风俗、伦理道德、理想境界的不可多得的珍稀资料。因此，宝卷被视为 20 世纪初中国学界继敦煌遗书、清宫档案之后的第三个重大发现，又被称为独立于佛教《大藏经》、道教《道藏》外的另一中国传统宗教经典[1]，以其蕴藏丰厚的思想文化事实向世人昭示：宝卷是明清时期以来下层民众留下的集体记忆，是一座综合了语言、文学、音乐、民间宗教以及版本印刷艺术的民间文化宝库，既是中国传统文化遗产重要组成部分，也是提振文化觉醒与增强文化自信的思想源泉之一，具有特殊的开发与研究价值。

二

检视 2000 年至今的宝卷研究成果，中国学者基本是继续沿着 20 世纪 20 年代以来顾颉刚、郑振铎、向达、傅惜华、李世瑜等先贤开辟的民间文学与民间宗教两条路径开展学术研究的。① 与此同时，宝卷研究获准国家哲学社会科学基金立项所属学科，也基本是文学和宗教学两个学术领域。

---

① 民国十四年（1925 年），顾颉刚先生开始在《歌谣周刊》上，分六次刊登了民国四年（1915 年）岭南永裕谦刊刻的《孟姜仙女宝卷》，并作了考证与研究。顾先生是对苏州一带宣讲宝卷风气进行学术介绍的最早学者。郑振铎先生于民国十七年（1928 年）在《小说月报》第 17 卷号外上发表了《佛曲叙录》，将其所藏清末民初宝卷 38 种（另有变文 6 种）各作一叙录，并注明年代、版本、作者等，是介绍宝卷学术价值的最早专著。民国二十三年（1934 年），向达先生以《明清之际宝卷文学与白莲教》为题，在《文学》1934 年 2 卷 6 号上发表文章，将明清时期出现的大批宝卷视为民间宗教经典，并指出："这些初期的宝卷文学，倒是研究明清之际白莲教一类秘密教门的一宗好数据。"该文还收录民间宗教宝卷 70 种。新中国成立后，傅惜华先生进一步认为，宝卷在研究"白莲教、弘阳教、无为教等秘密宗教之教理，与其师祖修道之事迹，俱可于此类宝卷探索之，实蕴藏无限之宝贵史料"（傅惜华：《宝卷总录》，北京：巴黎大学北京汉学研究所 1951 年版，第 6 页）。李世瑜先生则提出："明清间的宝卷的史料价值——农民起义和宗教思想方面的价值，是高于其文学价值的。"（李世瑜：《宝卷新研——兼与郑振铎先生商榷》，《文学遗产》增刊第 4 辑，作家出版社，1957 年）。

从上述 2000 年以后面世的诸多宝卷研究成果来看，给人留下的一个突出印象，便是大多数学者偏重从民间文学角度探索宝卷的文化价值，而从民间宗教视角揭示宝卷的文化价值的学术成果则相形见绌，于是在便在宝卷研究领域，出现一脚高一脚低的学术"跛足"现象，让人观后有一种宝卷研究发展不平衡的心理感触，产生一种宝卷所蕴藏的本真精神犹如"游魂"一样飘浮在空中，一直不能落地。究其原因，笔者认为主要有二：

一是由于历史惯性，在一部分人心目中，宗教研究特别是民间宗教研究至今仍是一个颇具敏感性的独特学术领域。

对宗教研究如何"脱敏"？早在 20 世纪 60 年代，毛泽东主席便倡导中国学者应该研究宗教，并为宗教学研究指明了前进方向。1963 年年底，为加强和扩大对外研究，中央外事小组向中央提出了《关于加强对外研究的请示报告》，提议建立 14 个研究国际问题的研究所。12 月 30 日，毛泽东主席对该请示报告作了重要批语："这个文件很好。但未提及宗教研究。对世界三大宗教（基督教、伊斯兰教、佛教），至今影响着广大人口，我们却没有知识，国内没有一个由马克思主义者领导的研究机构，没有一本可看的这方面的刊物。……其他刊物上，用历史唯物主义的观点写的文章也很少，例如任继愈发表的几篇谈佛教的文章，已如凤毛麟角，谈基督教、伊斯兰教的没有见过。不批判神学就不能写好哲学史，也不能写好文学史和世界史。这点请宣传部同志们考虑一下。"随后，中央根据毛泽东主席的倡议，在 14 个拟建的国际问题研究所之外，决定建立世界宗教研究所。经过半年多筹备，1964 年 8 月，世界宗教研究所正式成立，任继愈先生担任所长，新中国成立的第一个专业的宗教研究机构诞生了。世界宗教研究所开始设在北京大学哲学系，后划归中国科学院哲学社会科学部。1977 年 5 月，中央批准中国科学院哲学社会科学部改名中国社会科学院，属于该院的世界宗教研究所也同时正式成立。①[2]

进入 21 世纪以后，历届共产党总书记都对我国宗教工作非常重视，作过精辟阐述，规定了目标宗旨。

2001 年 12 月，中共中央、国务院在北京召开了全国宗教工作会议，江泽民总书记在会上作了重要讲话，这是继 1990 年 12 月初由国务院召开的全国宗教工作会议以来，以江泽民同志为核心的党中央第三代领导集体，根据国内外形势的变化和我国改革开放

---

① 《中国宗教》编辑部：《专业宗教研究机构的诞生：中国社会科学院世界宗教研究所成立经过》，《中国宗教》2019 年第 1 期。

及社会主义现代化建设的新实践，总结了我国宗教工作的新经验，分析了我国宗教工作面临的新形势、新情况、新问题，回答了在新世纪初，在社会主义初级阶段的中国，如何正确对待宗教问题和做好宗教工作等一系列问题，这对于进一步提高全党同志对我国宗教工作重要性的认识，对于新世纪初如何做好我国的宗教工作具有重要的理论与实践意义。江泽民总书记在全国宗教工作会议上强调，要深刻认识宗教存在的长期性、宗教问题的群众性和特殊复杂性，全面正确地贯彻党的宗教信仰自由政策、依法管理宗教事务、积极引导宗教与社会主义社会相适应、坚持独立自主自办原则，肯定广大信教群众也是建设中国特色社会主义的积极力量，指出宗教的社会作用具有两重性，要求调动宗教中的积极因素为社会发展和稳定服务。①[3]2006 年 7 月，胡锦涛总书记在全国统战工作会议上强调，要深刻认识宗教产生和存在的自然根源、社会根源和心理根源，深入把握新形势下宗教发展的客观规律，确立宗教工作的基本方针，强调宗教关系是政治领域和社会领域中涉及党和国家工作全局的重要关系之一，要促进宗教关系和谐，发挥宗教界人士和信教群众在促进经济发展、社会和谐和文化繁荣中的积极作用，丰富和完善党的宗教工作理论政策，有力推进马克思主义宗教观的中国化。②[4]2021 年 12 月，习近平总书记在全国宗教工作会议上指出："要完整、准确、全面贯彻党的宗教信仰自由政策，尊重群众宗教信仰，依法管理宗教事务，坚持独立自主自办原则，积极引导宗教与社会主义社会相适应。党的宗教工作的本质是群众工作。群众和不信教群众在政治上经济上的根本利益是一致的，都是党执政的群众基础。既要保护信教群众宗教信仰自由权利，最大限度团结信教群众，也要耐心细致做信教群众工作。"③[5]特别是习近平总书记在这次会议上还明确提出宗教工作的三支队伍——党政干部、宗教界人士、宗教学研究学者三支队伍通力合作，做好宗教工作，为宗教学研究指出了明确方向。习近平总书记的出发点和落脚点，就是他在中国共产党成立 100 周年大会上讲话阐释的中国共产党的伟大使

---

① 毛国庆：《新世犯初做好我国宗教工作的纲领性文献——学习江泽民在全国宗教工作会议上讲话的体会》，《河北社会主义学院学报》2002 年第 2 期。

② 桑维军、何万金、曹富雄：《正确认识和处理"五大关系"是构建和谐社会的本质要求——学习胡锦涛在〈全国统战工作会议上的讲话〉》，《兰州交通大学学报（社会科学版）》2007 年第 5 期。

③《习近平在全国宗教工作会议上强调：坚持我国宗教中国化方向积极引导宗教与社会主义社会相适应》，《人民日报》2021 年 12 月 5 日第 1 版。

命："新的征程上，我们必须坚持大团结大联合，坚持一致性和多样性统一，加强思想政治引领，广泛凝聚共识，广聚天下英才，努力寻求最大公约数、画出最大同心圆，形成海内外全体中华儿女心往一处想、劲往一处使的生动局面，汇聚起实现民族复兴的磅礴力量！"①[6]

因此，我们应该时刻牢记并努力践行党中央的指示精神，只要勇于解放思想，坚持实事求是，坚持与时俱进，坚持以人民为中心，坚持以实现中华民族伟大复兴为旨归，就能在宝卷研究方面，有所突破，有所建树，有所贡献。

二是宝卷研究学者本身宗教学知识和宗教学理论素养亟待提高。

因受宗教研究敏感等因素影响与制约，目前我国高等院校宗教学科和地方社会科学院宗教学研究所设置很少，与文学、史学、哲学等学科人才荟萃、大家云集相比，真正通晓宗教学知识和宗教学理论的专家学者与研究团队并不多见，而涉足宝卷研究的学者，无论是老一代，还是中青年，其学术背景大多是文史哲人文学科。因此，笔者建议从事宝卷研究的学者应该冲破思想牢笼，肩负起学者应具的学术责任，努力学习宗教学知识和宗教学理论，用以解析宝卷蕴藏的思想文化，如此坚持下去，不出数年，定会使宝卷研究出现新气象，更上一层楼，不但能使目前宝卷研究成果存有的"跛足"状况得到根本改变，而且能使飘浮在空中的宝卷"游魂"着实落地，将宝卷承载的本真精神彰显于世，为构建中国特色的社会主义文化增辉添光。

三

"静以臧往，动以知来"。审视中国宝卷研究学者二十多年的不懈努力与其取得的丰硕成果，笔者充满信心地认为，现在已经到了构建"宝卷学"的时候了。

那么，"宝卷学"的研究对象是什么？当然是历史留下的包括印制与手抄在内的全部宝卷文本。有关宝卷的源与流、宝卷的形式与内容、宝卷的思想与特点、宝卷的制作与发行、宝卷的宣念与受众、宝卷的作用与影响以及宝卷研究的目的与愿景，都是"宝卷学"的研究对象。

"宝卷学"的研究方法，首先要打破目前偏重民间文学研究一隅，应该打开眼界，拓展思路，在继续采取文学理论与方法研究的基础上，进一步运用发生学、历史学、哲

---

① 习近平：《在中国共产党成立100周年大会上的讲话》，新华网，2021年7月1日。

学、宗教学、心理学、社会学、人类学①、音乐学、印刷学、版本学、目录学、传播学、受众学等多学科的理论与方法，对宝卷进行全方位、纵横交错的全景式研究。其具体做法与实施步骤，笔者建议：

第一步，首先要打造构建中国"宝卷学"的四块学术基石：

（一）编辑《中华宝卷目录》

早在 20 世纪 50 年代，便有傅惜华编辑的《宝卷总录》[7]、胡士莹编辑的《弹词宝卷书目》[8]相继出版。20 世纪 60 年代，又有李世瑜编辑的《宝卷综录》[9]问世。20 世纪 90 年代以来，天津、北京两地图书馆管理人员陆续编辑了一些"宝卷"收藏目录，如谢忠岳编辑的《天津图书馆馆藏善本宝卷目录》[10]，与其撰写的《现存中华宝卷的收藏分布和研究》[11]、李鼎霞、杨宝玉编辑的《北京大学图书馆馆藏宝卷简目》[12]、程有庆、林萱编辑的《北京图书馆馆藏宝卷目录》[13]等相继在有关刊物发表。1998 年，车锡伦编辑的《中国宝卷总目》，由台湾"中研院"文哲所筹备处出版；2000 年，北京燕山出版社又出版重编本。车锡伦编辑的《中国宝卷总目》，共收入国内外公私收藏宝卷 1585 种、版本 5000 余种，是目前收录宝卷最多的类书目录。

但是，纵观上述宝卷目录，因编者的历史局限，学术理念与技术操作不尽相同，故既有各自长处，也存有各种缺憾，即使车锡伦编辑的收录宝卷最多的《中国宝卷总目》，不但查阅费力，而且漏编不少存世宝卷。[14]因此，总结、整合以往所出宝卷目录，汲取其精华，克服其不足，编辑一部体例上得到大家认同，尽可能将存世宝卷（包括海外收藏）"一网打尽"[15]，且查阅便捷的《中华宝卷目录》，是为构建中国"宝卷学"打造的第一块学术基石。

---

① 采用人类学理论与方法，深入乡村社会调查与研究大有可为，定会使宝卷研究别开生面，充满活力。如近年在甘肃省张掖市出现了一支"河西宝卷守正创新志愿者团队"，他们在当地政府支持下，先后创作了反映抗击新冠疫情的《战瘟神宝卷》，反映民间神话的《惊梦黑水国宝卷》，反映民间习俗的《青苗旗宝卷》，反映西游故事的《高老庄宝卷》《八戒大战流沙河宝卷》，反映脱贫攻坚的《下屋兰宝卷》，反映大学生心理健康问题的《伏心魔宝卷》以及反映著名作家雪漠在家乡凉州兴建书院事迹的《雪漠书院宝卷》。与此同时，该团队还以"守正创新促进非遗活态传承，新创宝卷赋能乡村文化振兴"为题，在河西地区组织民众唱念新创宝卷活动达 200 多场次，直接受众达万人以上，走出了一条对传统宝卷"进行创造性转化、创新性发展"的成功之路，成为河西地区乡村文化振兴活动中的一道亮丽风景，为社会主义新农村文化建设作出了积极贡献。

（二）编纂《中华宝卷集成》

从目前已出版的宝卷文献汇编成果来看，除去相互重复外，实际收录宝卷总共 400 多种，尚有 1200 多种宝卷散藏在全国各地与海外图书馆或民间个人手中，如能得到国家支持资助，调集全国宝卷研究力量，将存世的宝卷全部访获、搜集殆尽，编纂一套像佛教《大藏经》、道教《道藏》那样规模的《中华宝卷集成》，不仅是为构建中国"宝卷学"打造了第二块学术基石，还是一件功在当代，利在千秋的文化盛事，必将在世界产生重大影响。

（三）编写《中华宝卷提要》

宝卷蕴藏了丰富多彩的中国传统文化，其传播的文化信息涉及佛教、道教、民间宗教、民间信仰、民间文学、风土人情、节日时令、中医偏方、方言密语、印刷技术等，参照清代纪昀等人编纂的《四库全书提要》，将存世宝卷，分别从作者、版本、形式、内容、流传、影响、价值等方面作一提要，不但为初学者，而且也为研究者提供阅读指南，是为构建中国"宝卷学"打造的第三块学术基石。

（四）编写《中华宝卷辞典》

照辞典编纂体例，并根据宝卷自身特点，设立人物、教派、教义、仪式、术语、组织、事件、活动场所、出版机构、传播手段、受众反响等条目，编写一部《中华宝卷辞典》，为宝卷研究者提供一部查阅方便的工具书，是为构建中国"宝卷学"打造的第四块学术基石。

第二步，撰写《中华宝卷学》。

在胜利打造《中华宝卷目录》《中华宝卷集成》《中华宝卷提要》《中华宝卷辞典》四块学术基石基础上，组织全国宝卷研究学者撰写一部《中华宝卷学》（包括宝卷文学、宝卷宗教学、宝卷社会学、宝卷人类学、宝卷版本学、宝卷传播学、宝卷受众学等），其彰显的学术思想和所体现的学术价值，定能在中国学界乃至世界学界产生重大深远影响。

总之，这是一项浩大、艰巨且意义重大的学术工程，在实施这项学术工程过程中，始终以习近平总书记《在哲学社会科学工作座谈会上的讲话》精神为指导，不但需要宝卷学界新老同仁共同设计构筑，更需要宝卷学界新老同仁携手运送木石，还需要其他人文社会科学专家学者鼎力支持，大家通力合作，为尽快构建起中国"宝卷学"的学科体系、学术体系、话语体系，为提振文化觉醒、增强文化自信作出贡献，不负新时代赋予宝卷研究学者的学术责任与历史使命，向世界讲好中国的"宝卷故事"，从而"让世界

知道'学术中的中国''理论中的中国''哲学社会科学中的中国"。[16]对此，笔者充满信心，翘首以待，并以"老骥伏枥，志在千里"精神，积极投身这项学术工程之中。

参考文献：

[1]马西沙主编：《中华珍本宝卷》第1辑第1册"前言"，北京：社会科学文献出版社2012年版。

[2]《中国宗教》编辑部：《专业宗教研究机构的诞生：中国社会科学院世界宗教研究所成立经过》，《中国宗教》2019年第1期。

[3]毛国庆：《新世纪初做好我国宗教工作的纲领性文献——学习江泽民在全国宗教工作会议上讲话的体会》，《河北社会主义学院学报》2002年第2期。

[4]桑维军、何万金、曹富雄：《正确认识和处理"五大关系"是构建和谐社会的本质要求——学习胡锦涛在〈全国统战工作会议上的讲话〉》，《兰州交通大学学报（社会科学版）》2007年第5期。

[5]《习近平在全国宗教工作会议上强调：坚持我国宗教中国化方向积极引导宗教与社会主义社会相适应》，《人民日报》2021年12月5日第1版。

[6]习近平：《在中国共产党成立100周年大会上的讲话》，新华网，2021年7月1日。

[7]傅惜华：《宝卷总录》，北京：巴黎大学北京汉学研究所1951年版。

[8]胡士莹：《弹词宝卷书目》，上海：古典文学出版社1957年版。

[9]李世瑜：《宝卷综录》，北京：中华书局1961年版。

[10]谢忠岳：《天津图书馆馆藏善本宝卷目录》，《世界宗教研究》1990年第3期。

[11]谢忠岳：《现存中华宝卷的收藏分布和研究》，《图书馆工作与研究》1997年第3期。

[12]李鼎霞、杨宝玉：《北京大学图书馆馆藏宝卷简目》，《文史资料》1992年第2期。

[13]程有庆、林萱：《北京图书馆馆藏宝卷目录》，《文史资料》1992年第3期。

[14]周晓兰：《〈中国宝卷总目〉补遗》，《唐山学院学报》2012年第1期；韩洪波：《〈中国宝卷总目〉补遗十则》，《兰台世界》2016年第8期。

［15］崔蕴华：《牛津大学藏中国宝卷述略》，《北京社会科学》2015 年第 4 期。

［16］习近平：《在哲学社会科学工作座谈会上的讲话》，《新华网》2016 年 5 月 18 日。

作者：

濮文起，陕西师范大学人文社会科学高等研究院特聘教授，主要研究方向：中国民间宗教史、中国民间宗教思想史、宝卷学、宗教文化。

岷县宝卷的田野发现、研究及其价值*

张润平

摘要：十多年前，学界谈甘肃宝卷，只谈河西宝卷，甚至有人直言甘肃只有河西有宝卷，其他地方无宝卷。正是此因，激发了笔者深入田野，对宝卷进行全面调查与研究的热情。调查发现，岷县是宝卷的富矿，聚集地，不仅数量庞大，总藏量达 5 千多部；品种奇多，达五六百种，多为经折装的明清早期宝卷文本的再传承，不少为全国珍稀文本甚至孤本，且活态传承极其火热，是全国独一无二的存在。本文的介绍，以期引起学界对岷州宝卷学术地位的进一步重视。

关键词：岷县宝卷；岷州；田野发现；研究；价值

宝卷对于岷县人来说，是一个与生俱来的古老存在，人人从小就耳濡目染，深受影响，因为所有的丧葬活动很少不举行宣念宝卷的。同时，有部分家庭把某种宝卷立为其家族供奉的家神，每年有固定时间，召集家族成员举行集体宣念活动。另外，如果遇到大灾大难之年，相关村子甚或周围几个村子就会自发组织举行大型宣念宝卷活动，持续数日通宵达旦。还有个别家庭，希望子女升学或升官发财，也会举行相应宝卷的宣念活动。

本文所谈的发现，仅是针对学术界而言。因为直至十年前，学术界谈甘肃宝卷，只谈河西宝卷，甚至有人直言甘肃只有河西有宝卷，其他地方无宝卷。正是此因，激发了笔者深入田野，对宝卷进行全面调查与研究的热情。经过调查，笔者发现岷县是宝卷的富矿，不仅数量庞大，品种奇多，而且活态传承极其火热，

*［基金项目］国家社科基金重大招标项目"中国民间宗教思想史"（18ZDA232）；陕西省哲学社会基金项目"中国河西宝卷文献集成与研究"（2020HO14）。

是全国独一无二的存在。

一、岷县宝卷的历史背景

秦属陇西郡临洮县，汉、晋因之。西魏大统十年（544年），始置岷州及同和郡，改临洮为溢乐县，为州治所在。岷州，以南有岷山而名。从隋至宋，郡、县名称时有更迭，但基本以岷州之名为常态。从元至清末，岷州之名再未变更。明洪武十一年（1378年）置岷州卫军民指挥使司，隶陕西都司。清仍为岷州卫。卫东连天水、陇山，西达河州、湟水，北阻临洮、陇西，南控武都、文县，虽僻在一隅，而道路四通，一纵一横，位居险要。民国二年（1913年），改岷州为岷县。名称改变了，但其辖区当时并没有随着改变，仍然延续了岷州卫的版图。直至1953年，洮河下游九甸峡以东划归卓尼县、渭源县管辖，以西划归临潭县、康乐县管辖，再往下游，分别划归临洮县、和政县等管辖。1965年开始，岷县以南、以东、以北大片地域分别划归漳县、武山、礼县、西和、宕昌、武都、舟曲、文县、迭部，其中宕昌是整体从岷县分离出去的，分离出去近四分之三的面积。

二、岷县宝卷的田野发现

（一）岷县宝卷的调查

2007年，笔者得知当地老百姓把有破损的老本宝卷重新抄写后，把老本就烧掉了，感到非常可惜。心生抢救之念，但因故没有做成。2012年11月开始至2013年底，笔者集中时间全身心扑在对全县各村落宝卷的调查与文本拍摄上。由于还有很多老百姓心存忌讳，排斥我们的调查工作，只有暂时放缓一步，等待思想工作做通了再去拍摄，这样一直坚持到2024年。那么，岷县宝卷全部调查清楚了吗？由于还有很多人家思想工作没有做通，很多珍贵的文本尚未拍摄到，还须继续努力。

（二）岷县宝卷的分布范围与命名

随着调查的不断深入，笔者发现宝卷文本的抄录有相邻外县蓝本来源的信息，于是顺藤摸瓜，又发现周边各县宝卷遗存的情况，却多在边远山区。这样又深入调查一年有余，笔者发现不仅相邻县域有宝卷遗存，远离岷县的县域也有宝卷遗存，都在原岷州卫属辖范围内，出此范围，就找不到宝卷遗存了。而且这些县域的宝卷遗存多是以静态文本的形式被当地老百姓保存着，没有如岷县一样有活态传承的习俗。正因此，我们把岷县宝卷命名为"岷州宝卷"。如此命名反映了两个问题：一个是宝卷的传播范围，以岷县为中心，延及与岷县相邻的漳县、卓尼、临潭、宕昌、舟曲、迭部，以及岷州卫属辖的渭源部分、康乐大部、临洮部分、和政大部、临夏部分地区。一个是宝卷的传播时间，从明朝起始至中华人民共和国成立初期，全国各地均盛行宝卷传承活动，但自"文化大革命"后，宝卷原来传承的核心区域继续活跃，宝卷原来的波及区域就彻底沉寂下来，丧失了活态传承的能力，所藏的宝卷全部变成了静态文本。因此，我们觉得如此命名是合乎情理，符合历史事实的。

（三）岷县宝卷的存量

岷县宝卷的存量是一个活态数字，基本上处在每年不断更新的状态。由于信仰的缘故，老百姓每年都有许愿心请人抄写宝卷，然后奉献给所在寺院或庙宇存藏。这类宝卷以《泰山娘娘宝卷》为主，因为求儿女的比较多，儿女求到了，就得抄写宝卷还愿。另外，历经"文化大革命"保存下来的宝卷，多出现损坏现象，就请人重新抄写宝卷。在二十年前，新本子抄写出来，就把老本子烧掉了。近十年来，由于我们四处去给老百姓讲，一定要把老本子保存下来，这样他们就更加重视和珍惜老本子了。还有些老百姓觉醒了似的，纷纷请人抄出新本子，然后把老本子收藏起来，再不示人，甚至谎称老本子被人偷去了。这样，岷县宝卷的数量自然就逐年上升了。

总体来说，单《泰山娘娘宝卷》一种岷县民间存量不下2000部（其中新中国成立之前的老本子不下500部），《目连救母宝卷》《护国佑民伏魔宝卷》《泰山幽冥十王宝卷》《灵感观音菩萨宝卷》《销释归家报恩宝卷》《仙姑宝卷》《观音菩萨劝善文》《血河经》等最常用的这八种文本，每种存量不下200部（其中新中国成立之前的老本子每种各不下50部），共计1600部。其他不太普及但时有宣念的40余种文本，每种不下50部（其中新中国成立之前的老本子每种各不下10部），共计2000部。还有各地不再宣念、只在每年盛夏时节晒晒太阳的静态文本（含若干孤本）不下500部。这样，总计岷县及周围县区民间存藏宝卷不下5600部。

（四）岷县宝卷的种类

关于岷县宝卷的种类，笔者在2014年整理过一个目录，梳理出不同名称的宝卷有288种，发表在冯锦文先生主编的《中国宝卷生态化保护与传承交流研讨会论文集》（河海大学出版社，2014年12月）第255-262页，其中有250多种宝卷在车锡伦编著的《中国宝卷总目》中未见录入。又经过7年多的不断收集，截至 2022 年底，笔者继续逐页拍摄宝卷近 600 部，全部是老文本。在对宣唱宝卷的广大民间艺人调查中，他们说有很多宝卷看似名称一样，内容差异很大，同时也存在名称不同但内容完全相同的宝卷。正因此，要准确梳理出岷县宝卷的种类数目，怕是很难的事情。目前，仅 2022 年 12 月出版的《岷县宝卷》一书公布即达 461 种，其中：1949 年前文本 327 种，1949 年后 134 种。2023 年起至 2024 年 3 月，我们又新发现宝卷文本 60 多部，正在整理。还有数百种宝卷，因与藏家没有沟通好，无法查看。这里公布的统计数据仅是不同文本种类数，尚不含同一文本不同版本的统计数。如果把这部分数据统计进去，至少还应增加一百多种。由此可看出岷县宝卷品种及总量可观之一斑。

（五）岷县宝卷的版本

岷县宝卷的文本多为手抄本，但手抄本的形制多严格按照明中叶刻本宝卷的形制制作，成为当地的一个文化传统。一般说来，在民众心目中，一般好的宝卷要严格遵从刻本或好的旧本（蓝本）抄写，包括经头的彩绘，宝卷封面的制作、每页行数、字数，宝卷中的彩绘等方面，不能有所突破或随意处置。

从文本形式来看，岷县宝卷的版本主要是手抄本，其次是木刻印刷本、石刻印刷本。在本人所见数千部宝卷中，木刻印刷本有 5 部，最早的为正统五年（1440 年），最迟的为康熙五十六年（1717 年）。石刻印刷本仅见 2 部，落款页已经残损缺失，但从品相及版面格式判断，至迟也是清早期文本。

手抄本差异较大，除梅川、中寨极少地方见到类似线装书装订的方册文本外，其余各地均为大经折装长册，即便现当代抄本也是如此。

从文本落款年代来看，梅川、中寨方册类似线装文本集中在清末至民国早期的四五十年内。其余各地的大经折装长册文本可分为三个时期：明中后期至清早期为一个集中时期，清中期文本少见，清后期至民国为一个集中时期，中华人民共和国成立后的 80 年代至今为一个集中时期。这一时期似有喷发之势，估计至本文撰稿之时的抄本已经超过之前两个时期抄本的总和了，这一态势值得关注。

从文本内容来看，比如《仙姑宝卷》，共逐页拍摄了 17 部，名称基本相同，仔细比较内容，不论是韵文部分还是白文部分，同一词句中同义词、近义词乃至反义词的差异随处可见，明显属于不同时段不同地域的版本。类此情况，较为普遍，《仙姑宝卷》最甚。

更主要的是如前面所言，貌似名称相同但内容有大差异的宝卷文本，明显属于不同版本。

（六）岷县宝卷的形制

所有宝卷，均由经头、宝卷、套盒三部分组成，经头是宣诵宝卷时展示出来的类似水陆画、唐卡的画像，当地人习惯叫佛像。但很多画像并不尽是佛像，各种神祇、灵异物的画像也有。

特别是经折装宝卷，每一部都配有一支翻阅的经签。普通的经签一般是竹签。竹签上用毛笔字题写经名，用彩绸包裹宝卷时，把题有经名的竹签一端露出来，这样就确保了摆放宝卷时不致倒置。有些宝卷在彩绸上钉上一段彩色布条，上面书写有宝卷经名。有些宝卷配制的是铜签或银签，最好的是象牙签。

严格来说宝卷由经头、宝卷组成，宝卷保存需有经函以及保存宝卷的包裹彩绸、经签和放置宝卷的"佛堂"。经头是宣诵宝卷时展示出来的手工绘制画像，大都由多幅画像组成，因此组成一幅诸多神灵画像的长卷。如《灵应泰山娘娘宝卷》由泰山娘娘、送子娘娘、痘花娘娘等多位女神组成的彩绘长卷，长度可达到120厘米，图卷为折页，平时折合成册，放于宝卷之上，用彩绸包裹起来。在民俗活动时，经头展开了放置于供桌之上，有坛城的功能。

宝卷在形成过程中，受佛教、道教的影响，其文本的制作也仿照佛教经籍和道教经籍的形制，为大经折装长册，方册极少。单册与上下卷两卷本较多。有些整部宝卷较长，在抄卷时分为四部或五部，最长的宝卷分为十部，如《佛说八十一劫法华宝忏》《佛说大乘通玄法华真经》两部宝卷即"十经十忏"。"十经十忏"用"一、二、三……十"来编号分类。三卷内的宝卷一般用上、下或上、中、下来分册。卷数四册以上的用数字来分册，也有用"甲、乙、丙、丁"来分册，还有个别宝卷用"元、亨、利、贞"来分卷，如岷县梅川的一部宝卷《古佛天真考证龙华宝经》就用"元亨利贞"来分卷。分为五卷的宝卷用"仁、义、礼、智、信"来分册，如岷县梅川卜子沟一家人所藏《弘阳五部源流》就用"仁、义、礼、智、信"来标记分册。

岷县宝卷的大经折装宝卷，一般长约一尺（33厘米），宽约3寸至4寸（10～13厘米）。一般来说，尺寸相对小点的，多为清早期的文本。尺寸相对大点的，多为清末、民国时期的文本。宝卷封面用彩绸装裱，多为朱红、深蓝色彩绸装裱宝卷封面。宝卷封面用墨笔或泥金题写卷名。上卷前多有扉页。扉页上画有儒释道三教听法图，有些还绘三龙供牌。供牌书"皇图永固，帝道遐昌，佛日增辉，法轮常转"等字样；或书"皇帝万岁万万岁"，上书"御制"二大字。卷末扉页多绘四方圣图及经名或护法韦驮图，或在经名前加"敕封"二字。总之，岷县宝卷抄本基本沿革了历史上民间宗教宝卷刻本的形式，较为严格地模仿了刻本宝卷的形制。

岷县宝卷绝大多数用毛笔楷书、个别用行楷从右到左竖写抄就，宝卷正文抄写严格按照母本（抄写宝卷所依照的刻本或旧本），每一页上下画有眉线，文字多为五行。宝卷十有八九是手工抄写、大经折装装帧成册的。也有极个别用棉线装订的，数量极少。家中所藏或庙中所藏宝卷多用红色绸缎包裹起来。

（七）岷县宝卷的历史

这里仅谈谈岷县宝卷存在的历史。根据我们十年来的调查，岷县宝卷最早抄录的时间节点是明朝嘉靖五年《泰山源流宝卷》（五卷），然后是《泰山娘娘宝卷》，抄录于明代天启四年。其次多是清代早期与末期的抄本，中期的较少，康熙年间与光绪年间抄本居多，特别是自制刻本唯康熙年间居多。整个中华民国时期是一个高峰，占一半抄本。中华人民共和国成立初期很少，从改革开放至今，岷县宝卷的抄写蔚然成风，掀起了一个抄写宝卷的高峰，存量占整个岷县宝卷的半数以上。这在全国各地宝卷传承处于沉寂或消失的势态下，是非常难得的一个文化现象，值得深入关注。从嘉靖五年（1526年）至今，岷县宝卷有近500年的历史。那么，嘉靖五年之前，岷县一带有没有宝卷？答案应该是肯定的，只是没有文献资料佐证，不好确定早于何时。但就此时间段也是可贵的一种文化存在。

三、岷县宝卷的研究

（一）岷县宝卷的来源

岷县宝卷是本地自产还是外来？自产一两部或三五部，极有可能，在我们调查中，也发现有两部宝卷属于当地自产。但数量如此巨大，种类如此繁多，体系如此完备的宝卷存量绝对不是一时一地之物，应该是举全国之力的产物。为什么岷县会成为全国宝卷汇集地？

第一，唐宋以来汉传佛教民间化，各地都有宣讲遗存，岷县宝卷不可能没有这样的遗存。

第二，明初，朝廷把来自江浙一带的开国将士作为屯兵长期安插在洮岷各地，又把陕西宝鸡一带居民整村迁移到洮岷，作为移民分派在众多本地人相对集中而繁华的村落里，他们会源源不断地携带来在原住地盛行的甚至祖传的等各种民间宝卷，这是明代中后期岷县宝卷大量存在的原因之一。

第三，明朝历代政府有意识让藏传佛教东移，中原文化西移，岷州作为全国东西部文化互动的核心枢纽带，汉传佛教与藏传佛教的融汇遗存不可能没有。事实上，在我们的调查中确有这样的宝卷遗存。

第四，宋元明以来全国各大商会商行财神、族神及家神等信仰宝卷遗存。

由于岷县特殊的地理位置，其商业贸易一直非常发达，清末至民国时期岷县城内有 56 家来自全国各省的商会组织，岷县马坞镇有 25 家全国各省商会组织，成就了岷县经济与文化的繁荣发展，当然也成就了岷县一带宝卷的丰富多彩。

第五，清早期岷州原有的政治中心发生了位移，但岷州的核心枢纽位置并未动摇，这样自由发展的空间反而扩大，使得这一时期岷县宝卷刻印和抄写极其兴盛。

清中后期，由于民族宗教政策发生了变化，岷州的行政核心枢纽地位被式微并边缘化，使得各种反清复明民间宗教云集岷县，他们有各自的教派经书宝卷，同时伴有各自的武术教头及代表拳术。在 20 世纪末期岷县还广泛流传 300 多种传统武术，在 2015 年由张润平带队进行的岷县武术遗存大调查中，仍有 200 多种传统武术在民间传承。当各种民间宗教组织在其他地方受到打压和剿杀时，他们云集岷县，如四季龙华会的总部于清末就搬迁到了岷县，其在全国分会有 72 处，其中甘肃、青海、宁夏、陕西有 48 处，全国各大民间宗教组织自创宝卷全部汇集在岷县。

查阅谭其骧主持编著的《中国历史地图集》，岷县一直处在东西政权与族属的边缘地带，正因如此，这一边缘地带往往也必然成就了东西政权与族属交会的核心地带，它反倒有相对独立的发展空间。这就是岷县宝卷在清中后期及民国时期持续兴盛的根源所在，也是这一地带在历史上成立过宕昌国、铁城国等独立王国的根源所在。

岷县不仅传承着宋元以来全国各地流传的各种宝卷文本，还汇集了明清以来全国各地民间教派宝卷文本，是一个集大成之地。民国时期，虽然抄卷非常盛行，但从调查所及的文本现状来说，其所抄文本绝大多数以明清传承下来的文本为蓝本，实际是对宋元明清宝卷的再传承。而盛行在全国的民国时期新创作故事宝卷文本，在岷县及周边地区极其少见。

如上，是我们对大量文本进行深入研究，在其抄写翻印传承信息中发现梳理归纳出来的结论。

（二）岷县宝卷的信仰

宝卷本来就是信仰的产物，没有信仰就没有宝卷，但岷县大众对宝卷的信仰，本质是对中国传统文化的信仰。由于宝卷是对中国传统文化的有效载体，因而才有了对宝卷的信仰需求，对中国传统文化的信仰是前提。每一部宝卷分别是对中国传统文化某一个领域某一个理念的集中尊崇，正因此，不同文本的宝卷才会成为不同商会、团体社区或家族（族群）的保护神，从而变成了至高无上的类似观世音菩萨、关公信仰的神祇，这是宝卷得以在岷州大地广泛传播传承的根源所在。把某种文化理念作为神祇来信仰，这是岷县宝卷极其鲜明、极其特别之处。

除了以上的信仰因素外，作为宝卷传承人——经长对宝卷的信仰也值得关注。在岷县一带，宝卷的传承离不开宣唱宝卷的领头人。因为宣唱宝卷需要懂得很多种词牌和曲调，更需要把这很多种词牌和曲调灵活运用在不同的宝卷文本和不同的场合需求中，这种能力不是所有人都具备的，他需要长辈领头人长期的教化与培养，以及特种文化氛围的滋养与熏陶。需要数年功夫才能培养出这样的领头人，当地人把这种领头人叫经长。传统的经长不仅需要艺道精良，还需要悲天悯人的善心和严谨恪刻的敬畏心，宣唱宝卷前一定要严格遵守各种禁忌规定，对有需求的信众要做到随叫随到，对有些民间信仰活动要按时举行，不得随意慢待。在二十年前，宣唱宝卷是不能收费的，但有一个俗规，就是在祭祀宣唱宝卷期间若有献羊或鸡的，给经长一定要留一只大腿及部分献祭的水果与馒头，让其带回家由其家人分享。如果没有献祭的羊或鸡，就只带部分献祭的水果与馒头。近一二十年来，由于人们生活条件的改善，给领头的经长临走时要带上两瓶酒、两盒烟作为报酬。近几年才开始有个别人按照务工补助标准给现金作为报酬，每天按200元支付。但在边远山区还是以传统习惯为主，城市中市场化的行为在边远山区行不通，他们明显有抵触情绪，认为那样有损公德、有伤风化。

抄卷的信仰可分三种情况来说明：一种是许愿的抄卷，一种是更新文本的抄卷，一种是抄卷人的抄卷。许愿的抄卷，就是向神灵许了愿心，比如向泰山娘娘祈求儿女时许了愿心，儿女得到后就请本地抄卷之人抄写一部《泰山娘娘宝卷》供奉在泰山娘娘的庙上。祈求升官的、发财的、平顺的，心愿达到了后均会请人抄写相应宝卷供奉在相应的祠庙上。

更新文本的抄卷，即有些文本由于传承年代久远破损严重，需要重新请人抄写。也有因为宣唱宝卷时不小心把宝卷被油污了或被损毁了，需要重新请人抄写。

抄卷人的抄卷，是一种类似专业性的抄卷，一般是当地毛笔字书写被广泛认可的人才被请来抄写宝卷。抄写期间，有很多禁忌需要严格遵守，如不准吃荤、喝酒、吃葱蒜等，不准与女人同房，每次抄写前需要净手、焚香、点灯。上午早点后开始抄写，为了保证整部宝卷抄写笔法一致，仿佛一气呵成，不出差错，每天最多只能抄写一品内容，然后休息，最多做一些不出力量的闲杂家务活，要确保第二天的抄写仍然能够处在良好状态。这样，一部宝卷的抄写多需一月时间才能完成。有些宝卷分品内容特长，就随体力情况灵活分天抄写。因此抄写费用不低，需要整个家族或者众多信众的支持。在市场经济水平较低时，抄写宝卷的报酬以数百斤粮食计价。在市场经济成熟后，抄写宝卷以当时每日务工的标准计算报酬。

（三）岷县宝卷的内容

一般情况下，普通民众、个体民众多以宣念宝卷为主。特殊情况下，为社区祈求福祉，多以宣念经为主，再辅以忏、品等，而堂规或约定俗成的仪式则贯穿始终。这是从文本形式来界定宝卷的内容。

从文本教化来说，宝卷的内容全部是以培养民众孝道、善心、遵纪守法、爱国爱民、严于律己、宽以待人为核心，崇尚儒、释、道等传统文化，只是在不同的文本中，儒、释、道各有凸显、各有偏重而已。更多的是，戴着佛的帽子，实是对中国传统文化孝道、天道、人道、易道（包含医道）、自然规律等知识体系的全面传播与传承，核心是培养对国家、对社会、对家庭、对人类有担当、有包容、有爱心、有作为的人才。

岷县宝卷的内容，从形式分析，包含两个方面内容：一个是文字内容，一个是词牌内容。这两方面均应引起同样的重视，忽视任何一方面都是不全面的。以往的宝卷研究者对宝卷的词牌以及所有音乐曲谱的忽视是非常严重的。其实，宝卷只要是在活态传承着，就离不开词牌音乐的配合。这是活态宝卷完整形体的两面，互为正反，不可剥离。因此从音乐角度分析，应包含佛教、道教、历代宫廷音乐、民间神教音乐及其他音乐元素，这需要懂音乐的学者下功夫研究。岷县宝卷音乐词牌曲调丰富多彩，多达120余种，亟须引起学界高度重视。

在中国传统文化的典籍中，不论是儒、释、道，还是民间教派，包括传统家训，无不包含有丰富的养生内容，养生包含养心和养身两大内容，是宝卷的核心内容之一。

（四）岷县宝卷的传承

没有传承，就没有发展，就没有岷县宝卷的历史可谈。岷县宝卷的传承有四种形式：一是社神信仰传承；二是家神信仰传承；三是商神信仰传承；四是教神信仰传承。

社神信仰，即社区神祇信仰，每年一到固定时间，在社区神祠或庙宇举行宣传活动，这样的祭祀活动一般需要三天三夜才能完成。

家神信仰，即家族内部信仰的宝卷，他们把某一宝卷作为家神来信仰，宝卷也供奉在家族中最为可信的某户人家里，每年在固定时间内宣唱宝卷，本家族中每户一年，轮流举行宣唱活动，费用由各户人家分摊，早前是捐面粉，每户一或三高碗面粉，按照参加活动的人口数量灵活安排。有好多村落至今仍这样做着。但更多的村落情况变了，再不分摊面粉，也不分摊钱财，由轮流到的那户人家独自承担当年所有费用，家家如此，年年如此轮流转。家神信仰宣唱宝卷每年只需要一天时间即可，实际是每年一次的家族人口的大聚会。这样宣唱的宝卷就一部，也有个别的家族是三部宝卷，交替穿插宣唱。

商神信仰，即商会神祇信仰，岷县从明代至中华民国时期，全国各省成立的商会云集岷县城达56家，岷县东部边缘镇子马坞有全国各省商会25家，每个商会均有各自信仰的宝卷，也在每年固定时间内齐聚商会大厅宣唱宝卷一天时间，年年如此，雷打不动。这种活动在1949年就终止了。

教神信仰，即各教派神祇信仰。在清末民初，全国各大民间宗教云集岷县，一时间内热闹非凡。他们各自均有丰富的自成体系的教派经卷，其宣唱的时间段不一，每次活动的持续时间也相对比较长。

如上四种传承足以托起岷县宝卷的兴旺发达，长盛不衰。

（五）岷县宝卷的成就

笔者与石志平合著《岷县宝卷》，主编的第一辑《岷县宝卷集成》（前五册）分别于2022年、2023年由团结出版社出版发行。笔者主编的《陇右文库·民间宝卷·岷州宝卷》三十册已交由甘肃文化出版社进入出版流程。笔者著《宝卷在岷州》、张春园著《岷县宝卷谱例》待版。

四、岷县宝卷的价值

起始于唐宋、成熟于明清，以汉传佛教信仰为契机，以中国最具代表性的传统文化核心因子如忠、孝、节、义、诚、信、廉、耻为基本内容，以儒释道中性命双修的养生理念、养生术进而完成个体生命升华为旨归，以唐宋以来词曲调式为音乐导引及礼仪为载体，从而形成的一种特定的、成体系的民间信仰宣唱文本，这就是岷县宝卷最宝贵的价值所在。

岷县宝卷与现在还在流传的全国各地其他民间宝卷的基本形态是有差异的，因此，既不能以其他民间宝卷的基本形态来框定岷县宝卷，也不能以岷县宝卷的基本形态来框定其他民间宝卷的基本形态。对此一定要有个清晰的认识。

中国传统文化不仅有"四书五经"，还有墨子、鬼谷子等诸子百家，特别不能缺失的是中国养生学、中医学。中国还有一部分传统文化，深藏在民间的各种文本和口传心授中，如风水学、气象学、地理学、生态学、命理学、祝由学、民间信仰等，共同组成了完整的中华传统文化。如上内容在宝卷文本中有丰沛的体现。但学界近百年来被忽视的内容，特别是养生原理，因受社会一时意识形态影响，导致大众无视而无知，而今应得到科学地继承和发展。

宝卷同时是中国传统文化民间化的集大成，是中国传统文化民间化的典型代表，是中国传统文化的百科全书，是弥足珍贵的综合文献。

宝卷是对中国传统文化民间化综合性的融会贯通，把历代文献典籍与民间秘籍以及口传心授的民间传统文化精华，还有对历代传统家训的民间宗教化，对这所有内容全部重新进行整合并通俗化民间化，而出现的可深可浅、妇孺皆适、老幼皆宜、男女皆通、雅俗共赏、启迪心智、焕发智慧的文化形态，是中华民族特有的能够助长人类善根、良知、慧眼的智慧宝库，是人类文化多样性、人类文化杰出的样式。岷县宝卷把这种杰出样式原原本本继承了下来。而其他全国各地宝卷从民国时期就开始发生变异乃至萎缩，直至改革开放以来，有个别地方的变异程度已经面目全非，今非昔比了。

中国传统文化是中国古人对宇宙规律、自然规律、天体规律、人类规律等恒久规律的正确把握背景下产生的一个早熟的文化样板。这一样板的核心就是培育与弘扬人性的积德与行善。只有积德行善，才能确保人性的和合共生，别无他途。只有人性的和合共生，才能确保人类的安居乐业，和谐融洽。有两句传统格言，一句是"穷则独善其身，达则兼济天下"，一句是"不为良相，则为良医"，这些独善其身、医人、医世的思想，正是宝卷文本的核心思想，也是中国人大智慧的真切体现。从世界几大文明历经数千年唯独傲然存在，并在短短百年时间内又焕发出勃勃生机来看，中国传统文化的正确性与伟大的品质是毋庸置疑的，宝卷正是这一文化正确性与伟大品质的绝佳载体之一，同时也是绝佳的传承传播路径。对此，在西方文化冲击，同时又对中国传统文化曾经因轻忽而萧条的大背景下的国人来说，是需要强大的勇气与智慧才能理性认知的。因此，我们对宝卷的价值的认知任重而道远。

作者：

张润平，岷县文体广电和文化和旅游局四级调研员，岷县博物馆首任馆长，现为兰州大学"铸牢中华民族共同体意识研究基地"研究员，主要研究方向：民间宝卷、民间信仰、民间文学、西北史地、藏传佛教。

张润平先生编著《岷州宝卷集成》述评

霍 福

摘要：甘肃岷县因为有政府有关部门的大力支持和一批先生们的不懈努力，非遗保护工作不断推出新成果，引起了学界的高度关注。本文通过张润平先生新近编著的《岷州宝卷集成》篇目，初步梳理了其特点，揭示了岷县宝卷对青海河湟民间文化产生过的深刻影响，并表达了对非遗保护做出实在贡献的学者们的崇高敬意。

关键词：《岷州宝卷集成》；收录篇目；文化评述

张润平先生编著的《岷州宝卷集成》[1]（以下简称《宝卷集成》），洋洋 92 万余字，仅从体量上看，不仅为岷县的非遗保护工作和张先生在非遗保护中的实干与担当肃然起敬，更有陶立璠和萧放两位民俗学界的大腕先生作序，更加肯定这套集成的学术价值和现实意义不同一般。早在 2017 年，一部三卷本《岷县百名花儿歌手调查实录》便在学界引起较大反响，作为一项岷县非物质文化遗产保护成果，《实录》以其规范性、扎实的资料、严谨的学理性和不俗的学术眼光，得到民俗学家赵宗福先生的高度赞赏，并作序称赞该书为花儿保护传承作出了示范，是多年来少有的力作。这部《宝卷集成》无疑使岷县的非遗保护工作和张润平先生的名字再次引起学界的高度重视和关注。

一、《宝卷集成》收录篇目

《宝卷集成》共五卷，分为《泰山卷》《老爷卷》《目莲卷》《菩萨卷》，另一卷《影印卷》为部分抄件内容的影像本，这些手抄资料为首次公开面世。

（一）《目莲卷》篇目

《目莲卷》收录有《目莲救母幽冥宝传》《敕封地藏王菩萨目莲宝卷》《销释归家报恩宝卷》三部宝卷本（全国目连文学本大多写作"目连"，本文除书名遵照原文外，行文中统一为"目连"）。其中：

《目莲救母幽冥宝传》篇目有《敕封幽冥教主地藏王菩萨原序》《目莲救母幽冥宝传》上卷、《目莲救母幽冥宝传》下卷。

《敕封地藏王菩萨目莲宝卷》分为《目莲救母本源真经宝卷》上、下卷，卷名也是篇目名，上卷另包含有《举香赞》《开经偈》两篇。

《销释归家报恩宝卷》分为上、下卷，上卷篇目有《举香赞》《开经偈》《戳碎酆都城菩萨救母第一》《一身菩萨不离一性品第二》《真性腾空菩萨从修品第三》《腾空菩萨显性品第四》《出沉沦菩萨纵横品第五》《四智菩萨渡缘品第六》《一心菩萨显羊车品第七》《点金菩萨显圣品第八》《三身菩萨使车品第九》《功满菩萨卖宝品第十》《留经菩萨吃果品第十一》《法舡菩萨普度众生品第十二》《销释归家报恩宝卷》；下卷篇目有《高名菩萨孝母品第十三》《奔山菩萨修行品第十四》《分讲菩萨问道品第十五》《出九宫菩萨见当人品第十六》《性命菩萨不见在身品第十七》《三性菩萨问佛品第十八》《性空菩萨常转品第十九》《照样修行菩萨品第二十》《圣意菩萨对合品第二十一》《找寻菩萨叹世品第二十二》《清净菩萨坐莲心品第二十三》《圣人菩萨以禅品第二十四》《加向净土文》。

（二）《老爷卷》篇目

《老爷卷》收录有《敕封三界伏魔大帝宝卷》《敕封当今福禄财神宝卷》《佛说东岳泰山十王阎君宝卷》《佛说十王感应宝卷》四部宝卷本。其中：

《敕封三界伏魔大帝宝卷》分上、下卷，上卷篇目有《序》《敕封三界伏魔大帝远振天尊》《开经偈》《伏魔宝卷第一品》《三人和合万法皈一第二品》《三官报本玉帝神封第三品》《关老爷转凡成圣第四品》《关老爷圣心喜悦第五品》《关老爷出救众生第六品》《敕封伏魔第七品》《正果朝元第九品》《伏魔调神出性第十品》《伏魔明心见性第十一品》《伏魔显灵降圣品第十二品》；下卷篇目有《伏魔化人为善第十三品》《万神拥护第十四品》《伏魔结果第十五品》《伏魔宝卷功德大第十六品》《伏魔安邦富国第十七品》《伏魔永成正觉第十八品》《伏魔参禅透五蕴第十九品》《伏魔劝众参禅第二十品》《伏魔洒乐第二十一品》《伏魔爷保明君第二十二品》《伏魔出尘第二十三品》《伏魔收元结果第二十四品》。

《敕封当今福禄财神宝卷上》分上、下卷，上卷即《治国兴家增福财神宝卷上》，主要篇目有《祝香文》《举香赞》《增福财神咒》《兴隆盛世品第一》[2]《生化根源品第二》《尊崇宝卷品第三》《众神参见品第四》《财神云集品第五》《垂警世人品第六》《各修得益品第七》《戒欲全德品第八》《财神显圣品第九》《传方施药品第十》《福从心修品第十一》《内加伏魔施财升天品第十二》；下卷又名《治国兴家增福财神宝卷下》，篇目有《兴家立业品第十三》《治国安邦品第十四》《洪恩普济品第十五》《贪心无厌品第十六》《立心生福品第十七》《财神传道品第十八》《孝妇流芳品第十九》《禁忌四非品第二十》《慈心戒杀品第二十一》《忘恩负义品第二十二》《圆满结集恩品第二十三》《酬谢报恩品第二十四》。

《佛说东岳泰山十王阎君宝卷》分为上、下册，上册篇目有《宝卷初展分第一品》《纳子前到金桥分第二》《功德堂言罢分第三》《劝恶行善分第四》《吕祖立地基分第五》《看罢善会道场分第六》《看罢饿鬼狱分第七》《超出三界分第八》《因果随时分第九》《莲花劝众分第十》《无子求子分第十一》《修果位无差分第十二》；下册篇目有《讲说因果分第十三》《破狱一十八层分第十四》《善恶从善分第十五》《超凡入圣分第十六》《皈家认祖分第十七》《超出三界外分第十八》《扫静红尘分第十九》《破开地狱分二十》《答查对号分第二十一》《游狱查看分明第二十二》《察看善恶分第二十三》《收圆结果分第二十四》《传十王圣诞念佛日期于后》《十帝阎君圣诞日》。

《佛说十王感应宝卷》不分卷，篇目有《佛说十王感应宝卷序》《佛说十王感应宝卷上品》《宝卷展放品第一（原文为大写，现改为上下文一致序号）》《宝卷展开品第二》《纳子前到金桥品第三》《纳子看分善恶品第四》《纳子看金城桥同结良缘品第五》《吕祖分玄极立品第六》《纳子看恶饿鬼城地狱品第七》《纳子看吕祖立山道果品第八》《超出三界品第九》《吕祖讲说打莲花落品第十》《灵祖师对号品第十一》《十阎君献文簿品第十二》《王母分来往四方品第十三》《老祖师按阴阳分善恶品第十四》《圣老祖分毫经台品第十五》《开山祖师说五更认母品第十六》《祖师说伍字歌品第十七》《祖师说陆字歌品第十八》《祖师定根基品第十九》《合掌皈家认母拜祖品第二十》《圣老祖分报善恶品第二十一》《十王宝卷查看善恶品第二十一》《圣老祖分善恶品第二十三》《圣老祖说破五字歌品第二十四》。

（三）《菩萨卷》篇目

《菩萨卷》收录有《观音菩萨功善文》《观音菩萨宝卷》《佛说观音菩萨妙法莲

花宝卷》《南无八大菩萨宝卷》四部宝卷本。其中：

《观音菩萨劝善文》分上、下册，上册篇目有《举香赞》《观音菩萨劝化万民品第一（原文为大写，现改为上下文一致序号）》《观音菩萨劝化万民品第二》《观音述劝化之由品第三》《观音菩萨劝化万民品第四》《观音菩萨劝化万民品第五》《观音菩萨劝化万民品第六》《观音菩萨劝化品第七》《观音菩萨劝化贫人品第八》《观音菩萨劝化富人品第九》《观音菩萨劝化作官人品第十》《观音菩萨劝化衙役第十一》《观音菩萨劝化农夫品第十二》；下册篇目有《观音菩萨宝卷劝化读书人品第十三》《观音菩萨劝孝父母品第十四》《观音菩萨劝化万民孝亲品第十五》《观音菩萨劝化媳妇品第十六》《观音菩萨劝化公婆品第十七》《观音菩萨劝化兄弟品第十八》《观音菩萨劝化夫妻品第十九》《观音菩萨劝化贸易人品第二十》《观音菩萨劝化邪教品第二十一》《观音菩萨劝化赌博品第二十二》《观音菩萨劝化万民品第二十三》《观音菩萨劝化凡民品第二十四》。

《观音菩萨宝卷》分上、下册，上册篇目有《举香赞》《净口咒》《净身咒》《安土地神咒》《观音救苦感应神咒》《开经偈》《观音菩萨劝化万民品第一》《观音菩萨劝化万民品第二》《观音菩萨劝化万民缘由品第三》《观音菩萨劝化万民品第四》《观音菩萨劝化万民品第五》《观音菩萨劝化万民品第六》《观音菩萨劝化邪淫品第七》《观音菩萨劝化贫人分品第八》《观音菩萨劝化富汉品第九》《观音菩萨劝化作官人品第十》《观音菩萨劝化衙役品第十一》《观音菩萨劝化农夫品第十二》；下册篇目有《观音菩萨劝化读书品第十三》《观音菩萨劝化孝顺品第十四》《观音菩萨劝化孝顺品第十五》《观音菩萨劝化媳妇品第十六》《观音菩萨劝化翁婆品第十七》《观音菩萨劝化兄弟品第十八》《观音菩萨劝化夫妻品第十九》《观音菩萨劝化贸易品第二十》《观音菩萨劝化邪教品第二十一》《观音菩萨劝化赌博品第二十二》《观音菩萨劝化万民品第二十三》《观音菩萨劝化万民免劫品第二十四》。

《佛说观音菩萨妙法莲花宝卷》分为上、下卷，上卷篇目有《举香赞》《观音菩萨妙法莲花普门品第一》《既从坐起名称观世音菩萨品第二》《观音菩萨叹行不坚品第三》《观音菩萨感应而遂通品第四》《观音观众生求金银珍珠品第五》《有人被害而得解明品第六》《三千大千国土满中品第七》《若有罪人便得解脱分品第八》《三千大千冤贼得脱分品九》《无尽亿菩萨问经主分品第十》《受六贼害便得碓欲分第十一》《众生受尽女人求子分品第十二》《观音菩萨福不唐损分品第十三》《众生受持功德多福分第十四》《无尽亿言正等无异分品第十五》《百千万亿不可穷尽分品第十六》；下卷篇目有《无尽亿菩萨无边福德分品第十七》《菩萨化现天大将军说法分品第十八》《应以婆婆罗门小王身分品第十九》《比丘尼金刚护法分品第二十》《无尽亿菩萨成就功德分品第二十一》《是故娑婆世界白佛言世尊分品第二十二》《供养观音不可受之分品第二十三》《无尽亿菩萨说多宝塔分品第二十四》《观音菩萨善应诸佛分品第二十五》《宏誓深似海火坑化作池分品第二十六》《漂流巨海不损一毛分品第二十七》《或值王难苦各执刀加害分品第二十八》《或遇恶罗义龙鱼诸鬼难分品二十九》《众生被困危无刹不现身分品第三十》《重重恶趣一念自消分品三十一》《真观清净观分品三十二》。

《南无八大菩萨宝卷》分为上、下册，上册篇目有《举香赞》《善缘经》《太阳宝经》《报母恩经》《三佛偈》《叹虚偈》《因果经》《十二名山》《六字经一卷》《生老病死苦》《荷担经》；下册篇目有《十二愿》《大乘经》《番十二名山》《十二月朝山》《二十四孝经》《报恩经》。

（四）《泰山卷》篇目

《泰山卷》收录有《灵应泰山娘娘宝卷》《天仙圣母源流泰山宝卷》二部宝卷本。其中：

《灵应泰山娘娘宝卷》包括《泰山宝卷志序》《请神偈》《灵应泰山娘娘宝卷》上、下卷，其上卷篇目有《举香赞》《开经偈》《初展泰山宝卷品第一》《敕封天仙圣母品第二》《普天下立歇马堂品第三》《圣母娘娘问送生品第四》《善恶分明果报无差品第五》《眼光娘娘神通广大品第六》《国泰民安万民乐业品第七》《因正果正菩提正品第八》《圣母娘娘舍子孙品第九》《转凡成圣不来往品第十》《娘娘发心留经品第十一》《施财刊板功德无量品第十二》；其下卷篇目有《娘娘增福延寿品第十三》《娘娘护国救民品第十四》《夫人告娘娘察看品第十五》《圣娘娘化人听天由命品第十六》《天仙圣母游行三界品第十七》《有福修福高迁一步品第十八》《娘娘出巡回泰山品第十九》《圣母娘娘灵光发现品第二十》《舍财刊板求子品第二十一》《善恶不差因果不昧品第二十二》《施财造经功德无边品第二十三》《收圆结果宝卷完成品第二十四》《连环耍孩儿》《送神偈》。

《天仙圣母源流泰山宝卷》篇目与卷同名，分为五卷。

二、《宝卷集成》的几个特点

《宝卷集成》所录各卷，体例完整，资料翔实，学术规范性强，这除去编者有本土学者优势外，张先生本人的学术素养也是重要因素。

（一）资料原真完整

1．内容的原真性

《宝卷集成》影印卷显示出，宝卷都是手抄本，编辑过程中保证了资料的原真性，繁体、竖排的版式也强调了其原真性特色。一般来说，民间手抄本经多人之手后，体例内容容易混乱，离开了具体的语境，他人点校难度很大。笔者在整理青海民和《目连宝卷》（戏剧本）时备受困扰，人物、语言、情节、故事常常错乱，增加了保持资料原真的难度。

《宝卷集成》每部宝卷的人物关系和结构体例都非常完整，绝非普通的民间手抄本可比。一方面证明岷县保存宝卷的民间基础良好，另一方面反映出岷县群众文化水平普遍比较高，所抄宝卷字体清秀隽永，书法修养非常之高，功力深厚，绝非常人可比，不少手抄本实际上也是珍贵的书法艺术珍品。

2．形式的古朴性

形式是内容的载体，宝卷形式的安排，一般都与特定的仪式相结合，算作是一种仪式文本。《宝卷集成》各卷体例完整统一，如《敕封地藏菩萨目连宝卷》开卷前先有《举香赞》《开经偈》两篇，似乎看到了民间说唱宝卷的一般程式，既一人先沐手点香，香烟缭绕中，讲经人正襟而坐，庄重地打开宝卷本，充满了仪式的神圣性，其后才是宝卷正文，这种形式安排也能反映出资料的原真性。再如，《观音菩萨宝卷》上册中，其形式的安排是《举香赞》《净口咒》《净身咒》《安土地神咒》《观音救苦感应神咒》《开经偈》，之后才是正文，这些看似简单的安排意义非凡，正是这种形式一步步引导着仪式走向，使之神圣化，营造出了一个神圣空间，这也是一种反结构空间，通过这种反结构的空间转换来实现讲经者们的各种祈求。

3．结构的程式性

民间说唱，一般都离不开程式的辅助。岷县宝卷中包含着大量的程式，即大词。对民间说唱人来说，《开经偈》中的"无上甚深微妙法，百千成劫难遭遇。我今见闻得受持，原解如来真实意"其实是一个大词，在《观音菩萨宝卷》《敕封地藏王菩萨目连宝卷》《销释归家报恩宝卷》中的《开经偈》都包含有这四句。音乐的曲牌名也是一种程式安排，一个曲牌，可视作一个音乐大词。韵文大部分为"三三四"句式，还有七字句或五字句"律诗"句式，实际上也是一种程式性安排。宝卷作为说唱本，其中的"白文"部分为说，韵文部分为唱，说唱转换都有一定的规定性和规律性，韵白相间的结构形式、句式程式和曲牌程式共同推动着仪式和故事的整体发展。

（二）故事的完整性

一部宝卷包含着长短不同的故事，有的故事情节比较完整，体现了故事简单不用思考，容易接受的特点。但故事性有轻有重，有的宝卷重在仪式，有的重在故事。就故事性而言，《宝卷集成》收录的《目连救母幽冥宝传》，在青海民和地区也有完整流传，仅题名等处有差别，故事内容完全一致。现将青海版故事简述如下，可与岷县版相参照。

青海民和民间手抄本《目连救母幽冥宝传》分上、下卷，上卷题名《目连求道访明师》，下卷题名《刘氏开斋堕地狱》。开篇先引一首《西江月调》曰："世间善恶两类，果报看来无偏。暗室衾影细究研，神灵刻刻窥鉴。造孽多遭凶报，积德可列仙班。报应远近甚显然，丝毫不漏半点。"接下来的故事从梁武帝登基说起，讲述他广积福田，勤修善果的功绩，特别是弘扬佛道而感动天地神灵。当达摩领旨来度他时，武帝不识，难以度传，路遇神光，传授先天大道，在东土立下道根。梁武帝在位四十八年，被反贼侯景围困，饿死在台城。寻找缘由，在其前生为樵夫之时，因猴吃他的干粮，他堵塞猴洞使猴饿死，猴子转世而报前世之仇。武帝死后，大臣扶元帝复位，扫灭侯景，诛尽八苗，清查忠良之臣，榜告天下，使其后裔准荫世袭。王舍城中二甲进士出身的傅天斗在任湖南长沙知府之时，押粮往台城以资武帝，被侯景杀害。他的妻子李氏看破名利富贵，每日看经念佛，立志不染红尘之事。李氏的侄儿李伦面善心恶，在李府中代办大小事，见到皇榜，回家报与姑母，并撺掇李氏让其表弟世袭，李氏不同意。李伦又去找表弟傅崇，一番话语说动傅崇背着母亲禀告县官，得到天子降旨，子顶父职，即日走马上任做了长沙知府。李氏训诫一番儿子，但有圣旨只得应允，自己却思想成疾，卧床不起。

傅崇带着文凭，同家人行了数月到达长沙府上任。任上数月来清廉正直，不贪爱银钱。李伦私自与门人萧自然合谋蒙蔽傅崇，他们暴虐百姓，呈状要钱，百姓有冤难伸，富者有钱得生，贫者无钱难活，百姓呼天叫地，无可奈何。六月十六日风雨大作，萧自然被雷劈死。傅崇又收到家书，得知母亲病故，报丁忧回家葬母。不料王舍城遇到三年天旱，颗粒未收，傅崇夫妇便要施舍银两救济黎民，后听取李伦意见，布告："借银还原称，借粮还原斗，并不取利。"不上一月放出银六万有余，谷三千余石。而李伦设下巧计，瞒过傅崇夫妇，私造一秤，内灌水银，私造一斗，内藏双底，等到来年还债时总难交足。

　　傅崇妻王氏怀孕生下两子，取乳名金果、银果，长到八岁取学名傅仁、傅义。但二人玩耍不事学习，在李伦引诱下，到十三四岁时欺压乡党，强奸妇女，浪费家财，一连数日不入学堂。后被傅崇发现，并知道他造假称假斗之事，便将李伦逐出，断绝来往。二子后来被雷打死，李伦也恶贯满盈，身死不久，家中又遭火灾。他的妻子谢氏无处安身，被傅崇收留。后傅崇又得一子，由黄游主做媒，与刘万筠之女定了娃娃亲。谢氏后嫁于张长秀，母子过门去。

　　王舍城中的孤儿伊俐无钱埋葬父母，傅崇帮助埋葬之后，将伊俐带回家，让他服侍公子读书。公子长到十六岁，经黄游主说和，与刘万筠之女刘四娘成婚，刘家陪嫁丫鬟金娄和金枝。据说李伦之子李狗随母下堂，好吃懒做，继父管束不下，后遭官司，迁隐数年，来到傅家庄，被傅崇收留。等到傅崇无疾而终，傅象夫妇遵守父亲叮嘱，备棺入殓。刘氏有一侄儿刘义，常在傅府办事。傅崇死后，傅象夫妇专事服孝，将外事交由刘义打理，内事有金娄、金枝、李狗、伊俐照应。后母亲王氏也无疾而终。燃灯道长来访，与傅象谈道，李狗、刘假在外面听说有宝贝无数之语，在外张扬，王舍城中人人皆知，引起府衙关注，县官想弄他的钱，捏造傅象藏宝不轨的官司，女儿听从父亲刘万筠的主意，派伊俐、刘假进京打点六部投文，捐银三万两，资助军饷，皇上传圣旨引京晋见，傅象面见皇上，但不愿受封，仍回家守服，得到恩准。在回家的路上，遇到卖萝卜之人，声言识宝者相送，傅象识得宝物，并带萝卜回家。远近邻人听到消息，都到家中观看萝卜奇物，刘氏不胜吵闹，吃了萝卜，后来生下一子，起名罗卜。傅象三十二岁过世，罗卜守孝三年，想起父亲生前之语，要去杭州求道，刘氏苦劝不住，命伊俐、金枝陪伴。

　　傅象过世，罗卜去杭州，家中无人干涉，刘氏受到金娄、刘假、李狗的反复引诱，每日谈论美味荤肴，终于大开五荤，别人劝阻，刘氏拿锄头打死老者，又用大粪泼灶君，火化经堂神像。燃灯和元始变化一僧一道来相劝，刘氏拿门担来打，眼花打死了金娄。罗卜在杭州慧光寺受戒，长老传他先天大道，参悟七日，辞别长老，归家探母。路过金刚山，被强贼张有达掳上山去，受害前被观音救下，并告诉目连母亲开斋事。目连打发伊俐前去打听家务，自己与张有达在山上念经说法。

　　伊俐来见刘氏，告诉罗卜在杭州求道有成，但在归家的途中，路过金刚山遇到山贼，被菩萨点化解难之事。刘氏问少东人为何不归，伊俐说大王苦留不肯放回。刘氏怒打伊俐，被李狗劝住。不料刘假遭雷击身亡，想请僧道禳解，那些僧道被刘氏打骂怕了，都不敢来，从此，她见僧便打，见道就骂，只闹得天昏地暗。

一日，罗卜、伊俐回家。罗卜问母亲为何开斋，刘氏恼怒，要打伊俐诬告，被罗卜劝开，扯着来花园焚香起誓，话音未落，花园中葵花树起火，刘氏吓倒，气绝身亡。罗卜守灵，梦见母亲遭恶鬼锤打，浑身血水淋淋，罗卜醒来，哭得死去活来。观音老母前来点化，目连求孝心切，求佛心坚定，观音便拿一本书给目连，告诉他要身披马鞍，口念此书，三步一拜，五步一跪，往西而行。不可退志，若有苦难，自有神灵护持。目连遂出门西行，伊俐在家操持家务，忙里偷闲，参禅打坐。目连经历了饥饿、猛虎威胁，依然将鞍披身，口念佛经，直往西行。路经赛昆仑，观音化为黄婆、玉女化为姹女来试目连。目连行走天黑，救宿茅庵，黄婆劝他回头，姹女反复调戏目连，他意志坚定，不为所动，于是观音派白猿前来引他脱身。一天，目连来到河边，放下书本马鞍去喝水，白猿将书与鞍拿起就走，目连追赶，白猿跳入岩下火中，目连一看书没了，便往王舍城拜了一拜，抱头跳下岩去，被五龙捧到大雄殿。目连看到佛祖，上前顶礼，恳求佛祖搭救母亲出离苦海，佛祖宣法，不能救违戒者。目连跪在大雄宝殿，哭求不止，佛祖见他是真心孝子，便赐佛旨一道，去往幽冥地狱中寻母。

刘氏被押至一殿，与李狗、刘假等同被秦广王审问，李狗狡辩被驳回。刘氏推说不知，一干人在殿上对质论罪，判金娄、李狗、刘假等抽肠破肚，拔舌挖眼，并磨推锯解，油锅刀山诸地狱等等之罪受满，打入阿鼻地狱，永无出脱之期。而傅刘氏遍游十殿，殿殿拷打，狱狱受刑，打入铁围城中。

目连和尚领了佛旨，阴曹寻母，从一殿一直寻到九殿不果，复去求佛慈悲，佛祖赐他金杖一根，可以震开大小地狱；红珠一丸，可以照得通天彻地。目连来到地狱，震开铁围城，放走城中恶鬼，寻到母亲，母子相会，抱头大哭，抬头却不见了母亲。狱卒告知他母亲已经到山西平阳县投生为白犬，目连来到山西人家，恶犬一见流泪哀号，无往日凶相，目连告知主人家缘由，化得白犬。他将经文与母亲担在肩上，平担而行，来到西天雷音寺，求佛慈悲。如来赞扬目连，并封傅象为福德金仙；张有达封为金刚大帝；伊俐封为金童仙子；目连封为幽冥教主，镇守幽冥；刘氏封为狮子吼佛，每逢朔望，大吼三声，十王殿前来朝贺。又命目连投胎为黄巢，收回为救母放走的八百万饿鬼。[3]

（三）有固定的曲牌

《宝卷集成》的一个特色，是有三卷在各篇目下注有固定的曲牌名。据说岷县的宝卷曲牌有120多种。

1.《老爷卷》曲牌名

有《上小楼》《红莲花》《山坡羊》《耍孩儿》《傍妆台》《侧郎儿》《皂罗袍》《驻云飞》《浪淘沙》《金字经》《绵搭序》《红绣鞋》《桂枝香》《朝天子》《驻马听》《桂山秋月》《寄生草》《粉红莲》《清江引》《一封书》《折桂令》《述妆台》《闹五更》《挂金锁》《柳摇金》《银纽丝》《打东杆》《金衣公子》《七贤过关》《登云履》《雁儿落》《折桂枝》《画眉序》《红罗怨》《锁南桂》《步步娇》《驻马听》《甘荷叶》等。

2.《目莲卷》曲牌名

有《皂罗袍》《清江引》《金字经》《耍孩儿》《驻云飞》《挂真儿》《榜（傍）妆台》《海底沉》《混元歌》《还源歌》《叹世歌》《山坡羊》《挂真儿》《浪淘沙》《挂金锁》《哭五更》等。

3.《泰山卷》曲牌名

有《上小楼》《驻云飞》《耍孩儿》《金字经》《侧郎儿》《红绣鞋》《朝天子》《桂枝香》《黄莺儿》《清江引》《皂罗袍》《挂金锁》《画眉序》《罗江怨》《榜（傍）妆台》《一封书》《叠落金钱》《山坡羊》《寄生草》《锁南枝》《浪淘沙》《步步娇》《驻马听》《甘荷叶》《哭五更》《十方佛》《棉搭絮》《不是路》《皂角儿》等。

查询史籍，上述曲牌中，《浪淘沙》《朝天子》最早可追溯到唐代，与教坊曲牌同名；《山坡羊》《耍孩儿》《皂罗袍》《驻云飞》《桂枝香》《驻马听》《雁儿落》等大约产生于宋金时期；《上小楼》《金字经》《红绣鞋》《寄生草》《清江引》《折桂令》《步步娇》等是元代名曲；《榜（傍）妆台》《粉红莲》《一封书》《银纽丝》《罗江怨》等是明代名曲，如此多的古老曲牌能够活态性保存至今，实在是弥足珍贵，在中西部其他地区也比较少见，反映出《宝卷集成》不菲的资料价值。如果就这些曲牌进行谱曲普查，排除地方性变异因素外，大致上能够看出古代的音乐原貌，如此，岷县宝卷音乐必将在全国产生较大反响，为全国非遗保护做出新贡献，并提升岷县在中西部地区的文化影响力。

（四）宝卷的民间性

所谓民间性，一个特点便是仪式关照的对象无所不包，这与制度性宗教形成了鲜明的对照。例如，《目莲救母本源真经宝卷》《观音菩萨劝善文》《观音菩萨宝卷》中所列关照对象就有：诸天菩萨、罗汉、圣僧、天灵皇、地灵皇、八卦觉照、太阴、太阳、燃灯古佛、中天玉皇、北方镇武（真武）、泰山娘娘、阿难、加舍（迦叶）、东海龙王、三官大帝、普放金光、马赵温岳、当庄土地、本境城隍、门神户尉、家主灶王、家宅六神、本茔家堂、东狱天齐、幽冥地藏等。真是一鼓作气，关照到天上、人间、地下三

界、本庄内外、家庭内外的各种关系，这正是宝卷民间性的真实反映。

三、岷县宝卷对青海的影响

岷县，旧称临洮，不仅是内地通往青海的交通要津，也是中原农耕文明与青藏高原游牧文化的过渡带上很重要的文化"转运站"之一。青海在 1928 年以前属甘肃省，一省之内，文化传播更为通畅，至今在青海河湟等地的民间艺术中保留着这种文化影响的痕迹。

（一）对民和目连戏有影响

2001 年，青海省文化和旅游厅编发了一则内部文化信息，称在青海省民和县发现了"目前我国唯一一部首尾保存齐全的被专家誉为'中国古老戏剧活化石'的《目连宝卷》"，并引证郑振铎先生考证，认为"《目连宝卷》是在唐朝说唱文学《目连救母变文》基础上由民间戏剧家集体改编、创作而成的大型剧本，肇始于元末，兴盛于明清"云云。实际上，民和《目连宝卷》号称"宝卷"，内容和格式却是戏剧本，当地流传的《目连救母幽冥宝传》才是货真价实的宝卷本。

青海民和麻地沟流传有《目连宝卷》（戏剧本）和《目连救母幽冥宝传》（宝卷本），宝卷本当地也叫嘛呢经，一般在农历初一、十五日和重要的传统节日及庙会上，人们聚集在麻地沟能仁寺等寺院中念嘛呢，在民间丧事上也有念嘛呢经的传统，与岷县习俗相同。无疑，民和目连宝卷本从岷县一路传来的可能性更大。由于演出目连戏和传唱嘛呢经的都是麻地沟村民，他们对目连僧一家四代人的故事谙熟于胸，可以进行集体创作。例如，1945 年的民和目连戏演出中，有一出"挑经挑担"的剧情，这段戏文不见于《目连宝卷》戏剧本。据目连戏老艺人回忆，当时目连僧在戏台上平担着担子，左边是经文，右边是母亲画像，用旗子表现树林。翻阅《幽冥宝传》，对该情节有完整的描述：

> 单说目连将经与母担在肩上，思想经若在前，岂不背母亲？母亲若在前，岂不轻了佛祖？只得横担肩上，直往前行，真正是诚可格天。目连来在深山，忙得城隍土地小鬼，将树分开，以便目连平担而行。时来在西天雷音寺，放下经担，来至大雄宝殿，俯伏在地，求佛慈悲。

《幽冥宝传》对人物心理的刻画更为细腻，村民们据此对目连戏进行二度创作，增加戏份，搬上了舞台。此外，岷县宝卷《佛说东岳泰山十王阎君宝卷》中的《看罢善会道场分第六》《看罢饿鬼狱分第七》《游狱查看分明第二十二》《察看善恶分第二十三》，《灵应泰山娘娘宝卷》中的《善恶分明果报无差品第五》等篇目，与民和目连戏中的《善簿展开，字字行行写下来》《哗啦啦我把袍袖儿展开》《入阴司，抬头观者看》等唱腔之间似乎存在某种影响。目连戏是祭祀戏剧[4]，被称为"戏祖""戏母"，在各地的流传中，其戏剧情节借用民间叙事是一个惯用的手法。分析比较戏剧本《目连宝卷》、宝卷本《目连救母幽冥宝传》、敦煌变文《大目乾连冥间救母变文》的形式和母题、人物关系、时间地点、文本形式，看出敦煌目连变文对青海目连戏的影响较小。追溯其源头，流传在甘青河湟地区宝卷及相关民间文本对青海目连戏的创作或有着更为直接的影响。

（二）对嘛呢经传播有影响

在明清以来目连文化向西传播过程中，甘肃岷县发挥了突出的区位优势和文化传播功能，这是毫无疑问的，至于当地有无目连戏遗存，尚不得而知，但目连戏传播到青海民和麻地沟便止住了。根据李言统和刘永红两位教授调查，青海的民间宝卷多用于民间"嘛呢经"经会上[5]。这种嘛呢经，李言统教授指出主要流传在青海民和、乐都、平安、互助、大通、同仁，以及甘肃岷县、漳县、临潭、卓尼及陇南山区和临夏地区，这里汉、土、藏等多民族交融，历史上是河州、西宁、洮州、岷州等"西番四卫"管辖的地方，随着藏传佛教传播，宝卷也转向了嘛呢经，但河湟洮岷汉语方言仍然是嘛呢传唱、流通、共享的基础。在宝卷传播过程中，受中原文化影响较深远的岷州地区，多以宝卷命名，文本古老，内容完整；在受藏传佛教影响较大的洮州和青海河湟地区，较少以宝卷直接命名，大多从宝卷中提取出的"小卷"命名，基本都是手抄本[5]。说明岷县和青海河湟等地的宝卷文化交流历史久远，甚至可以直接说，青海民间的宝卷本，基本上是经甘肃岷县等地流传而来，并在与当地文化相结合的过程中发生了变异。基于这样的认识，笔者怀疑，《宝卷集成》中的其他宝卷本，或许在青海河湟地区也能找到手抄本。

（三）对地方曲艺有影响

青海地方曲艺中，平弦是一种民间坐唱艺术，音乐为套曲（联曲体），歌词典雅，被称为"阳春白雪"。据说平弦先前仅有赋子腔一种，近五十多年来，吸收了《挂金锁》《大莲花》《太平年》《剪靛花》《银纽丝》《罗江怨》等曲牌作为帮腔，称作杂腔[6]。另一种青海地方曲艺越弦就有《皂罗袍》《落雁》《大金钱》《罗江怨》《银纽丝》等曲牌名，[6]对于这些曲艺的来源，青海地方学者没有形成统一的认识，有陕西传来说、南京传来

说、山陕商人带来说等等[6]，不一而足。从《宝卷集成》曲牌推断，河湟曲艺中大量曲牌与岷县宝卷所用曲牌相同，且岷县曲牌对青海河湟地区的嘛呢经、目连戏都有深远影响，因此推断在民间交流中这些音乐格式很早就已传入青海河湟地区，河湟曲艺的曲牌应当是从甘肃传入的。

总之，张润平先生所编著的《宝卷集成》虽是甘肃岷县的一项非物质文化遗产保护成果，但其影响和意义却是全国性的，尤其对青海民间文化的搜集和整理有着非常重要的示范价值和模板作用。据文中信息，2017年时张先生收录登记的岷县宝卷本已有 603 部 1286 卷，加上其他地方的基础资料，足以支撑起一个"宝卷学"学科了。这种贡献，还有几人做得到呢？对张先生更致以敬意！

参考文献：

[1]张润平编：《岷州宝卷集成》，岷县非物质文化遗产保护丛书，北京：团结出版社 2023 年版。

[2]各品末有《驻云飞》《折佳令》等曲牌名和唱词，对各品结尾音乐做出了规定。

[3]霍福：《青海目莲手抄本述略》，《青海社会科学》2006 年第 3 期。

[4]《甘肃新晋级"国字号"非遗项目（十四）：在岷县，人们有时以"合唱"的形式念宝卷》，甘肃省文化和旅游厅，https://mp.weixin.qq.com/s/ao6Wwr2qb—fmjEZFfJ0Bmg，2021-07-06。

[5]李发旺：《青海平弦曲牌探源》，《青海民族学院学报（社会科学版）》1991 年第 3 期。

[6]李言统：《藏汉文化背景下嘛呢经的形成——以河湟洮岷地区为考察对象》，《青海师范大学民族师范学院学报》2019 年第 1 期。

作者：

霍福，青海省社会科学院文史研究所研究馆员。研究方向：区域文化。

由凡入圣的英雄形象——岷县宝卷中的关帝信仰 *

刘玉忠　柴金娣

摘要：岷县是一个多民族聚居的区域，多元文化的互动共生，不仅成就了许多独特的文化现象，而且形成了多种文化因素融合涵化的民间信仰。通过岷县宝卷中的老爷卷可以窥见，关帝信仰是在漫长历史演进过程中逐步建构起来的，在由南入北的过程中除了原有信仰的内核之外，又吸纳了岷县地区多元文化的特质，通过由凡入圣、由神入凡的建构，关帝信仰在多民族交融、交流、交往的过程中进行融通，逐渐使其成为各民族共享的文化符号，关帝信仰对岷县各民族的民众而言具有重要的精神价值意义，同时对认识岷县地区多民族的交流、交往、交融具有重要的理论和现实意义。

关键词：岷县宝卷；关帝信仰

一、关帝信仰文化依托

关帝信仰是植根于传统的农耕社会当中，民间将其称为关公或者关帝、关老爷，从称谓当中足见其在民众当中的影响力超过其他神灵的崇拜，尤其是明清以来遍布全国各地的关帝庙以及塑像就是最有力的证据。关帝信仰在形成过程中分别受到儒、释、道三教的青睐，这与他自身的人格魅力息息相关。关羽在《三国演义》中所展现的是一位侠肝义胆、忠君护国的英雄形象，在他的身上充分地体现出儒家伦理道德中的"仁义""忠君"思想，"降汉不降曹"、挂印封金、千里走单骑等，所表现的都是中国民间所推崇的大丈夫气概，亦即毛宗岗《读三国志法》所称道的："做事如青天白日，待人如

*［基金项目］兰州文理学院教学改革项目《非遗融入高校美育的教学实践研究》（项目编号：2024-ZL-jxgg-33）。

霁月光风。"另外关羽涵养极深，举止豁达而不粗野，言语磊落而不莽撞，甚至其容貌也给人风流儒雅之感！毛宗岗在《读三国志法》中也是由衷地对关羽进行赞叹："青史对青灯，则极其儒雅；赤心如赤面，则极其英灵；秉烛达旦，人传其大节；单刀赴会，世服其神威；独行千里，报主之志坚；义释华容，酬恩之谊重。"因为关羽威猛刚毅、义薄云天、光明磊落、风度儒雅，因此获封"武圣"，与孔夫子并列，素有"武圣人""文卫圣帝"的尊号。可见他在儒家中享有尊崇的地位。但"仅仅依靠儒家理性主义的思想是难以令人满意地迎接来自巨大的、不可知世界的挑战，令人信服地解释社会和自然的各种非常态现象，处理由生活危机的悲剧带来的失望和恐怖，提高人的精神境界，使之脱离凡俗世界的自私和功利，给人以更高的目标，使之与周围的人团结并和睦相处，或者调整道德秩序的正当性以面对纯道德难以解释的成功与失败"。[1]因此当关羽仅仅以"武圣人""文卫圣帝"的身份出现在世人目前的时候，他不能够解决俗世的困窘和疑难问题，为了适应民众的需求，于是道教将其封为"护法天将、协天大帝"。佛教将其形塑为"护法伽蓝、盖天古佛"。关帝信仰起到了既支持普世价值观又支持特殊价值的双重作用。关公守诚讲义，因此商人对之非常崇拜，将其奉为财神；由于关公英勇善战，士兵奉关公为战神；老百姓出于求吉、纳福和求财，把关公当作万能神。甚至一些行会和秘密结社，把关公奉为结拜关系的监督者和共同利益与公正的保护神，这样关羽几乎成为无所不能的神灵，自然也就在各民族中拥有很多的信众。可见，由于历代统治者的大力提倡、精英知识分子的精心打造和底层民众的创造，使得关公成为各个民族所共同享有的精神文化符号。

二、岷县关帝信仰的背景

岷县历史久远，文化积淀深厚，但过去岷县生态环境非常恶劣、严重的自然灾害使当地民众的生活举步艰难。尤其夏天经常会遭到冰雹的侵袭，当地民众对十八湫神的虔诚祭祀就是希望能够得到神灵的护佑，希望能风调雨顺、五谷丰登。艰难困苦的生活环境使得老百姓对神灵信仰非常热衷，于是信仰活动非常兴盛，对十八湫神的信仰更是达到痴迷的程度。岷县地处中原通往西藏地区的必由之路，地理位置非常重要，它是茶马古道的集散地，是通往西藏的门户。历史上许多民族在此地攻伐角力，政权交替频繁，时有战乱发生，先进的农耕文明与逐水草而居的游牧文明在此交融，汉、藏、回、土等民族交错聚居，形成你中有我，我中有你的多元的格局。多元民族文化的交融共生和驳杂的民间信仰互融互补，兼容并蓄，形成了富有地域性文化特征的民俗宗教文化。关帝信仰就诞生在这样一个丰富而独特的文化土壤当中。

岷县地区的关公崇拜的起源、传播以及当地的民众对神祇的信仰实践方式是一个极其复杂的过程，在关帝信仰形成的过程中掺杂了历史记忆、集体记忆，这些社会群体是通过血缘、业缘、地缘等不同纽带联系在一起，他们将历史中发生的真实事件与民间口传的故事结合在一起，经过积淀最终形成由凡入神的关帝信仰。鲁迅先生曾说："盖封国以报功臣，封神以妥功鬼，而人神之死，则委之于劫数。"（见《中国小说史略》）鲁迅先生清楚地讲明了历史人物何以被尊为"神"的历史渊源。

本来关帝信仰兴盛于南方，但随着明代洪武年间大规模的移民搬迁被传至洮岷一带。从明洪武年间开始，江苏、安徽等地移民大规模向河、洮、岷搬迁。其目的就是控制河湟、消除边患、稳定边疆地区。另外从《明史》《太祖实录》《国榷》等书的记载可知，明洪武年间，先后向甘肃的洮州、岷州、河州、临洮以及青海的西宁、循化等地派遣了大量屯军，每次的数量少则几千，多则几万。这些屯军、罪戍者及其家属，后来大都定居戍地而未返回家园。他们来到西北边陲之地怀恋故土、思念亲人，为了安抚精神上的空虚，于是故土的信仰再次被激活。顾颉刚在《浪口村随笔》中对此也做了详细的记载。由于怀恋故土、追念祖先，但想见其遗泽之远，因此只能手拿先祖遗像黯然伤神。这种情绪与日俱增，只有借助于神灵信仰排遣内心的思念之情，于是潜藏于内心深处的原有的民间信仰再次被激活，而关帝信仰即是其中之一。从宝卷中的唱词"破苗蛮，抗倭国，永不来侵"就能够影影绰绰反映出关公本是南方一带的民间信仰，后由于上述原因才被传至北方地区。关帝信仰传播到岷县后在特定的文化圈内与本地的民间信仰相济互融、相互推动，产生新的关帝信仰方式。这恰恰说明关帝信仰不仅植根于产生其文化的民族灵魂与血脉之中，而且被传播到岷县地区，与地域文化交融、交流后，产生了超越地域、超越民族的跨文化属性。同时，在民众信仰交融的背后，"深刻体现着汉地儒释道文化与青藏高原佛苯文化在历史上相互交流、彼此吸收、重塑自我、自然交融的过程，各自文化随流入方域而千变万化。这种文化交融过程是和谐的，结果形成了各具特色的多元互补民族文化共融圈。"[2]关公在藏族信众当中又置换为他们心目中的英雄格萨尔即是最好的诠释。中华民族自古以来就形成了多元一体的文化格局，关公作为洮岷地区多民族共享的文化符号，是洮岷地区多民族间交往、交流、交融的文化景观，也是各民族共建命运共同体的重要纽带。关公信俗作为洮岷地区的公共文化的象征

符号，反映了民众内心的诸多诉求和美好愿景，民众从狭小的自我的天地走向公共文化的空间，通过念卷与其他大众同呼吸、共命运，实现着自己的心愿和诉求。

三、岷县宝卷中关帝信仰的建构过程

1. 转凡成圣

关羽本是《三国演义》中的历史人物，这个真实的历史人物被"仙化"以后变成护国佑民的神灵。其演变过程既是统治阶级塑造的政治神话的结果，也是民间老百姓建构的神灵信仰的结果。明王朝为了安定边陲、稳定民心，于是将原有的民间信仰加以升华。正如卡西勒在晚年完成的《国家的神话》（The Myth of the State）中曾调侃说：神话力量不曾真正被征服过，它一直就在那里，隐身在暗处，伺机而动。在高度文明的社会组织中，因具有相对的稳定与安全，神话的动力部分被理性组织取代，但在政治上，这种平衡状态从来没有完全建立起来，因此政治中的神话作用特别发达。观察关帝信仰的流变，其核心情节其实也是对"真命天子""天降神兵""显灵垂圣"等君权神授传说的继承和变异。岷县宝卷中的《桃园结义》与《三国演义》中的故事情节大同小异："桃园结义共一心，累劫无改至如今。手拈香，来哀告，清清天天。大慈悲，来加护，可可怜怜。俺三人，不愿求，富富贵贵。只求俺，弟们，平平安安。拴意马，来祭天，虔虔敬敬。宰赤牛，来祭地，敬敬虔虔。同日来，同日去，结结果果。不求长，不求短，方方圆圆。俺三人，桃园结，长长久久。"从宝卷的唱词可以窥见其中的核心要素并未发生变化，只是由于宝卷中为了突出关羽的神性，有意增加了观音试心的故事情节。"话说三人结义，大哥是赏今主人，清净法身。二哥是元人，千百亿化身。三弟是圆满报身，原现一体同观，破黄巾贼十万八千，杀温侯，死心忘意，三刀劈四寇，过五关，断六将，千里寻兄，认弟古城，聚会团圆。降曹灭吴，西川为主，成具大事。感动菩萨，漫地之中化一神堂古庙，大雨一阵，赶关爷入庙内避雨，菩萨变化美貌女子，故装心疼，哀告将军救我一命，按我一把，我病消退。关爷听说，你是女子，我是男人，不好向善。上前按你根基，编探出刀。菩萨起在虚空，高叫：我不是别人，我是南海观世音菩萨，探你色心，真乃忠心赤胆，财色两忘，许你成神，护你金身。云消雾散，菩萨去了。……我关爷避雨出庙门，对面不识观世音。观音母，叫老爷，你得知闻。我本是，洛伽

山，大悲观音。你长兄，是当人，真命天子。你便是，原来人，火帝真君。你赤心，来保国，扶助天下。你三弟，本来人，黑煞天神。为你，耿直心，故来至探。断酒色，性直藏，许你为神。观音母，申牒文，三官知道。三官爷，申五帝，查看原因。古至今，万万载，世间少有。又忠烈，又耿直，盖世难寻。古圣贤，断思爱，转凡成圣。今时人，要比古，不差毫分"。[3]由于关羽赤胆忠心、耿直忠烈又不近女色，成功通过了观音的严格考验，这样就为关羽的转凡成圣赋予一段奇异的文化色彩，也容易为老百姓所接受。然而政治神话的操作，文明社会绝不能以野蛮部落的方式来满足众人，它需要难度较高的权谋方克其功。所谓难度较高的权谋，包括建构理论，使诉求正当化；必须有策划周详的步骤，层次渐进地发挥语言的巫术作用，来煽动某种心理预期和热烈感情。既然是语言巫术，就不必拘泥于语文的逻辑和意义；最完美的政治操作，还需要以特定的仪式制造高潮，使整个政治神话成为一场演出。关羽由凡入神的过程就是这样一个政治操作的典型例证。除了被佛教认可之外，接下来道教也对其成圣成神赋予合法的身份。在宝卷《三官报本玉帝神封第三品》提到："三官爷，往上升。玉帝爷，验假真。龙霄宝殿众神论，老爷有德人，封为神。我的佛，相伴南海观世音。圣贤爷，顾神通，挂了号，标了名，老爷顾灵又显圣，处处都开通，君王有难来。话说玉帝坐龙霄宝殿，三百六十天尊，二十八宿，九耀星官，排班站立。三官举本玉帝，得知下界有一关将军，耿直心烈，财色尽断，乞玉帝得知，该当封神。在凡寿亭侯，在圣武安王，阁讨关元帅，眼观十万里，日赴九千层，千里呼，万里应……"于是玉帝将其封为武安王，要求府州县，修庙堂，装塑金身："关老爷，比不得，善神善祖。性公道，罚恶人，拥护善人。慧眼观，十万里，霎时就到。神通大，展金光，贯满乾坤。在边庭，杀胡贼，七十二阵。玉帝封，武安王，天下知闻。府州县，修庙堂，装塑金身。"目的就是"保国家，民安乐，风调雨顺。护君王，顾神通，拥护当今。入江海，入沟河，平浪元帅。入山林，搜山将，拥护贤人。为国家，诛奸党，平平稳稳。"

通过佛道的宣扬和重塑，关羽最终由凡入圣，完成了由普通的英雄向神灵的转变。

2. 由神入凡

经过封赏，关羽拥有了合法的身份，完成了由凡入神的第一步。接下来为了凸显其不同凡俗的神圣使命，宝卷又增添了其下凡的奇异经历。"修道人，先调理，先天一气。探清风，换浊气，养气存心。气要聚，养圣胎，三华聚顶。五气朝，在中宫，见性明心。开三关，透九实，通天彻地。从海底，往上返，滚出昆仑。霹尘响，金门放，开关展实。养要儿，成正觉，滚出云门。放了去，收将来，□出寂入。行见有，又见无，证

了金身。修行人，要修到，这步田地。成正觉，万万劫，永不沾尘。出世法，男共女，人人都有。修道多，得道少，万无一人。男儿怀孕，委实稀罕。怀孕整三年，先后大小，不方不圆，功完果满，入圣超凡，玄门放开，滚出天外天"。群众崇拜神明主要在于祈福禳灾、抚慰生老病死所带来的忧患、缓解自然灾害所带来的恐惧，无论是风霜雪雨，抑或是旱涝灾害、瘟疫地震，均要祈望神灵的帮助，因此对关帝的信仰就悄悄滋生，神灵信仰不独对个人具有抚慰的作用，就国家或王权而言，历史上一旦有危险、有难以预料后果的重大事件发生，都会使巫术及神话以远超于个人规格的盛大排场出现在安全与稳定的文明社会之中，关帝被儒道佛圣化以后，具备了护国佑民、安抚天下的职责，使其在民众中扮演着非常重要的角色。

四、关帝信仰的功能

民间信仰在传统的农耕社会中至关重要，尤其在中国北方地区，民间信仰成为民众日常生活中不可或缺的存在。每当中国的岁时节令，百姓往往在农闲或是需要获得实际利益的时候举行此类活动。"在这样的公众事务中，民间信仰的基本功能就是提供一个可以超越经济利益、阶级地位和社会背景的集体象征，为把众多群众联合成一个社区创造条件。因而，来自生活各个阶层的人们可以在社区中凝结成一个多元的群体，背后是共同的乡土和广为接受的信仰。无论是什么公共宗教仪式场合，也无论是在举行庙会、求雨或是庆祝某一节日，宗教都起到了一种象征共同信仰的作用，它使人们跳出各自不同的生活方式，以社区的共同活动为目的。毋庸讳言，中国社会中丰富的社会资源和民间力量的形塑来自民间信仰和与之相关的大量活动上。这促使我们在日益现代化时期，更要重视中国乡村社会生活中蕴含着丰富的文化资源"。[4]尽管儒学式微，但其影响力依然对老百姓产生积极影响。关公之所以在上层统治者和普通民众心中均拥有崇高的威望，是因为相传其能够扶危济困、护国佑民。当国家危亡之际，他能够现身显灵，救民于水火之中。"破苗蛮，挡倭国，永不来侵。在京都，扶真主，神通广大。时刻刻，常拥护，万岁当今。国又泰，民又安，风调雨顺。普天下，人念佛，祝赞当今。顾当今，万万岁，长生不老。关老爷，保佑着，天下黎民。见善人，心欢喜，增福延寿"。可见"一场公共灾难和一个英雄。英雄的重要作用在于他对公益的全情投入，从而树立某种品德操行的榜样；严峻的形势当然是英雄呼之欲出的前提，但同时也为政治伦理价值发挥特别作用提供了比平时更为显著的社会环境。一旦英雄为公众利益而牺牲，那么他身上所体现的象征价值更会不可估量"。[5]

尤其对普通民众而言，关公似乎无所不能，他们心中所求所愿通常具有明显的功利性，大都是求子嗣、求治疾病、求财运亨通、求险途平安、求功成名就。一旦心中所祈求的愿望实现，他们便将神灵加以虔诚的祭祀，神灵也获得声誉远播的契机。在这一点上，信仰对一般百姓的价值而言，他们更加关注神灵是否应验。"话说关老爷神通广大，指山山崩，指水水减，呼风风至，唤雨雨来。上管天兵，中管神兵，下管阴兵，三界都照讨，协天督元帅。相伴善菩萨，金身金像，转凡成圣"。从宝卷的唱词可以看出，关羽是一位创造各种奇迹的神灵，特别是他去世以后出现的种种神迹以及流传于老百姓口中的各种奇异的故事，更使他的神奇声名远播。于是，在民间老百姓当中他就被转化成了一个神化的英雄，一个监督社区活动、保佑人们的灵验之神，并通过享受他们的供奉和接受他们有关世俗事务的祈祷，从而成为祭拜的对象。据说之所以能够在危难之际关帝能够救民于水火之中，除了神通广大的本领之外，最关键的是其拥有高尚的道德品质，这也是化解危机时不可缺少的因素。关公"从授师罗点化，也得皇天圣道，探天地骨髓，佛祖命贩，日精月华。风中有矿，按定五气，陈得形神俱妙，与道合真，行者如风，坐者如钟，立者如松，睡者如弓，俱是微意。天得清，地得亮，人得养，物得生，大众醒得么。四相和合总皈一，一切万法只不得。关老爷，成真觉，结坐参禅。探清风，换浊气，默默绵绵"。或许这些高贵的品质在日常生活中并没被老百姓所认知或是没得到很好的彰显，但一旦危机来临，关帝对民众的护佑便立即显现，在此之际的显灵更能显现出其品德的可贵。"当一场危机成为过去，人们可能会淡忘了化危难于一时的英雄，甚至那些具有超越性的道德崇拜也会逐渐从普通百姓的意识中消失。为了使民间在常态下也长期纪念英雄，英雄必须成为普通百姓实际生活中的组成部分，为他们提供普通的价值观，并帮助他们实现日常生活中的愿望"。[6]通过修建庙宇，不仅仅使得这位神通广大的关帝成为当地民众的精神符号，也最终使得老百姓在精神方面找到皈依之所。据《岷县史话》所记，关帝庙在二郎山东麓，原称"东岳庙"，后因山、陕人在那里供关公，故名。地址与钟亭基本同高，庙门内有一小院，最里面坐南朝北的大殿三间，供有关公、周仓、关平的木质牌位，每年的五月十三日各商号的掌柜在此集会，共同祭祀"关圣帝君"。此后国民党当局还在这里祭奠抗日阵亡将士，里面也供有他们的牌位数十个，因之也称"忠烈祠"。[7]庙会承载着地方民众的虔诚信仰，它在举行的时候将神圣性与狂欢性结合在一起，将人与社会、神灵与民众、城镇与乡村、信仰与解脱融为

一体，形成地方民众的集体记忆。通过关帝信仰不仅仅释放了民众的情绪，也重塑了错综复杂的人际关系，加强了地方感，这对加强民众的地方文化认同、建构村落文化具有重要意义。另外"宗教信仰也许从利己主义的动机开头，在信仰的喜悦中获得自我提升，产生一种觉悟或光照的经验。虔诚的心会产生积极情绪，用以激励人们面对艰难的现实，这才是信仰与伦理合而为一的终极境，也是人格神发展的终极境"。[8]民众在信仰关帝的过程中一旦内心郁积的块垒得到释放以后，他们的心情非常愉悦，通过神灵的信仰可以鼓励他们在以后的生活中积极面对任何艰难险阻，甚至可以提升对美善世界的追求。

总之，通过岷县宝卷中的老爷卷，可以窥见关帝信仰是在漫长历史演进过程逐步建构起来的，它在由南入北的过程中除了原有信仰的内核之外，又吸纳了岷县地区多元文化的特质，在多民族交往、交流、交融的过程中，逐渐使其成为各民族共享的文化符号。从洮岷地区关帝信仰的形成过程可以看出，关公信仰既是多民族互相诠释对话的过程，也是各民族文化互相涵化的过程，在不同时代的文化境遇中诠释出既传统又现代的文化内涵。关帝信仰在生成、演变以及发展中对中华民族共同体意识的构建具有重要的理论和现实意义。

参考文献：

[1][美]杨庆堃：《中国社会中的宗教》，范丽珠译，成都：四川人民出版社，2016年版，第16页。

[2]加央平措：《关帝信仰与格萨尔崇拜——以藏传佛教为视域的文化现象解析》，北京：社会科学文献出版社，2016年版，第46页。

[3]张润平：《岷州宝卷集成·老爷卷》，北京：团结出版社，2023年版（本文中宝卷引文均出自该卷，以下引文不再一一注明）。

[4]赣丽：《民间信仰在民众生活中的多种功能》，广西师范大学《宗教与民族》（第七辑），2012年第15期。

[5]胡梦飞：《清代人格化河神的建构、传播及影响——以河督栗毓美为中心》《江南大学学报》2018年第17期。

[6]谭德贵：《从庙堂到庙会：伏羲的祭祀与信仰》，《世界宗教文化》2020年第3期。

[7]张福宏：《岷县史话》，兰州：甘肃文化出版社，2009年版，第104页。

[8]陈器文:《玄武神话、传说与信仰》,西安:陕西师范大学出版社,2018 年版,第 134 页。

作者:

刘玉忠,男,汉族,文学博士,兰州文理学院副教授,主要从事民间文艺学、非遗的教学与研究。

柴金娣,女,汉族,本科,甘肃省非物质文化遗产保护中心馆员,从事非遗保护与传承的研究。

口述史研究

牛乐主持

非物质文化遗产论丛(第二辑)

主持人语：非遗研究中的口述史写作

牛 乐

　　人类文化是一个基于多元叙事主体的整体概念，包含复杂的个体性、集体性和社会性。既包含经验性，也蕴含先验素质。作为知识经验的文化，按其形态及载体可大致分为三类，即文字文化、图像文化、口头文化。其中文字和图像是人类知识史演进确切的实证依据，二者在普遍性、体系性上存在先天优势，故得以成为文化之经验归纳和知识积累的主要途径，也成为"写史"的主要依据。相比之下，口头文化因受制于个体生命的生理限度以及时间性、事件性的制约而多呈现碎片化特征，故其史学价值长期不被重视，档案价值亦存在争议，在三种文化类型中长期处于边缘地位。

　　20 世纪中叶以来，随着口述史学和口头文化研究的同时兴起，口头文本在当代学术研究中的重要价值日益显现，使口述史成为一个跨学科的研究领域。在很大程度上，科技语境的变迁是口头文化得以价值化的关键中介，随着影音记录技术的兴起，口头文化的身体性、情感性和元叙事特征得以凸显，并作为不可或缺的内容形成了文化研究和史学研究的双重视野。此外，对后现代语境下人类自身生存状态的反思也是口述史研究趋热的重要因素。相对于文字文化和图像文化，口头文化是人之生命样态和生活性的体现，致力于微观的、个体化的叙事，这无疑弥补了宏观文化研究不能触及的生活层面。除此之外，当代的口述史研究还与当代社会科学的语境转向、历史学的叙事转向等理论趋势之间存在密切关联。

　　当代的口述史研究兼顾了历史事实、文化事实和社会事实，并因为不同的价值取向和应用面向形成了两种不同的实践路径，一是试图确证某种文化事实的解释路径，二是

试图建构某种意义体系的实践路径①。在非物质文化遗产的传承保护工作中，口述史记录具有鲜明的实践面向，是支撑文化之"非物质"性的重要策略，也是凸显文化之"活态性"的重要手段。显而易见的是，非遗研究中的口述史兼顾了这两种因素，并逐步形成了一种特殊的口述史写作体例，即对口述历史与口头文化研究的整合。本栏目发表的三篇论文在理论整合与实践阐释方面各有侧重，但都以口述史作为非遗研究的切入点，且在理论表述和案例研究上均不同程度地实践了口述史研究与口头文化研究的融洽，将口述史研究的方法论，口头文化研究的认识论深入浅出地运用于文本中，形成综合了文本、图像和口头表达的非遗整体研究范式。

张洁《传承人口述史的实践与理论研究》一文首先概述了口述史研究的理论源流，分析了美国、英国、日本、韩国、澳大利亚及中国港澳台地区的口述史实践特征和理论成果，同时以中国本土的民间艺术和非遗研究为主线，详细介绍了自20世纪90年代以来本土学者在相关领域所取得的理论与实践建树，进而比较和总结了各国在口述史研究和采集方面的侧重，强调了政府、研究机构、社区及学者之间的互动作用。此外，该文旁征博引，从多个角度建立了对本土文献问题意识及不足之处的量化和可视化分析。其中，该文将传承人口述史视作非遗传承保护建档模式的重要方法，并以此为取向分梳了四种不同类型的传承人口述史成果，即区域传承人口述史、行业传承人口述史、少数民族传承人口述史、女性传承人口述史，且高度肯定了这些成果在促使传承人技艺抢救转向记忆抢救方面的理论意义和实践价值。该文亦总结和评述了传承人口述史文献的四个方面，并进一步指向传承人口述史的理论建构及相关进展，为学人展开了广阔的研究视野及其研究动态。最后，结合多个研究领域的口述史观点及其实践延伸，作者亦潜在表达了对传承人口述史在应用中摆脱作为文本资料性附庸而建立整体概念体系的展望。

王茜《歌唱中的生活：青海河湟宴席曲传承人口述史研究》一文结合传承人口述史材料讨论了跨越文化边界的民族迁徙活动对特定民族民间文化形式所产生的影响，并在民族交融的文化背景和中国音乐史的学术传统中分析了宴席曲的历

---

① 牛乐：《知识史与生活史——口述史研究的理论转向与实践策略》，《民族文学研究》2022年第2期。

史源流、传播现象和形式特征。此外，该文详细介绍了宴席曲的场景细节和演出流程，并从仪式理论和功能视角对其文化意义予以阐释。与此同时，其结合传承人口述史的主位分析，讨论了在特定文化空间中的人际互动及其对文化传承的多维影响，并在人们生存及感知方式变化的趋势中对宴席曲这一民间艺术形式所面临的"失域"表达了担忧。

覃壮航、李于蓝《口述史视角下临洮手工仿古地毯的艺术考察及其文化阐释》一文结合传承人口述史及生产演示，介绍了临洮地毯的技艺特征，并从生产力与生产关系的变动中考察了临洮手工仿古地毯的生产机制转向，以及从表现多民族文化交融互动的生活实践中分析其在实用语境下的文化消费价值。当然，该文不同于上述两篇文章在口述史理论整合或口述史佐证应用上的侧重，而是以个案研究为切入点，既表达了从社会学、文献学、图像学等层面对临洮地毯之文化象征的阐释，又结合田野考察的反身性思考，对作为方法论的口述史本身提出问题，提示人们当口述史分析与文化阐释深度结合之时，不能仅关注口述史的访谈与转译问题，而应充分考虑口述史情景中的多方互动，对记录与修辞采取审慎的态度。

主持人简介：

牛乐，男，文学博士，文艺学博士后，西北民族大学美术学院教授、博士生导师（文艺学、民族学），博士后合作导师，西北民族大学民族民间美术研究所所长。国家民委领军人才，甘肃省领军人才，中国艺术人类学学会（国家一级学会）常务理事，甘肃省民间文艺家协会副主席，光明日报"非遗传播专家委员会"专家委员，文化和旅游部"中国非物质文化遗产传承人群研培计划"咨询专家。云南大学昌新国际艺术学院特聘教授，兰州理工大学特聘教授。

非物质文化遗产论丛（第二辑）

传承人口述史的实践与理论研究 *

张 洁

摘要：从传承人口述史概念正式提出后的近二十年发展趋势来说，其首先是一种对于非遗保护行之有效的记录保存方法，而后被作为一种研究对象进入理论维度，其工作实践与理论探索离不开非遗保护的政策语境。

关键词：传承人口述史；非遗保护；非遗学；口述实践

一、传承人口述史概念的提出

严格意义上的西方现代口述史学形成至今不足百年，但运用口述访谈方法记录民众生活和民俗文化的实践早已有之，20 世纪以来国外有关文化遗产口述史领域的研究项目、研究机构及人才培养也并不罕见。

录音设备出现以前的口述史实践只能通过文字记录的方式进行。例如 20 世纪 30 年代美国民俗学家约翰·罗马科斯（John Lomax）及其研究小组专门收集了一批曾在奴隶制度下作为奴隶生活的人们的口述证词，共计 2300 场访谈的笔记和文字记录。这些珍贵资料均被存放在美国国会图书馆，未被二次加工[1]，但这些仅靠文字记录的口述证词大大削弱了口述史的可信度与可操作性，直到录音机等多媒体设备的普及应用直接推动其发展为一种公众可参与的访谈述史方式。20 世纪 40 年代，美国历史学家阿兰·内文斯（Allan Nevins）于哥伦比亚大学成立的口述历史研究室成为首个正式以"口述历史"命名的研究机构[2]，目

*［基金项目］2024 年度天津大学自主创新基金——社会影响力项目"中国当代非遗志的理论与方法研究"（项目编号：2024XSC-0026）。

前该中心每年采录的口述资料中包含有关非遗传承人的访谈[①]，该校开设的口述史专业硕士培养亦将人文艺术作为重点方向[②]。20 世纪 60 年代后，口述史作为一种实用性较强的资料采集方法在欧美地区广泛传播，逐渐与人类学、社会学、民俗学的实地调查方法相结合，成为世界范围内人文社会科学研究的重要方法论体系，而数字化革命也影响着口述史记录、保存、传播、呈现的方式。美国民俗节自 1967 年设立后一直将文化保护作为基本原则，主办方从 1985 年开始使用录音设备记录不同视角的文化保护观，美国史密森尼学会研究信息系统（Smithsonian Institution Research Information System）的"拉尔夫—林茨勒民俗档案和收藏品"（Ralph Rinzler Folklife Archives and Collections）项目收录了其中部分原住民口头介绍印第安民俗文化的录音文件，这些录音文件经过编号、文字转录后上传到网站供学者、民众浏览下载[③]。2012 年以来，西肯塔基大学人类学与民俗学系开展的"肯塔基州民俗计划"（KFP）为搜集当地民俗生活与传统艺术专门设置了口述历史项目，为该专业研究生提供了口述实践平台[④]。

英国作为 19 世纪工艺美术运动的发源地，虽未加入非遗公约，但其对传统文化的记录保存十分重视，例如英国传统手工艺协会（The Heritage Crafts Association）制作了传统工艺清单名录，包括代表性工匠的相关信息[⑤]。大英图书馆口述历史档案（British Library Oral History Collections）中收藏了部分关于 21 世纪初英国手工艺、建筑等领域从业者生活史的访谈录音资料。[⑥]此外，英国高校在文化遗产保护与相关人才培养方面开展了不少实践工作，比如明爱［伦敦］学院（Ming-Ai［London］Institute）于 2012 年启动为期三年的口述史项目"英国华人职业传承史"（British Chinese Workforce

---

①Oral History Archives［EB/OL］.Columbia University Libraries［2022-10-15］.https://library.columbia.edu/libraries/ccoh.html.

②Oral History［EB/OL］.Columbia Universityinthe Cityof NewYork［2022-10-13］.https://www.gsas.columbia.edu/content/oral-history.

③RalphRinzler Folklife Archives and Collections［EB/OL］.Smithsonian Institution Research Information System,［2022-10-14］.https://transcription.si.edu/project/36282.

④Kentucky Folklife Program［EB/OL］.Western Kentucky University［2022-10-15］.https://www.wku.edu/fsa/kfp/index.php.

⑤Listofcrafts［EB/OL］.The Heritage Crafts Association［2022-10-15］.https://heritagecrafts.org.uk/crafts/

⑥Crafts［EB/OL］.British Library Oral History Collections［2022-10-13］.https://sounds.bl.uk/Oral-history/Crafts.

Heritage），其中包括传统饮食、传统中医等诸多传统职业的传承史。① 目前哈德斯菲尔德大学（University of Huddersfield）下设的历史学院则专门设立了"口述史与社区遗产"硕士专业。②

加拿大纽芬兰纪念大学（Memorial University of Newfoundland）制定了数字档案计划（DAI），通过收集纽芬兰—拉布拉多的各个社区的非遗资料来建立非遗清单③。其中，该校民俗和语言档案馆（The MUN Folklore and Language Archive）中还收录了20世纪90年代以来该校民俗学专业学生提交的部分关于民俗、传说故事和个人叙事的调查访谈作业④。

作为非物质文化遗产保护的先驱，日本、韩国先后于20世纪五六十年代设立"人间国宝"制度，在认定传承人的同时，对其开展访谈记录工作[3]，这在极大程度上推动了世界非遗保护的进程，并为各国文化遗产保护的政策制定与工作方向提供了参考范本。除了官方开展的传承人记录工作以外，日本民俗学、民艺学的迅速发展对其文化遗产保护产生了重要影响，从政府、学者到民众尤其注重手工艺的保护。盐野米松以作家视野先后采访了数百位传统手艺人，为了"追寻他们的人生观"甚至会进行长达十年的追踪式采访[4]，其完成的《留住手艺》（2012）、《树之生命木之心》（2016）等口述作品可视为传承人口述史早期实践的优秀案例。

此外，澳大利亚、西班牙、波兰、新加坡、阿曼等国家均在不同程度上对非物质文化遗产相关事象开展了口述史采集与保存工作。阿曼国专门设立了非物质文化遗产口述史部，其核心工作即对非遗项目的传承人进行直接对话与实地调研，并将这些关于非遗项目的口述史资料整理出版[5]，但其整体趋向于民族志

①British Chinese Workforce Heritage［EB/OL］.British Chinese Heritage Centre［2022-10-13］.https://www.britishchineseheritagecentre.org.uk/en_uk/ph/projects/british_chinese_workforce_heritage.html.

②Oral History and Community Heritage（MAbyResearch）［EB/OL］.University of Huddersfield,［2022-10-13］.https://courses.hud.ac.uk/full-time/postgraduate/public-history-oral-history-and-community-heritage-ma-by-research.

③About the ICH Inventory［EB/OL］.Memorial University of Newfoundland［2022-10-15］.https://www.mun.ca/ich/search-ich-collections/about-the-ich-inventory/.

④The MUN Folklore and Language Archive［EB/OL］.Memorial University of Newfoundland,［2022-10-16］.https://capelin.library.mun.ca/v/folklore.

风格，缺乏对传承人个体生命历程与非遗事象之间关系的关注。新加坡口述历史中心也陆续收录了 20 世纪末以来在本土口头传统、舞蹈、音乐、歌剧、戏剧、蜡染、医药等领域的杰出人物口述录音 ①，并详细标注了录音的来源、数量、时长语种及访谈者等信息，成为移民文化在地融合的例证。综合来看，各国的口述史实践案例中突出了数字档案在互联网中的开源共享，倡导社区与民众参与文化的记录与研究，可为非遗档案化的未来走向提供参照。

在我国，港澳台地区的口述史实践主要围绕本土近现代历史展开，其中部分口述史项目对一些非遗事象有所涉猎。例如，1993 年香港音乐史学者黎键编录的《香港粤剧口述史》是目前检索到的最早的以我国民间艺术为主题的口述史成果，该书由数十位香港资深粤剧艺术家分别对戏班规制禁忌、编曲填词、表演唱腔等方面展开口述。2006 年香港大学亚洲研究中心（现香港人文社会研究所）启动以记录香港社区历史记忆为主的"香港记忆"计划，其中的"香港留声"项目收录了大量关于传统技艺的口述录音 ②。澳门口述历史协会近年先后举办了"澳门传统手工业口述历史研究计划""传统厨艺口述历史研究计划" ③。2019 年，澳门大学澳门史方向首个历史学博士课程正式招生，澳门非物质文化遗产被纳入相关专题史研究 ④。台湾地区出于融合当地人的目的，委托大学机构对当地人展开调查访谈记录，例如台湾"中央研究院"数位文化中心收录了大量关于当地人的录音、影像资料，包括从事服饰编织的女性当地人的生命故事，阿美人、雅美人的口头传说以及传统仪式、歌舞表演等 ⑤。该院近代史研究所作为我国最早计划性开展口述史实践的学术机构，数十年来出版了一系列本土名人口述史作品，其中不乏文化艺术界杰出人士的口述史 ⑥。其对传统文化从业者的访谈记录也早于大陆，例如台湾省文

①Featured Projects［EB/OL］.NationalArchivesSingapore［2022-10-13］.https://www.nas.gov.sg/archivesonline/oral_history_interviews/.

②参看"香港留声"口述历史档案库［EB/OL］.香港记忆［2022-10-16］.https://www.hkmemory.hk/collections/oral_history/index_cht.html.

③参看口述计划［EB/OL］. 澳门口述历史协会［2022-10-16］. http://oralhistory.mo/？page_id=18&cat=4.

④参看澳门科技大学社会和文化研究所，澳门大学《南国学术》编辑部《2019 年度中国历史学研究十大热点》，《南国学术》2020 年第 2 期，第 345—352 页。

⑤参看台湾"中央研究院"数位文化中心资料库［2022-10-16］. https://ascdc.sinica.edu.tw/databases.

⑥参看台湾"中央研究院"近代史研究所"口述历史出版品一览"［2022-10-16］. https://mhorh.mh.sinica.edu.tw/books.php.

献委员会组织采录的《传统技艺匠师采访录》自 1996 年开始分辑出版，台湾"中央大学"于 1992 年成立的戏曲研究室访谈了海峡两岸百余位昆曲艺人、学者，出版《昆曲演艺家、曲家及学者访问录》（洪惟助，2002）[6]。

在民间文化遗产抢救工程发起之前，我国对民间文化保护实践的认知主要停留在有形层面，例如对民间传说、歌谣、史诗的收集与整理，虽已关注到口头表述这一特殊的文化传承形式，但鲜少关注传承人生命历程与文化事象之间的关系。20 世纪 80 年代后，对于传承人的专门研究才逐渐开始，其中最具代表性的是藏学者杨恩洪于 1995 年出版的《民间诗神——格萨尔艺人研究》，书中选取了 22 位具有代表性的史诗艺人以第三人称撰写了访问传记①。还有 2001 年余未人出版的《走进鼓楼——侗族文化社区口述史》，收录了部分侗族绘画、雕塑、戏剧等民间艺人第一人称的口述片段[7]。可见传承人口述史概念是我国专家学者在长期从事民间文化研究和保护工作中逐渐形成的。21 世纪以来，传承人立档调查工作的实施推动了我国传承人口述史相关成果逐年上升。自 2007 年起陆续出版的"中国民间文化杰出传承人"丛书（共 15 册）作为传承人立档的代表性成果为传承人口述史概念的形成提供了基础，其编写体例与传承人口述史不同，主要由研究者通过对传承人的访谈考察以第三人称进行描述，最后有的附上传承人以及相关知情人的访谈录，有的则附上研究者的田野日记，形式不一而足②。在中国木版年画普查工程开展期间，天津大学冯骥才文学艺术研究院师生团队从 2006 年起对 19 个年画产地的 30 余位年画传承人系统性地展开口述访谈采录工作，并出版了"中国木版年画传承人口述史"丛书，这是我国首次全面系统地针对某项非遗的传承人群进行专题性普查，成为非遗传承人口述史专项记录工作的范本。几乎同时，中国艺术研究院师生团队选取了唐卡、剪纸、年画、皮影戏、惠山泥人、土家织锦、陶瓷、风筝、布袋布偶、雕漆等 10 种较有代表性的非物质文化遗产项目及其传承人进行调研，出版了"中国民间艺术传承人口述史"丛书，成为我国首部跨门类系统采录整理的传承人口述史丛书，综合呈现了我国非遗传承人及其传承项目的现状。值得一提的是，以上三套丛书的访谈对象并非参照官方认定的非遗名录进行选择，相对于名录认定对于传承人技艺代表性的要

---

① 参看杨恩洪著：《民间诗神：格萨尔艺人研究》，北京：中国藏学出版社 1995 年版，下编。
② 参看冯骥才，白庚胜主编：《中国民间文化杰出传承人丛书》，北京：民族出版社，2007—2011。

求，丛书所选传承人的标准看起来更侧重于生活文化的表征与阐释力，均可视为我国学界推动传承人主体性的早期实践，同时进一步促进了传承人口述史概念的确立与传播，在高校中掀起了传承人口述史记录与研究的风潮。除高校以外，国家图书馆、北京非物质文化遗产保护中心等研究机构、地方非遗保护中心亦投入传承人口述史的记录、整理与出版工作中。

在我国传承人口述史近 20 年的实践历程中，其已发展为非遗保护与研究的主要方法路径之一，但目前仍鲜见针对传承人或传承人口述史进行专门研究的机构。2013年起国家图书馆中国记忆项目设非物质文化遗产保护系列专题，分别开展了"中国年画""大漆髹饰""蚕丝织绣""我们的文字""人口较少民族口头传统"等专题项目的影像记录与制作，并将部分传承人口述影像资源上传网络供大众观看传播。在此基础上，该项目中心自 2015 年起受文化和旅游部非遗司委托，开展国家级非遗代表性传承人记录工作的学术咨询和验收工作，并于 2018 年起连续三年举办非遗展映月系列活动，通过影像方式集中展示国家级非遗代表性传承人的技艺与生活。一个新的学术理念的提出和发展往往伴随着学理体系的建立与完善，2015 年，天津大学冯骥才文学艺术研究院基于前期"中国木版年画传承人口述史"与"天津皇会文化遗产档案丛书"等成果，成立了我国第一家以非遗传承人口述史研究为对象的学术机构——"中国传承人口述史研究所"，标志着我国传承人口述史研究在高校实践与学术研究领域占据一席之地。多年来，中国传媒大学崔永元口述历史研究中心每年举办的口述历史国际周活动也为传承人口述史研究提供了分享交流平台。此外，一些开设非遗研究方向的高校亦将传承人口述史作为学生的实践课程内容之一。

以上可见，各国长久以来关于非物质文化遗产及传承人的口述史采集主要由政府相关机构、高校相关专业以及社区机构主导，学者在其中扮演了重要角色。

二、作为档案的传承人口述史相关成果梳理

笔者在梳理传承人口述史成果的过程中发现，非遗名录制度的建立标志着我国非遗事象在一定程度上被项目化、区域化、等级化，同时又呈现出行业化、民族化的特征，传承人口述史成果亦延续了这一类型特征，可分为区域、行业、少数民族三大类，这种分类趋势也符合社区性的非遗传承与保护建档模式。此外，由于部分非遗项目在传承时呈现出一定的性别化倾向，且民间女性在历史叙事中长期处于缺席状态，因此也出现了一批关注女性传承人的成果。需要说明的是，这种划分仅以相关成果的大致特点而定，同一部传承人口述史作品可包含多个类型要素。对传承人口述史成果进行类型化梳理，有助于理解当前传承人口述史的实践路径与趋势。

（1）区域传承人口述史

较早的区域传承人口述史调查、编写与出版成果是苑利、顾军主编的《北京非物质文化遗产传承人口述史》系列丛书（2015，10 册），随后北京非物质文化遗产保护中心继续推出同名丛书（2018—2020，19 册）。除北京之外，各地不同机构的学者也竞相出版了以省、市为单位的传承人口述史系列成果。例如，成都市非物质文化遗产保护中心编《成都市非物质文化遗产传承人口述史》（2015）；西藏自治区群艺馆主编的《西藏自治区非物质文化遗产国家级代表性传承人口述史》丛书（2017，11 册）收录了藏医藏药、格萨尔史诗、藏戏、藏香、民间歌谣、金银铜铁陶制等领域的传承人口述史；张蕊主编的《西藏非物质文化遗产传承人口述实录》（2017）选取了西藏地区在音乐、舞蹈、说唱、绘画、手工艺、藏医药等八个非遗项目领域的 22 名代表性非物质文化遗产传承人进行口述访谈，并以文字、图片与纪录片的形式出版；郭艺主编的《浙江省国家级非物质文化遗产代表性传承人口述史丛书》（2019—2021，20 册）选取浙江省内的国家级非遗代表性传承人，围绕传承人、传承人弟子及相关人员的访谈口述，结合文献记录、新闻报道等予以整理呈现；李豫闽主编的《海峡两岸民间工艺口述史丛书》（2018—2019，10 册）采录了海峡两岸数百位非物质文化遗产代表性传承人的口述史，关注海峡两岸文化的交流与流变。

概括来说，区域传承人口述史主要包括行政区域和文化区域两种划分方式。前者以行政地区为地理范围开展口述史采录，国家、省、市、县四级名录背后对应着四级管理部门（非遗中心或群艺馆），非遗项目及其代表性传承人的认定均由各级主管部门负责，因此地区性传承人口述史通常由当地非遗中心等机构主导，这也是非遗管理行政化、制度化的表现之一。后者则按照文化习俗、民族分布和方言体系等因素划分，通常由学者主导，较于前者更符合传承人民俗心理的认同标准，也更易凸显非遗文化空间与传承网络的整体性。相对来说，区域传承人口述史尤其重视凸显区域文化特色，方言俗语的如实呈现可为口述史成果增色不少。

（2）行业传承人口述史

行业口述史主要指围绕某项非遗技艺展开的传承人口述史采录，既可以某一

区域内特定的非遗行业作为采录范围，也可以突破区域范畴进行采录。较有代表性的比如，冯骥才主编的《中国木版年画传承人口述史》丛书（2009—2011，14 册）就是以全国范围内 19 个年画产地，近 50 位木版年画行业传承人及知情人为对象完成的行业传承人口述史成果。国家图书馆中国记忆项目中心主编的《大漆髹饰传承人口述史》（2014，2 册）是专门针对大漆髹饰行业的记录成果，收录了来自 19 个地区 21 位国家级、4 位省级漆艺传承人的口述史。王文章主编的《中国民间艺术传承人口述史》丛书（2010，10 册）中选取的传承人虽具体行业不同，但均属于民间艺术的行业范畴。

以上口述史成果主要来自传统技艺、传统美术类别的传承人，从行业传承性质来看均为个体传承，故访谈对象多为传承者个人。目前关于集体性传承项目的传承人口述史并不多见，这类项目多见于戏剧表演、民俗活动等领域，由于人员众多，采录难度相对较高，如《天津皇会文化遗产档案丛书》（冯骥才，2013，10 册）将主要成员口述史收入其中，篇幅较小，主要叙述的也是皇会相关记忆。《漳州布袋木偶戏传承人口述史》（高舒，2016）还涉及与木偶戏相关的表演、雕刻、音乐舞蹈等传承人。与大部分传承人口述史范式差异较大的是《浙江省传统节日民俗传承人口述史研究》（徐爱华，2016），该书以浙江省七大传统节日中的民俗为专题对相关传承人展开口述史调查，书中详细的文献考证内容与口述史部分紧密结合，保障了区域文化研究的整体呈现。

表 1-1　非遗类别在传承人口述史成果中的占比情况
（张洁整理）

传统技艺	传统美术	传统音乐	传统戏剧	民间文学	传统舞蹈	曲艺	传统体育、游艺与杂技	民俗
36	26	10	4	5	3	3	1	1

可以看出，行业传承人口述史成果主要集中于传统技艺、传统美术与传统音乐三大类别（表 1-1），传统医药因其专业属性在文化研究实践中较为边缘化。在行业传承人口述史中，由于各地传承人的实际情况不同，不同卷本呈现的范式有所差异，但均以第一人称自述加配图的方式呈现，行业术语对照表成为不可缺少的部分。整体而言，以行业为主题开展的传承人口述史采录与书写在撰写体例方面更具优势，有利于整体性地呈现某项非遗的行业生态，同时也要求访谈者应具备该行业相应的专业知识。

（3）少数民族传承人口述史

由于语言、文字与文化习俗的差异，口述史方法对于研究少数民族历史文化的效用十分明显，例如 2001 年余未人《走近鼓楼——侗族南部社区文化口述史》一书中以一章的篇幅访谈了侗族社区中的画师与歌者，以此呈现侗族社区中的艺术文化生态。这类口述史更关注社区文化事象，具有鲜明的民族志特征。

传承人口述史在帮助无文字民族建立非物质文化遗产档案数据库中的优势尤为明显，弥补了无文字民族缺少文字记录的不足。例如《国家级羌族文化生态保护实验区绵阳地区非物质文化遗产传承人口述史》（绵阳市非物质文化遗产保护中心，2017）、《土家织锦传承人口述史研究》（杨洪林，2019）等成果均是专门性的少数民族传承人口述史成果。2007年中央民族大学民族学博士生阮宝娣运用口述史方法考察羌族释比文化传承情况完成的学位论文《羌族释比与释比文化研究》，论文附录部分收录了长达40余页的口述访谈记录，并于2011年出版了《中国少数民族非物质文化遗产研究系列——羌族释比口述史》，该项研究的典型性在于口述史的写作者对于羌族释比已经有了较为长期、深入的研究基础，赋予口述史成果更多的文化阐释意味，从而有别于一般以立档为目的的传承人口述史成果。王小梅长期运用人类学田野调查及口述史方法致力于贵州多民族非物质文化遗产的口述史采录与整理工作，出版了《他者叙事：手艺人口述历史访谈》（2017）等系列成果，成立贵州手上记忆博物馆与"蓝花叙事"工作室，以口述史的方式呈现了贵州少数民族非遗的整体面貌。

此外，我国许多少数民族分布较为集中，西藏、内蒙古、宁夏等民族自治地区传承人的民族成份相对单一，传承人口述史也多来源于一些具有民族特色的非遗项目，例如《赫哲族伊玛堪代表性传承人口述史》（孙亚强，2016）、《蒙古族文化遗产传承人口述史——科尔沁叙事民歌传承人口述史》（赛吉拉胡，2017），《技艺、文化、传承——拉卜楞唐卡画师口述史》（牛乐、高莉，2020）等。较之已出版的各类传承人口述史丛书来看，巴胜超的《阿诗玛文化遗产传承人口述史》

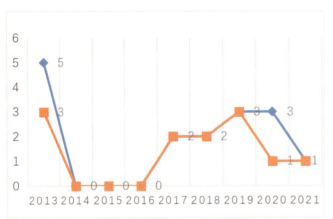

注：蓝色为全部传承人口述史项目数
橙色为少数民族传承人口述史项目数
图1-1 国社科基金少数民族传承人口述史项目历年立项占比（张洁制图）

（2016）一书从人类学视角将口述情景、人物简介、问答记录、田野日志用于传承人口述史的文本结构，为传承人口述史书写提供了新的体例参考。

在中国民间文化遗产抢救工程中，国家社会科学基金特别委托项目"中国唐卡文化档案"下设的子项目"中国唐卡传承人口述史"汇集了来自多所高校的数十名学者担任课题组成员，在各卷本唐卡文化档案项目的调研基础上运用口述史方法对唐卡传承人的传承史、家族史与生活史展开科学记录与整理[8]。在2018年举办的"中国唐卡传承人口述史"工作坊会议上，课题组就唐卡传承人口述史的写作方式、体例规范进行了深入探讨，由于研究视角及案例差异等因素，不同口述史文本之间呈现出鲜明的差异，目前该项目仍在持续推进中。

近年来，国家及省部、市级社科项目申报中的传承人口述史项目数量呈上升趋势，其中，对于少数民族传承人口述史的抢救、挖掘和整理占比较大（图1-1）。例如，国家社会科学基金2013年度青年项目"赫哲族伊玛堪传承人口述史研究"、2017年度青年项目"苗族史诗《亚鲁王》传承人东郎口述史研究"、2017年重点项目"东北世居民族萨满文化传承人口述资料发掘、整理与研究"等。目前少数民族传承人口述史基本表现为两种形式，一是针对某一民族地区中的少数民族传承人进行口述史采录，二是针对某一民族中具有代表性的传承人进行口述史采录，后者突破地区界限，可呈现同一民族在不同地区的文化面貌，进而补充民族志书写的不足。

（4）女性传承人口述史

女性口述史是口述史研究的热点方向，在非遗传承领域，由于女性在传统社会中长期受到纲常礼教的约束，且多数行业中流传着传男不传女的不成文规矩，导致女性能参与传承的事象十分有限，因而"让女性传承人自己说话"成为传承人口述史研究的重要议题。在我国非遗保护工作开始之前，人文社科领域已经形成了一批妇女口述史的探索性成果，其中，杨恩洪的《藏族妇女口述史》中收录了3位藏戏、藏舞、说唱方面的女性民间艺人口述史，虽然每个人的口述史篇幅不长，但内容非常具有典型性与故事性。李小江作为20世纪80年代最早一批从事妇女口述史研究的学者，其在《让女人自己说话》三部曲之一的《文化寻踪》一书中收录了江永女书传人、旬邑剪纸女传人的口述史，借此对文化现象作出女性的解释。

早期女性传承人口述史多见于传承人丛书中，并未关注到女性在文化传承中所具有的特殊性。2007年出版的《我的民间艺术世界——八十位女性的人生述说》（魏国英，2007）是最早的专门以女性角度审视民间艺术的著作，女性从艺者的价值观和思维

方式透过口述得以呈现。《手上的记忆——两个苗族妇女的生活世界》（王小梅，2011）围绕两位从事蜡染制作的苗族妇女的生活史展开，在记录工艺与图像等珍贵资料的同时，从女性视角呈现了传统文化在现代化进程中的困境。《满通古斯语民族民间口述资源的女性研究》（郭淑梅，2019）将女性主义理论引入民间口述研究，关注女性精神在女萨满叙事、女英雄叙事中的体现。《潮汕女性口述历史：潮州歌册》（刘文菊等，2017）以录音、录像、图片、文字等形式记录潮州歌册女性传承人口述史，展现潮州歌册的兴衰历程。

整体来说，传承人口述史作为非物质文化遗产普查立档的路径之一，现已积累了较为丰富实践成果，各类传承人口述史作品的发表和出版标志着抢救工程从对传承人的技艺抢救转向了更深层的记忆抢救。

三、传承人口述史研究的理论探索

（1）传承人口述史研究相关文献分析

通过 CNKI 数据库，以"非物质文化遗产"＋"书写"为组合词进行主题检索，经过进一步筛选后得到相关硕博学位论文及期刊论文共计 25 篇，主要方向涉及非遗民族志、非遗影像志、口头传统等方面的调查书写及其机制研究。

以"传承人"＋"口述史"为组合词进行主题检索及筛选，得到相关文献 235篇，相关文献研究方向的数据分析如下：

表 1-2　CNKI 收录的传承人口述史文献分析（作者统计）

研究主题	期刊	硕士	博士	数据分析
访谈案例	56			从检索数据来看，传承人口述史的期刊论文多是从口述史角度切入宏观或具体的非遗事象研究，通常将传承人口述史视为历史文献的补充；其次是传承人口述访谈的案例呈现，《民族艺术》《文化遗产》《河北科技大学学报》（社会科学版）等学术刊物先后开设了传承人口述史访谈专栏，推动了传承人口述史访谈录的实践参与度，但这类论文主要关注非遗事象传承过程及困境的问题呈现，其本质仍在于文本的资料性。此外，还有部分关于传承人口述史方法论、实践反思的研究，而传承人口述史生成机制的学理分析仍显不足
方法论	35	1		
口述史视角的非遗事象研究	74	14		
价值、功能与理论反思	34		1	
立档、出版与利用	18			
口述媒介	2			

以上数据可以看出，传承人口述史成果主要集中于四个方面：一是口述史视角的非遗事项研究。这类成果主要将口述史作为一种获取一手资料的研究方法，

通过口述访谈的方式研究、分析某项非遗的知识结构、艺术特色以及传承发展境况，此类研究通常不会进行全面系统的口述访谈和传承人口述史的编写。二是直接将整理、编写的传承人口述史进行呈现的成果。这类成果多直接以"传承人口述史"作为标题，以对话访谈录的形式呈现，但限于论文篇幅，通常以具体问题作为主线，这是传承人

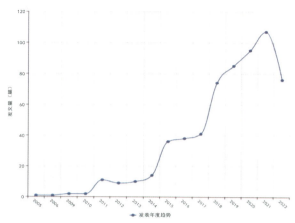

图 1-2　CNKI "传承人口述史"成果发表年度趋势（数据来源：CIKN）

口述史的论文与著作的不同。三是关于传承人口述史方法论的讨论。这类成果通常根据某项具体的传承人访谈实践来分析方法中存在的问题，但多数问题的讨论较为碎片化，缺乏深入系统的讨论。四是通过案例研究对传承人口述史在非遗保护研究中的应用进行价值、功能的反思。这类研究体现了传承人口述史研究的理论转向，但就传承人口述史本体的理论探讨仍然不足。

以"传承人口述史"为主题的成果发表数量（图 1-2）从 2010 年后开始出现大幅度持续上升，2022 年或受疫情影响有所下降，印证了田野考察是传承人口述史采录工作的核心，线上通信技术应用的普及暂未在特殊情况下促成一种田野访谈模式的线上转向。

从知网文献成果的学科分布数据来看，占比前十名的研究方向依次是音乐舞蹈、文化、体育、戏剧电影、美术、手工艺、史学理论、人物传记、图书情报、档案及博物馆，可以看出口述史在人文艺术领域的比重较大。从成果的"作者"分布数据来看，排名靠前的作者成果多围绕某一非遗领域内的传承人撰写口述访谈文章。如成都大学万平从2011—2022 年发表川剧艺术家口述史系列文章 50 余篇，三峡大学刘冰清自 2017—2022年发表辰州傩戏土老师口述史系列文章 20 余篇。此外，天津大学传承人口述史研究所的相关成果主要侧重传承人口述史方法论体系的建构，国家图书馆中国记忆项目团队则关注口述档案的整理与制作。

（2）传承人口述史的理论研究

与民族志、口述史等领域的理论发展相似，传承人口述史的理论反思亦基于大量实践案例展开，但专门、深入的研究有限。目前各领域较有代表性的相关成果有：2010年，冯骥才主编的《田野的经验：中日韩非物质文化遗产保护方法论坛》出版，该论文

集是中国民协发起的中国民间文化遗产抢救工程近十年后，学者们对于田野方法论、影像记录、数字化建档、口头文本制作等方面的一次经验与理论的总结，也是中、日、韩非遗专家共同交流田野经验的一次有效尝试。2012年西南大学历史学专业周寅寅硕士论文以口述史与传统手工艺研究相结合，详细梳理了口述史方法介入传统工艺研究的理论经验，以及传统工艺口述史料在工艺史中的现实意义①。2014年王建民《非物质文化遗产传承人的生活史研究》一文以民族志为视角，从选择访谈对象、搭建田野关系、注意访谈方式、发现主位文化观点等方面对传承人生活史研究进行了详细论述②。天津大学中国传承人口述史研究所师生相继完成以专著《传承人口述史方法论研究》，博士论文《传承人口述史的时空、记忆与文本研究》《传承人口述史叙事主体的互动研究》《传承人口述史书写理论研究》等为代表的专题论述，成为传承人口述史由田野实践走向理论研究的拓荒之作。

经过社会各界非遗工作者十余年来的不断探索与实践，传承人口述史领域业已形成了一些经验性的方法论探讨。杨文昊认为，非遗口述史正由前学科化走向学科化，中外大部分相关研究处在基于文本的整理性研究和基于史料的延展性研究阶段，只有步入基于非遗史学的综合研究阶段，客观性问题才会得到根本解决[9]。"中国唐卡传承人口述史工作坊"是国内定期召开的具有相对规模、学者群体和项目支持的传承人口述史学术会议，其依托中国唐卡文化档案项目，旨在对唐卡传承人口述史田野访谈与文本写作工作中遇到的问题进行研讨。如2018年对于书写方式、体例特征、翻译规范性等方面的讨论[8]，历年会议观点对于我国传承人口述史的记录与研究工作具有一定启发意义，尤其是传承人在会议上的发言也在一定程度上推动了自身身份的精英化转向[10]。基于近年来开展的"国家级非物质文化遗产代表性传承人记录工作"的实践经验，宋本蓉系统概述了传承人影像口述史在前期准备、访谈以及后期保存、剪辑、整理的基本流程与案例思考[11]。马伟华、张宇虹认为兼具研究手段与研究文本双重特质的"影像民族志"为非遗传承人保护开辟了另一种可能性[12]。

从近年发表的文章来看，口述史已经成为研究传承人的主要途径之一，而女

---

① 参看周寅寅：《口述史与传统手工艺》，西南大学硕士论文，2012年。

② 参看王建民：《非物质文化遗产传承人的生活史研究》，《民俗研究》2014年第4期，第30—36页。

性传承人口述史也已成为传承人口述史研究中的一个重要分支，尤其见于刺绣、剪纸等女性传承人占比较大的非遗项目类别，如《裕固族非物质文化遗产女性传承人研究》（王烜，2013）、《山西侯马刺绣女性传承人研究》（田丽红，2015）、《女性传承人的身份再造与认同——以王树花口述史研究为出发点》（郭平，2019）等。此外也不乏一些特殊行业中的女性传承群体，如《南宁平话师公戏女性传承人口述史研究——以南宁陈东村师公戏为例》（黄燕华，2016）等。对于女性传承人的口述史研究促使一些学者通过口述史关注到女性传承人这一特定群体，思考女性审美或女性角色在非遗传承活动中的特殊性，关注女性传承人在当代社会与非遗语境下的身份重塑过程，进一步讨论女性与传统社会、传统生活之间的关系，有助于拓展非遗研究的性别视野。

四、传承人口述史书写理论研究的理论基础与来源

（一）其他视域基于口述实践的相关理论进展

在历史文化研究领域，早在 20 世纪初王国维就曾提出将"纸上之材料"与"地下之新材料"相互印证所得二重证据法运用于史学考证，后来又有黄现璠、饶宗颐等人分别提出的三重证据法，其中黄现璠在中华人民共和国建立前后进行的田野考察中就已经注意到口述资料作为证据的重要性。而叶舒宪则在前人基础上再次提出四重证据法，即文字性质的传世文献及出土文献两重证据，与早期二重证据法无异，第三重证据指人类学的口传与非物质文化遗产，具有明显的口传身授特征，第四重证据专指考古实物和图像[13]。叶舒宪的四重证据法充分利用多学科交叉优势，并以"文化文本"概念统一概括四重证据，为文化研究提供了一种新的宏观视角。根据历史文化研究所运用的证据法的演进脉络可以看出当代文化研究的几个方向，一是重视学科交叉，避免故步自封与学科封闭，树立大文化观；二是突破学科研究对象的局限，将研究对象与社会的发展、记忆建构、民俗生活相结合，关注文化的生成过程而非结果；三是重视人在文化与社会中的主体地位，突破了精英与民间的界限，为文化的书写提供了多维视角。

目前，国内多数传承人口述史成果仍集中于采录方法与案例实践方面的讨论，在理论层面缺乏深化讨论，而口述史学、人类学、民俗学、社会学等领域形成的一批实践理论成果为传承人口述史的理论与实践提供了参考。

在口述史学领域，美国口述史学者唐纳德·里奇（Donald A. Ritchie）的《大家来做口述史》《牛津口述史手册》两部著作作为口述史方法入门之作具有较强的实操参考价值，其将口述史定义为"以录音访谈的方式汇集口传记忆以及具有历史记忆的个人观

点"[14]，并进一步明确了口述史的研究框架，对口述史学的发展具有里程碑意义。社会史专业出身的英国口述史学者保尔·汤普逊（Paul Thompson）则进一步将口述史与证据、记忆、共同体等论点间的复杂关系展开探讨，初步提出了口述历史中存在记忆建构与文本阐释的特征[15]。侯成德、孟庆顺、杨雁斌、定宜庄、杨祥银等学者的相关成果可窥得国内口述史学理论的基本脉络。其中，杨祥银所著《与历史对话——口述史学的理论与实践》作为我国第一部口述史学专著，对口述史学的基本理论、方法、学科史进行了系统梳理①，此后成果亦聚焦于国内外口述史前沿理论的跟踪与拓展，其提出当代西方口述史学发展的六大理论转向突破了过去口述史学研究的学科壁垒而走向多元视域[16]，强化了当代口述史学的跨学科属性。陈墨的《口述史学研究·多学科视角》、黎煜的《从口述话语到出版文本：口述历史修辞学》等成果为本选题提供了研究视角，尤其是修辞学的介入为书写者如何更好地呈现文本意义提供了科学的理论依据。陈墨从传播学角度提出了口述历史的两个假说，即"巴特利特假说"和"肖斯塔克假说"，前者意为口述者在"不同情境下作出的回忆，其信息数量、信息质量、记忆深度甚至话语形式都会有所不同"，后者意为"不同的采访人和不同的受访人的组合，必然会有不同的访谈结果"[17]。这也提醒我们思考传承人口述史的观点与视域问题，即传承人口述史文本的差异性并不完全取决于传承人个体经验的差异，访谈者、资料整理者、书写者的视域不同也会对口述史文本的最终呈现产生一定影响，而不同身份的研究群体所持的观点与立意对于传承人口述史理论与价值体系的确立有着重要意义。

人类学作为最早将田野调查科学化的研究领域，始终将生活史作为研究他者的重要路径。在此基础上，王铭铭进一步提出了"人生史"概念，即以"被选择的个别人物的整体一生"②为研究对象，将其视为"活生生的生命体"，强调从人生史整体来展开研究，并指出以事件为中心的口述史研究的局限性[18]。在研究视域方面，项飙提出了"把自己作为方法"开展"个人经验问题化"的研究策略，提醒我们关注个人意识与群体意识的关系，以及研究者个人经历在研究中所发挥

---

① 杨祥银：《与历史对话——口述历史的理论与实践》，北京：中国社会科学出版社，2004年版。

② "整体一生"特指被选择人"生死之间的生活"，参见王铭铭《人生史与人类学》，上海：生活·读书·新知三联书店，2010年版，第5页。

的桥梁作用[19]。

在口头传统领域，巴莫曲布嫫通过对史诗演述场域和文本转换问题的差异性思考，对过去史诗文本的格式化整理方式所造成的史诗传统信息缺失和文本误读进行了批判，并从"叙事语境—演述场域"的视域提出"五个在场"——即演述传统的在场、表演事件的在场、受众的在场、演述人的在场、研究者的在场[20]，从而实现在"水"中看"活鱼"的研究目标。此外，朝戈金就非遗研究采用的参与观察、忠实记录这一田野方法指出，田野调查时间不足一年无法完整地了解当地的民间知识体系，从而导致"盲人摸象"的片面结果，如若忠实记录原则无法付诸实践，其结果仍是对文化的破坏[21]。

在社会史领域，周晓虹及其团队多年来一直致力于新中国工业建设口述史研究，取得了较为丰富的成果，其研究主要关注个体记忆、集体记忆与社会之间的建构关系，认为关注个体生命过程、社会经历和情感世界的口述史充满了主观性、不确定性和变动性，承认口述史及集体记忆的主观性和历史价值并不代表否认其历史真实性或客观性[22]。

此外，牛乐从新本体论出发，关注知识、生活与在地生活的生存现实互构[23]，其在《知识史与生活史——口述史研究的理论转向与实践策略》一文中为传承人口述史研究融入了哲学解释学与语言符号学的理论视角，并把研究对象从文本延伸到了行动和场域范畴，将传承人口述史视为一种表征了多元生活世界本身的生命状态和生活实践形式[24]。

结　语

21 世纪初以来，我国对于抢救民间文化传承人个体记忆的反应迅速且高效，这与学界早期采录实践、学者文化先觉、跨学科合作以及政府的高度重视有着密切联系。其后由国家层面主导制定的一系列针对非物质文化遗产的政策法规和保护模式无疑是对前期民间文化保护在对象、概念与行动策略上的进一步延伸。可以这样认为，21 世纪初是我国非物质文化遗产命运的重要转折点，这一转折的出现是我国文化学者面对工业文明迅速发展、全球经济一体化扩张、强势文化侵蚀下相应而来的物质消费方式和生存观念急剧改变所表现出的文化保护本能[25]，正因如此，传承人所持有的记忆与技艺更显得弥足珍贵。

参考文献：

[1][美]唐纳德·里奇编：《牛津口述史手册》，宋平明，左玉河译，北京：人民出版社，2016年版，第161页。

[2]杨祥银：《美国现代口述史学研究》，北京：中国社会科学出版社，2016年版，第58页。

[3]苑利，顾军：《文化遗产报告：世界文化遗产保护运动的理论与实践》，北京：社会科学文献出版社，2005年版，第104—110页。

[4]叶涛：《盐野米松访谈录》，《民俗研究》2000年第2期，第155—159页。

[5]曹德明主编：《国外非物质文化遗产保护的经验与启示：西亚与北非卷》北京：社会科学文献出版社，2018年版，第731—759页。

[6]邹元江：《昆剧"传"字辈口述史的当代意义》，《民族艺术》2019年第4期，第61—72页。

[7]余未人：《走进鼓楼：侗族南部社区文化口述史》，贵阳：贵州人民出版社，2001年版，第40—42，51—70页。

[8]李航，张天馨：《2018"中国唐卡传承人口述史"工作坊在昆明举办》，《民间文化论坛》2018年第6期，第131页。

[9]杨文昊：《从学科交叉到交叉学科："非遗"口述史客观性问题再认识》，《文化遗产》2021年第3期，第34—39页。

[10]关却尖措，刘冬梅：《"汉藏艺术交流与铸牢中华民族共同体意识研讨会暨2021年中国唐卡传承人口述史工作坊"会议综述》，《民间文化论坛》2021年第5期，第124—128页。

[11]宋本蓉：《为记忆留声——国家级非遗代表性传承人记录工作口述史的实践和思考》，《中国非物质文化遗产》2021年第3期，第30—34页。

[12]马伟华，张宇虹：《视觉书写与动态呈现：非物质文化遗产传承人保护的影像民族志运用》，《文化遗产》2021年第3期，第40—47页。

[13]叶舒宪：《物的叙事：中华文明探源的四重证据法》，《兰州大学学报》2010年第6期，第1—8页。

[14][美]唐纳德·里奇编：《大家来做口述历史》，王芝芝，姚力译，北京：当代中国出版社，2006年版，第2—3页。

[15][英]保尔·汤普逊：《过去的声音：口述史》覃方明，渠东，张旅平译，

沈阳：辽宁教育出版社，2000 年版，第 229 页。

［16］杨祥银：《当代西方口述史学的六大理论转向》，《史学理论研究》2021 年第 5 期，第 22—30 页。

［17］陈墨：《口述史学研究——多学科视角》，北京：人民出版社，2015 年版，第 207 页。

［18］王铭铭：《口述史·口承传统·人生史》，《西南民族大学学报》2008 年第 2 期，第 23—30 页。

［19］项飙，吴琦：《把自己作为方法——与项飙谈话》，上海：上海文艺出版社，2020 年版，第 211 页。

［20］巴莫曲布嫫：《叙事语境与演述场域——以诺苏彝族的口头论辩和史诗传统为例》，《文学评论》2004 年第 1 期，第 147—155 页。

［21］朝戈金：《非物质文化遗产：从学理到实践》，《西北民族大学学报》2015 年第 2 期，第 83—87 页。

［22］周晓虹：《国家叙事与个人口述：历史的补白》，《北京日报》2021 年 9 月 6 日。

［23］牛乐：《知识、生活与在地性：河湟古典建筑艺人口述史研究》，《内蒙古艺术学院学报》2022 年第 3 期，第 5—12 页。

［24］牛乐：《知识史与生活史——口述史研究的理论转向与实践策略》，《民族文学研究》2022 年第 2 期，第 127—138 页。

［25］天津大学冯骥才文学艺术研究院编：《为未来记录历史——冯骥才文学与文化遗产保护国际研讨会论文集》，北京：文化艺术出版社，2018 年版，第 407 页。

作者：

张洁，博士，天津大学冯骥才文学艺术研究院讲师，主要研究方向：非物质文化遗产学、传承人口述史理论。

歌唱中的生活：青海河湟宴席曲传承人口述史研究 *

王　茜

摘要：青海河湟宴席曲是集音乐、舞蹈、文学于一体的民间文化形式，因在婚礼宴席中表演而得名，主要流行于青海河湟地区的回族、土族、撒拉族中，表现出突出的文化互嵌合共生特征。近年来，由于民族地区生活方式的持续变迁，宴席曲的文化空间和表演场域逐渐缺失，脱离生活场景的"表演"加深了宴席曲传承的危机性，急需重构其以生活为中心的文化传承方式。

关键词：宴席曲；口述史；场景；传承

青海河湟地区位于青海省境内的湟水流域与青海东部黄河的交会区域，是黄河、湟水谷地农业区的统称，大致包括今西宁市所辖的城东区、城西区、大通回族土族自治县、湟源县，海东市所辖的乐都区、平安区、化隆回族自治县、循化撒拉族自治县，以及黄南藏族自治州所辖的尖扎县和门源回族自治县等。据悉，早在六千多年前，在这片土地上就已经出现了人类生存繁衍的痕迹，历经千年历史，逐步形成了如今汉族、回族、藏族、土族、撒拉族等多民族交汇融合的社会多元生态，孕育出灿烂多姿的民族文化，宴席曲就是这多姿文化中的一颗璀璨明珠。

宴席曲集音乐、舞蹈、文学于一体，因在婚礼宴席中表演而得名，尤其流行于青海河湟地区的回族、土族、撒拉族中。作为一种多民族共有的民俗文化现象，宴席曲中蕴含的共有精神文化内涵和各民族独具特色的族群习性构成了宴席曲特殊的表演场域。

*［基金项目］2020 年度国家社科基金重大项目"中华传统伊斯兰建筑遗产文化档案建设与本土化发展研究"（项目编号：20 & ZD209）。

一、形成：民族迁徙与体裁特征

关于宴席曲到底从何而来，在现有的历史资料中还没有直接明确的记载说明。2008年"门源回族宴席曲"入选国家级非遗项目名录，同年，"土族宴席曲"也入选了青海省省级非遗项目名录，根据非遗项目类别划分，宴席曲都被划分在"传统音乐"项目类别，因此对宴席曲历史源流的分析，可以依据其本身凸显的音乐词曲形制，结合中国音乐史整体的发展流变，进行较为适当合理的推测。与此同时，单纯关注民俗事项本身的演变还不足以构成对整体文化现象的追本溯源，不容忽视的是，历史中民族迁徙所带来的聚居互嵌与文化互嵌，也是宴席曲源流考证的重要参考。因此，探究宴席曲的历史源流，应着手于多方面。

安宝龙先生口述①：

> 我们的宴席曲就是旋律好听，大家爱听，有的歌我们自己加上我们的舞蹈动作，边唱边跳，欢乐得很。调调我感觉更像是小曲儿，就是你们说的民歌吧，都不长，一个调调反复地加上歌词唱，有些（歌词）地方也加上一些我们的土话，感觉就更像我们这个地方的歌（宴席曲）。音调的话，应该是有我们的诵经调，也有汉族调、蒙古族调、藏族调。至于什么时候就有，我感觉我小的时候就已经听到老人们唱了，我们家的老人们也早就说，他们的老人就唱着呢，后面听老人们说，我们的宴席曲已经有了500多年的历史了。

宴席曲在青海地区，尤以回族地区最为兴盛。回族祖源可追溯至唐宋时期，当时的中国处于封建社会高度开放的时期，与各国经济贸易往来频繁，位于西亚的阿拉伯人、波斯人与中国人就形成了陆上"丝绸之路"与海上的"香料之路"，这些信仰伊斯兰教的阿拉伯人和波斯人，他们来到中国从事香料、珠宝、药材等商品的贩卖，被中国人称为"蕃客"。由于他们信仰伊斯兰教，唐宋政府专门拨出留居区，即"蕃房"，以尊重他们的生活方式。但此时的穆斯林"蕃客"还属于侨居状态，直到元明时期，才形成了我国境内的民族——回族[1]。13世纪初，随着成吉思汗及其蒙古军团的西征，大批的中亚人、阿拉伯人、波斯人以军人、工匠、商人等身份东迁散布于我国各地，成为当时"色

---

① 记录人：王茜；受访者：安宝龙（1954—　），回族，门源县人，门源宴席曲国家级非遗传承人；采访地点：门源县饭店。

目人"的主要组成部分，元代官方文书中通称为"回回"，这些回回人由于迁徙路途遥远等条件的限制，逐渐在沿途定居下来，与当地汉族或其他民族联姻、繁衍发展生存，他们建造清真寺，依寺而居，逐渐形成了回族小聚居、大分散的特点[2]。青海地处我国西部中心地带，也就成了最早回族人迁徙定居的区域，至明代，定居在青海的回族人数量已相当可观。无论是征战迁徙，或是与其他民族的生活交融，多元文化融合的青海回族，已然成了青海显著的世居民族之一，广泛分布于青海河湟一带，能商能工，辛勤耕耘。

撒拉族也是拥有宴席曲文化的民族之一。撒拉族现居于青海省循环县，据考证其先民来源于中亚撒马尔罕地区。成吉思汗西征中亚的"西域亲军"中，有一支队伍"撒尔特"部就是由现撒拉族先民组成，并将该部留于循化驻守[3]。由于与回族拥有相同的宗教信仰和风俗习惯，有一部分回族人就融入了撒拉族。之后在长期的交往中，撒拉族逐渐与汉、藏等民族相融繁衍壮大。

在青海河湟谷地还居住着一个演唱宴席曲的民族，即土族。土族现主要分布在青海互助土族自治县、大通回族土族自治县、民和回族土族自治县。土族是古代"吐谷浑"的后裔①。"浑"在蒙古语中是"人"的意思，在元汉文史籍中，"吐浑"就被记载为"土人"。元时蒙古军队在西征中，有数批人留住在青海河湟一带，融入原居在此的吐谷浑人的生活，明代土族就已有了本民族的聚居区[4]。

正是青海河湟地区长久以来多民族杂居的多元文化语境，使宴席曲得以在多民族间流传发展，以活泼的旋律和节奏明快的歌唱，深受多民族人民的喜爱。如：《白鹦哥》（见谱例1）整首曲目节奏明快，旋律虽无大的跳跃，但围绕 re-me-re-dol-la-sol 的音阶流动，朗朗上口，再加入舞蹈动作的表演，更加展现出

谱例1：《白鹦哥》，安宝龙演唱，王茜整理

① 原是辽东鲜卑慕容氏的一支，主要活动在辽东一带，后西迁至甘肃和青海两省交界处。

白鹦哥灵动的形象，表现出浓郁的生活气息。

我国的民间歌曲自春秋战国时期就已经记载于《国风》《楚辞》中；汉代由国家设立"乐府"专门收集民间音乐，产生了概括汉代北方民间流行歌曲的"相和歌"①。进入三国、两晋、南北朝时期，是历史上的一个大动荡期，北方由于连年征战，使得人口开始逐渐向南迁移，民间歌曲也由北向南发生转变，"吴歌"和"西曲"②逐渐受到关注，同时南北方民间歌曲的风格差异也逐渐显现，即北方刚健，南方柔婉。至隋、唐、五代时期，劳动人民已积累了大量民歌，并持续发展，在此基础上，精选出来的一些民歌，就叫做民间"曲子"。这些"曲子"经改编后已具有较高的艺术性，逐渐受到市民阶层尤其是文人的关注，他们填写新的歌词，进一步推动了唐代"曲子"的发展。近代所谓"小曲"，其实就是唐人所谓"曲子"[5]，这种根据已有曲调填写新词的创作方式，对后世民间音乐的发展产生着巨大影响。宋、金时期，民歌和民间曲子依旧在由人民创造，民间曲子由于得到文人的青睐，创作更加繁荣，大量词牌的出现，足以说明民间曲子发展的盛况。元代出现新的抒情文学样式"散曲"[6]，它是金元民族大融合背景下，吸收少数民族音乐和语言而生发的新果实，在内容上依然延续民间歌曲人民性的创作基态，描写生活百态，感慨人情世态。明清时期，市民文化繁荣，出现大量以卖唱为生的艺人，进一步促进了民间歌曲的流传和发展。

中国传统音乐将民间音乐分为：民间歌曲、舞蹈音乐、说唱音乐、戏曲音乐、器乐与乐种等五大类[7]。在有些宴席曲中会伴有舞蹈表演，但舞蹈只是增添宴席曲欢娱气氛的一种手段，演唱始终是宴席曲表演的核心。同时，尽管宴席曲中有一部分讲唱历史故事的"大传"曲，但与说唱音乐更加偏重讲述故事的叙事型旋律特征颇有出入。并且，说唱音乐的唱腔多有曲牌，这些曲牌由宋元以来的词调、南北曲和明清俗曲等构成而沿用至今，很多现有的民间说唱音乐曲种，所用曲牌都仍是相同的，如[银纽丝][罗江怨]等，宴席曲采用一词一调的结构体系，不同曲目不套用相同曲调，更无曲牌一说；再者，说唱音乐多有乐器伴奏，说唱艺人在讲唱过程中，手中会持有三弦、二胡、板鼓等乐器，传统宴席曲无乐器伴奏。显然，宴席曲也并不属于说唱音乐类别。因此，宴席曲在音乐体裁分类上，更偏向将其归类于民间歌曲，若要进一步细分，宴席曲应属于民间歌曲中的小调类，也即小曲、俗曲类。

---

① 见《乐府·古题要解》："乐府《相和歌》，并汉世街陌讴谣之词。"
② 吴歌流行于今江苏一带，内容多表现儿女意趣；西曲流行于今湖北一带，内容多表现水边儿女的思恋之情。

　　与民间歌曲中的号子和山歌不同，小调不具备号子的劳动功能性，也不追求山歌曲调的高亢和情感一泻而下的酣畅。小调旋律优美，形式规整匀称，通常在农闲之时或在民间节日仪式过程中进行演唱，内容包括吟唱调①、谣曲②和时调③三种[8]。在青海河湟宴席曲中，大多数的曲目都可归类于以上三种，如儿歌《数麻雀》、诉苦歌《不耐宿》、时调《孟姜女》等。小调曲折细腻的音乐性格将叙事与抒情融合在一起，对应式的曲式结构④连接当地方言口语化的语言表达，也正是宴席曲的总体音乐特征体现。

　　民间文化的整体性本质，强调民族志式的整体研究取向，只有首先明确它是什么，才能尝试探究它从何而来。青海河湟宴席曲流传区域多为少数民族聚居区，历史上的民族迁徙与融合，势必会对宴席曲历史溯源问题构成巨大的影响。无论是回族、撒拉族还是土族，在他们民族的历史痕迹中，同样都留下了元代蒙古大军西征的影迹，结合诸多宴席曲曲把式们口述宴席曲历史时，都较为一致地认为自元代就有的说法，并且综合宴席曲民间小曲的音乐体裁界定，可以判断，宴席曲的出现是自元代后各民族迁徙定居于河湟地区后，在民间小曲的基础上产生的一种民俗文化现象。而至于宴席曲为何以"宴席"命名，则更需要将其放置回赖以生存的生活整体语境中去做进一步探究。

二、场景：婚宴与狂欢

　　"场景"是鲍曼在其著作《作为表演的口头艺术》中多次采用的理论概念。他认为场景是"艺术事件"即"表演的情境（situation）"——"包括表演者、艺术形式、听众和场景（setting）等"中的一部分，"场景（setting），它是文化所界定的表演所发生的场所"[9]。民俗文化饱含着对乡土中国的依恋，是长久以来农耕文明、游牧文明以及渔猎文明并存事实的场景映照，长久依存在民众的生活世界中，在人生仪式、情感维系和族群认同的整合与合理运行中扮演着重要角色。而宴席曲的"宴席"之意也适当诠释了民俗文化中场景的含义。

---

　　①吟唱调是一种实用性较强的小调，旋律为了便于吟诵，接近口语化。如：摇篮曲、叫卖调等。

　　②谣曲在内容上指一些诉苦歌、生活歌等，旋律性较吟唱调强一些。

　　③时调具有严谨的结构和丰富的曲调，艺术性在小调中最强。如：孟姜女调。

　　④对应式曲式结构，指上下两个乐句共同表达一个乐思。

（一）婚宴传统

马德才先生口述①：

> 我们那会儿在婚姻上唱宴席曲，嗓子好的，都是唱一夜。人们也喜欢得很，高兴嘛。我们爱唱的几个，一到人家东家，进门我们就要"表礼"赞东家，要给东家好好地"道个喜"，东家高兴了，气氛活跃了，我们就开始唱。唱的曲子一般不固定，就是人家爱听个什么，我们就唱个什么。唱着累了，大家听乏了，瞌睡了，我们这些曲把式们就要表演个小品呀，把大家逗乐，瞌睡也就没有了。接着我们就又开始唱呀跳呀，热闹得很。我们那会儿结婚都没见过面，就是两家大人看着合适就定了，说亲的就提上东西去了。

青海河湟地区，当地百姓将参加婚宴称为"吃席"，宴席曲要在婚姻中表演的共识，已然成了婚宴喜庆仪式的文化符号。由于共同信仰伊斯兰教，回族与撒拉族的婚俗习惯基本一致。首先是要经过订亲，也叫做说亲，当男孩子到了适龄若是相中某家姑娘，就会由男方长辈专门请媒人说亲，这是促成婚事的第一步，即使现在已经主张自由恋爱，请媒人说亲的过程依然不能省略。说亲完成之后，就要"定茶"，也就是"订婚"，回族和撒拉族人民喜爱喝茶，经过媒人说亲，女方家若是愿意，男方家就要准备茶叶、糖、桂圆等礼品，与媒人一起送到女方家，女方家招待客人，就算是订下了这门婚事。之后，男方准备大礼，就是聘金、四季服饰等，并按女方所开名单，为女方家属准备茶叶、糖等礼品，女方收下大礼，也就代表了双方亲事的确定。在婚礼过程中，请阿訇诵念"尼卡哈"婚姻始得正式承认②。曲把式们的登场应该是整个婚宴过程中最热闹环节。操办婚宴的东家（通常指男方家庭）很早就会邀请好村里会唱宴席曲的曲把式们到场来助兴。据马德才先生、安宝龙先生口述，整理表演流程如下：

> "道喜"──→"表礼"──→"抬起头"──→"对唱"──→"小品"──→"结束曲"
> 曲把式们一进门齐唱《道喜曲》的祝福，宴席曲就拉开了场子。紧接着就由一名当地较有威望的曲把式带领念诵"表礼"词，以表对双方家庭和双方父

---

① 记录人：王茜；受访者：马德才（1957—　 ），回族，门源县人；采访地点：青石嘴镇铁迈西村马德才艺人家中。

② 阿拉伯语音译，即证婚词，意为"结合"。

母的表扬：

> 哎，娃娃和丫头的恩情重，
>
> 头一来领上了结婚证，
>
> 第二来寻上了介绍人，
>
> 一对金花配银花，
>
> 金花银花配翠花，
>
> 两家喜爱着做亲家 ①……

一首《抬起头儿瞧》招呼着婚宴上在座的宾客，正式开始了宴席曲的演唱：

> 抬起（嘛）头儿瞧，
>
> 抬起（嘛）头儿瞧，
>
> 满壶里的奶茶拿着个席里添，
>
> 亲戚们上席里坐，
>
> 随后我们曲娃儿 ② 闹。[10]

"对唱"环节就由东家和宾客按自己的喜好点曲完成，通常会唱一些气氛活跃的小曲儿，如《黄菊花》《不耐宿》等。据安宝龙先生口述，正因为是"点唱环节"，如果唱不好或者不会唱，就会"挨打"，所以即兴的成分也很高，气氛也是最热烈的。"对唱"结束，宾客们听也听累了，这时候，曲把式们就要进入下一个表演程序，即"小品"。小品也称作"小戏"，是一种带有表演性质的宴席曲，如《碗儿匠》，两位曲把式将民间小戏的简单肢体表演融合进去，以对话的形式作为开场白，唱词朗朗上口，描绘了一位能言善辩的补碗工匠的俏皮形象：

> 曲把式甲：儿海里，时去了云来了，
>
> 你们大家的老太爷进来了。
>
> 曲把式乙：儿海里虎敬德，炕上的这些瓶瓶罐罐，
>
> 地上的这些瓦缸坛坛全部我认得。③
>
> ……

---

① 由门源县国家级回族宴席曲非遗传承人安宝龙演唱，王茜整理。

② 曲娃儿：指宴席曲。

③ 由大通县马全寿、马福林表演《碗儿匠》，王茜整理。

在"结束曲"之前，若是东家和宾客们的反应热烈，曲把式们的体力又还能支撑，就会再表演一些曲调比较悠扬、故事情节丰富的"大传曲"，如《方四娘》《高大人领兵》等，通常这时宴席曲的观众就是那些在厨房忙活了一天的妇女们，她们得空终于休息，听着优美的旋律，甚至会因唱词而感同身受、潸然泪下。

土族的婚礼也是由"说亲"开始，与回族、撒拉族不同的是，土族人喜欢喝酒，因此，在媒人说亲时礼品就自然成了酒和馍。到了女方家，若是两家愿意，交换酒瓶，其中一个空瓶就会装满粮食由媒人带回。男方见状，就知道这门亲事已定，开始着手婚宴。[11]女方家在正式婚宴的前一天，也要设宴招待，土语为"Mazlii"。当天傍晚，"纳什金"①带着礼品和新娘的衣饰前往女家迎亲。正式的婚宴在第二天举行，土语为"Hurin"。在婚宴仪式上，亲朋欢唱宴席曲，不同场合、不同环节都有特定的演唱曲目，如：娶亲人到女方家有"迎接纳信曲"，离开女方家有"出门伊姐""好运伊姐"，女方家的送亲队到男方家村落中有"拉隆罗"，送亲人返程时有"海姐"等[12]。通过歌声，表达对这对新人白头到老、永结同心的祝福。

婚宴是人生礼仪中颇为重要的仪式，借用阿诺尔德·范根内普对"通过仪式"的定义："伴随着每一次地点、状况、社会地位以及年龄的改变而举行的仪式，任何社会中的个人生活，都是随着年龄的增长从一个阶段向另一个阶段的过渡的序列。"并结合他归纳的三重结构"分离——过渡——融合"[13]再去审视婚宴传统，会发现无论是回族、撒拉族还是土族，都经历了：说亲（分离）也即向人生过去分离，转换新身份的准备阶段——婚宴仪式（过渡）这是一个重要的阶段，原有的身份被抹去、现有的身份还不确定，处于角色混乱的状态，这个阶段是模糊的、不安的，但也正因如此，传统婚宴中大部分的仪式过程都是在这一阶段完成。就如宴席曲在这阶段的出现，以及它所有表演的程式和内容，都传达着特定的象征意义：以欢快的抚慰，协助新人顺利结束过渡阶段——进入新生活（融合）是新婚的男女双方重新定义自己的身份和责任，标志新家庭的诞生，通过仪式来完成。

（二）狂欢

不同于土族的文化信仰，回族和撒拉族是一个全民信仰伊斯兰教的民族，《圣训经》

---

① 土语，意为"迎亲人"，由男方家派出，相似于汉族的"娶亲人"。

中有"歌唱使人心生邪念"的记述，因此，回族和撒拉族是较为排斥以载歌载舞的方式抒发自己的情感，并常以"不事歌舞"自居。那么，宴席曲又是如何冲破这一束缚，而成了展现民族文化魅力的象征符号呢？

民俗建立的动力是"需要"，是一种能够带给群体快乐和慰藉的"需要"。正如上文所述，在重大人生礼仪过渡期的忧虑和紧张，促使了这种"需要"的产生。宴席曲愉悦的音乐性格和表演者欢快的情绪传递，是磨平这一刻忐忑的最佳营养剂。整个表演过程充满了热烈快乐的基调和温暖和谐的氛围，是属于生活的狂欢，参与其中的每一位个体都暂时摆脱了教义的约束和礼仪的规范，男女老少都沉浸在其中，边唱边舞，释放本真的自我。群体之间的隔阂、等级被暂时消除，在共同享受这一刻的过程中，加强了群体间的凝聚和认同。同时，宴席曲中大量劝善的唱词内容与《古兰经》中劝解世人行善、止人干歹的道德观本就相互一致，在一幕幕场景串联的生活狂欢中，展现出宴席曲内在的能动性与感染力。

三、传承：人与生存空间

（一）人

过去的民俗学研究只专注于民俗事象，而忽略除事项本身之外的"人"的因素，或者即使关注，也将目光仅仅锁定在参与表演的人，而忽略表演的受众群体，出现典型的叙事"格式化"特征[14]。但随着近年来民俗学研究范式的转向，那些曾经"被消失"的"人"也不再是沉浸于民俗深海中的微小砂石，而是以民俗整体中的间接参与者身份，与那些直接参与呈现民俗事项的"精英们"一起建构民俗传承中共同的文化空间。

马俊虎先生口述：[①]

我小的时候，家家户户只要是办席，老把式们就来了。要是走路上看见几个老把式们聚在一起了，过去一问，准是谁家办席呢。那时候，庄子上只要办席，几乎全庄子上的人都去，都认识嘛。要是把谁忘请了，那可是得罪人的事。有的人早早就去热闹了（婚宴现场），把式

---

① 记录人：王茜；受访者：马俊虎（1962— ），回族，门源县人；采访地点：门源县县城某饭店。

们进门就夸东家，我们小嘛，就学着唱，又是我们的话（当地方言）唱的，吃上几次席，简单的我们小娃娃就跟上会唱了。我小的时候也爱听"大传"，就跟讲故事一样，《高大人领兵》呀、《孟姜女》呀，我没上过啥学，就感觉历史上的事都是听宴席曲听来的。小的时候，条件都差，吃上一次席，听上些宴席曲，高兴得很。

以前我们耍得太开心了，那会儿我们淘金①，大老板们看着我们唱跳，也赶紧找个空地方了也要跟着我们唱。

小时候，我的爷爷就唱，我还有一个姑父，七十多没的，现在也有四五十年了，我们就算是传下来了。我现在是两个孙女，要是两个孙子，我就给传承下去，我们跳不动了，他们就跳。这东西（宴席曲）就忘不掉，也不能丢。现在就盼望着，再养个儿子（孙子），我就给传上（笑）。

现在是金钱社会，大家都忙着挣钱，也没时间耍，都出去打工了，你看我们家，孩子都在外面开饭馆。我也忙，一天接送孙女上学放学，一点耍的时间都没有了。到舞台上再没唱过，现在再唱，人也说闲话呢，老了老了还跳着现眼。在家里，碰到喜事，我们还是耍呢，谁也骂不了我。前阵子，我们大侄子娶媳妇，我们整个家族都参加了，我们就唱着跳着（宴席曲），快手上我发了不少视频，耍得开心得很。

我总觉得我们在新时代，（宴席曲）还是要耍呢，就是要唱些新时代的内容，总是老一套的也不行，一直唱老一套的就没意思，要改变方式呢。

马俊虎并非官方认定的宴席曲传承人，只是从小受到宴席曲的耳濡目染，但他有对自己明确的身份确认，他肯定自己就是"宴席曲集体"中的一员。这个集体，是他年少时有着父辈传承的集体，也是他步入老年时也还在家宴中延续传统的集体。在他眼中，即使他的生活已经使他远离了所谓非遗运动中的传承工作，但是他自始至终未否定过自己是这集体中的一员，无论是过去、现在或是将来。

"吃席就要听个宴席曲"的行为习惯，并不着意于当地群体的刻意追求，但却是因为这个行为在生活中被反复出现，从而植根于地方群体的意识中，已然成了一种风俗必需品。

① 门源县有金矿资源，20世纪90年代，很多当地人以淘金为生活来源。

安全刚口述[1]：

我是受我父亲（安宝龙）的影响，从小就听，从小也爱唱，你看我爸唱宴席曲的时候感觉就是快乐，能让人快乐的东西谁不喜欢。我爸现在岁数也大了，身体不好，心脏不好，也慢慢地唱不动跳不动了。

现在我也是传承人（县级），也有责任把宴席曲传下去。我平常在我们县城跑个出租车，有个活动，主要是政府让我们唱一唱呀，宣传嘛，我爸就组织我们一起走了，排练一下，小马甲一穿，形象也重要嘛。文化馆还组织我们非遗传承人的培训，我都积极参加。

但有时候我也犯懒，像老唱的那些，我倒是还能记住词，但那些"大传"有时候记词记不住，也是唱得少了，现在谁还有那个时间坐那听你唱"大传"。有时候也担心，现在的老人还知道个宴席曲，有时候家办喜事还唱一唱，以后，我看这些年轻人长大，（听宴席曲）就不多了。我爸也老说，这是我们的文化，丢了就没了。

安全刚与安宝龙父子是非遗传承中典型的血缘传承关系，建立这种传承关系是传承中最便利但也是最不易的一种。他们有着长久亲密的生活联系，父亲将自己技艺的传承渗透在与儿子生活的点点滴滴中，正如安全刚口述，父亲安宝龙有时在家吃着饭都会随口教他唱两句。只要有演出，父亲也一定会首先叫上他，这层传承中饱含着父子之爱。可技艺的传承若要仅仅停留在这一亲情情感层面上，显然就无法推进了，在实际操作上，即使是父子，严格执行的师徒关系才是非遗传承走下去的关键。作为师傅的安宝龙，对徒弟安全刚就颇为严格，口传心授仍是传承的主要手段，包括检查是否对唱词熟练、是否对曲调熟练、是否能够加入几个适当的舞蹈动作等，这些都让徒弟身份的安全刚感受到一种责任与压力。

"纯粹的受众"是否存在？是仅旁观、不发表态度、不受影响，就可以被称为是"纯粹"的受众？受到教义影响，回族和撒拉族宴席曲不主张女性直接参与表演，她们作为观者，就自然而然地被动成为所谓"纯粹的受众"。可在民

---

[1] 记录人：王茜；受访者：安全刚（1978— ），回族，门源县人；宴席曲国家级非遗传承人安宝龙之子。

俗文化中，受众与表演者共同生活于同一个文化场域，民俗文化的"民"与"俗"特质就决定了，这是所有人的文化，不分等级、不分身份，没有人可以抽身去做个"世外隐者"。表演者与受众的身份本来就是变动不居的，不存在纯粹的表演者，更无法谈及纯粹的受众者。事实证明，那些被冠以"纯粹受众"的女性们，也会私下在丈夫演唱宴席曲时，跟着哼唱几句，并提供给丈夫自己的意见，甚至在有些家庭的聚会上，她们可以大方地唱跳上几曲，那她们原先的这受众身份自然就转化成了表演主体。并且，伴随着民俗文化中社会性别的变迁，被问及对于回族和撒拉族宴席曲是否可以女性传承的问题上，这些承担表演主体的男性也坦言：如果真没有男孩子学，女孩子也可以，传下去才是重点。

无论是"集体中的一员"或是官方认定的"传承人"，又或者是被误定义的"纯粹的受众"，他们都应是宴席曲传承中"人"的含义。这些人，在共同的生活空间中，关于宴席曲的集体记忆唤起着他们的共鸣情感，并且他们也都在努力用自己不同的方式留存住这份记忆。

（二）生存空间

福柯曾指出，人都是生存于空间化的人，言行都得遵从其所在空间的潜在规则，生活在"全景敞式结构"中个体的生活道路与命运抉择也就存在诸多源自空间这个主体的形形色色的限制[15]。那么，宴席曲作为依附于社会空间中的附着物，其生存空间又该如何设想？① 利用田野作业"双窗口"方法整理李进星、马世君、包寿福口述，以期能够得到信息：

访谈资料	田野工作者视角
以前都唱，现在基本上忘得差不多了。	为什么不唱了？
现在没地方唱	这里的地方指的是什么？是地理空间，比如专门提供表演的舞台，还是宴席曲的表演场景？即邀请曲把式们去表演的家宴？
主要是因为现在会唱的人不多，我们的人也比较保守，年轻人们结婚也都在酒店，家里面邀不邀请我们去唱，也看东家爱不爱。	
第一次的小结：年老的曲把式们由于身体的原因，甚至有些曲把式们已经过世，因此表演的主体力量就在逐渐减弱，并且同时，受众群体也在逐渐消失。这就导致了场所的消失。	

① 记录人：王茜；受访者：李进星（1962.2—　），回族，门源县人；马世君（1965—　），回族，大通县人；包寿福（1970—　）土族，大通县人。

访谈资料	田野工作者视角
唱起来精神好，心情也好，身体都感觉轻松了	热爱的曲把式们，是真的热爱，那不喜欢的人怎么看？
保守得很，这些人们就是骂，但是还偷偷地看	为什么会造成这种现象呢？
觉得耽误了正事。	
第二次小结：对于自己民族文化持两种相反态度：热爱的就一往无前，排斥的就嗤之以鼻。	
他们有时候说得难听得很，都有些侮辱我们，但我们不唱了，这个东西就没有了，太可惜了	是一种忍辱负重的感觉。那以后怎么办？怎么发展？
先去把会唱的把式们赶紧找出来，趁着他们都活着，能唱，先记下来，这就是大事，其他的都是后话	抢救是第一步，也是最重要的一步。
小结：对于发展，大家都理智地会认为，传下去虽然重要，但更重要的是先把已经有的尽快挖掘收集出来	

经过对亲历者口述整理发现，宴席曲生存空间不容乐观，表现在表演场域的逐渐消失。这里的"表演"并不是舞台上经过精心设计排练的"专业表演"，而是指在民间口头表演情境中的群体间交流行为，是在民间村落中，以宴席曲为符号连接起来的人与人之间的情感纽带。若纽带断裂，则交流消失，符号意义也随之丧失殆尽。据了解，已被认定为非遗项目的宴席曲，现在俨然已成为当地政府的一块"文化名片"，将其经过包装推上舞台进行展演，以此扩大影响力、提高知名度，毫无疑问，这种做法在一定程度上会对宴席曲的传播起到积极作用。然而，当它从生活中抽离，成为迎合大众欣赏的"表演的表演"，宴席曲"家宴喜乐"的符号象征也将逐渐脱离民众生活需求，而真正变为"失域"的舞台表演艺术而已。

结 论

地方群体的生活世界构筑了传承必需的文化场域，而这生活世界中的主角——人，归根结底都是这文化场域的影响者和执行者。"人对于文化的传承是出自本性，并基于持续的创造能力，人的生活世界则是文化得以不断再创造的生产场域"。[16]青海河湟宴席在多民族互嵌社会中形成，是多元文化基因和生活习俗融汇而成的文化形式，也是文化在地性的突出表达。在现实层面，青海河湟宴席曲不仅表现出不同社会形态和生活习俗的整合，亦表征了区域社会文化的共生性，以及各民族对共有精神家园的追求。宴席曲在青海河湟地区的形成史与数百年的流传史也展现出汉、回、撒拉、土族的融合史与发展史。现今，随着短视频的火爆，年轻一些的曲把式们已经利用直播平台开始推广宴席曲，但投射在短视频里的宴席曲，文化的本质又何去何从？因此，对宴席曲保护与传承还任重道远，这是对宴席曲过去辉煌继承的责任、对当下生活展现的回归，也是对未来美好期许的憧憬。

参考文献：

[1]杨圣敏主编、丁宏副主编：《中国民族志》，北京：中央民族大学出版社，2021年版，第56页。

[2][3]宋蜀化、陈克进主编：《中国民族概论》，北京：中央民族大学出版社，2001年版，第558页、第560页。

[4]《土族简史》编写组：《土族简史》，西宁：青海人民出版社，1982年版，第34页。

[5]杨荫柳：《中国古代音乐史稿（上册）》，北京：人民音乐出版社，1981年版，第194页。

[6]袁行霈主编：《中国文学史（第三版）第三卷》，北京：高等教育出版社，2014年版，第198页。

[7][8]袁静芳：《中国传统音乐概论》，上海：上海音乐出版社，2000年版，第7页、第35页。

[9][美]理查德·鲍曼：《作为表演的口头艺术》，杨利慧、安德明译，桂林：广西师范大学出版社，2008年版，第92—97页。

[10]马世君：《大通回族宴席曲》，北京：民族出版社，2019年版，第51页。

[11][12]王雅楠：《青海互助土族婚礼仪式音乐调查与研究》，呼和浩特：内蒙古大学2022年版，第19页、第29页。

[13][法]阿诺尔德·范热内普：《过渡礼仪》，张举文译，北京：商务印书馆2010年版，第5页。

[14]巴莫曲布嫫：《史诗传统的田野研究：以诺苏彝族史诗"勒俄"为个案》，北京师范大学博士论文，2003年。

[15]岳永逸：《个体生存的空间化抉择：近代北京天桥艺人的来源及认同》，《北京历史文化》2007年第3期。

[16]牛乐：《口述史研究的理论转向与实践策略》，《民族文学研究》2022年第2期。

作者：

  王茜，西北民族大学在读博士，兰州文理学院讲师，主要从事文艺学、民族音乐学研究。

口述史视角下临洮手工仿古地毯的艺术考察及其文化阐释*

覃壮航　李于蓝

摘要：临洮手工仿古地毯作为多民族共生、共享之物，其物性、文化与审美趋向一种多元融通的生命样态。其以文化介质的某种特殊形态，在多民族贸易过程中，于边际各异、文化各殊的族群间发挥沟通与促进的作用，亦表征为除民族共同体的想象叙事外另一种有迹可循的各民族共享的文化符号。而当地的民间艺匠将象征、寓意、比拟、谐音等符号修辞方式融汇于地毯图案的设计与织造过程，彰显了根植于民间文化活动中的智性和审美。

关键词：口述史；地毯艺术；手工技艺

临洮位于甘肃陇右地区，自东周时建置县，古称"狄道"，新石器时期的马家窑文化、辛店文化即发轫于此。秦汉以来，作为古丝绸之路的要道，该地成为各族群间经济交流与文化接触的边际枢纽。中国织造的手工地毯伴随着瓷器、丝绸循此路径行销域外，而波斯地毯的独特样式及制作技艺亦借此传入中国，并与中国传统织毯技艺融合，形成了别具一格的西北仿古地毯。

地毯在甘青民族地区有着多元的文化内涵，不同社群对"毯"的使用方式与文化释读不尽相同。地毯存在于人们社会生活之中，其图案设计、颜色的选择搭配都与此间的文化习俗相关联。近代以来，甘肃地毯的生产织造主要集中于临洮、临夏、兰州一带。

---

*［基金项目］西北民族大学 2022 年度中央高校基本科研经费项目"西部文化景观建设与中华文化符号共享研究"（项目编号：31920220051）；甘肃高等学校人文社会科学重点研究基地西北民族大学西北少数民族宗教研究中心 2024 年度一般项目"甘青地区各民族共享中华文化符号的理论路径探赜"（项目编号：24B05）。

民国时期，临洮纺织业发达，民间工坊繁荣，当地手工仿古地毯尤以质料佳、工艺精、样类繁盛著称。然至 20 世纪末，随着机器生产的发展和介入，手工地毯由于制作成本高昂，从业者纷纷转行，机织地毯取代手工地毯的市场份额成为难以逆转的趋势，相关行业亦不免沉寂。于此情境下，传统手工地毯的艺术价值及文化意义更需要予以重估和重构。

一、技艺与造物：临洮手工仿古地毯的织造

造物涉及工匠、技艺、经济生产与社会结群等多方面因素，即手工艺人依据社会生活需要而生产关联社群所需之物。临洮手工仿古地毯的生成与发展亦源于此。在全世界范围内，著名的地毯有波斯地毯、土耳其地毯、中国地毯等，大都以手工打结为主要工艺手段。在中国，又有新疆地毯、西北地毯、北京地毯、西藏地毯等多种样式，其中西北地毯又以仿古为主要特色。

从手工地毯的织造技艺上看，制作地毯的原材料为羊毛，经过手工捻线，再加之天然矿物质、植物染色形成毛线，通过一定的技艺编织成型。从历史上来看，据考古发现，"编织地毯（kelim）技术至少可以追溯到公元前 2000 年，在土耳其首都安卡拉附近的戈地思地区，曾发掘出公元前 7 世纪的地毯残片"。[1]中国地毯织造的历史已有上千年，自商周时期始，便出现专门的纺织业和缝纫工业。

在西北地毯中，甘肃临洮手工仿古地毯的生成史与古丝绸之路的历史密切相

图 1 　手工艺人在织造地毯①

图 2 　织造地毯的质料"毛线"②

————————————

①②2023 年 11 月自摄于甘肃省定西市临洮县。

连。古丝绸之路自长安（现西安）贯穿东亚、西亚，最终到达欧洲，形成了一条连通亚欧大陆的商贸路线。古代中国的丝织品、瓷器经丝绸之路远销海外，域外的香料、手工艺、土特产亦传入中国，其中织造地毯的手工技艺伴随着域外地毯的传入而传播，并在结合中国传统宫廷地毯的基础之上，形成了如今的西北地毯。在织造技艺上，临洮手工仿古地毯的原料为土种羊毛，通过捻线、植物色素浸染后，打结、剁制、裁绒等步骤制成。从图案设计到成型一共有配色、染纱、上经、手工打造、剁毯、片毯、投剪等十几道工序。其中，"剁"是临洮手工仿古地毯的重要技艺，故而在临洮地区，手工地毯织造技艺又称为"剁毯子"。

此外，织造一块成品地毯需要纺纱、染线、缠线、绘图、织毯、片剪、洗毯、平毯等十多道工序。临洮手工地毯在制作过程中，手工"剁毯"是地毯成型、图案成样的重要阶段。如上图所示，将经纱固定于织器上，图稿放置在地毯正后方，通过人工手段将毛线打结编织在经线上，随后便是一道道"剁毯子"，将不同的色彩堆积糅合，颇有"应物象形"之意味。据手艺人口述，制作地毯的羊毛一般长为 35 ~ 55mm，规格有 45道、70 道、12 道不等，一英寸地毯中有 200 根纱线。

前临洮县地毯厂负责人口述：

图 3　地毯画稿①

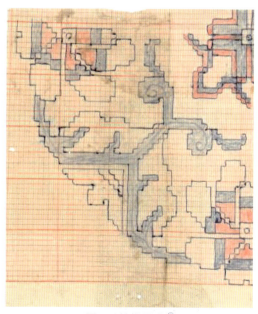

图 4　纹样图稿②

———————

①② 图片由西北民族大学美术学院牛乐教授提供。

原来那些染料都是植物做的，自己加工，工艺是从临夏回民那儿学的。大概 50 年代那会儿，解放以前临洮就有了。现在会做这种老工艺的少了，老工艺做的地毯有一百多道的，以前的工艺一英寸要一百道，最少也得九十道。

织造地毯时，所谓的"经""纬"即是在纺织技艺中的"经纱"与"纬纱"，"经纱"的质料为棉纱，"纬纱"的质料为羊毛。"经纱""纬纱"在一定的规律下交织成面，最终成为一块完整的毯子。在织造前首先需要选定图案、颜色，据地毯厂负责人口述可知，当时地毯图案由工厂手工艺人亲自设计，根据购买者或者市场的需求，生产相应的地毯图案样式。

前临洮县地毯厂女掌柜口述：

这些（地毯）经线用的是棉线，纬线是毛线，这个工序复杂得很。就是这么一根一根上来的。做得好的那些表面应该是很光滑的。每天就去看他们做，看谁做得粗了就和他说往细里做。图案设计的话，当时厂里作图的是厂里自己人，之前也没学过美术，是来了才培训的。

图 5　临洮仿古三蓝毯①

在织造前，图案的设计尤为重要。临洮手工仿古地毯具有浓郁的地方特色，从经销的角度上来分析，甘青地区为多民族聚居区，购买地毯的多为汉族、藏族、回族等民族。由于文化习俗不同，地毯的功用亦大相径庭，特别是产品设计上，什么样的图案适合什么样的群体，体现出社会习惯的规约性。如传统的临洮手工地毯，当时购买者中有的为信仰伊斯兰教的穆斯林群众，在其教义中严禁偶像崇拜，所以在图案装饰上多为植物、几何纹饰，传统的地毯也是以植物花纹为主。

临洮手工地毯从图案设计到织造，尤重对于图案细

---

① 2023 年 11 月自摄于甘肃省定西市临洮县。

节的处理，如织造一朵牡丹花，从设计开始，就对颜色区间进行规划，有"远看颜色近看花"及"先看颜色后看花"之说。而这正是因为图案的冷暖关系，色彩风格在地毯图案的设计中占据极为重要的位置，其影响地毯的成品效果和整体布局。故在设计之初，便在图纸上予以清晰标注，如花瓣图样在向阳的一面用色淡，而背阴的部分用色深。

前临洮县地毯厂负责人口述：

> 地毯图案都是咱本地人画的，1949年前临洮地毯的图案和现在的不太一样。传统的比较粗糙，花型简单，以蓝色为主。蓝色还是从回族那边过来的，临夏回民那边学的，当时按照人家说的来制作。外销的订单是我们发图案过去，然后他们选图案。一般是把图案库里的发给他们，有些有要求，有些没有，比如想加个动物就把这个加上去。

从经济生产的角度看，清光绪年间，左宗棠在甘肃兰州创立官办民用的织呢局，如甘肃地方志中载："前年曾托幼丹制军代购，迄未见复。又兰州制造委员赖长以己意新造水机试制洋绒，呈验，竟与洋绒相似，质薄而细，甚耐穿着，较之本地所织褐子，美观多矣。"[2] 由此可见，当时在兰州办织呢局，主要还是考虑到原材料问题，甘青地区畜牧业发达，盛产羊毛，便于生产。毛线的大量生产提高了地毯织造的产量，但随着从国外购买生产器材的增多，机织地毯的机器开始引入中国，手工织造的地毯则在机织地毯的冲击下渐渐式微。

二、工坊与工厂：临洮手工仿古地毯的生产机制转向

18世纪末至19世纪初，欧洲开始进行第一次工业革命，即在生产过程中，以机器代替人力所发生的一系列技术革命事件。随着技术的进步，人类社会生产由传统手工业逐渐向现代机械化生产转型，机器取代手工成为生产机制转向的重要动因。在现代工业生产的主流背景下，传统的手工业制品难以满足总体的社会需求量，在"物以稀为贵"及文化怀旧的情结下，一方面弱化了该制成品的实用价值，另一方面又使其艺术价值与日俱增，进而渐趋为一种工艺品。与之相关的一些传统手工技艺则蜕变为非物质文化遗产项目。由此可见，手工制品内涵的变化，不仅导致该意义载体的形式发生转变，亦促动其相应文化形态的变迁。

在古代中国，"农工相哺"是主要的生产和生活方式。费孝通先生在《小城镇大问

题》中说道："我们的祖先闯出了一条新路子，使人口稠密与经济发达巧妙地结合在一起，那就是男耕女织，相辅相成。"[3] 传统中国社会中，农民大多数也是手工艺人，农业生产与手工业生产是其主要的社会生活生产方式。《周礼·冬官考工记·总叙》载："审曲面势，以饬五材，以辨民器，谓之百工。"[4] 又有："国有六职，百工与居一焉。"所谓"百工"即是从事各种工种的手工业者。在封建王朝时期，百工制是服务统治阶级宫廷生产生活需要而建制的，可知手工业在当时社会中的重要性。

至鸦片战争前，在"重农抑商"的经济政策下，手工业的发展未受重视，政府也不允许民间随意开设工坊。此后，清政府逐渐意识到传统手工艺的重要性，于是在"师夷长技以制夷"的主张下，开始引入国外先进的生产技术，棉纺织业即成为促进手工行业转型的最佳着力点。

除了 1906 年由清政府推动，在甘肃设立"劝工局"以振兴实业之外，早在左宗棠主政西北时期，便于兰州创立了织呢局，该机构的设立初步带动了当地织呢行业的生产发展，羊毛毯的生产效能得到一定的提高。一直到民国时期，甘肃羊毛毯的生产水平在整个西北地区仍处于领先地位。其时临洮县城内有地毯商 30 余家，到 1947 年，临洮地毯产量仍稳居甘肃首位。21 世纪初，由于外销量的增大，临洮地毯民间工坊逐渐合并形成厂房。据临洮县前地毯厂老板口述，临洮地毯厂在 21 世纪 50 年代时由几个个体经营户联合成立，之后地毯转出口，需求量大，当时隶属工交局管理，厂名为"地方国营临洮县棉纺织厂"，后改名为"临洮县地毯厂"。

前临洮县地毯厂负责人口述：

> 20 世纪 80 年代那时候临洮刚开始，当时临洮发展得比较好，织得比较多。兰州外贸公司、内蒙古外贸公司这些都给货给他们出口。以前的都是那种工艺品，墙上挂的、摆的那些（羊毛毯），现在这个铺的叫地毯。

在社会生产方式发生变迁之后，临洮地毯的生产方式与经销模式亦发生转向。从小作坊向大工厂的过渡，主要得益于工业革命的机械生产，扩大了羊毛毯的销路，提高了生产量，但弊端在于手工技艺的缺失。随着工业化时代的高速生产，机械生产代替了手工生产，加速了"物"作为商品属性进行流通所带来的经济效益，进而经销全国，甚至于出口至世界各地。据地毯厂主要负责人口述得知，2000 年时，临洮地毯厂兼并了其他电器厂，扩大了其生产规模，彼时地毯厂共有 5 个车间，全厂员工达到 500 余人，年生产地毯万米，形成了图案设计、羊毛捻线、地毯织造等一系列规范的生产线。

前临洮县地毯厂女掌柜口述：

> 临洮地毯厂 2000 年那会儿还开着呢，给甘肃大会堂做过一块。之前地毯厂一方面是收购，还有就是兼并了几个厂，电器厂兼并了一些，兼并完也不容易，这是一个手工活。那会儿我们还做出口的，主要出口到东南亚这些，有些是地毯、有些是挂毯，一块挂毯几千块钱。1997 年那会儿一块毯就卖几千了。由于外贸，都是按英尺算的。一英尺两千多，成本就高了。当时地毯厂一个车间有一百来号人，绘图、缠线、制作等等，一共 5 个车间，一年生产（地毯）万米。

通过对临洮地毯厂前负责人的采访得知，目前飞天地毯品牌已经注销，主要还是受到机器生产的冲击。手工地毯在生产过程中，原材料成本高，导致制作成本增高。特别是在人工成本上，2000 年以前，制作一英寸地毯的工人费用为 20 元，但单人单日生产量却达不到一英寸，因而报酬太低是从业者流失的主要原因。

前临洮县地毯厂负责人口述：

> 现在飞天品牌公司已经注销了，制作成本增加了之后，工资比较低，2000 年以前工人做一英寸（地毯）才给 20 块钱，身体强壮的一天都做不了 0.8 英尺。以前临洮这边还是传统的那种，男的种地，女的织这些。后来走向天水、临夏这些地方，现在毯子不太好做了，工艺不一样了，以前 100 多道，现在 30 多道（工序）。
>
> 国内外形势变了，收入不太乐观。工艺成本这些太高，人工工资增加了。现在工资开得很高也没人干，因为一天我可以给你四五十，强壮的、眼好的他也做不了一英尺，工资太低了。后来涨到六七十，还是没人干。

前临洮县地毯厂女工口述：

现在自己不做地毯了，现在没人做了，现在年轻人很少人干这个了。价格上不去，就没人要，工资低，没人干。（织造）一英尺布五十块，一个工人一天一英尺都织不下来，价格很低。一平米要500左右的成本。比较麻烦，又要洗，又要织。制作地毯的机器木匠做的，手工的（织布机），像手工的话，8个小时织不完。要一根根地织，有些人手快，有些人手慢没办法。一天挣不下多少钱。做花的时候非常麻烦，一根红线一根黄线穿插的。再一个就是现在机器做的毯子，太多了。大家会选择一个成本比较低的，选手工的就很少了，机制的便宜主要是。机制的花纹现代，很好看。机制的话两千就可以买了，手工的话要上万了。机器（机制的地毯）要便宜一半还多呢。机制的看上去很好，但还是没有手工的扎实，咱们这个的话掉一个线头也不会脱。机器做的图案比较好看。他们脱线的多。

从以上口述可知，机械化生产对手工地毯织造产生巨大冲击。与传统的手工地毯相比，机织地毯在成本、产量、样式更加优化。在成本低、售价便宜、花纹"时尚"富于变化上具有显著优势。传统地毯则基于"千锤百炼"地剁，用料扎实，其质感更佳，因而价格不免昂贵。从商品经济视角上来看，机制地毯替代手工地毯已经成为市场事实。那么在后工业社会时期，随着对传统手工艺价值的重新审视，其被作为一种非物质文化遗产项目进行保护与开发，不仅有助于手工艺品发生功能性转换，亦对当地的社会经济结构、发展模式、文化重塑具有重大的意义。

因此，临洮手工仿古地毯作为人造之物，其手工技艺在一定程度上反映了此间人们的生活方式与哲学观念，其所蕴含的文化意义和转型策略亟须重新理解和探讨。同时，我们也不能不注意到随着手工技艺的缺失，"物"所承载的人文情感会有随之降解的危险。当"物"成为商品时，人所赋予物的意义是否发生偏移。在造物过程中，"人"的缺位是否会导致物之意义的缺失。"物"的存在只是物性的显性层面，而"物"的意义层面才是其深层的所指，且往往构成人们在精神世界中安身立命的根基。故而，关于"物"与"技"的对立统一关系亦值得探讨。

三、多元与共享：临洮手工仿古地毯的文化阐释

如前文所述，在全世界范围内，地毯的发源地有中国、印度、埃及、波斯，中国地毯有 2000 年左右的历史。毛织物在古代中国又被称为"氍毹（qúshū）"，《说文解字》中载："氍毹、毹毲，皆毡縀之属。盖方言也。"[5] 氍毹即是一种毛织或毛与其他材料混织的毯子。班固《与弟超书》中载："窦侍中令杂彩七百匹，白素三百匹，欲以市月氏马、苏合香、毾㲪（tàdēng）。"[6] 毾㲪即是织毯的古称。

《物原》中亦载："毯，毛席也，上五色"，因此毯是用毛、麻、丝、棉等原料，经纺线、染色、编织而成的纺织物。而追溯毛织毯之起点，必言及丝绸之源[7]。中国织毯有着深厚的历史，其制作工艺精致、纹饰图案丰富，具有多元的功能性、艺术性和文化性。织毯技艺既是中华传统手工技艺的映射，又是中华传统文化的载体。特别是自西北边疆流通至中原地区的过程中，成了游牧文明与农业文明、宗教文化与民间文化的媒介。

在西北地区，地毯作为物质存在社会生活之中，受多元文化的影响，羊毛毯的图案设计、颜色的选择搭配都与甘青地区多民族的文化习俗相关联。在一些清真寺、藏传佛教寺院等宗教场合也能见到大量毛毯的存在。特别是在一些藏传佛教寺院，其购买地毯首选为手工地毯。因为他们认为其中蕴含着传统人工造物的社会习惯与宗教"灵性"，而机织地毯在"物性"上则无法与人工织造的地毯比拟。诚然，在不同的语境下，羊毛毯的功用及承载的意义不尽相同。地毯作为一种物质存在，受不同文化的浸染，而表征着复杂且深刻的意义。

前临洮县地毯厂女工口述：

> 找我们做地毯的藏民很多，我给藏民做了许多。有些给寺院做的，给拉卜楞寺做的。藏民他们把图案拿过来，我们按照图案的做。那些图案在毯子上比对，然后开始做。给寺院做的那些长得很。寺院定的一个（地毯）非要手工做。寺院的不要机制的只要手工的，价格也没给多高。但按照那会儿给的钱还行。拉卜楞寺那边要的，我做好以后和我儿子拉过去。塔尔寺啊，各种寺都送去过。还给北京的什么寺也送过。

此外，存在于甘青多民族地区的地毯具有多义喻指的符号内涵，其物性、文化与审美体现出深刻的地方性知识。在地毯的织造过程中，织毯不仅是技术层面的实现，也

是人类精神世界的表达。造物过程既然受社会道德观念、文化习俗、生活习惯等方面的影响，"物"与人类之间则不免体现为"以身度物""寓情于物"的关系，"道"与"器"在此相互渗透，进而促进了物性、文化与审美达到质性上的统一。

以藏传佛教寺院用毯的织造为例。地毯作为藏族群众日常生活的必需品，亦是物（藏系绵羊毛）—文化艺术（藏文化）—人的技艺（织毯技艺）互构的产物。地毯源于"毛席"，藏语中称为"尺不戒"。作为自然资源与人文资源结合的产物，藏式地毯体现了藏地独特的宗教文化气质，制作地毯的原料羊毛源于本地绵羊，就地取材体现了人类对自然之物的深刻认知与利用。

在织造过程中，手工艺人根据寺院的需求，进行相应的生产。社群、地域文化渗透到地毯织造的始终，在成形后则必然带有所在地文化的特质。柳宗悦在《工艺文化》中讨论工艺与宗教的关系时谈道："人们有必要对宗教与工艺之间的缘分进行探索，而不能将其视为不过是器物的事情。"[8]同时，在藏区，根据使用对象的不同，分为寺院用毯与民间用毯两种，寺院毯包括禅毯、幡毯、柱毯、挂毯、法舞毯和门帘毯。民间用毯种类比较繁杂，包括卡垫、炕毯、地毯、马鞍毯等。从用色上来分析，藏式地毯织造时，其颜色使用有明确的规定。在古代的藏族社会中，贵族和寺院使用黄色和大红色，平民只能使用蓝色、黑色等色度不高的颜色[9]。

在图案方面，藏毯的兽形图案较为盛行的是龙凤式图案，龙和凤的形象都是固定的模式，图案中有龙凤组合、双龙组合，采取的都是对称式构图。除主题的

图6　现代藏式龙纹图案地毯①

①2023年11月自摄于甘肃省定西市临洮县。

兽形图案外，还有祥云纹配饰。在民间广为流行的大多是龙凤呈祥图、二龙戏珠图、二龙逐凤图等。整面地毯为城郭式，边框为几何纹饰，中间的纹饰为莲花、牡丹等。此外，寺院所用的毛毯，其不仅具有实用性，还要突显宗教文化元素。在寺院用毯的图案中，龙纹、万字纹是使用最普遍的纹样。图案的内容主要是佛教文化元素，具体的如八吉祥、金刚杵等。八吉祥又称佛教八宝，藏语中称"扎西达杰"，作为传统的佛教纹样，指法轮、法螺、莲花、尊胜幡、双鱼、吉祥结、宝瓶、宝盖。

进而论之，从临洮手工仿古地毯的图像文化来分析，其图案样式主要包含传统中式吉祥纹样及域外传入的波斯地毯纹样。其中传统的中式图案以花鸟、瑞兽、博古图为主，波斯风格的地毯图案则以几何纹、植物纹为主。以博古图像为例，其作为中华传统装饰纹样之一，在地毯、挂毯图案中亦有广泛的应用。"博古"即为古代器物，寓意清雅高洁。凡鼎、尊、彝、瓷瓶、玉件、书画、盆景等被用作装饰题材之时，均称之为"博古图"。"博"本意为大，《荀子·劝学》："君子博学而日参省乎己"，此处"博"意为丰富。"博古图"是杂画的一种，后人将该图式绘于器物之上，形成装饰工艺品亦泛指博古。此外，地毯的其他图像元素亦有所讲究，如葡萄图像象征富裕、丰收、成功，亦象征多子多福。唐代把葡萄作为重要的装饰纹样，认为其有"瑞相"，故而常与"瑞兽"相对应。牡丹图像寓意"富贵"，松柏寓意"长青"，此两种花卉组合寓意"富贵长青"，牡丹与葡萄组合象征"富贵多福"。

从学理层面上来分析，图像与语言在逻辑上都能够表意叙事，在中国文化语境中，语言表达有"言不尽意"的观点，继而"立象以尽意"，利用图像来表达语言所不能表达的事物和情愫。在符号学上，图像符号不同于语言符号，对图像符号的编码与解码就是对其意义的追寻。图像的象征意义是以社会文化为基础搭建起来的，特别是在中国传统文化"寓情于物""器以载道"的文化语境下，图像符号的社会学意义更加浓郁。图像中各元素间的搭配，通过"此物"与"彼物"的组合，达到叙事效果。在此过程中，作为图像符码的"物"被不断重组，通过借用不同词汇的同音作用，以形表义，最终建构起一套"音—形""音—义""形—义"①的叙事机制。

言而总之，在物质层面，羊毛丝织品具有御寒保暖的功效，从物性上解决了人类对于温暖的需求。在审美层面，手工艺人在设计图案时，设计者融入民俗文化、宗教文化

---

① 在符号学意义上，"音—形""音—义""形—义"的关系并非单纯的任意性联结，而是任意性与规律性的有机结合。该理论图式转引自牛乐：《博古图像的符号演进与行动者实践》，《民族艺术》2021 年第 5 期。

图7　几何图案①　　　　图8　植物图案②　　　　图9　博古图案③

元素，如博古图、龙凤呈祥、八吉祥图等图案。而当地的民间艺匠将象征、寓意、比拟、谐音等符号修辞的方式融汇于地毯图案的设计与织造过程，又揭示了根植于民间文化行动中的生活与智慧之美。此外值得注意的是，口述史的记录与分析过程并不意味着一种科学事实的发现过程，而是充满深刻的自反性（self-reflexive）的实践过程[10]。当口述史分析与文化阐释深度结合之时，我们便不能仅关注口述史的访谈与转译问题，而应充分考虑口述史情景中的多方互动，对记录与修辞采取审慎的态度，避免"暴力"的解释。

结　语

毋庸置疑，地理环境是艺术文化形态特征生成的重要因素，但不同地域文明的交流互鉴也必将促进其形态的更新与延续。当艺术文化的精神和风韵凝结为物质，沉降为实用之器并参与了物质资料的交换之时，便潜在地实现了现实生活与精神生活的连通，也生成了当地既独具一格又有迹可循的手工艺文化基因。在甘青多民族地区，临洮手工仿古地毯作为"风物"融于"风俗"之中，后又因"风俗"的需要，反身塑造了"风物"。若要对此互构过程作出合理的阐释，则应如文化人类学家格尔茨（CliffordGeertz）所言，不是将文化视作一种引致社会事件、行为、制度或过程的力量（这会陷入陈陈相因的逻辑陷阱），而是将其视作一种风俗的情景[11]，并在此之中理解其文化行为、事件及产品的特殊常态。

———————

①②③2023年11月自摄于甘肃省定西市临洮县。

此外，商业贸易带来了社会经济的繁荣，人与物的流动，促使民间艺术和地域文化符号的融合、建构与重组。在多元文化的交织下，存在于甘青多民族地区的手工仿古地毯被赋予了多义喻指的符号内涵，体现出丰富的地方性知识。在社会生活的宏观层面，技艺除了作为某种知识形态的呈现外，亦表征为人性与物性的黏合剂，动态维持物与物、人与人、物与人的互构关系。

参考文献：

[1]杜仑山:《地毯》，北京：中国对外经济贸易出版社，1989 年版，第 22 页。

[2]甘肃省地方史志编纂委员会:《甘肃省志·附录》，兰州：甘肃文化出版社，2014 年版，第 131 页。

[3]费孝通:《小城镇四记》，北京：新华出版社，1985 年版，第 26 页。

[4]闻人军:《考工记译注》，上海：上海古籍出版社，2008 年版，第 1 页。

[5][东汉]许慎:《说文解字》，(宋)徐铉校定，中华书局 2015 年版，第 171 页。

[6]张国刚:《中西文化关系通史》，北京：北京大学出版社，2019 年版，第 158 页。

[7]陆红旗:《中国地毯》，北京：知识出版社，2003 年版，第 13 页。

[8][日]柳宗悦:《工艺之道》，桂林：广西师范大学出版社，2015 年版，第 5 页。

[9]王晓丽:《江孜藏毯艺术研究》，《清华大学》2015 年。

[10]牛乐:《知识史与生活史——口述史研究的理论转向与实践策略》，《民族文学研究》2022 年第 2 期。

[11][美]克利福德·格尔茨:《文化的解释》，韩莉译，南京：译林出版社，2014 年版，第 18 页。

作者：

覃壮航，西北民族大学中华民族共同体学院博士研究生，研究方向：民族学。

李于蓝，西北民族大学美术学院硕士研究生，研究方向：美术理论。

传承人口述史

制柱安梁承一技，榫斗卯枋传一艺

——官式古建筑营造技艺（北京故宫）非遗代表性传承人张吉年口述访谈

何 川 张吉年

摘要：本文通过对官式古建筑营造技艺（北京故宫）木作传承人张吉年先生的访谈，了解其拜师学艺的成长与工作经历、木作技艺的主要内容及其传承方式、建福宫花园复建工程细节，揭示传统技艺背后的匠人文化和匠人对当下技艺保护传承的认知，为官式古建筑营造技艺非遗项目的挖掘整理、研究与未来发展提供借鉴。

关键词：故宫；建福宫花园；木匠；古建筑；房二

2008 年 12 月，官式古建筑营造技艺（北京故宫）被列入第二批国家级非物质文化遗产名录，它是在中国古代建筑营造技术的基础上，在明清故宫古建筑营造、修缮的过程中，形成了一套完整的、具有严格形制的宫殿建筑施工技艺。它不仅是保持故宫古建筑的原貌的重要因素，而且直接影响了中国古代建筑营造技术的发展。传统上，这套营造技艺包括"木、瓦、石、土、油漆、彩画、裱糊、搭材"八大作。木作是古建筑中对大木、斗栱、装修等木构件进行加工制作、安装和修缮的工种。其中，大木为古建筑中的主体结构部分，构件包括梁、板、柱、枋、檩、椽等，各个构件之间以榫卯连接方式进行安装，同时又是建筑比例尺度和造型外观的重要决定因素。

张吉年，1956 年 12 月生于北京，1976 年到北京市顺义县北小营公社插队，1978 年 9 月到北京市房修二古建公司参加工作，师从郭孟喜先生，学习古建大木作技艺。张吉年先后参与了中南海 519 工程、雍和宫、寿皇殿、鼓楼、孔庙、国子监、故宫神武门东西联房等多处古建筑修缮工程以及美国华盛顿中国城牌楼建造工程等。1999 年 7 月调至故宫博物院工程队工作，负责建福宫花园及中正殿一区复建工程，曾先后担任古建筑木作工长、古建筑项目经理、古建筑木作技师、文物保护工程责任工程师，2018年被评为官式古建筑营造技艺（北京故宫）北京市东城区级非遗代表性传承人。

2024年2月26日、28日，何川在故宫博物院修缮技艺部传承工作室就入行学艺经历、木作操作规矩与工匠匠作传统、建福宫花园复建工程、木作技艺保护传承等对张吉年先生进行了采访。

一、入行学艺大木作

何川（以下简称"何"）：张师傅，您的祖辈就生活在北京吗？您家里有没有从事古建筑相关行业的？

张吉年（以下简称"张"）：我太爷爷家最早是在武清，天津、河北、北京三地交界的地方，我太爷爷那代就进京了，从我爷爷那代就在北京了。我出生在北京的北新桥罗车胡同，那是我父亲四六年买的房，在20世纪50年代公私合营之前他是做服装生意的，后来他分配到了商店，家里人也没有做古建筑行的。

何：您能简单说一说您学生时代的经历吗？

张：我小学在十三条小学，"文革"时期叫五小庙小学。"文革"的时候我上二年级，三年级就没上了，等到四年级下半学期才恢复上课。小学三年级时候应该学珠算，我们这一届珠算没学过，误了一门课。到五年级开始拉练了，走着去顺义、平谷，一走就是半个月、一个月。我是1971年1月小学毕业，就近分配到了七十九中，初中学习也是大波轰了，学习气氛不像现在这么浓厚，考试不考试就那么回事，也没有留级一说。我是1973年初中毕业，又接着在七十九中上了两年高中，这会儿有插队的，不愿意插队去，能上学就接着上学了。

何：您在哪儿插的队？插队插了多长时间？

张：我是1976年春天高中毕业，还是没躲过插队，那时候是所有人都要去，家里独生子女的可以不去。我们班是在顺义北小营公社插队，插队主要是干农活，我也帮着队里回城里买点东西。我插队干了一年零八个月，到1978年6月开始有招工了。

何：您到房二（北京市房修二古建公司）是插队招工招走的吗？

张：1978年6月是市政招工，我不愿意去，到9月的时候，房修二公司到我们那儿去招人。当时专门为了中南海519工程招工，只招男生，在顺义招了350个知青。我们也没报名，生产队就指派了，告诉我们第二天就回城上班，那时候不愿意干建筑行。那时候大家都希望去工厂当工人，但1980年前后开始建设基建，需要大量建筑行业的人，我们上下届的很多同学都是建筑行业的。

何：您到房二是怎么选择要做木匠的？

张：到了公司开大会报到，挑了我们8个人当架子工，一听说架子工是干吗的，我们8个人是齐了心地不想干，干了2个月，后来找了各种理由不干架子工了。单位人事领导让我们选要干哪个专业，我就选了木匠。从小我就对木匠感兴趣，我去插队的时候家里没箱子，我就在家里找点木板，跟俩同学我们一人做了一木箱子。没工具就到五金店去租工具，我记得刨子和锯是一件2分钱一天。做箱子的时候就学着做榫卯。上班以后印象比较深就是在中南海东岸亭子边上有一组建筑，当时看翼角挺漂亮的，有老师傅就说这房子的角怎么还往起撅，就说这东西不是一般人能掌握的。

何：当时房二的古建筑队伍大概是什么规模？各个工种是什么班组配置？

张：50年代公私合营的时候，原来营造厂的一部分人去了故宫工程队，一部分人去了北京市房管局古建处。故宫工程队专门修故宫，社会上寺庙、公园古建筑的修缮是古建处专门负责修缮。后来北京市房管局又分出来房修一和房修二，房修一主要管中央机关住宅修缮，房二主要管寺庙、公园、大使馆的修缮，这是改革开放之前的情况。房二古建处在1978年底、1979年初又分成古建土建处、古建油漆处、使管处，古建处分了三个队，一个队里有石匠班、瓦匠班、木匠班、架工班，一个队有两个木匠班，一个班里有15个人左右，我当时在一队。

何：您当时是进到木匠班组里就拜师父吗？

张：对，我干了2个月架子工才去木匠班组，别人都认完师父了，那时候认师父是磕头认师父，签字入档案。当时班组里有4个老师傅，班长就说我带你吧，就是我师父郭孟喜。

何：您一开始学木匠活是怎么学的？

张：学手艺不光跟自己师父学，还要跟所有老师傅学。我这人干什么事我要干明白了，我绝不说是你让我刮木料，刮了就完了，我得知道这木料干嘛用。学活主要是跟着老师傅干，干什么自己就多留点心。印象比较深的就是八三年在天津宁园干活，在北京做亭子，亭子的斗栱是镏金的琵琶斗栱。现场攒活儿的时候班长没去，我就带头先装着先干着，干了两天班长来了一看，就问谁领的头，我说我领的头，那就是另眼看你了。

何：古建筑行学徒都是三年零一节，您学徒也是三年吗？

张：学徒是三年，但我学徒不到一年就比武出师了，比武取古建处三个队的前五名提前出师。当时比武是做窗扇，一上午做两扇窗扇，给的木料就是毛料，从砍、刮、锯到成品出来就半天时间，做双棱子木字形的两扇窗户。做完了搁在平台上拿插尺看平不平，插尺插进去到 3mm 就算废品了。我当时得了第三名，那时候自己也憋了口气，干这个了就得干出名堂来。

何：您学徒的时候，木匠基本功是要靠大量的木工活儿练出来的吧？

张：都是练出来的，给 519 工程刺望板，解放卡车两人一车，一天的工夫把一车望板拉完。什么时候刺完什么时候下班，一块望板来回翻个儿刺柳叶缝。我记得是拿盘子锯，拿一个半截油漆桶，挂上弄一个小水管出来浇着盘子锯，要不浇着盘子就热了。冬天干活儿的时候都得脱了棉袄、棉猴，干活能冒汗，基本功就是这么练出来的。

何：您到木匠班之后的第一个活儿是在哪？

张：第一个活儿是在雍和宫，从山门开始，各个殿座都修，大木、斗栱、椽望都做。那时候在班里就有点争强好胜，比如班长派活儿钉望板，那都是争取第一个先钉完。一间房半天钉一坡，一坡有 60 多平方米。什么时候都是争着干，那时候跟现在不一样，大家伙谁都不敢落谁后边。那时候上完一天班，晚上下班还政治学习，谁也不敢走，谁也不愿意走。那时候都特别主动，干活儿真是玩命。

何：您学活、干活儿的时候，除了跟老师傅学规矩、学技术，自己也得想法子长进、超越别人。

张：对，那时候木匠想长进，想着得掌线去，掌线在班组里是技术大拿，大木划线责任重大。掌线的画什么，木匠就做什么，这要是画错了，这一辈子就没脸见人了。

何：您在班组里是谁掌线？您是什么时候接触到划线工作的？

张：我师父郭孟喜，还有胡连祥，老师傅都是技术相当过硬的。师傅一般不愿意教，师傅也不主动教，正式拜师的教自己的徒弟，绝不教旁边的徒弟。都是从偷学开始，你只要努力了，师傅一看确实你想学了，这才教你了。正式学手艺是在景山寿皇门，80 年代初寿皇门被大火烧了，八二年我们领了复建的活，设计是故宫的，设计图纸拿来后，工长董玉岭老爷子和班长商量做法。班长让我放单步梁，那是我第一次独立划大木线，我划到第 9 根的时候，在图纸上找不到第 9 根梁的位置了，我就去找班长和工长商量，他们都说一共是 12 根，经过看遗址基础，再跟图纸核对，确定是 8 根单步梁。从那起董老爷子就开始教我了，我几乎天天掌线了。

何：您在掌线之前，木构件都是有人画好线后，您来按线操作加工？

张：老师傅把线都画好了、样板都套出来了，我们就去锯、刺、凿眼，是木匠有基本功就能干，但样板和线是怎么来的是关键。

何：您从 1982 年开始学着画线，您学画线是跟着哪位师傅学？

张：主要是跟我师父学，跟胡连祥也学。后来班组也打乱了，不是光在我师父的组里，也和其他组里的师傅学。要跟一个人学，也学不出来，主要还是要接触的活儿多，学起来再多用点心。在鼓楼学划翘飞，拿丈杆划翘飞，我记得板有 13 厘米厚，画完了统一刺，两人一档。我记得是一天 14 根，拉完 14 根下班。

何：您是什么时候当上了班组长的？

张：1985 年我当副班长了。我是副班长，但是拿正班长的工资补贴。从这儿就开始主掌线了，每个人都想掌线，掌线是要担责的，线要是划错了，加工出来的木料就废了。一开始班长是要验线的，后来班长觉得我能力可以了，逐渐地就不验线了。

何：您当上副班长以后，组里的技术活儿都由您来做决定和负责，您后来是什么时候当班长了？

张：我几乎是没当班长，直接就当工长了。房二古建筑活儿不是投标的，都是官派的，那时候北海、地坛、雍和宫、国子监、孔庙、鼓楼、月坛这些古建筑修缮都找房二古建处。我当副班长的时候，活儿一交代，图纸来了，古建筑不能完全照图施工，有些图纸上可能画不出来或显示不出来。图纸拿来先要审图，审的是标高、节点，结构之间的数据关系，能不能合上拢？各部标高、各部举架，结构上下能不能呼应上。

何：您什么时候觉得自己大木技术上全能拿下来了，不管是掌线、加工、管理、质量把控，自己都能有经验地处理了？

张：在房二的时候，有活儿大伙都是抢着干，都想出头。20 世纪 80 年代末 90 年代初，我觉得自己能独当一面，但是没有机会自己来挑大梁。自己觉得成了，但没锻炼过，虽然下料、排丈杆、放大样都是我来，心里还是没底的。房二那时候出国任务挺多的，1986 年有莫斯科的出国任务，在莫斯科建一个北京餐厅，公司出国名单出来了，就把我们一些人给刷下来了。我就给自己立志，必须把手艺学到手，力争出一次国。

何：您的想法是要出类拔萃，让大家和公司都认可您？

张：对，完全凭手艺，干古建筑活儿就是胆大心细，敢接活儿，但是接过来活儿以

后自己真睡不着觉，得来回地琢磨活儿。

二、从房二故宫项目部到故宫工程队

何：您是什么时候从班组里调出来的，不在班组里干活，开始从事施工管理工作？

张：1991 年前后，房二在故宫成立了一个项目部，项目部里由韩忠良当项目经理，我是技术负责人兼任工长，那时候我就脱离班组了。在故宫干的第一个活儿是故宫院办东西联房，那是明代早期建筑，建故宫之前先盖的它，这是工人住的工棚。当时建筑比较破了，需要挑顶大修。单步梁、双步梁都换了，柱子有很多都糟了，该换的换、该墩接的墩接。这个活儿干了四五年，到了 1996 年，我们又接了故宫地库仿古建筑的活，这个活儿干了有一年多。这俩活儿一个是工程队的活儿，一个是工程管理处的活儿。

何：您在故宫项目部期间还去了美国修缮华人街的牌楼吧？

张：对，也是 1991 年去的，牌楼是中国政府赠送给美国的，要去给牌楼修复了。后来公司通知我们准备时间就一个礼拜，我们准备一些构件，到大使馆面试、办护照、买机票。到美国第二天去现场检查，我发现牌楼角上有一翘的椽头已经烂了，外边油漆包得特别好，里边一捅椽飞、椽脖都烂了，只能重新换构件。当时北京市也派了随行人员，他们说修补行不行，我告诉他们要保证质量就只能换。当时定了 3 天时间换完，我们两个木匠就在马路上干的活儿，也有美国人帮忙制作。最后用了 1 天半时间，就把活儿给抢下来了。我们去了 13 个人，除了 2 个总工，其他人都是下手干活儿的，瓦匠、木匠、彩画工也都不分工种了，能互相帮忙的都上手干，最后圆满完成任务了。当时在大使馆举行庆功宴，这活儿一共干了 2 个多月，美国政府给了我们发了华盛顿荣誉市民证书。

何：您在故宫做院办东西联房和地库仿古建筑的时候，一个是工程队的活儿，一个是工程管理处的活儿，您接触的甲方管理人员都是不一样的吧？

张：九七年故宫古建处是"一处两制"，工程队是企业制，工程管理处是事业制，潘连生当处长，李永革当副处，吴家琛当书记。工程管理处接触的主要是梁金生，工程队接触的人比较多，吴生茂、侯石拓、李福刚、李永革，当时跟他们都打过交道。因为故宫缺管理人员，通过干活他们看我技术不错，而且从管理上我都跟人家解释清楚，1998 年故宫工程队提出来要调我来故宫，我是 1999 年

7月正式调来故宫的。

何：您是怎么考虑要从房二调来故宫的？

张：我觉得来故宫适合自己的发展，故宫是古建筑集中的地方，又是正宗的做法，能学手艺。房二那时候开始有点走下坡路了，改革开放之后房二就支离破碎了，技术人员都去社会上了，因为社会上成立了很多民营的、私人的古建筑公司，把原来集中的古建筑活儿都分散了，房二慢慢地就算倒闭了，技术人员全走了。

何：您到故宫工程队的时候，工程队大概是什么人员情况？

张：到工程队我直接就进办公室了，当时工程队队长李永革也顶着很大压力。新来的人技术成不成？新人就直接进办公室了，别人怎么看？这都是他的压力。当时工程队有施工一科、施工二科、预算科、财务科、技术质量科、安全科，底下还有木工组、瓦工组、机电组、石工架工组、灰塘组、油画工组、汽车房班组，一共有近100人。

三、建福宫花园复建

何：李永革调您来故宫工程队，是不是就是要让您负责建福宫花园复建工程？

张：对，但我来的时候还不知道，他已经把这活接下来了，工程队的技术力量不是那么充足，他压力挺大的，但他用人也比较大胆。

何：建福宫花园复建工程项目组都有哪些人员？

张：项目组最早是我跟吴生茂，我是木作工长，吴生茂是项目经理和瓦作工长，李永革是项目负责人（图1）。但吴生茂不懂木作，一开始都是木作活儿，都是我来主导着干。复建工程一期结束之后，吴生茂就离开项目组了，后来我是木作工长兼项目经理，白福春是瓦作工长、李建国负责石作工长，刘增玉是油作工长兼项目经理，架子由余永良负责技术。项目组还请了工程队和工程管理处的三位老师傅当技术顾问，木作是刘德慧、画作是张德才、油作是许春涛。

何：复建工程的设计方是故宫古建部吗？当时是谁主要负责设计工作？

张：对，开始是王时伟负责，后来是石志敏负责。

何：建福宫花园复建工程是香港文物保护基金会投资的项目，基金会也有专门的项目组来做管理工作，他们都有哪些人员？

张：项目总监邱筱铭、翻译西里斯、技术顾问张生同，后来还请了专门修复石构件的庄山地。

何：复建工程的设计图纸在审图时有没有什么问题？

图1　建福宫花园复建工程项目组（由左至右为刘德慧、吴生茂、李永革、张吉年、余永良）（故宫博物院供图）

张：一期工程先复建延春阁，审图的时候确实有些数据有偏差，我在会议室看了一天多的图纸。看完图我去古建部想跟具体设计人员沟通一下，数据偏差、节点位置等都想沟通一下。因为大木加工不可预装，上百上千木构件现场安装得保证合适。每层横向、纵向斗栱的排列，还有标高、举架，前后都得合上拢，但设计图纸上有一些位置合不上拢。柱子与陀之间的连接，还有抹角梁与斗栱的排位图上都没有准确反映出来，数据不够准。古建筑行里许画错，但不许干错，图纸允许出现误差，实际加工不允许出现误差。但是最终图纸上的问题还是我自己消化解决了，历史上乾隆花园符望阁是参照建福宫花园延春阁建的，这次复建是反过来参照符望阁，但是两座建筑时间不同、工匠不同、手法不同，符望阁是乾隆当太上皇时建的，延春阁是乾隆刚执政时建的。建福宫花园建的时候，把四所、五所拆了。我爬架子去看符望阁是什么结构，再看延春阁遗址的基础（图2），遗址基础我用仪器来回地测量、确定，把数据记录在案，跟底下工人交代。

何：复建工程使用的木料是从哪里买的？

张：木料是火车直接从厂区拉来的，一列车厢拉两个货位，买木料是按火车货位，货位有8米、6米、4米货位，4米的货位能拉70多立方米，一车厢是

150 多立方米，6 米货位能拉 90 多立方米，一车厢是 180 多立方米。各规格的木料都要出什么料、需要多少，大木、斗栱、装修都需要什么料，心里都得有数，这一货位的木料都得看。第一次买木料是以延春阁的木料为主，也要适当买出富余量来。要是赶上好木料，或是这一

图 2　故宫建福宫花园遗址（故宫博物院供图）

货位刚好有不错的料，也会适当多买一些，因为之后也用得上。木料就在北京东郊一带，那时候做木材生意都是福建人，买的是小兴安岭的一级红松原木。一买就是买一个货位、两个货位，最多买过四个货位。还买了几根进口的柳安木，延春阁有四圈柱子，一共 64 根柱子，它是正方形的台基基础，这四根柳安木是用在中间的四根冲天柱上的。

何：红松有什么特性，当时为什么选红松？

张：故宫里普遍用的都是红松，到了清代晚期，一般都用松木了。

何：当时木料是多少钱一立方米？延春阁用了多少方木料？

张：红松是 600 多，后来慢慢涨价了。根据经验这一个建筑体积多大，就是需要的原木体积量。原木出成板材利用率一般在 60%，要出好板材能出到 50%，枋子能出到 70%，木料来回套材的利用率能达到 80%，其他可以出望板或是一些小料。木料买回来放在西河沿木料厂（图 3），料厂有木料加工班，当时专门买了一套开料的新设备，又买了一套带子锯跑车，带子锯直径是 90 号的。加工班有三位老师傅专门负责开料，我一礼拜下一次料单子，让加工班开出什么料。

何：这三位老师傅是工程队的吗？是哪三位师傅？

张：都是工程队的，肖洪升、魏民栋、刘启民，刘启民是组长，他们仨人负责开料。

何：您下的料单子要下成什么样？

张：下料单子上要写清楚出什么料、料的种类、数量和要求，开料也是一门技术，这一垛原木只能用卷扬机从垛头拉下来，根据料单子的要求，看这根料能出什么。所以

料单子要下得充足，种类尽量地多，还要看木料的情况，节子多还是少，节子要是特别少就适合出斗栱料。料开出来以后，在板上把要求、数量、名称写上，开料加工成板枋材就可以了。

何：开料的尺寸要求都是从图纸上算下来的？

张：对，我算毛料下料单子，然后我再排丈杆。该放大样的放大样，我在大会议室里放过好几次，土地上放不清楚。放完大样立马就验，有时候我找李永革、刘德慧、张生同过来帮我验。验线的我把图纸要求尺寸、用料位置让他们看一遍，让他们帮我确认放样对不对，确认无误就可以排丈杆了。

何：当时大家都没有做过平地起的活，对于您这一代人来说，或者对于故宫从事复建工程的人来说，都是一个全新挑战，这个施工图纸跟以往的修缮图纸是不太一样的。您当时对于施工图的看法是一个什么样的？

张：我只能看图纸的总标高、宽窄标高、面宽进深，整体建筑剖面、立面是什么建筑形式结构，图纸熟悉到闭着眼就知道建筑是什么样，离开图纸我都能干活了。在图纸上会出现尺寸误差，我不能直接按图排丈杆，如果直接按照图纸排丈杆，构件做出来很可能装不上。

何：图纸给您提供尺寸信息以外，您是以斗口为标准，还是以柱径为标准翻尺寸的？

张：以斗口为标准，但并不是绝对的，还要看遗址上的石构件尺寸。旁边还保留一间没烧毁的南值板，也有一定参考价值。我还参考了建福宫和抚辰殿大木的一些手法，这些建筑都是同期的，抚辰殿和建福宫的等级比建福宫花园要高，我也参考符望阁的大木结构与手法。

何：您在哪些方面参考了建福宫？

张：主要是大木结构，同一位置

图3　故宫西河沿木料场（下排左一为张吉年，左二为刘德慧）
（中国香港文物保护基金会供图）

的结构在延春阁可能会有改动，比如同一个抹角梁放在延春阁上，我把不合理的结构衔接给它改成合理的。我还借鉴了体仁阁、弘义阁二楼平台的结构，把几根梁的主次分开，让大木结构更合理、更完善。

何：图纸上的大尺寸是确定的，至于大木结构、榫卯连接等等是您通过同期、同类建筑的结构对比来作出判断并加以修改、完善的。

张：图纸上并没有这些细节，图纸上不完善的地方尽量完善。设计都不是亲自上手干活的，到具体位置的榫卯可能肥点、瘦点，实际上就跟图纸不一样，那就得改尺寸、改做法。

何：建福宫花园的其他殿座图纸也同样有这些情况出现吗？有哪些是难度比较大的？

张：对，延春阁大木完活以后，接着做的敬胜斋。当时有些人认为延春阁完活儿了，那其他殿座就简单了。其实并不简单，麻雀虽小五脏俱全，建筑体量小，但是结构都是完整的。比如碧琳馆复建的时候，它的爬坡廊子是爬坡带拐弯，画起来简单，但实际做并不简单。当时设计认为没问题，但我知道肯定会出问题，也事先想好补救措施了。碧琳馆和爬坡廊子大木安装完了，但是形状不对了，椽头是方的，爬坡廊子的椽头就不是方的了，就带有角度了，廊子再一拐弯，这角度又变了，梁也跟着爬坡和拐弯有变化，可是柱子不变，柱子的下角是斜的，椽子是拧着的，椽子拧着就过来了。碧琳馆前面是有假山的，李建国是管石活的，我提前让他算出来假山能挡住碧琳馆爬坡廊子有多高，我把建筑的标高给李建国，檐部、脊部的标高位置都有了，最后就用假山给拧着的结构挡住了。因为90年代在后海做过一处爬坡拐弯廊子，这廊子是爬坡过桥，当时还特意去北海东半部的爬坡带拐弯廊子看结构，爬坡拐弯结构一拧身，柱头角度要拧，柁底下角度拧好，柁上面也得拧。这根料还不能来回拼补，柁一拼补承受力就不够了，加工出来的构件都是异形的，根据爬坡拐弯的角度，各个构件都要变角度、起斜度。

何：延春阁开工是哪天？

张：正式开工是1999年10月，2000年5月初上梁（图4）。经过半年的制作安装，到最后安装太平梁，木结构就全完成了。当时工期也有要求，延春阁上梁在前三四个月就给定了，定到五月初进行上梁仪式，香港文保基金会的赞助商都要参加仪式。

何：建福宫花园复建用的哪里的施工队伍？

张：土建队伍是邯郸的白志军，白志军队伍的40多人有些人是木匠，有些人是架子工，他们很多都是混合工种，正经的木匠有20多个。油匠队伍是平谷的代学义，水电队伍是承德的王利，彩画队伍是易县的张学雷，后期又来了西陵的古建筑队伍。我往

图 4　建福宫花园延春阁上梁（上排右一为张吉年）（故宫博物院供图）

往都掺和在他们派活儿里面，实际不应该管人家，但是为了工程能顺利，我事先跟他们沟通好了，我把适合的人放在适合的活儿上。

何：您在这个工程上不光是甲方的管理角色，还兼了一部分工长的角色。

张：对，有时候还得站在工人角度去看问题，活儿是故宫的活儿，我得保证木匠活儿保质保量，你说一千道一万，古建筑不是说出来的，是干出来的，是工人下手干出来。工人只有心平气和、发自内心地干活儿，这活儿绝对能干好，被迫去干，这活儿永远干不好。

何：建福宫花园复建工程一期是复建了延春阁，一期工程什么时候结束的？

张：对，一期只有延春阁，一期还没结束，二期就开始了。延春阁图纸出来了，一期就开始干了，延春阁干活儿的时候，其他殿座图纸陆续出来了，又开始做第二期，二期工程就是除了延春阁以外的其他殿座。建福宫花园二期工程还没结束，中正殿一区复建就开始了。

何：建福宫花园二期工程复建大概是什么顺序？

张：二期先是敬胜斋，跟着是碧琳馆和凝晖堂同时复建，然后是吉云楼和慧曜楼，再然后是静怡轩，最后是玉壶冰（图5、图6）。

何：玉壶冰的东边原来还有广生楼（图7），它是跟中正殿淡远楼背对背贴

图 5　建福宫花园平面图（赵广超绘）

图 6　建福宫花园（由吉云楼看延春阁）（何川摄）

着的建筑，当时为什么没有把广生楼复建出来？

　　张：玉壶冰的东半部没有完全恢复历史原状，在积翠亭的假山南侧、淡远楼的北侧遗址上的还有柱础石遗址，积翠亭往广生楼的过桥石、石栏板都还有一块在，肯定可以从积翠亭过去对面。但是对面建筑是什么形式的，当时拿不出设计依据来。

图7　建福宫花园积翠亭（积翠亭后可见广生楼）（故宫博物院供图）

图8　建福宫花园叠翠峰假山（约1910年）（故宫博物院供图）

何：当时没有找到老照片或是图档资料是吗？

张：没有，有一张老照片是溥仪小时候在积翠亭假山上坐着（图8），老照片里建筑上可以看出来椽子到角上起翘了，这么判断出来玉壶冰东半部东山是小歇山。但是广生楼跟玉壶冰、淡远楼都是怎么衔接的，都没找到能复建的依据。但是当时确定在淡远楼北侧有一个建筑，淡远楼的柱础石是一块石头上面有两个柱础位置，一个是淡远楼的柱础，另一个就是建福宫花园这边建筑的柱础，建福宫花园广生楼和中正殿淡远楼的柱础石是联做的。遗址上广生楼北侧柱础被积翠亭假山压着，南侧柱础石被一段卡墙压着，这段卡墙应该也是火烧后才砌起来的，这两个柱础距离很小，也就是说广生楼这座建筑进深很小，没复建起来也算是个遗憾。

何：除了广生楼，建福宫花园其他建筑都是按照设计图纸做法要求复建的。

张：建福宫花园复建的时候设计改了好几次，敬胜斋原来设计屋顶是起脊的。后来香港文保基金会在法国找到了一张老照片，照片上可以看见敬胜斋屋顶是过垄的，不是起脊的，才改成了现在的做法。

何：中正殿一区是哪年开始复建的？设计还是故宫古建部吗？

张：2008年，设计是北京市古代建筑设计所，他们设计也出现了很多问题，一遍一遍地改，后来我就自己改吧，不改我也没法做。遗址我得测量准了，加工的各个构件得能入位。当时香云亭、东西配殿在结构上都有些变动，变动是为了符合故宫皇家官式做法。

何：皇家官式做法体现在哪儿？

张：主要是各部尺寸规律、举价、步架都比较准，结构比较合理。该撞二回一就撞二回一，该撞一回二就撞一回二，更贴近于清工部的《工程做法》。翼角椽子应该是逐渐打开，跟扇子似的逐渐打开，粗糙的做法椽子打开一看就散了，在故宫几乎不会出现这种现象。

四、木作技艺延续传承

何：您的大徒弟就是在建福宫花园复建工程上收的吧？您是已经带了他好几年才收徒的吧？

张：我徒弟马爱臣就在白志军的队伍里干活，我已经带了他一段时间了，考察了一段时间了，他们带班的跟我说马子想跟您学，我觉得成才收的（图9）。他一直跟着我干完中正殿一区复建才离开故宫的，后来他有些活儿就在电话里问我，他在北京、山西哪儿有活儿就去哪儿。

何：您的二徒弟就是2012年向社会上招收传承学员的时候收的徒。

张：对，咱们部门招了10多个传承学员，让老师傅们收徒教他们（图10）。我收了魏明浩，我现在也经常来跟他说说活儿上的事，他也经常打电话问我。但是可能是现在的社会现象，干活儿心里少了点目标。

何：从您的入行经历来说，您入行也不是自愿学的，您当时的目标是什么？

张：那时候我在班组里面肯定是走不了了，那我就要争口气，在班组里站住脚，站住脚以后还得当班长，还得往上奔。现在社会大环境里大家没有过去那股争上游的气氛了。过去都是玩命干，不是傻干，是动脑子干，这点活儿别人要是一天干完，我能不能用半天完成。

何：您对传统工具和机械工具的使用有什么看法？传统工具是什么时候开始发生变化了？

图9 2007年故宫工程队拜师会（右二为张吉年）（故宫博物院供图）

图 10　2012 年故宫工程队拜师会（下排右三为张吉年）（故宫博物院供图）

张：80 年代开始逐渐使用机械工具了，之前很少有机械工具。但是机械工具开榫凿眼做出来比较光，手工拉出来带毛刺儿，毛刺儿摩擦力大，从大木结构整体来说，开榫手工比机械要强。

何：您对木作修缮加固的传统做法和钢结构、碳纤维等新型方法有什么看法？

张：维修应该用传统方法，如果钢结构是起支撑作用，它是可逆的，这是可以的。文物修缮不可创新，创新的方法和材料要让后人知道，这是创新出来的，并没有改变文物本体。但是把钢梁放在里面，外面包木头，这不叫修文物。

何：当木匠入行有什么规矩没有？

张：当木匠要心灵手巧，管理人员从木匠出来的多，木匠都知道怎么算计。原来在班组里干活儿，干了一两个月肯定会刷下来一批，那就是看你干活儿不行。

何：有新人入行要当木匠，以您的经验有什么建议或是意见给这些新人？

张：那要先问他们喜欢不喜欢，喜欢就能学出来，不喜欢的再心灵手巧也学不出来。

何：您判断一个人喜欢不喜欢当木匠的标准是什么呀？

张：看干活儿上，问不问活儿、干不干活儿。把老师傅说的活儿吸收进来，再进一步发挥，就怕让干一就干一，绝不干二，那就完了。

何：您有什么保密的绝活儿吗？

张：没什么保密的，我完全都教出去了，我特希望他们能超越我。

何：您觉得木匠的基本功更重要，还是对木大结构、各种尺寸的把握更重要？

张：基本功更重要，必须得把基本功练好，才能把握尺寸。别人老问我这些数据您是怎么背下来的，我从来没背过，都是从干活儿上学的，不干活儿怎么都学不出来。

何：您觉得大部分人只在做木匠基本的加工工作，他是因为没有向上奔的想法，没有从基本加工中想到更多技术工作，所以也没有更进一步地成长。古建筑的各个作或是一个作里的各个分工，掌线、加工、安装等等，肯定是大家一起合作完成，您觉得这些人的角色有轻有重吗？

张：有，还是掌线的人重要，掌线的人一定要盯住底下干活儿的人，得看底下操作的人是不是按我的线来加工。

何：掌线的一定是从基层干活儿中锻炼出来的，从故宫现在的工作情况来看，我认为以后不会出现像您这样从基层干活儿出来的管理人员了。

张：不会再有了，因为故宫古建筑修缮已经不是自己来干了，都是外面的施工队伍了。外边施工队伍给故宫干活儿，他是经济第一，原来故宫工程队干活儿，质量是第一。

何：您作为故宫第三代工匠，再往下传承就很难了，因为故宫工程队修缮故宫古建筑的时代已经结束了，没有老师傅带徒弟在现场干活儿的机会了。

张：现在故宫成立自己的古建筑公司就想着活儿要自己干，现在成立公司赶紧招一批新人，让我们这帮老师傅赶紧带一带，5 年内趁着我们还能到现场来指导。

何：您干了一辈子木匠，跟古建筑也打了一辈子交道，有什么人生感受和体会吗？

张：我感受就是人活在世上都有优点和缺点，也不在于学问有多高，但你要在你所在的层面里争上游，1 跟 9 是不一样的数值，我在 1 的这一层，我得在 1 里边是最棒的，再往 2 上走，在哪都得站得住腰。甭说这一辈子，这一天 8 小时，怎么也是过，那为什么不好好学？学要发自内心地学，要比玩手机、玩电脑的心情还要热烈。

作者：

何川，北京人，故宫博物院高级工程师，工学硕士，研究方向：官式古建筑营造技艺保护与传承。

张吉年，北京人，2018 年被评为官式古建筑营造技艺（北京故宫）北京市东城区级非遗代表性传承人。

道情皮影　古韵新生 *

——皮影世家兴盛班主魏宗富访谈

孜拉来·阿不都外力　顿巧珍　王　艳　魏宗富

摘要： 魏宗富是环县魏氏道情皮影戏的第四代传人，他师承于爷爷魏元寿，传承了魏家戏班兴盛班，并带领兴盛班在全国各地演出。后来，加入快手"幸福乡村人带头计划"助力乡村振兴人才培养，通过直播成为"网红"民间艺人，通过平台赋能实现非物质文化遗产的破圈传播。魏宗富的表演风格独特，表演技巧高超，情感表达丰富，同时还注重创新和现代元素的融入，为环县道情皮影这一传统艺术注入了新的活力。

关键词： 环县道情皮影；口述史；魏宗富；皮影戏

环县道情皮影作为一种传统的戏曲艺术形式，承载着丰富的历史文化内涵和民间艺术传统。环县道情皮影作为古老道情与皮影结合的产物已有上千年的历史。"一口叙说千古事，双手对舞百万兵"。这种气势磅礴的皮影艺术在传统农业社会向现代工业社会转型的过程中，正在经受着现代文明裹挟下新文化的冲击。随着媒介技术的迭代升级，快手、抖音等短视频平台把那些与我们日常生活渐行渐远的传统文化再次拉回到大众的视线中。

魏宗富，男，生于 1968 年 7 月 14 日，洪德镇丁阳渠村魏中掌人，14 岁跟随祖父魏元寿学习前台表演，不到 20 岁已经坐台表演。1996 年参加环县知名艺

---

*[基金项目]西北民族大学 2024 年中央高校基本科研业务费项目"中国式现代化进程中非物质文化遗产的活态传承研究"。

人座谈会;2002 年 8 月,参加首届中国环县皮影艺术节皮影会演获三等奖;2003 年 6 月成为环县道情皮影艺术家协会会员;2016 年开始陆续参与拍摄国内首部音乐纪录电影《大河唱》。2023 年 8 月 21 日,笔者一行到甘肃省环县魏宗富家中拍摄皮影戏,很荣幸地采访了魏宗富老师,本文根据访谈的录音整理而成。

一、皮影世家四代传承

笔者:魏老师,您好,非常感谢您接受我们的采访。我们知道您从艺道情皮影四十多年,在这期间您也获得了很多荣誉,我们先谈一谈您的学艺经历吧。

魏宗富:我太爷爷魏国诚是解长春的四大弟子之一,是环县道情皮影魏家班的创始人。他组建魏家道情皮影戏班,培养出了魏元寿、梁世仓等有名的皮影艺人。我爷爷魏元寿酷爱道情皮影,刻苦钻研,对我产生了很深刻的影响,得益于家庭熏陶我从小就热爱皮影。最初我提出学皮影,我爷爷不同意,说学皮影没有前途,他希望我好好学习,长大后当官。因为爷爷坚决反对,我就赌气不上学放了两年羊,看到我的决心,我奶奶就劝爷爷让我学皮影,于是我从 14 岁开始跟着爷爷进入戏班子学习。爷爷对艺术非常尊重并高度重视,他对我们特别严格,那时候我们每天早起开始练嗓子、背戏本。如果学习态度不严谨,不守规矩就会挨打挨骂,当时觉得很委屈,现在想起来却很后悔,我宁愿他多打多骂上几次。

我在 16 岁时就已经坐台表演了,当时爷爷给了我一副戏箱,让我带上四个小孩子去演出。在过去,我们都是拉着毛驴驮着戏箱去表演,一直步行到晚上,艺人都特别累,到演出时间观众看我们年龄小就拒绝我们唱戏,指明要师傅表演。人家不让我们唱,我们只能跟请戏的人商量,先表演一场,唱的戏如果能让观众满意就开始唱庙会,不满意我们就走。后来我们通过出色的表演得到了观众的认可,经历了这样一个过程后才慢慢开始正式上台表演。日积月累"魏家班"家喻户晓,邀请我们唱戏的人多了,我也开始带领皮影班子到处唱戏。时至今日,我特别感谢爷爷的谆谆教诲,因为他的精心培养成就了现在的兴盛班。

笔者:您带领着兴盛班行走于山川,在千家万户心中留下了魏家皮影的种子,兴盛班原来是叫魏家班,后来为什么把戏班子改名为兴盛班?

魏宗富:把魏家班改成兴盛班其实是我对当地以姓氏命名戏班的传统进行的改革。魏家班皮影技艺是源自家族的传承,而我则是魏家班的第四代传人。经过了四十几年的社会变迁,我们的皮影班算是当地传承最为完整的戏班之一。传统的皮影艺术传承不仅包括师承关系的明确谱系，还涵盖了非物质性技艺传承。就我们魏家班的传承谱系来看，其中大部分技艺传承都归功于我的太爷爷和爷爷。兴盛班这个名字是我太爷爷那时候起的，这个班号就好比刻谱子，所以班号"兴盛班"就是那时候传下来的。而魏家班是跟着姓氏叫的，魏家班就是魏家的箱子，改成兴盛班的主要原因是想把太爷爷留下来的所有技艺完整地传承下来。

笔者：学艺是一个很漫长的过程，坚持下来很不容易，您最擅长的曲目是什么？

魏宗富：我最擅长前台，就是负责挑线和唱腔，刚进皮影班的时候我好三吹，吹笛呐、竹笛、唢呐这一类的，后来戏班子人员缺乏，爷爷就让我学前台。整场皮影戏的演出节奏由前台掌控，所有表演的节奏必须依照前台的节奏和音调进行调整，所以基础的就是学前台。除此之外，吹、拉、弹、唱都要精通，我特别擅长的是《卖道袍》，在我们环县是首屈一指的，对于我们魏家班来说是一个独特创新的戏。

笔者：学艺难，守艺也很难，在您四十几年的皮影人生中收过几个徒弟？

魏宗富：道情皮影守艺的确很难，我断断续续地收过四五个徒弟，因皮影赚不了多少钱，只能转行打工养家糊口。魏家皮影技艺传承到我这一代就结束了，我儿子对皮影不感兴趣，而且他大学毕业，文化程度高，所以我不想让他子承父业。现在我出去演出都带着我的妻子王秀英，她就是我的徒弟，观众也很喜欢她和我一起唱戏，每次请我演出的人还会提前跟我打招呼，让我带上她一起表演，可以说她的加入让我们的戏班子焕然一新，也给我们带来了更多机会。其实之前她不喜欢皮影，也不太感兴趣，当时我们有一个去外地演出的机会，我想带着她坐飞机去看外面的世界，然后就跟她商量教她甩梆子（木鱼加碰铃），她学会后我就带着她一起坐飞机去外地表演。她就是这样入门的，现在我们基本上都一起演出一起直播。

二、形在皮影，神在道情

笔者：2006 年，环县道情皮影戏进入第一批国家级非物质文化遗产保护名录，中国皮影戏于 2011 年入选联合国教科文组织"人类非物质文化遗产代表作名录"①，那么道情皮影是从哪里起源的？

魏宗富：环县道情皮影是"道情"与皮影相结合的产物，已有千年历史。环县地理位置特殊、文化底蕴深厚，因此孕育诞生了"环县道情皮影"这一民间艺术。我们环县道情皮影是从陕西引过来的，清末"道情皮影大师"解长春对道情乐器、皮影剧本及唱腔进行改革创新，培养了众多环县道情皮影传承人。我们的道情音乐特别好听，像甩梆、打拍子，再慢慢加入四股弦、都是他在道情乐器原有基础上进行改良的。皮影戏种类繁多，一个地方一个剧种，比如黄梅戏、碗碗腔、京剧这些，都是拿着皮影唱的，虽然皮影制作方式大同小异，但皮影的造型不一样。我们拿皮影唱道情，主要唱上八仙里面的韩湘子和蓝采和等。在过去观众都是靠皮影带动民间的娱乐活动，从这些八仙模仿下来的吹拉弹唱，就是道情。有些外地人认为渔鼓等器具就能代表道情，我们在与外地的交流中了解到，他们对道情皮影高度评价的主要原因是"嘛簧"，一人唱众人帮。

笔者：不同地方不同派系都形成了自己独特的表演风格，魏派和道情皮影其他派之间有什么不一样的地方？

魏宗富：首先，不同派别在不同的地方有各自的群众基础，在唱腔、调式等方面都各有特色，比如《卖道袍》是我们魏家班最好的代表作。那时候，我太爷爷特别好学，尊师重道，师傅都偏爱刻苦钻研的学徒并全囊相授，因此我太爷爷继承他师门的皮影技艺之外还创立了独有的魏派演唱风格，成了远近闻名的皮影艺人。我太爷爷在传授皮影技艺过程中会对皮影进行改编或者融入新的东西，我们学到的就是一些有创新内容的皮影戏，所以我们魏派不论是在唱腔还是表演风格上都特别独特。另外在传承方式上我们是隔代相传，我是爷爷的徒弟，虽然这种现象并不少见，但跟传统意义上的父传子有区别。最后是传下来的戏本不一样，用我们的行道话解释就是，很多东西的精华是不传授的。拿我们的长生戏来说，魏家班唱20多场长生戏，有些他只能接四五场，因为五六场就没法唱了，学会这些都需要技巧。

笔者：兴盛班是环县继承较为完整、演出活动较多的戏班，想了解一下兴盛班一般在什么时候表演皮影？它的传承方式主要是戏本相传还是口耳相传？

宗富：在过去，家家都唱平安戏。近十来年，道情皮影表演主要是以红白喜事、庙会为主。许愿、求子、求学，尤其是求学在我们这里都要许戏，所以邀请我们去表演的

---

① 该信息可见于中国非物质文化遗产网:https://www.ihchina.cn/directory_details/11905, 20240415.

大多是这一类。庙会也是敬神，庙会请人的钱都是村民出的，有些村子的庙会有五六百人参加，有些是七八百人参加，甚至还有五六千人参加的，所以凑出来的钱也多。村民共同出钱修庙，敬神主要有"关公""玉皇""九天娘娘"等这些神。在传承方式上，有书（戏本），有些艺人记性好，能唱十几本、二三十本戏。像我爷爷唱的三四十本戏，都是吃本戏。我们所谓的吃本戏就是把戏本内容背下来进行表演，如果记不住也可以看着戏本唱，所以有戏本相传也有口耳相传。

笔者：皮影戏之所以久演不衰离不开优秀的戏本子，现在戏本的保存现状也是许多人关心的问题，您对祖传下来的戏本子怎么样进行保存的？

魏宗富：我太爷爷留下的戏本都是手抄本，有些折叠的戏本可以说是戏单，看戏名和内容都极其方便。祖传下来的戏本很有研究价值，以前到我们家调研的大学生对原有的戏本和我口传的内容进行整理和归纳，帮我制作完成全新的戏本，并给我打印出来进行保存。他们在整理过程中对存疑的部分做资料调查，确保内容无误，非常认真地完成了戏本制作任务。他们整理出来的戏本合集价值极高，解决了艺人去世，技艺失传的困难，有价值的内容都被写进戏本里面定稿，比原来的手抄本更完整、更详细。

笔者：今天非常幸运赶上了一场庙会，您说庙会也是敬神，和村民还愿有紧密联系，那它具体的过程和功能有哪些？除了庙会，皮影戏还在什么场合表演？

魏宗富：庙会主要为了庆祝咱们的"关公、关圣帝君"或者是"戴花娘娘"等这些神位。因为今天是正会，所以他们要念经、为了除煞解厄唱《过关》戏，这些都是为了保百姓平安，祈望无灾无难，为求吉祥而举办的仪式。今晚的庙规模小，是给庙上"老爷"唱戏，另外，还要给一个村民还愿，所以，我还得抽一点时间帮她完成这个还愿仪式。还愿就是完成心愿后对"神灵"表达感谢的仪式，因为还愿的村民不能直接跟"九天娘娘"沟通，所以以皮影戏为媒介与"神"进行交流，替她完成心愿，这个仪式过程只有我能完成。庙会上的仪式其实就是我们当地的民俗生活缩影，丰富了我们的文化生活，有"娱神"和"娱人"的功能。

一般来说，举办一场庙会只请一班戏，因为资金、时间以及场地之间的冲突，没办法同时请好几个戏班子来演出。现在，我们环县的皮影戏主要在庙会上唱。在我太爷爷那个时候他常年在外唱戏，四月、五月回来种地，如果不回来，就说明皮影戏很兴盛，在外面到处演皮影。但到我爷爷这代以后皮影戏慢慢衰落了，到2000年以后皮影没市场了，庙会也减少了。现在红白喜事、祭文戏、秦腔等各种演出我都接，但大部分都是碍于情面和人际往来才演。

笔者：皮影戏也有一些"禁忌"，在表演过程中这些禁忌有着不同的内涵，道情皮影演出过程中需要注意哪些？

魏宗富：首先，不管是本地还是外地演出，我们都是"请戏"，因为皮影戏箱代表的是"神"，具有神圣意义，受尊敬，所以不能有任何怠慢和亵渎。每年除夕都要对皮影戏箱进行敬祭，这个仪式的流程是焚五炷香，烧三份表，祭拜"天官"连续到正月初三。其次，当我们到村子演出时，头顶的响盘、打醋坛、响炮、敲锣，把我们的箱子接进去，给他们家赐福，带来吉祥。在打台唱长生戏的时候"老爷"也会烧钱、响炮、端上烟酒、端钱，这样的仪式我们都叫花火。在仪式程中也需要时刻注意每一个步骤不能出错。除此之外，还需要时刻注意皮影的保存形式，防止皮影起皱，不能压得太重，艺人在演出过程中，坐凳子不能伸腿搭桥，这意味着独木桥难过。

三、平台赋能破圈传播

笔者：皮影戏被列入"非物质文化遗产名录"后，大大提高了它的知名度和可见度，后来，随着快手平台的流量扶植，让更多的人了解皮影、喜欢皮影，这给皮影和皮影艺人的生活带来了很大的变化，想了解一下您的感受。

魏宗富：八九十年代，我们村皮影老前辈们的表演口碑很好，在环县、陕北这一带留下了深刻印象。我们魏家班人品好、戏好，所以我们的好口碑都是从这个基础上一直保持下来的。皮影在2000年以后列入"非物质文化遗产名录"，道情皮影的可见度提高了，皮影艺人在社会上的关注度慢慢提升，研究道情皮影的人数增加了，对道情艺人的帮助很大。

皮影戏的知名度提升后，请我唱戏的人更多了。这要感谢快手平台，通过直播让更多的外地人了解了环县皮影。对我来讲，最大的变化是收入增加了，生活质量提高了。以前我们去唱戏，交通不方便，只能步行去演出。后来，我们骑摩托和三轮车去唱戏。现在，路修好了，我通过快手平台的直播，名气也大了，粉丝给我打赏的钱买了一辆皮卡车。现在，我们去演出拉上道具和演员就出发了，不管是多远的距离、多大的演出我都敢接。

笔者：魏老师，您刚表达了对快手平台的感谢，快手平台"幸福乡村人带头计划"是国内首个关注乡村创业者的互联网企业 CSR 项目，是乡村创业者成长孵化器和乡村产业加速器。是什么样的机遇让您了解快手并进行合作的？

魏宗富：初次接触快手的时候，我对拍摄短视频并不感兴趣。毕竟，我不是大明星，没有必要将自己的作品公之于众，或许还有一些不熟悉皮影的人会对我的作品发表一些无谓的评论。然而，出乎意料的是，观看我视频的人越来越多，他们纷纷赞赏我出色的演唱技巧，我的粉丝也相应增多，因此决定主动加入快手平台。我儿子教我如何拍视频、直播，我学了简单的操作后就开始在快手直播，慢慢地作品浏览量增多，他们给我点赞、评论，还会催我更新。后来快手发现了我并给了很多的流量扶持，我和妻子直播时，很多观众都给我们点关注、点爱心、送礼物，观众朋友对皮影的喜欢和好奇，让我有勇气继续进行网络直播。

除了本地演出，我还多了线上的收入，收益比往年多出好几倍，为了专心搞皮影，我不种地了，把家里的牲畜也卖掉了。快手平台让我加入了"幸福乡村带头人计划"，和我进行合作，他们想把道情皮影向外传播，通过我创作的短视频，推动非物质文化遗产的传播。

笔者：我们看到了您多个演出纪念证书，快手平台主要请您去哪里唱戏？

魏宗富：我们去外省的演出主要是由影院、剧院等单位邀请。有了国家文化部门的支持，快手平台要提升幸福乡村带头人的短视频创作能力，培养我们的商业和管理能力。因此，快手平台给我们的不仅仅是流量扶持，也有其他的帮扶。快手平台邀请我们参加"非遗节"宣传道情皮影，我们曾在长江船上表演，去过重庆、四川等地方，演出嘉宾中只有我们一家是皮影类的，其他都是表演腰鼓，唱梅花戏的。他们在推广非物质文化遗产上起到了很大的作用。快手平台在《被看见的力量》[1]这本书中介绍了我遇见快手的故事，我得到了他们的认可才会被他们写进书里，所以非常感谢快手平台给我带来的一切。

笔者：随着线上和线下皮影戏演出增多，您独特的表演风格越来越受观众的喜爱，您今年演了多少场皮影戏？可以谈一谈报酬吗？

魏宗富：今年的皮影戏演出主要集中在线下。目前我已经演完120场戏，接下来七月份还有近40场演出，但随时都可能会有变化。前两年因为疫情原因，有些距离远的地方暂时还没去，今年的演出主要在外地，去了重庆和四川，演出效果很好，我们的皮影表演在外地很受欢迎。

本地和外地的报酬不一样，在重庆商量的价格是一万两千元。我在外地进行皮影演出价格一般都是一万两千、一万五千元左右。在本地有两千元，也有三千元的，但这都是极少数的。在本县进行演出是一千五百元左右，最少八百元。皮影这个行当，其实存在贫富差距和学历差距，懂皮影艺术给的价格高，不懂的给的少我也不介意，只要邀请唱戏，我都去唱。

笔者：直至目前，您演出已达120多场，您的家人支持您吗？方便问一下您今年的收入吗？

魏宗富：我妻子非常支持我，我们一直在一起，我的两个女儿上学到中途退学了，当时我们思想观念落后就没继续供她们上学，现在都已经成家立业了。儿子学的土木工程专业，毕业后在江苏一个单位签了五年合约，到期后今年又调去海南工作两到三年，能维持自己的生活。

今年的收入目前是12万元，这是最好的情况，今年去了四川两次，在本地挣了七八万元，我们今年争取突破15万元。我们家地少、产量低，只能自足，没有其他收入。如果直播情况好加上本地演出能赚近20万的收入，但是今年只靠线下唱皮影赚了12万元，现在快手观众光看表演不送礼物所以直播几乎没有收益。

四、赓续传统守正创新

笔者：外地的观众也很喜欢看道情皮影演出，像重庆以及山西文化与我们这边特别不一样，但是他们还是很喜欢看道情皮影，这是为什么？

魏宗富：重庆、山西这边的朋友们喜欢听皮影戏多亏了像你们一样的高校师生来环县调研。我到现在都清楚地记得，当初从北京来了一个老师到我们这调研，他听了我唱的皮影戏后连连称赞。后来，北京的主办方邀请我去参加音乐节，政府想给他们换个人去演出他们都不愿意，点名要我去表演，这是让别人认识我，认识环县道情皮影的一个开始。后来，我有机会参演了纪录片《大河唱》，在皮影艺人这一部分主要记录了我的日常生活和皮影表演，像《韩湘子卖道袍》《石敬瑭拜刀》《天官赐福》《孝敬图》《康熙征北》《大闹天宫》等戏在纪录片播出后引起了关注。他们还给我送了一本书《四个中国人Ⅲ》[2]，在这本书中对我和兴盛班作了详细的介绍，四个中国人中还有我魏宗富的一席之地，我真的既感动又自豪。纪录片上映之后，有很多记者来采访，还被中央电视台的新闻报道，这些宣传对我的影响很大。

笔者：为了进一步保护和传承非物质文化遗产，各地文化旅游和行政部门会对非遗传承人进行研修培训，除此之外还有非遗进校园、进社区等一系列活动，可以谈一谈您的实践情况吗？

魏宗富：我以前参加过政府安排的培训，近十来年，由于换领导、年龄老化、人际

关系等原因，这些研修培训之类的活动都不让我们参加了。为弘扬中华优秀传统文化，让学生感受皮影艺术的魅力，体验皮影的乐趣，我们进上海几个校园宣传道情皮影。在活动过程中，我给同学们演示皮影动作，给他们介绍皮影道具，还让同学们近距离接触并上手演皮影。活动结束后我为孩子们喜欢皮影而感到欣慰，这群孩子很聪明，我们应该积极地去弘扬我们的传统文化，让这些孩子有更多的机会去了解和接触非物质文化遗产。进校园活动最大的收获就是收到了很多反馈，他们给的建议都是让我们在保持传统和原生态的基础上对形式进行一些创新。遗憾的是，由于语言问题，他们只能看我们的表演，却听不懂我们在唱什么戏。后来，河北电视台、新疆的网络媒体邀请我们表演皮影，并对我们进行采访，这些都是宣传道情皮影的机会。每次演出结束都会给我们颁发证书，这些证书我专门列了单子好好珍藏。

笔者：魏老师，您曾发出过"艺人死光，皮影灭亡"的感慨，现在皮影技艺面临着种种困难，您有过放弃皮影的想法吗？

魏宗富：传承问题是最大的问题，以前电视和互联网还没有普及，皮影是老百姓主要的一种娱乐方式，但现在没有人看皮影，现在的年轻人都不喜欢这个东西。只有50、60、70后会看皮影表演，80后以后基本没人看。我们的戏班年龄基本集中在60、70后，80以后的比较少，这就导致皮影没有市场，没有收入就没有人干这行。而且现在的社会技术日新月异，像以前有石磨、铁匠等等现在都失传了，现代发展不需要的东西没办法传承下去。

很多人建议，让有关部门给咱们农村皮影大院或者文化大院批点支持资金，很多计划就可以实现。其实我也有计划，想利用我们窑洞房子上面的空地方，用石头铺平整，把皮影世家兴盛班几个字放到上面，村里往来的人都可以看见。或者掏山石，箍几个小窑，把我们四代人用过的皮影道具摆放起来，方便让外来人员参观、交流。关于如何设计布置、装潢、箍窑花费成本15万，在疫情期间都已算好。除此之外，还有把传承人的故事做成纪录片宣传的想法。这些想法可以做成一个项目给国家文旅部门申报，虽然上面政策和领导是透明开放的，但到了县级，这些政策很难落地。所以放弃道情皮影这件事我有认真想过，因为养家糊口实在困难，有一段时间我只能靠打工维持生计，支撑着我们家和魏家班。我一直没有放弃皮影戏，一是我从小热爱皮影没办法割舍，二是不想让我爷爷留下来的家当在箱子里落灰，所以咬牙坚持下来了。

每一行都存在恶性竞争，皮影行当也不例外。不管是本地还是外地演出，兴盛班收到的邀请很多，这时我们村就会有人出来阻止，同行会有人嫉妒我们演出多，便故意降低演出价格来竞争。比如我们的报酬是 2000 元，那他们用 1000 元的报酬进行演出，但是最后得到观众认可的是技术好，唱得好的戏班子。

笔者：您现在是快手平台上有将近 23 万粉丝的网红皮影传承人，知名度提高以后心态上有什么样的变化？

魏宗富：可以说没什么变化。90 年代皮影落魄的时候没收入，当时因为孩子超生罚款，为了养家短暂放弃皮影，打工赚钱。后来重操旧业，在国家政策的支持下，快手平台的扶持给我谋了另一条生计之路。我最初的想法就是让越来越多的人知道道情皮影，现在这些想法都实现了。我未来的打算就是努力赚钱，继续推广道情皮影，再花点钱把道具做好、舞台建好，进一步扩大道情皮影的知名度。

参考文献

[1]快手研究院：《被看见的力量》，北京：中信出版社 2020 年版。

[2]萧璇、杨宇菲、杨静、雷建军：《四个中国人Ⅲ》，北京：清华大学出版社 2019 年版。

作者：

孜拉来·阿不都外力，西北民族大学新闻传播学院硕士研究生；

顿巧珍，西北民族大学新闻传播学院硕士研究生；

王艳，西北民族大学新闻传播学院教授；

魏宗富，甘肃环县人，环县魏氏道情皮影魏家戏班兴盛班传人。

传统戏剧研究

非物质文化遗产论丛（第二辑）

固化的人物容貌*

——皮影戏人物头茬造型论略

麻国钧

摘要：皮影戏中各色人物的性格难以从头茬充分地表现出来，一则需要深刻把握人物的性格，要通过头茬写心，继之则写真，明辨，把握人物或善，或忠，或美，或丑，或勇武，或滑稽，必须袖手于前，仔细揣度，而后方可运刀成形。一旦雕镂完成，几无可能再加修改，从而在客观上对皮影雕刻师提出很高的要求。

关键词：头茬造型；头茬色彩；阳刻；阴刻；线条

引 言

从戏剧形态上而言，戏曲、祭祀戏剧、傩戏、皮影戏与傀儡戏，可以并列为中国五大传统戏剧。其中，皮影戏以其艺术特殊性而成为一个不可缺的独立的戏剧艺术类型。她以独特的艺术风貌从历史走来，也必将以其不可替代的艺术品格走向未来。在演出时，影身固然重要，但是由于皮影人物头茬集中而明确地显现人物身份、性格、容貌、气质等等，相比较而言，头茬才是重中之重。因此，在研究皮影戏人物艺术特征时，首当其冲者莫过于头茬。皮影戏人物头茬一旦雕刻完成，旋即固化而不可轻易改动。既然如此，皮影人物的设计者与雕刻家必须精心谋划，审度在前，运刀其后，使得人物的面部造型直逼人物性格。鉴于此，本文集中笔墨讨论影人头茬在造型上的几个特点。

*［基金项目］2022年度国家社科基金艺术学重大项目《中国皮影艺术传承创新研究》（项目编号：22ZD08）；本文由"中国乐派研究团队特聘人员计划"、科技创新服务能力建设——流学科建设—"中国乐派"建设—"中国乐派"三大体系建设研究（项目编号：20231078）资助。

一、写　心

精准地刻画人物，是全部演出艺术矢志不移的追求。皮影戏二维成像的特殊性，逼迫影人的设计者及雕刻家在影人头茬的设计与雕刻时，费尽心机地思考，竭尽全力地谋划；在运刀时小心翼翼，下足功夫。那么，如何在设计以及雕刻过程中做到袖手于前，了然于心，进而疾雕于后呢？在笔者看来，首当其冲的是"写心"。而要写出人物的"心"，重在设计、雕刻人物的头茬。

然而，皮影戏人物头茬大都是五分脸或七分脸，即在半张脸或大半张脸上雕刻出人物性格。这并非易事。

宋代陈郁《藏一话腴论写心》有云：

> 写照非画科（一作物）比，盖写形不难，写心惟难，写之人尤其难也。夫帝尧秀眉，鲁僖司马亦秀眉；舜重瞳，项羽、朱有敬亦重瞳；沛公龙颜，嵇叔夜亦龙颜；世祖日角，唐高祖亦日角；文皇凤姿，李相国亦凤姿……一如此者写之似足矣，故曰写形不难。……盖写其形，必传其神，传其神，必写其心；否则君子小人，貌同心异，贵贱忠恶，奚自而别？形虽似何益？故曰写心惟难。夫善论写心者，当观其人，必胸次广，识见高，讨论博，知其人则笔下流出，间不容发矣。倘秉笔而无胸次，无识鉴，不察其人不观其形，彼目大舜而性项羽，心阳虎而貌仲尼，违其人远矣。故曰写之人尤其难。[1]

此段言语虽在讨论中国人物画，也可借之于皮影人物之设计与雕镂。皮影戏人物造型迥异于其他艺术的特点在于以下三点：其一，二维造型；其二，面容固化；其三，隔窗现形。以上三点既是皮影戏迥异于其他戏剧样式的基本点，也是其不可逾越的艺术局限。然则，恰是这三个局限，既铸就了皮影艺术，也将其与其他舞台艺术分别开来。局限是艺术独特性的基因。观众只能隔窗看影，形在窗后而显于窗；故而观众在看影、在授受过程中，自然不能十全十美，而是时虚时实；此刻是实，旋即便虚。这种虚实相间、虚实相生，反而是皮影戏独具的艺术美。

既然如此，那么设计者与雕刻家怎样才能仅仅通过皮影人物小小的头茬"写"出人物之心呢？并把人物的容貌、性格、脾气秉性等等，在数寸的头茬上相对准确地雕刻出来呢？这是皮影雕刻家必须斟酌再三的问题。

所谓"写心"便是写人物性格，"心"是一个相对模糊、不可见的概念，而性格则是"心"的外化，是可以审视的、可以拿捏得准的。然则，写形容易，写心难。性格可以通过人物的举止言行甚至面部表情等透露而出，也是可以让人审视得出的。因此，举凡优秀的皮影雕刻家在设计、雕镂人物的时候，必然首先在头茬上精心设计，精密雕镂。

前引宋人对人物画的言论与皮影人物的设计与雕刻大同小异，可以借鉴前述画论，用于讨论皮影人物的设计与雕刻。原因在于人物画与皮影人物都是平面的，即二维成像。这一点，在一定程度上给皮影雕刻家造成困难，即怎样在这半张面孔上刻划人物的性格。皮影戏隔窗看影这一绝对的制约，致使皮影必须以二维的方法设计、雕镂每一个皮影人物。这一制约铸就了皮影人物独特的设计与雕刻者的思维，即在以"二维"之中"成像"。皮影人物虽然也有七分脸，但不是主流。因为只有二维侧面成像即所谓"五分脸"，才能在影窗这个不可或缺的遮蔽物上更加清晰地显示人物的五官以及头饰、冠帽、簪花、旗、靠等揭示人物容貌、身份、地位等，至于描摹人物性格，非高手而难为。

在观赏过程中，影戏人物的头茬必然是最为引人关注的对象。许多皮影博物馆大都以头茬展览为多，为主，似也表明头茬在整个皮影人物中的重要地位。

皮影人物又不同于绘画，头茬一旦雕镂完成便不可逆这一局限，是与生俱来的、无可撼动的弊端。绘画则不然，或曰不尽然，因为绘画在一定程度上可以修改。影人则不同，数刀过后，皮去"形"成；"形"既成，改则难。然则，在雕镂影人头茬时，首要的又不在"形"而在于"神"，而人物的"神"又在"形"中体现出来，则"形"并非不重要。总之，"形"与"神"的关系必须拿捏得准。

总之，头茬在影人设计与雕镂中首当其冲，是最能体现人物性格的部分，失之毫厘，则差之千里。

二、写 真

所谓"写真"即写其真容也。在明传奇《琵琶记》中，赵五娘在其公婆逝世之后，离开家乡，千里寻夫。五娘身背琵琶，一路卖唱赶往京城。同时还带着公婆的画像，文本中写作"写真"。"写真"一词传到日本，转义为"照片"，照相馆谓之"写真馆"。本文所谓"写真"，用其原意为描摹人物的真容，即人物画像。不过，包括皮影在内，戏剧艺术中的所谓"真容"，一般并非人物的本来面貌，尤其是历史题材戏。在照相技术发

明之前，历史人物的形象大都来自文字描绘，后代人不可能得见百年甚至数百、数千年之前人物的真实容貌。故而对皮影人的设计、描画、雕刻而言，也便无所谓历史人物的"写真"。在艺术创作中，所谓"写真"并非指所创造的人物形象逼真于人物生活中本来的容貌，而是人物的性格。故而，艺术创作中的所谓"写真"，绝无可能像赵五娘那样把婆婆生活中的容貌描摹下来。那么，艺术创作中强调的"写真"究竟指什么呢？其必曰：性格的真实。比起容貌来说，人物性格的真实来得更加容易。因为人物的性格可以通过文字的描绘而流传下来，后代人可以依据前人的文字描绘去想象人物的行为、举止、处事态度等等，判断其性格与人品，尔后想象其容貌，进而把人物容貌绘制出来。诚然，尽管如此，也只能接近或曰比较接近历史人物的真容实貌，这里所谓的"真容实貌"局限性可能较小，也可能极大，与赵五娘所绘婆婆的画像不可同日而语，因为赵五娘与婆婆在一个屋檐下生活了多年，她完全可以画出婆婆的真容，故谓之"写真"。肖像画如此，戏剧舞台上的历史人物形象也如此，皮影戏中的人物头茬更是如此。之所以加上"更是"二字，也源自我们反复强调的所谓"二维成像"这一绕不开的局限。这一点，造成许多皮影戏人物头茬造型、容貌上一定程度的雷同。皮影人物头茬的设计者、雕刻者在表现人物性格特征时，几无可能与文字描绘媲美，既达不到人物画的效果，更不可能如同照相那样极度真实。那么，在皮影人物的雕刻中，所追求的"写真"便不是、也不可能是历史人物的真实容貌，而是也必然是人物性格的真实，能够做到这一点，也便足够了。因此，谱式化便成为皮影人物头茬设计、雕刻的必然。在这一过程中，各地戏曲剧种中的人物脸谱也便成为皮影某些人物头茬设计与雕刻的重要参考。

任何一种艺术形态无不存在其固有的局限，而局限恰恰是最能显现艺术独特性之所在。换言之，这些局限恰恰是凸显其艺术特性的关键点。在笔者看来，侧面设计、侧面雕刻这一皮影与生俱来的局限既限定了皮影完美的表达，也铸就了其别样的艺术美。在影窗上，唯有侧面雕刻才能更加凸显人物五官的轮廓以及五官的具体形貌，在某种程度上，可能更加"写真"。在艺术表达上，所谓"写真"，主要指的是对人物性格的逼真反映，而不仅仅在容貌上的像与不像。尤其是世人从没见过的神仙鬼怪，因为他们是人为臆造出来的。即便是历代人物，也只能通过文字描绘去想象其真容，这种想象必然以千差万别的样貌显现在不同人的脑海中，而任何一种想象都未必是某一历史人物的真正面相，更不可能完全一致。

所以，所谓"写真"只能存在于创作者的期望中。皮影人物雕刻这一与生俱来的天然局限既是对艺术家的束缚，也可能是设计者与雕刻者放开手脚的天赐良机。

诚然，历史上某些著名人物的基本样貌早已在文学作品中被栩栩如生地描绘出来，绘画、雕塑等造型艺术家在此基础上创作的作品一旦成形，便很容易被固化。那么，又何谈"写真"呢？因此，对古人所强调的"写真"，未必是容貌上的所谓"真"，而是这些人物性格、人品上的"真"，有了这一"真"，便可视为成功的艺术雕刻品。

三、美 丑

本文所讨论的美与丑，既在人物容貌，更表现在头茬上所呈现的人物品格。在皮影人物造型设计时，雕刻师已经把容貌、性格、人品等融合为一。这一点与戏曲脸谱的谱式设计如出一辙。尤其是晚近时期的皮影人物脸谱大都借鉴甚至袭用了戏曲艺术脸谱，二者不同之处在于，戏曲脸谱随着人物情感、情绪的变化而引起肌肉的各种动作以及眼睛的正视、斜视、下视、旁视、蔑视，还有嘴巴厚与薄、开与合、撇与撅等等，随时随地揭示剧中人物对戏剧情境中的不同人物、不同事情的心理状态等等，这些心态可以在瞬间流露出来，并传达给观众。观众可以在瞬间看到剧中人物各种表情，自然也可以在刹那间通过剧中人物表情变化的或大或小、或隐忽现而感知人物的内心活动，从而对戏剧人物与戏剧情节产生情感波动。皮影戏却做不到这一点。皮影人物一旦设计出来进而雕刻完成，旋即定型而不可变化。不能不说，这是皮影戏艺术特性的前置设定，是皮影戏艺术的巨大局限。这一局限逼迫皮影戏人物的设计者在设计之初就得心中有数，在画样稿时既要对人物性格拿捏得好，也须准确无误地找到该人物与同台对手接触时的神态。一般来说，这种神态可能是中性的，不可跨越中性这个"度"，原因在于，这个人物在剧中可能与多位人物有对手戏，这些对手与"这一个人物"或有长幼之别，或有尊卑之分，或在男女之间，或在敌我之间，各种对象千差万别，而每个影人一旦雕镂完成，便不可再变，只能带着一种样貌、表情、神态等面对不同的剧中人物。因此，中性的神态既是皮影人物必要的，也是必需的。

这一局限不能渴望在人物头茬设计与雕镂中予以解决，它是皮影戏艺术打从娘胎中就已经固化下来的，是不可易的。美也好，丑也罢，无不以一张面孔到底，贯穿戏剧起承转合各个故事环节之中。由此可见，如果说脸谱化是真人演戏的大忌，那么在皮影戏这里反而是正常的、司空见惯的。这一点，既是皮影戏人物造型的局限，也由此形成了皮影戏人物头茬雕刻不得不遵循的规律（图1、2、3）。

图1 美　　　　　　图2 丑　　　　　　图3 美

沈文翔　陆萍《陕西皮影珍赏》

美与丑，虽然是生活中从人的面孔上直观可见的，但是善于掩藏的人类可以利用种种方式方法加以遮蔽。皮影戏人物设计与雕刻则不允许这样做，而必须依据生活中各色人等的样貌设计、雕镂，而皮影头茬一旦成型便一劳永逸，不可能随着人物的情感变化等因素的影响而做出丝毫改变。这一点固然是皮影人物设计与雕镂的局限，同时也由此迫使其设计者与雕刻家直接面对，他们更加需要在设计之初，雕镂之始便心中有数，每下一剪，每运一刀，都须一丝不苟，竭尽全力以凸显人物或美、或丑、或刁钻刻薄、或和蔼善良等面容，并借此透视人物的内心世界。

一般来说，所谓美、丑、善、恶不仅仅指称人物面容，更重要的是人物内心。但是，对皮影人物而言，却不是这样的，抑或说不完全如此。皮影戏人物造型的"脸谱化"反而是必要的。原因在于，皮影戏人物面庞一旦雕镂成形便不可改变，演出时，从始至终，只能以侧面脸庞显现于影窗，这副面孔只有俯仰之别与左、右之分，即便七分脸，也不过大半面，仍不是完形脸庞。于是乎，便对皮影人物设计、雕刻师提出更高的要求，迫使其必须准确地抓住人物的性格特征以及形貌特点，尽可能地在半面或大半面中，把不同人物的不同性格雕镂出来，不够不可，过犹不及。话虽如此，但是在皮影戏这里，适当的夸张又是必要的，这是皮影戏"隔窗看影"前置的"弊端"，而这一"弊端"恰是皮影戏之所以成就的前置条件；这一弊端也是其艺术特色得以充分体现的关键所在。

四、善　恶

如果"人之初，性本善"之语未必如是的话，那么在皮影这里反倒成立。说

的是影人一旦雕镂成形，该人物或善或恶旋即定格，而不可改变。面恶心善，抑或面善
心恶者在皮影人物设计，进而雕刻成形的情况几乎没有，或者说皮影戏人物之本性是一
成不变的。换言之，皮影戏的观众在影人第一次映在影窗之上时，人物的善恶便已基本
定格，而无需在故事情节发展，故事延宕的过程中逐渐显露。进而言之，在皮影戏这
里，人物的"脸谱化"是这门艺术约定俗成的铁律，人物的"脸谱化"在这里并非贬义。
在话剧中，最忌讳的是演员脸谱化表演，俗称"死脸子"；戏曲中，净色虽有脸谱，却
不是"死脸子"，脸谱随着演员面部肌肉的活动而随时有所变化。但是，在皮影戏这里，
影人脸谱不可能因人物之喜、怒、哀、乐、悲、苦、惊而有丝毫改变，影人的脸谱也便
不可能摆脱"死脸子"之局限。尽管皮影戏人物脸谱从戏曲艺术那里学习借鉴而来，但
却远不如戏曲脸谱那样灵活多变。演出时，戏曲演员的脸谱必定随着人物情感的变化而
引动脸谱或大或小地变形。而在皮影戏演出中，一般人物脸谱却始终如一，善也好，恶
也罢，必然以一副面孔维持下来，直到剧终。（图4、5、6、7）

尽管皮影戏中的个别人物通过特殊设计而以"变脸"的方式改变面容，但这种改变
面容的方式毕竟属于特例。即便是特例，也是向戏曲艺术学习、借鉴的结果。进而言
之，皮影人物变脸特技必定晚于戏曲之"变脸"。

早期的皮影戏人物大约尚未脸谱化，随着时间的延宕，皮影戏不可能不向同时并存
的戏曲人物造型术学习、借鉴而逐渐成谱，同一皮影人物脸谱与戏曲脸谱的造型与色彩
同一化的趋势越发明显。以上两组人物仅以线条儿勾勒人物的五官，便把人物或善或恶
的性格表现得近乎淋漓尽致，可见所谓"脸谱化"不能一笔打灭，它的存在具有一定的
合理性，尤其是皮影戏。隔着"亮子"呈现在观众眼帘中的影人本来就是或虚或实、虚

图4 善　　　　　图5 恶　　　　　图6 善　　　　　图7 恶
沈文翔　陆萍《陕西皮影珍赏》

实相间甚至虚实相生的，具有一定的幻性。尽管如此，皮影戏人物虽有善恶之别，却依然不能摆脱其始终以一副面孔示人的局限性。

五、忠 奸

早在宋代，通俗的话本小说兴起，这些或长或短的叙事文学迅速发展，几近家喻户晓。入明以后，长篇章回小说接踵而至，流传至今。这些作品为戏曲、皮影戏等演出艺术提供了大量的文本。元人北曲杂剧继上述文学作品之后，把忠、奸两种人物的故事纳入文本，敷衍于勾栏，歌演于瓦舍。元杂剧所谓"十二科"中，特设"忠臣烈士""叱奸骂谄"两科。明清以降，踵前代之传统，戏曲中出现了大量的历史题材作品，在这些历史演义作品中，卖国求荣、认贼作父、残害忠良等人物久为世人不耻，如屠岸贾、贾似道、潘仁美、严世蕃等等，往往被塑造为奸臣形貌，鲜明而直观。与之对立的忠诚大义者如岳飞、程婴、公孙杵臼、薛刚、郑恩等更在世人中如雷贯耳。这些题材与人物故事很自然地被皮影戏创作者拿来，稍作改编而成为影卷，从而极大地扩充了皮影戏文本的数量。其中，演绎忠与奸这一完全对立的两类人物在中国皮影戏中变得极为常见。笔者为之作联曰："数尺绫绡映三界，七八影人衍忠奸。"

戏曲脸谱早在元代已现雏形，即杜仁杰所谓"满脸石灰，更着些黑道儿抹"，以调侃的文字，道出了"央人货"化妆的滑稽，我们视之为早期的戏剧人物化妆程式中丑角脸谱的雏形似也不为过。在晚近时代，戏曲丑角脸谱那个"豆腐块"未必不是"央人货"脸谱之形变。皮影戏中某些丑角的头茬造型及谱式从戏曲那里移植，经小变而成影谱，也是自然的。与戏曲演出一样，这些人物也被皮影戏脸谱化了。如果说，相对晚近的皮影戏人物脸谱多有来自戏曲脸谱的话，也不过取脸谱整脸之半，大多以五分脸成像。即便如此，皮影人物依然可以充分地显现人物或忠或奸的本性。即便是以半面成像的五分脸，也不失人物额、眼、鼻、口、耳、下颚的形貌，因为任何一位观众完全可以轻松地脑补影人不可见的另一半。而且，这一半面容貌也因五分脸反而更能突出面部器官的形状，如额头的长圆、鼻子的高低、嘴唇的薄厚、耳朵的大小等等。（图8、9、10、11、12、13）

人物忠奸之别，不但反映在造型上，色彩也是表示人物忠奸的重要手段，戏曲脸谱与影人头茬无不如是。翁偶虹说："脸谱之起源，按性与情即可研求之。如红色，表示忠而不得终；黄色表示内奸外谨之凝练；蓝色表示桀骜不驯；白色

图 8　奸
沈文翔　陆萍《陕西皮影
珍赏》

图 9　奸
日本早稻田演剧博物馆藏
《京剧资料展》图册

图 10　奸
沈文翔　陆萍《陕西皮影
珍赏》

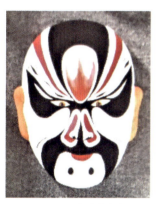

图 11　李逵（忠）
日本早稻田演剧博物馆藏
《京剧资料展》图册

图 12　曹操（忠）
沈文翔　陆萍《陕西皮影珍赏》

图 13　姜维（忠）
日本早稻田演剧博物馆藏
《京剧资料展》图册

表示阴险肃杀，黑色表示鲁莽勇直，紫色表示忠谨静穆，绿色表示凶险乖戾，金银色表示为神仙中人，粉红色表现年迈之忠烈，因粉红色即红色之意，不过年大血衰，以别于纯红色之有中年气概也。凡此种种，皆表示其特殊之个性。至于典韦善于用戟，故于眉间绘以戟形；钟馗死后，恨蝠来迟，故于额上绘一蝙蝠。金钱豹面上勾画金钱，火神面上勾画火焰。以及李克用、赵匡胤之眉间绘黑龙，表示其为贰臣；周仓、周进士之额涂红色，表示其为碰死。凡此种种，皆于表示个性之余，复择其平生最显著之一点，笔以出之，以见其接于物而变化出之情也。"[2]

　　戏曲脸谱设色的一般规矩，大都被皮影人物头茬在设色时袭而用之。皮影主要以线条与色彩凸显人物性格。对皮影而言，线条一旦刻就，便不易更改甚至不能改变。色彩

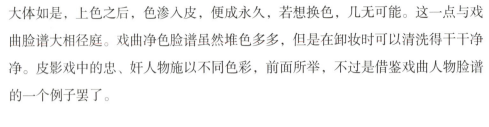

大体如是，上色之后，色渗入皮，便成永久，若想换色，几无可能。这一点与戏曲脸谱大相径庭。戏曲净色脸谱虽然堆色多多，但是在卸妆时可以清洗得干干净净。皮影戏中的忠、奸人物施以不同色彩，前面所举，不过是借鉴戏曲人物脸谱的一个例子罢了。

六、勇　武

人物之勇武同样极为形象地反映在影人头茬上，尤其在借鉴戏曲脸谱造型之后更加明显。甘肃环县皮影戏博物馆藏《蛟龙驹·龙凤山聚义》一组皮影戏图片，取材于《晋书·建文帝》古籍记述的故事。剧情大略如下：晋成王崩，其弟弟怀王篡位。因其唯恐皇位不保，囚皇后于冷宫，遣派党羽搜杀太子。王允受先王托孤，让其夫人与儿媳扮作民妇保护太子出城，逃向其子王勉辖地楚中避祸。不料，这一消息被奸臣皇甫石获悉，遂擒获太子。在押解太子去往京城途中，遇到龙凤山好汉刘勋，救下太子。大将陆奇得皇后血诏，与王勉、刘勋里应外合，诛杀怀王及其党羽，扶太子登基。这段历史被秦腔编为连台本戏《蛟龙驹》，存于甘肃省图书馆。陕西省艺术研究院藏有清代道光间同名木刻秦腔本，为陕西各路秦腔常演剧目。皮影戏《蛟龙驹》大概率据秦腔文本改编，是其保留剧目。环县皮影博物馆展出《蛟龙驹·龙凤山聚义》"组影"，并在"说明"中写道："晋怀王搜太子无果，命聂、皇二奸党将洛阳城中几个月小孩摔死，致使无数婴儿惨遭屠戮。小儿刘雄之母悲愤至极，立门叫骂，被聂采玄踢死大街。红毛国王以进宝为名，勒国造反，被王冕征服并得蛟龙神驹。严审中，怀王逼死秋鸾，杖击崔合来，又将郡主婆媳同囚寒宫。怀王命皇甫石到楚中假传圣旨，拿了王冕。在解京途中，被刘雄、崔彦彪兄妹救下，上了龙凤山。王婆抱了君妃欲到王勉处隐藏，不料被皇甫石捉拿，派解差解送京。路上经五关，被陆奇舍亲生子替换下太子君妃。"[1]

该馆在《兵围洛阳城》展示说明中写道："刘雄受王冕之托，从楚中盗回蛟龙驹，送归龙凤山。晋怀王将路奇儿女当作太子君妃摔死，宣告称帝登基。刘雄进京打探消息，在寒宫获娘娘血诏，分赴五关和楚中与陆奇、王冕商定了里应外合除奸之计。王冕、刘雄等先劫了法场，救出王尤及家眷，后又领兵攻打五关。陆

---

① 甘肃环县皮影博物馆展出说明。2023 年 6 月 10 日拍摄。

奇假败回京，骗取晋怀王信任，加封平寇王。数年后，太子君妃渐大，清整朝纲时机成熟，龙凤山发兵围困洛阳。在陆奇配合下，并凭借蛟龙驹降伏了晋怀王的桃花马，终将怀王、聂皇党一并铲除，扶持小太子司马邺登基，秉承晋业，是为晋愍帝。"①

　　蛟龙驹可能就是后来传说中的龙马。宋代李昉等编辑的小说集《太平广记》卷四三五收录《唐玄宗龙马》一篇，事大略如下：海岱之间出一种石头叫玄黄石，据说吃了这种石头可以长生不老，玄宗皇帝李隆基命临淄太守每年采集玄黄石进贡。开元二十七年，江夏人李邕出任临淄太守。秋天，李邕进山采集玄黄石的时候，偶遇一位老叟，该人气度不凡，长髯、短褐，气宇轩昂，从道旁走出，对李邕说："君侯亲自进山采药，不就是为了延长圣主的寿命吗？"李邕道："正是。"老叟道："圣主很快就要得到龙马，可以享国万年，无须采药了。"李邕问："龙马在什么地方？"老者说："应当在齐鲁的郊野。如果能得到龙马，就是天下太平的征兆。即便是麒麟、凤凰、灵龟、神龙也都无法和龙马相比。"说罢，老人不见了踪影。后来，一个叫王乾贞的，果然在北海郡一位叫马会恩的家里找到了龙马。只见这匹龙马毛色苍白混杂，两肋间生有鳞甲，鬃毛很像龙的髭鬣，嘶鸣之声犹如芦笛。龙马一日里能跑三百里。王乾贞问马会恩这匹龙马从哪里来的？马会恩说："我只有一匹母马，它常常在淄水洗浴，就是这样怀了孕，生下这匹龙马的。我管它叫'龙子'。"王乾贞把这事报告了李邕，李邕非常高兴，写了一篇奏章，把马献给了朝廷。[3]

图 14　兵围洛阳城甘肃环县皮影博物馆展出　麻国钧摄影

---

　　① 甘肃环县皮影博物馆展出说明。麻国钧于 2023 年 6 月 10 日拍摄。

图 15　图 14 局部放大

上图城门前这匹龙头、马身龙爪的怪物就是传说中的"龙马"。上图局部放大之后，可以清晰地看到，这匹神奇的动物生有马头、马尾、龙角、龙骨、龙爪。

龙马的神话传说在唐代，而由宋代人李昉记录并收入其编著的《太平广记》。而甘肃环县皮影戏《兵围洛阳城》故事发生在晋代，龙马之名也改为"蛟龙驹"了，其实"蛟龙驹"不就是"龙马"吗。这种故事与演出艺术时代错乱的情况并非鲜见，人们把不同时代的神话故事嵌入皮影戏中来的动机不在考古，只要某则神话神奇、好玩儿，拿来我用，当属自然。

马少波在谈到戏曲净行时说："净行通常叫'花脸行'，因为这一行表演的人物，必须勾脸。按地位分'大净''二净''副净''武净'四类。按人物性格分'铜锤''架子''武花''摔打''二花脸'五类。'大净'是剧中的主要人物，常扮演公侯相帅；'二净'也是剧中的主要人物，常扮演将士豪侠；'副净'则次于大净、二净；'武净'与副净地位相等，只偏重于武功。这些名词，现在都不讲了。一般的都以'铜锤''架子''武花''摔打''二花脸'五行，概括了花脸的行当。"[4]影戏在相对晚近时期，从戏曲净行脸谱中拿来，或引为借鉴，或直接用于皮影人物造型，遂使皮影戏某些人物面部造型脸谱化了。换言之，皮影戏人物脸谱并非自生于皮影戏。由于皮影戏人物造型大都采用五分脸这一特殊手段设计、雕镂，致使绝大多数人物头茬以半面示人。换言之，皮影人物仅能取戏曲人物半面脸谱，另一半只能靠观众脑补。这一点，既是皮影戏人物形象的局限性，也留给观众想象的余地。那

图 16　上图 14 的局部

图 17　甘肃环县皮影博物馆展出　麻国钧摄影

么，皮影戏的这一局限，是否也在促使、诱发观众在一定程度上的参与性呢？而在观赏戏曲演出时，这种参与感几乎不存在。彼时彼刻，戏曲净行人物的脸谱已经直面观众了。

上图16、17人物面部造型已经完全脸谱化了。显然这种脸谱的造型以及色彩搭配受到戏曲净角脸谱的影响，甚至可以说，皮影戏人物的脸谱已经不属于借鉴，而是直接"拿来"。具体说，图16人物，属于戏曲脸谱的"老三块瓦"；图17左侧人物是戏曲净角的"正三块瓦"，右侧人物脸谱是"花三块瓦"。各地皮影戏净色人物脸谱绝非发生在皮影戏艺术内部的人物造型。皮影戏在发展成熟过程中，正处于戏曲艺术发展的高峰期，受其影响，皮影净色的戏曲脸谱化具有必然性。

七、滑　稽

无论戏曲艺术还是皮影戏，滑稽性人物不可或缺。何以古优之语每每见诸笔乘而不辍？是滑稽中寓有微言大义，刺人讽世，不可或缺。此番消息，史不绝书。汉代有太史公《滑稽列传》传于世，宋代有《二圣环》等讽世之作，明末之"三言"堪称峰巅。今世则有任二北编著《优语集》，该书广收博采，集历代讽刺、调笑、滑稽、揶揄之语录、小品文等，集腋成裘。王国维《宋元戏曲考》谈到"上古至五代之戏剧"时说："优人之言，无不以调戏为主。优施鸟乌之歌，优孟爱马之对，皆以微词托意，甚有谑而为虐者。……后世戏剧，当自巫、优二者出；而此二者，固未可以后世戏剧观之也。"[5]王国维这一判定不无道理。戏剧打自初始时期，便是巫、优的滑稽，而此等滑稽不仅仅在语言，且有人物模仿，已是代言体。代言并装扮是戏剧之所以谓之"戏剧"的基本内核。

春秋时代楚国有一位优人，善滑稽，曾以滑稽之言行讽谏楚庄王，为孙叔敖之妻、子解困。史书记述曰：

　　孙叔敖病且死，属其子曰，我死而必贫困，若往见优孟，言："我孙叔敖之子也。"居数年，其子困穷负薪，过优孟，与言曰："我孙叔敖之子也。父且死时，属我贫困往见优孟。"优孟曰："若无远，有所之。"即为孙叔敖衣冠，抵掌谈语。岁余，像孙叔敖，楚王及左右不能别也。庄王置酒，优孟前为寿，庄王大惊，以为孙叔敖复生也。欲以为相，优孟曰："请归与妇计之，三日而为相。"庄王许之。三日后，优孟复来，王曰："妇言谓何？"孟曰："妇言慎无为楚相，不足为也，如孙叔敖之为楚相，尽忠为廉以治楚，楚王得以霸。今死，其子无立锥之地，贫困负薪，以自饮食，必如孙叔敖，不如自杀。"因歌曰："山居耕田，苦难以得食。起而为吏，身贪鄙者，余财不顾耻辱，身死家室富，又恐受赇枉法为奸，触大罪，身死而家灭，贪吏安可为也？楚相孙叔敖持廉至死，今妻子困穷，负薪而食，不足为也。"于是庄王谢优孟，乃召孙叔敖子，封之寝丘，田四百户，以奉其祀。[6]

　　这一则故事似乎内含了一则小品。优孟听了孙叔敖之子述说其父逝世后家里生活窘迫的现状之后，对曰："若无远，有所之。"尔后，穿上孙叔敖的衣装，用了一年时间，模拟孙叔敖生前的举止言行，尔后以孙叔敖生前的样貌去见楚庄王，让楚庄王误以为孙叔敖复活了。这件事竟被记入正史之中，看来是件真事。然则，让人颇感滑稽的是楚庄王居然认为死去数年的孙叔敖真的活了。揣摩起来，这里既隐藏着优孟装扮模拟孙叔敖生前的样貌，现身说法，显然是表演。装扮表演且出以滑稽之风格，本来是古优的本事，是内行活儿。我们举出此则故事，意在说明滑稽之风久已形成，在宫廷如此，在民间恐怕更如此。滑稽表演以及表演时适当的装扮自然不可少，优孟便是一个典型。滑稽表演既开启了中国戏曲滑稽讽刺戏剧，且蔚为大观。王国维"后世戏剧，当自巫、优二者出"的断定并非虚言。在相对成熟的戏剧如宋杂剧，亦然成风。尔后的元杂剧、明清传奇以及地方戏无不充斥古优滑稽讽刺之段落、短剧，甚至全本大戏。孟子《齐人有一妻一妾》的寓言故事被明代孙钟龄改编为传奇《东郭记》，该剧以滑稽、讽刺、夸张的手法描绘了"齐人"这一封建文人、封建官僚的百般丑态，堪称传奇戏剧文本讽刺、滑稽风格之高峰。在戏曲艺术中，上述这些人物常以"丑"行扮演。戏曲行内有曰"无丑不成戏"之说，揭示了丑行在戏曲中的重要性。戏曲中的"丑"分类较多，如"袍带丑""方巾丑""毡帽丑""巾子丑""武丑"及"彩旦"等，以对应那些喜兴、滑稽、尖刻、丑陋等不同性格的不同人物。皮影戏中不乏前述那些性格的人物，那么在影人造型时，属于"老大哥"的戏曲中的人物脸谱很自然地被皮影戏人物设计、雕镂者作为借鉴，进而用阴刻、阳刻，抑或阴阳并举的雕刻手段雕出影人。皮影戏人物雕刻属于"二维成像"，通常采用阳刻、阴刻或阴阳并用的方法。阳刻不易成谱，遂采用此法雕刻中年人以及青年男女；阴刻易于成谱，更适于雕镂老年人以及神、鬼、怪，因为老人多生皱纹，更显凸凹而便于成谱。武将、鬼、怪等人物五官多奇异，因而为花脸雕刻提供了各种谱式的条件，同时也更易于突显人物的喜乐、滑稽、凶残等性格。在这方面，各地戏曲剧种脸谱积累了足够皮影戏借鉴甚至习用的纹饰、图案以及经验与基础。这也是皮影戏许多净色人物脸谱与戏曲净角脸谱非常相似的原因。

滑稽性格的影人大多采用七分脸雕刻，或许七分脸更容易表现滑稽效果吧。

（图 18、19、20、21）

图 18　女丑　岫岩老皮影　　　　　　　图 19　女丑　岫岩老皮影
骆岫生主编《岫岩皮影戏》

图 20　男丑　岫岩皮影　　　　　　　图 21　小丑　孝义皮影
骆岫生主编《岫岩皮影》　　　　　　　侯丕烈编著《中国孝义皮影》

以上四幅头茬图片无论男女都那样喜乐滑稽，雕刻得栩栩如生。图18、19、20三个头茬去皮留线，属于阳刻，这种雕法适于雕刻脸上没有皱纹的青年男女；图21以留皮为主，线条为辅，属于阴刻，主要以色块儿成谱，适用于花脸、老年人及皱纹较多的人物。

八、血　腥

纵观中国数千年的历史是战争频仍的历史，带给国民无限的苦痛与悲哀。在侵略与反抗的搏斗中，将士死伤无算，百姓为了避难，不得不颠沛流离。《尚书·周书·武成》描述了"牧野之战"，这一战致商朝600年霸业彻底崩塌，摧毁了其残酷统治的历史，开启了西周奴隶制礼乐文明之端。此一战，致使商、周双方兵将哀鸿遍野，"血流漂杵"之典出于《尚书·武成》。

清代洪昇《长生殿》第二十三《陷关》一出"净"扮的安禄山主唱这一段，其中连唱【越调·豹子令】【越调·水底鱼】两曲，描述战争场面：

【豹子令】只为奸臣酿大祸，（众）酿大祸。（净）致令边镇起干戈，（众）起干戈。（合）逢城攻打逢人剁，尸横遍野血流河，烧家劫舍抢娇娥。（喊杀下）（丑白须扮哥舒引二卒上）

【水底鱼】年纪无多，刚刚八十过。渔阳兵至，认咱这老哥。自家老将哥舒翰是也，把守潼关。不料安禄山造反，杀奔前来，决意闭关死守。争奈监军内侍，立逼出战，势不由己，军士们与我并力杀上前去。（卒）得令。（行介）（净领杀上）（丑迎杀大战介）（净众拿丑绑介）（净）拿这老东西过来。我今饶你老命，快快献关降顺。（丑）事已至此，只得投降。（众推丑下）（净）且喜潼关已得，势如破竹，大小三军就此杀奔西凉便了。（众应，呐喊行介）跃马挥戈，精兵百万多。靴尖略动，踏残山与河，踏残山与河。[7]

虽然这是一段暗场戏，但是洪昇通过人物宾白与演唱依然把战场斯杀的情景描绘出来，"逢城攻打逢人剁，尸横遍野血流河，烧家劫舍抢娇娥"这21字，字字见血，句句令人胆寒，战斗惨烈之状历历在目；血腥之味入鼻，鲜红之色布满双眼，抢妻夺妇之景令人生勇，恨不能跨马挺抢杀入敌军，杀他个人仰马翻。

在皮影人物造型中，有所谓"血头"者。这些"血头"既有可能是古时对罪大恶极的刑罚，也许有反映战争惨烈之状者。（图22、23、24）

侯丕烈解说："例子头，受伤的人物俗称'例子'。一般演出时是预先备好受伤的人，在场人被打后或被飞来物打中倒地后立即换上；也有脸部结构被翻转变成受伤的血脸状。这些'例子'多用在武打戏中，如《三打祝家庄》等。这种技巧的应用，也是皮影戏的特种功能。"[8]

戏曲剧种中京剧《炮烙柱》，川剧、秦腔《龙凤剑》，汉剧、桂剧《鹿台恨》以及同州梆子、川剧、滇剧、秦腔、河北梆子等剧种都有此剧目。以上剧种故事大都取材于《武王伐纣平话》或《封神演义》。马明高主编的《孝义皮影木偶传统剧本集成》收录了孝义皮影《纣王降香》《炮烙柱》《火烧琵琶》《文王逃关》《渭水河》《冻岐山》《上昆仑》《十绝阵》《七箭书》《黄河阵》《瓒心钉》《对金鞭》等等数十出，堪称全本《封神演义》。其中《炮烙柱》第四场《梅伯身遭炮烙》，该剧共六场，文本结构紧凑，叙事脉络清晰，人物性格比较突出。电视剧《封神演义·炮烙》一折血腥恐怖，令人发指。京剧演出大致情节：纣王宠妲己，建造摘星楼，设炮烙等毒刑，大臣梅伯劝谏，反被纣王炮烙而死；宰相商容撞死金殿。亚相比干劝谏不听，识破妲己为狐精，火烧轩辕墓以毁其巢穴。妲己恨之，假装心里疼痛，蛊惑纣王，强令比干剖腹挖心。比干得姜尚之助，服符水出门以解，仍为妲己幻化的妇女害死。京剧名宿周信芳曾演出该剧，饰演比干。不知道皮影戏演出怎样处理类似的场面，或转入幕后作暗场处理？也未可知。

以上这些人物造型，久未现于影窗大约与它过于血腥，容易引起观众不适感有关。然而，既然有这些头茬在，那么也许是曾经使用过的，或许在清理演出市场的某个时期被禁止了吧，毕竟是少儿不宜，难免在孩童心理形成某些阴影？也未可知。

总之，皮影戏人物的性格主要由头茬造型予以揭示，聪明的皮影雕刻师无不在头茬

图22 例子头

图23 例子头
侯丕烈《中国孝义皮影》

图24 例子头

的设计、雕镂表现出来，而在二维成像的制约下，真正做到这一点，没有数年甚至十数年的功夫是难以做到的。功夫，除了精明之外，重要的还在于时间的积累。

参考文献：

［1］刘万朗：《中国书画辞典》，北京：华文出版社1990年版，第472页。

［2］翁偶虹：《脸谱论释》，载于刘豁公：《戏剧月刊》，上海：上海大东书局出版，1928年6月创刊号。

［3］麻国钧：《中国灵怪大观》，北京：北京出版社1994年版，第87页。

［4］马少波：《戏曲艺术论集》，北京：中国戏剧出版社1982年版，第196页。

［5］王国维：《王国维戏曲论文集》，北京：中国戏剧出版社1984年版，第6页。

［6］（明）薛虞畿：《四库全书》史部·别史类《春秋别典》卷六。

［7］（清）洪昇：竹村则行、康保成笺注《长生殿》，郑州：中州古籍出版社1999年版，第168—169页。

［8］侯丕烈：《中国孝义皮影》，太原：山西教育出版社2005年版，第79页。

作者：

麻国钧，中央戏剧学院教授、博士生导师，国家非物质文化遗产评审专家，中国音乐学院特聘研究员。主要研究方向：中国戏曲史论、中国仪式戏剧史论、中国传统文化、东方戏剧比较研究。

非遗美学：川北大木偶戏之源起与实践 *

金 蕊 胡 婷

摘要：非物质文化遗产的研究越来越倾向于审美文化批评，其当下研究主要集中在民众情感结构的生成方式、生存空间语境以及日常审美经验的表达机制等方面。民间艺术与美学有着千丝万缕的联系，非遗本质上凸显了民间地域性的审美智慧。川北大木偶戏既是有形的文化载体，又是创作者艺术思维的形象体现。作为民间艺术创作的代表性佳作之一，川北大木偶戏的生成、发展与民众的劳动创新、审美体验以及情感移入密切相关。其制作工艺之精良、艺术表现之独特，均具有标志性意义，在人与大木偶的互动交融中展现出美的内涵。从美学视角探究川北大木偶戏，深入理解非遗美学，有助于加深对非物质文化的研究深度，从而可以更好地保护与传承包括川北大木偶戏在内的非物质文化遗产。

关键词：非遗美学；川北大木偶戏；《跪门吃草》

川北大木偶戏，起源于四川北部，是一种具有悠久历史和独特艺术魅力的传统表演技艺。与川剧、川灯谜并称"四川三宝"。川北大木偶戏以其精湛的技艺、丰富的表现力和独特的韵味，成为中国民间艺术宝库中的一颗璀璨明珠。其表演形式独特，主要以木偶为主要表演道具，演员在幕后操作木偶，通过唱、做、念、打等多种表演手法，展现出一幅幅生动活泼、感人至深的戏剧画卷。木偶制作工艺精良，形象生动，既涵盖传统戏曲人物，又包括现代戏剧角色，从而赋予川北大木偶戏极高的艺术价值和观赏价值。川北大木偶戏的剧目繁多，既有经典传统剧目，如《白蛇传》《梁山伯与祝英台》

---

*［基金项目］国家社科基金一般项目"体育强国建设中新疆民俗体育产业化研究"（项目编号：21BTY116）。

等，亦包括新编剧目，如《红楼梦》《西游记》等，这些剧目通过木偶戏独特的表演形式，展现了我国民间传统文化的魅力，传承了中华民族的优秀文化传统。

川北大木偶戏的起源，主要受到民众审美因素的影响。移情现象，即人们将内心情感赋予物体，使其具有审美情感。著名美学家朱光潜先生指出，在物我同一的境界中，人善于把自然对象拟人化，如风声咆哮，古松具有高风亮节，"梅""兰""竹""菊"被誉为花中四君子，成为人们心中美好形象的象征。移情的另一方面则体现在音乐氛围上，音乐不仅包含音调的高低、长短、缓急之分，还能将人的主观情感投射其中，使人能够深入感受音乐的喜怒哀乐之美。[1]310

川北大木偶戏作为民间艺术的一种，代表了民众生活的移情。大木偶属于杖头木偶，表演者一手握住支撑木偶躯体的竹杖或木棒，如同撑伞般将木偶举起，另一只手操作木偶上的两根铁签，使木偶呈现各种动作。在创制、发展和传承过程中，川北大木偶戏汲取了中华优秀传统文化的养分，成为其中重要组成部分，因此具有鲜明的人民性和创新性。

模仿与创新是美感经验发展的重要途径之一，川北大木偶戏的许多剧目便是模仿和借鉴川剧、其他剧种及民间故事而创作的代表。此外，川北大木偶戏汇集了民间艺人的智慧，体现了民众的文艺倾向，彰显了民族的文化精神和价值内涵。

一、大木偶戏源起：地方性美学

川北大木偶戏，作为非物质文化遗产，民间记忆的瑰宝，承载着人类文化的日常生活情感、丰富的想象空间和完整的审美经验。通过一个个"行动不便"的木偶，生动展现了"喜怒哀乐"等日常丰满的人类情感，从中折射出人类的美学意识。生产力相对滞后的社会所孕育的文艺，恰恰是浓厚民间审美趣味的重要体现。大木偶戏的诞生既源于劳动实践，又与各个时代的地方审美空间紧密相连，堪称地方性美学经验的典范。

（一）艺术欣赏：直觉感官

欣赏民间艺术之美，要求欣赏者具备相应的审美经验。朱光潜先生的"美感直觉论"指出，美感经验为前提，继而触及意象与境界，情感与意象融为一体才是真正的艺术境界。[2]在观赏大木偶表演过程中，剧院环境、音乐、角色描绘、舞台布景以及观众情绪共同营造一种独特意境，观众在此情境中实现"借景抒情"或"寓情于景"。进入此境界，观众不仅忘却艺术欣赏对象之外的世界，亦忘却自身存在，进而沉浸于自我形象世界。正如朱光潜先生所言："唯其偏重形象，所以不管事物是否实在，美感的境界往往是梦境，是幻境，把流云看成白衣苍狗，就其科学的态度说，为错觉；就实用的态度说，为妄诞荒唐；而就美感的态度说，则不失其为形象的直觉。"[1] 15

川北大木偶戏自近现代以来，其主要受众多为识字不多的男女老少。在观赏川北大木偶戏的过程中，观众不仅获得了审美娱乐，更重要的是，他们借助先入为主的审美形象进行直觉式的感知，将木偶的形象与自我认知的审美感官相结合，进而展开二次想象与创作。大木偶艺人通过多元化的舞台意象，营造出优美的生活情感意境，以达到宣泄民众内心真情实感的目的，使观众的心灵得以慰藉。这便是川北大木偶戏艺术得以传承的重要因素之一。

美感源自物与心的交融，美的本质在于形象的直观。美源于生活，却不止于外物，更是人与内心互动的产物。在观众欣赏川北大木偶戏时，他们往往无暇分辨自身与舞台上之大木偶的界限，于是将自己的生命体验与舞台上大木偶所呈现的生命状态进行往返交流。观众在无意识中将自己的性格特质赋予大木偶，同时也将大木偶的姿态纳入自身。比如，当人们按照审美直觉欣赏大木偶戏《跪门吃草》时，主人公须贾的生平及其所经历的一切均映射于观众心中，使观众的心灵与人物心灵相融合。进而，观众会将自身的情感移植于木偶之上，随着故事情节的发展展开丰富的想象与联想。

（二）审美再现：生活移情

人总要与外界打交道，其中包括与自然打交道，与社会打交道，这就是生活。[3] 劳动者遵循日出而作、日落而息的作息规律，长时间耕作土地，生活难免单调乏味。因此，民间逐渐涌现出多样化的审美娱乐活动。人类社会以螺旋式的方式不断前进发展，实践活动与思想活动活跃发达至关重要，而精神娱乐活动更是不可或缺。

据有关的木偶研究记载，木偶的原始形态可追溯至数千年前。初期，木偶源于丧葬仪式。"3000 年前的周代，活人殉葬的语境丧失导致'傀儡'成殉葬用品，其后人们用傀儡模仿人的动作，在红白喜事中活动（如在白事中祭祀唱挽歌），形成木偶戏雏形"。[4] 正如古代活人陪葬最终演变为兵马俑陪葬，民间艺人的表演亦发展为大木偶表演。由此可见，封建君主可以利用大量民间艺人创造兵马俑，民众同样可以利用随处可见的木材制作类似人形的大木偶。此外，原始先民在进行巫术仪式时，常使用特定物品，如云南和贵州的少数民族将人的灵魂寄托于类似人形的物品，以代人承受灾难与痛苦，如在云南佤族人的眼里，与佤族生活密切联系的牛——是献祭神灵的最好祭祀品。[5] 木偶的起源源于人类在社会环境中受到的各种因素的影响。除原始游戏活动和巫术仪式外，移情作用亦是推动木偶发展的重要因素。

民间创作之大木偶，乃人类移情之产物，形态似人，因而成为代人表达思想情感之替代品。在我国，儒家思想为传统观念，民众日常中难以发泄的情感，借由似人外形的木偶得以释放。从我国儒家思想及传统实际观之，多数人在现实生活中隐匿内心情感，鲜有剧烈情绪发泄，故而肢体动作与面部表情微妙难测，寻找内心感受颇费周章。此时，借助木偶之夸张表演，将情感移植其上。

当前我国艺术发展追求人偶合一，表演者面对剧情，通过操作大木偶展现相应情感动作，构成情景、音乐、语言与动作之间之张力，极具震撼力。我国说唱技艺自唐代以来蓬勃发展，大木偶既能替代人，亦具备语言与形态动作。诸如戏曲、皮影戏、泥塑等民间艺术，皆离不开人类移情之参与。人类凭借无穷想象力，创造出远古神话与文学瑰宝。

川北大木偶戏中，眼、眉、口、头、耳、鼻及手、腰等关节均可活动，表演时能完成诸如取物、穿衣、戴帽、吹火、点蜡、拂袖、掸尘、变脸、下腰等动作，此类动作皆为移情之具体体现。例如，在木偶剧《跪门吃草》中，脱帽动作堪称经典，从某种程度上说，木偶之动作形态乃人类审美感官受刺激之产物。

（三）延续之因：审美共享

民间艺术之所以流传发展，主要得益于其深厚的艺术底蕴，以及它所孕育的人类共通的情感。我国拥有数千年的历史积淀，形成了独特的艺术审美观。以"红色"为例，其在中华民族审美观念中的重要地位，一方面源于儒家"中庸"思想及传统封建观念的影响，使中国人对红色这一鲜艳色彩情有独钟；另一方面，红色所蕴含的热情、激昂、喜庆以及充满勇气的情感色彩和精神内涵，与中国人性格中缺乏的热情、自主和勇气部分相契合，因此，人们在红色中找到了思想的释放和心灵的寄托。[6]色彩学研究表明，不同颜色会引发人们不同的心理反应，进而产生不同的审美效果。色彩无疑是审美活动中不可或缺的重要元素。在舞台表演情境下，川北大木偶戏的服装色彩搭配吸引了观众的目光，同时起到了审美教化的作用。

朱光潜先生主张，美感是超越阶级和民族差异的，农民、商人和知识分子等各阶层都能共享美。其他学者也谈到"美，是人类社会实践的产物，美一旦形成就具有社会客观性"。[7]美存在于社会之中，表现为社会美、自然美和人文美。

川北大木偶戏的艺术形式，包括造型、表演、舞台音乐和舞台美术等方面，内含丰富的审美元素。

《跪门吃草》这一剧目的舞台呈现，首先在布景设计上就具备吸引观众的元素，有效地抓住观众的目光。演出团队精心打造出的舞台布景，营造出烟雾缭绕或简约大气的氛围，为观众呈现出一幅生动的画面。借助这种方式，观众能够通过视觉和听觉感知角色的身份，通过服装了解木偶所扮演的角色地位。同时，场景布置遵循人物所处的历史时期，使观众沉浸在其中，忘却艺人操控木偶的存在，进而达到忘我的境地。场景布置、木偶的服装以及出场人物的安排都受到观众审美水平的影响。正因如此，川北大木偶戏得以不断创新并传承下去，避免在民间消亡的命运。

二、非遗美学实践：以跪门吃草为例

川北木偶剧团自成立之初，便创作了大量充满乡土气息和强烈民族民间特色的优秀剧目，部分剧目系在传统基础上进行模仿与创新的结果。改革开放以后，川北大木偶戏剧团改编了《美人鱼》，并创作了《玉莲花》《巫山神女》《小铃铛漫游记》《彩蝶的神话》《龙门传说》[8]等大型剧目。其中，《跪门吃草》亦为一经改编便大放异彩的剧目。须贾本为《史记》中战国时期的人物，据史书记载，"范雎归取大车驷马，为须贾御之，入秦相府。……须贾大惊，自知见卖，乃肉袒而行，因门下人谢罪范雎曰：'汝罪有三耳。……然公之所以得无死者，以绨袍恋恋，有故人之意，故释公。'"[9]《史记》中详细描绘了这一人物的心情起伏，生动展现了其复杂的内心世界。大木偶戏《跪门吃草》的表演核心在于"三问三跪"的情节，要展现高难度动作和人物精神，必须依赖于传承表演者、大木偶、音乐和语言的完美结合。

（一）身体性：传承者之美

作为非物质文化遗产的核心，人类在大木偶戏中充分展现了其主体地位。在大型木偶戏《跪门吃草》中，如何通过操控木偶展现中心人物须贾的情感波动成为关键。由于"跪"的动作需由人与木偶共同完成，而木偶本身并无"脚"，人在此时扮演了木偶"脚"的角色，同时赋予木偶刚毅动作的形态美。在《跪门吃草》的演出中，前排观众可听到"跪"的声音，与现场音乐交织，形成一种刚劲之美。表演者致力于塑造须贾刚毅的形象，他们会全情投入"跪"的动作，此时人偶合一的刚性之美得以完美呈现。

《跪门吃草》的第三跪（问）发生在拜见之前，须贾在此时感受到冤家重逢的紧张气氛，内心恐惧达到顶点，颤抖着进行跪拜。这一动作的幅度和内容均大于前两次，通过跪步功、水发功和耸肩三个动作展现须贾的心理状态，使木偶焕发出生命力，从而赋予其"灵魂"。刚性美具有动态特征，能给人带来愉悦和崇高的感受，其力量感雄浑壮观。

木偶艺术的柔性美主要表现在挽发、脱发、摇头以及人物手部动作等方面，这些动作的实现离不开表演者日积月累的刻苦训练。表演者在展示大木偶时，不仅需举起重达二十多斤的木偶，还需兼顾脚下动作、手中动作以及面部表情，使之与剧情完美融合。在须贾角色的脱帽动作表演中，表演者轻柔地支撑木偶，一挥一跃之间，木偶帽子便自然脱落，一张一弛，轻重缓急之间，表演艺术的韵味得以凸显。尽管木偶重量不轻，表演者却能将其操控得如同轻巧的玩具，呈现出随心所欲的表情。表演者或旋转，或采用不同步法，手托重物，却仍能展现出轻盈的舞姿。在这种情境下，表演者呈现出一种柔性之美，使木偶艺术更具观赏价值。

（二）场域性：大木偶之美

木偶艺术源自民间，其价值内涵唯有在民间这一特定文化场域中方能得以充分展现，犹如大木偶的魅力需依托民间舞台方能焕发活力。木偶的形态与动作由表演者与制作者共同赋予。除表演者刚柔并济的动作外，木偶本身亦能体现刚柔之美。刚与柔的和谐统一，更多体现为静态与动态之间的关系。早期木偶以柳木制成，但随着时代变迁，人们发现了更为轻便且质量上乘的仗头木偶，选用此类木料使得木偶在表演过程中，各关节动作更为灵活。

须贾这一角色在舞台上表现得可气、可悲、可叹，表演者对大木偶的操控使其人物形象得以再现，观众可感受到角色的惊讶、恐惧、慌张等情感状态。民间艺术承担着寓教于乐的使命，深受民间观众喜爱。观赏木偶的外形和动作，成为民众在劳作之余的愉悦享受。

在现代审美观念的影响下，《跪门吃草》中须贾的衣服和动作设计，需兼顾现代民间审美场域的特性和传统哲学道德，既要保持传统韵味，又要融入现代元素。在制作服装和木偶形体时，需符合剧本情节设定的人物形象。《跪门吃草》中，两位守门员的服装色彩以饱和度高、明亮的金黄色和绿色为主，身着绿金相间的官服，脸谱以蓝色和白色为主，眼神锐利、义正词严，象征着正义的一方。"歌德认为，黄色不仅能够象征尊贵（例如它在中国是象征皇帝的颜色），而且在传统上还用来表现羞耻和屈辱"。[10]而须贾则以黑色帽子和头发搭配暗红色衣服，脸上妆容如同小丑，眉毛向下，眼神无神，预示着须贾角色身份和命运。两位守门人象征至高无上的权力，具有神圣不可侵犯的刚毅力量，体现出刚性美；须贾的服装色彩黯淡，使人联想到弱势人物形象。尽管须贾明知自己所作所为不义，仍在范雎门外反省，以男子汉的刚毅气质跪门前吃草，展现了能屈能伸的精神风貌。此外，木偶形象依托服装色彩的对比，以及一张一弛的美感，使得角色所蕴含的刚柔之美更加鲜明。

（三）结合性：音乐语言之美

音乐，既是一种感官享受，也是一种情感体验。与语言相似，音乐具备高低轻重之特性，传递着人物的情感。例如，《跪门吃草》这部作品便运用了中国民间传统的敲锣打鼓配乐形式。随着戏剧情节的推进，表演者将大型木偶与预先录制好的音乐相结合，共同展现出一幅生动的画面。在四川民间传统习俗中，面对逝者，人们会选择敲锣打鼓的音乐来举办丧礼。传统戏剧则运用各种打击乐器的声音，传递着民众的各种情绪和丰富的情感。

朱光潜先生主张，音乐具有刚性美和柔性美。他认为，有时音乐虽不直接模仿事物的音调，却可以从节奏起伏上暗示事物的性质和动作。[1] 305 我国传统的木偶戏，便是农耕文化孕育出的音乐表现形式。我国西南地区，如云南、贵州等地的山歌演唱，在云南山歌《放羊调》描述了从正月到腊月放羊的情形，展现了牧羊人晨起晚宿，与深山、羊群、小溪相伴的真实生活，[11] 其充分展现了丰富的农耕文明底蕴，而大型木偶戏的演出，也离不开音乐的相伴。在表演过程中，表演者依据角色需求提前录制好台词与音乐，最终使木偶与人物角色默契配合，营造出物我交融的意境。音乐与语言的结合，形成了富有高低、长短、缓急之分的特定氛围乐调。在大型木偶戏中，人物的心情得以投射于音乐之上，观众因此能感受到音乐与语言之美，体验喜怒哀乐的韵味。当观众欣赏《跪门吃草》木偶戏时，锣鼓声响起，人物登场，观众的目光紧随舞台，音乐与语言之美，在此形成强烈的震撼力。

三、非遗保护传承：大木偶的模仿与创造

从哲学的角度审视，民间文艺既具有共性，又保持个性。川北大木偶剧团创作并改编了大量优秀剧目，赋予了该剧种独特品牌。《跪门吃草》借鉴了川剧元素，在民间演出中取得了巨大成功。随着时代变迁，文艺观念也在不断演变，民间审美水平持续提升。显然，借鉴与创新已成为文艺发展的必然趋势。在川北大木偶戏的传承与发展过程中，一代又一代的表演者与创作者展现了顽强的奋斗精神。正是在这种"工匠精神"的引领下，非物质文化遗产得以焕发生机，濒临消亡的艺术得以重获传承和发展。这不仅

为我国文化和美学研究提供了更多价值对象，同时增强了国人的文化自信。

（一）模仿之美：借鉴保护

除之前所提及的《跪门吃草》木偶剧之外，另一部备受好评的大木偶剧为《龙门传说》。该剧根据广泛流传于本土的"鲤鱼跃龙门"故事改编，并持续进行改进与提升。朱光潜先生在其著作中提及：古今大艺术家在少年所做的功夫大半都在模仿。……创造是旧经验的新综合。就经验大半得诸模仿，新综合则必自出心裁。[12]在艺术发展的初期，力量相对薄弱，更需要借鉴外部力量，模仿因此应运而生。随着时代变迁，传统大木偶剧已无法满足大众审美需求，且在传承发展过程中遭遇诸多挫折。因此，整合资源以适应时代发展成为必然趋势。传承人或在原有剧本基础上，或借鉴民间故事，进行创新改编。这种举措既符合模仿精神，又不失创新意识。俗语有云："台上一分钟，台下十年功。"大木偶技艺传承人日复一日地刻苦训练，致力于让这一非物质文化遗产走向世界，传承不息。

艺术创作与模仿催生新事物，大木偶传承人将脍炙人口的《巫山神女》故事改编并演出，以扩大受众群体，这无疑是模仿与创新的巧妙结合。中华人民共和国成立后，四川木偶戏已逐渐发展为涵盖戏剧、戏曲、歌舞表演、音乐等多种艺术形式的综合舞台艺术，其传统祭祀功能已完全融入现代社会，时代变迁促使传统剧目焕发新颜。这种变化无疑是对非物质文化遗产的再度保护，打破了文化间的隔阂。

前文所提到的大木偶戏《跪门吃草》原是《绨袍记》之一折。川剧写"魏国大夫须贾出使齐国，几为齐王所杀，所幸得随行舍人范雎冒死救下。齐王爱范之才，欲留其为相，被范雎婉拒。须贾妒才诬范背魏投齐，将范打成重伤丢弃茅厕"。[13]川剧表演者通过刻苦修炼身段以呈献精彩演出，而在大木偶剧中，演员们还需对木偶形象进行二次创作。各种途径之间的相互借鉴，彰显了民间艺术各部分的紧密关联。正如新时代对待传统文化的态度，我们在创新中发展，在发展中创新，代代相传，要传承大木偶艺术，使之熠熠生辉，这也是在延续中华民族文化精神遗产。

（二）创造之美：艺人独创

川北大木偶戏相较于传统中、小木偶，手部与面部操作更为灵活便捷，从而使传承者能够自主创新诸多表情与动作。经过持续的创编改良，川北大木偶戏传承者创造出更多精彩技艺及高难度技巧。然而，大木偶表演中某些动作难度甚至超过真人表演，如脱冠挽发、借用木偶之手书写等，这一系列动作既要求表演者具备扎实的木偶表演功底，还需满足其他相关艺术要求。如由川剧《跪门吃草》改编而来的剧目，将人类动作延伸至木偶。传承人要想将这部作品完美地呈现出来，必须经过长时间的尝试与训练，才能达到上台演出的专业水准。

对于大木偶的设计与制作工艺，其独特之处鲜明地展现了传承人独具匠心的创新精神，这种创新在于"向内求变，向外求新"。正如马斯洛所言：艺术寻求交流，力图激起感情、表现和影响他人时，艺术创造是相对有动机的；艺术可以相对无动机，这时，它是表现性的，而不是交流性的，是个人内部的而不是人与人之间的。[14] 在传承民间艺术的过程中，传承者带有一定的动机，即希望更多的人了解和欣赏艺术之美。因此，在传承和学习艺术的过程中，热爱是不可或缺的，唯有如此，方能投入更多的精力进行模仿与创新。

从南充市大木偶剧院制作木偶的工作人员处，我们了解到木偶制作的详细工艺流程①。从过去的厚重柳木到如今的 EVA 泡沫制作，从单一色调的衣物到如今色彩斑斓且鲜明体现人物个性的服饰，木偶的制作工艺历经变迁。木偶制作流程主要分为四个步骤。第一步是头像设计，人物的脸型对于角色的塑造至关重要。制作过程包括泥塑出脸部形状、头饰设计制作、翻制模型、头像安装机关以及根据机关进行化妆上色。第二步是服装设计，根据角色形象制作衣物，多选用轻质且质量上乘的面料。第三步是道具设计，包括选材制作、制作机关以及上色装饰。第四步是木偶形象设计相关部分，包括身躯制作、手臂制作、手部雕刻、机关安装以及打磨上色。最后，制作人将各个部分组合调整。大木偶手部的制作和机关安装是最具挑战性的环节。最初的设计是一整块木头制成，制作人精雕细琢出手的形状，再根据机关安装具体调节每个手指的灵活度。设计安装得巧妙得当，既符合观赏的美感，也使大木偶能够完成更多高难度动作。

创造与设计充分展现了大木偶艺人的"工匠精神"，在传承者的创作过程中，他们始终秉持"和而不同，多元融合"的思维方式。经过近现代的改革创新，川北大木偶戏已声誉鹊起。2006 年，川北大木偶戏入选我国首批非物质文化遗产名录，成为中国民间艺术对外交流的重点项目。川北大木偶戏在韩国平昌冬奥会闭幕式上的精彩亮相，以国宝"熊猫"形象出现在国际舞台。此外，大木偶还登上 2021 年春晚舞台等等。其频繁的海外演出，引发了强烈反响。创新与模仿给大木偶赋予了勃勃生机与丰满的艺术形象。

---

① 胡婷访谈，四川省大木偶剧院木偶制作工艺人员，四川省大木偶剧院，2021 年 10 月 1 日。

（三）不朽价值：模仿创新

川北大木偶戏在人物造型、舞台表演、音乐及舞美等方面博采众长，融各家之精华于一体，形成了独特的艺术风格。民间艺术的创新与发展具有重大价值，涵盖美学、文化、社会等多方面。大木偶戏的最高境界乃人偶合一，传承人表演时融入个人想象与情感，使木偶具有人类意识，同时，人通过木偶表达内心情感，实现了对人的"模仿"与"创造"。

川北大木偶戏的美学价值在造型艺术、舞台音乐及舞台美术等方面均有体现，通过剧目集中传达并弘扬了中华民族传统美德，如仁爱孝悌、谦和好礼、诚信知报、精忠报国、克己奉公。20世纪，川北大木偶戏因种种原因面临失传危机，模仿与创造使其适应时代发展，得以传承至今。模仿与创造使大木偶戏的传统韵味与内在精神得以发扬光大，促进了各地优秀文化互鉴，推动了社会和谐，提升了我国文化影响力，增强了民众文化自信。

川北大木偶戏的文化价值在于，大木偶被视为民众智慧和技能的体现，它将现代人与历代先辈们所创造和传承的文化紧密联系。木偶戏深藏着丰富的历史文化内蕴，为我们的生活赋予了厚重的历史感。此外，传统的文化内涵一代代地培育了民族性格，丰富了民众的精神世界和精神生活，使民众在其中找到归属感和幸福感。非物质文化遗产的传承与保护弘扬了当代的审美价值和文化价值。经过长期的演变与发展，民间艺术已形成丰富多样的艺术体系，如同枝繁叶茂的树木，千姿百态。民间艺术的多样性和蓬勃发展，展示了我国在文化建设方面积极进取、向上生长的良好态势。民间艺术以其独特的魅力和生命力，丰富了我们的文化生活，传承了我国悠久的历史文化。

结　语

川北大木偶戏，这一具有深厚历史底蕴和丰富美学价值的艺术形式，是我国非物质文化遗产的重要组成部分。其起源可以追溯到古代，与民众的劳动实践和审美直觉紧密相连。在漫长的历史演变中，川北大木偶戏不仅传承了我国传统文化的精髓，还不断创新和发展，使之成为一种充满活力和魅力的艺术表演形式。

川北大木偶戏的表演艺术堪称精湛，表演者通过细腻的操作，使木偶展现出形态美、力量美和精神美。在表演过程中，服装设计、人物形象塑造、色彩搭配等环节都充满了艺术家的匠心独运，成为观众审美的一大焦点。此外，演出场景的布置和转换也极为讲究，为观众呈现出一幅幅生动而富有韵味的画卷。以《跪门吃草》为例，这部大木偶戏不仅展示了木偶本身的灵活性和表演者的"工匠精神"，更通过故事情节的深入挖掘，将其中所蕴含的审美意趣和人物精神传承下去，给观众留下了深刻的印象。

　　川北大木偶戏是我国传统文化的重要组成部分，其起源、传播、演变和发展都充满了深厚的历史底蕴和美学价值。面对未来，川北大木偶戏的创新与发展需要在保持艺术内在韵味的基础上，积极探索适应时代发展和社会需求的道路。只有这样，这一古老的非物质文化遗产才能在新的时代背景下焕发出更加璀璨的光彩，为更多的人所喜爱和传承，为中华民族的文化繁荣做出更大的贡献。

参考文献：

　　[1]朱光潜：《文艺心理学》，合肥：安徽教育出版社 1998 年版。

　　[2]曹谦：《论朱光潜世界美学视野下的"意象"翻译》，《中国文学批评》2022 年第 4 期，第 45—53 页。

　　[3]王祖哲：《关于艺术起源的"劳动说"与席勒的"游戏说"——纪念席勒逝世 200 周年》，《江西社会科学》2005 年第 7 期。

　　[4]刘显成：《装弄傀儡——走向世界的现代川北大木偶》，《民族艺术研究》2008 年第 3 期。

　　[5]嫚柯：《〈司岗里〉文化符号研究》，中央民族大学论文，2011 年。

　　[6]张蕊：《探析"红色"在现代平面设计艺术中的应用》，山东大学论文，2013 年。

　　[7]杨治经：《论人性与共同美》，《学术月刊》1980 年第 9 期。

　　[8]汤朝菊：《中国文化集萃——国家级非物质文化遗产名录多语译介》（巴蜀卷），重庆：重庆大学出版社 2016 年版，第 274 页。

　　[9]（汉）司马迁：《史记》，北京：中华书局 1959 版，第 2412—2413 页。

　　[10][美]鲁道夫·阿恩海姆：《艺术与视知觉》，滕守尧，朱疆源译，成都：四川人民出版社 1998 年版，第 468 页。

　　[11]蔡宇婷：《网络时代云南山歌传承与发展研究》，华中师范大学论文，2022 年。

　　[12]朱光潜：《谈美》，中华书局 2010 年版，第 98 页。

　　[13]王炳福：《我演川剧〈跪门吃草〉的点滴体会》，《四川戏剧》2007 年第 1 期。

　　[14][美]马斯洛：《动机与人格》，许金声译，北京：中国人民大学出版社 2007

年版，第 42 页。

　　[15]罗映红：《川北大木偶亮相西班牙艺术节》，《中国木偶皮影》总第 16 期，第 2 页。

　　[16]莫小红：《朱光潜前期文艺思想中的"席勒元素"研究》，《湖南师范大学学报》（社会科学学版），2021 年第 2 期。

　　[17]潘玲霞：《论环境色彩与日常生活的分享》，《艺术评论》2012 年第 12 期。

　　[18]童庆炳：《朱光潜的"美学实践论"文艺思想》，《文艺争鸣》2007 年第 5 期，第 28—33 页。

　　[19]向谨汝，向玉乔：《中华传统美德的内涵要义和价值维度》，《湖南大学学报》（社会科学版），2023 年第 5 期。

　　[20]肖志丹：《语言音乐学研究的回顾与思考》，《中国音乐》2023 年第 5 期。

作者：

　　金蕊，新疆大学中国语言文学学院副教授，硕士生导师，主要研究方向：民间文艺学、民俗学与文化人类学。

　　胡婷，新疆大学中国语言文学学院 2023 级硕士研究生，主要研究方向：民间文艺学。

一个剧团、一个剧目与一个剧种的传承 *

——以上党梆子《三关排宴》为中心的考察

张慧敏

摘要：上党梆子是山西传统戏曲四大梆子之一，于 2006 年被列入首批非物质文化遗产项目。在 20 世纪以来上党梆子传承的历史上，有一个十分重要的剧团和一个经典的剧目，分别是晋城上党梆子剧院和《三关排宴》。晋城上党梆子剧院的前身是在抗日烽火中成立的、享誉太行的太南胜利剧团。在八十多年的历史中，该团坚持在传承中发展，在发展中前行，不仅成就了一批艺术人才，还推出了多部优秀剧目，为上党梆子的传承和发展作出了巨大的贡献。《三关排宴》是赵树理根据上党梆子传统戏《忠孝节》改编而来，在 1962 年被拍摄为戏曲电影，遂铸成艺术经典。该剧此后成为上党梆子的代表剧目，也成为晋城上党梆子剧院的保留剧目，作为典范为其后的艺人和剧目不断提供着艺术的滋养。

关键词：上党梆子；《三关排宴》；晋城上党梆子剧院

上党梆子是山西戏曲四大梆子之一，大致形成于明末清初的泽州府，在清代乾隆中后期已经盛行，嘉庆、道光年间班社林立，名伶辈出，剧目竞现，流派纷呈，进入蓬勃发展时期，主要流行于晋东南即古上党郡及周边地区，道光年间官方一般称其为"土戏"，民间则称其"大戏"，外地人称为"泽州调"，其时没有固定名称。1934 年泽州艺

---

* [基金项目] 教育部人文社科研究青年项目 "1942—1966 年戏曲改革与中国马克思主义文艺批评的建构研究" (项目编号：19YJC751064)；国家社会科学规划基金项目 " '山药蛋' 文学谱系研究及史料长编 (1944—2011)" (项目编号：21BZW162)。

人应邀赴太原演出时由"山右第一才子"郭象升取名为"上党宫调"，1954 年山西省第一届戏曲观摩演出大会时方定名为"上党梆子"，2006 年 5 月 20 日被中华人民共和国国务院批准列入第一批国家级"非物质文化遗产名录"。不同于山西南、中、北三路梆子，甚至于中国其他各路梆子，上党梆子尤其具有文化和艺术的多样性，除以梆子腔为主外，还兼唱昆曲、皮黄、罗罗腔、卷戏，俗称昆梆罗卷黄，可谓全国稀有的五声腔剧种。据现存的舞台题壁统计，上党梆子在历史上最辉煌之时，其剧目可达一千余种，现存仍有七百多种；其表现题材以杨家将、岳家军等袍带戏为主，多演帝王将相；演唱和表演风格既有高亢激越、豪迈奔放之处，也有轻巧活泼、沉稳婉转之时。

诚然，上党梆子与中国其他地方戏曲剧种一道共享了一个多世纪乃至更长阶段的繁荣与腾达，但也同样彼此一起经历了动荡岁月的磋磨与革命时代的冷落。尤其在 20 世纪新旧交替、风云激荡、剧烈变动的中国，中国传统戏曲的命运几经沉浮，从启蒙到改良，从改革到革命，再到抢救与传承，最终登堂入室，名列非遗，虽历经风霜但仍可以生生不息，风华不减，足见中华戏曲及其文化传统的影响力之深远，生命力之顽强。因此，20 世纪以来的现代中国戏曲发展史尤其值得关注，对上党梆子来说同样如此。在经历过艰苦卓绝的抗日战争和史无前例的"文化大革命"后，上党梆子两度遭受了严重的摧残，班社、剧团解散解体，艺人风流云散，剧种几致气息奄奄。然而，正所谓在民族危机中赓续血脉，在历史浩劫中保存火种，迈入新世纪新时代的上党梆子也终于在当下不断地焕发出新的生机，得以在历史的变革中代代传承，在坚定的传承中守正创新，而传承已成为目前戏曲界乃至整个文化艺术界的焦点话题。郑培凯在谈昆曲的传承时，尤为强调口传心授的"戏以人传"，以为此乃"目前所知的唯一有效传承方式"，[1]这自然是真知灼见。所谓"戏"具体而言便是指一个个具体的剧目，所谓"人"即是具体的艺人或演员，一代一代的演员自然是承接艺术传统最直接的载体，尤其是那些对于某一剧种有着重要影响的著名演员或技艺精湛的表演艺术家。对于戏曲来说，"人"固然重要，然而作为一种社会活动，他们又都是团队中"人"，即作为一个班社或剧团的成员，甚至于中流砥柱，这是戏曲艺术的特性所在。因此，考察一个剧种，对其剧团—艺人—剧目的研究便成为一个关键的维度。如果在这样一个视域中来看上党梆子在现代以来的传承问题，则有一个剧团和一个剧目必然要成为关注的焦点，这个剧团即今日之晋城市上党梆子剧院，而这个剧目则必定是《三关排宴》。

一、作为生产、传播和传承主体的剧团

考察戏曲的生产和传承不能不面对剧团。作为一种典型的综合性艺术样式，戏曲区别于其他文类的特点就在于除了文学性之外，更注重剧场性，更依赖集体性，后两者使得戏曲的存在、生产和传播要比小说、诗歌和散文等纯粹的文学形式更立体化和复杂化。现代小说面对的是一个个孤独的个体，不仅小说家是一些面壁思索、巧妙构思的孤独的写作者，读者同样也是孤独的阅读者，但戏曲绝不能仅仅等同于剧本的创作和阅读，在某些特殊的情境中，剧本甚至只呈现为一个不具有多少文学性的简单的大纲或"幕表"，它需要诸多艺术部门的艺术家们共同将一个剧目完整地呈现在舞台上。现代以来，完成一部戏曲的生产制作大体上都需要经过编剧、导演、演员、音乐和唱腔设计、舞美设计等诸多复杂的环节，而完成并实现这些环节的真正组织者就是包含以上各要素的剧团。虽然戏曲的生产和传播机制、剧团的称谓、组织和运作方式在其久远的历史中或有诸多变化，面貌不一，但剧团作为戏曲艺术生产和传播的主体，则一以贯之。

上党梆子在历史上曾涌现出大量专业的演出团体。据统计，从清乾隆至民国年间，现存的舞台题壁中记载的演出班社就达 546 个。在今天的晋东南地区，即长治、晋城两市，截至 2018 年底，登记注册的上党梆子演出团体有 27 家，其中，专业团体 15 家，民营团体 12 家，从业者大概有 2000 多人。[2] 这些班社和剧团无疑都为上党梆子的代代传承作出了重要的贡献。而在现有的上党梆子演出团体中，迄今为止拥有着 85 年团史的晋城上党梆子剧院无疑是最具代表性的剧团之一。这个有着"上党梆子第一团"之美誉的剧团，不惟历史悠久，其团队规模之大，演出的艺术水平之高，获得荣誉之多，兼之常年活跃在晋东南各地最为基层的农村文化市场中，都使其不仅成为当地人民群众最为认同和喜爱的剧团，也是我们考察上党梆子之历史传承的绝佳样本。

晋城上党梆子剧院诞生于抗日战争的烽火硝烟中，其前身即太行区赫赫有名的太南胜利剧团。其时，由于军阀混战，民不聊生，演戏日少，"七七事变"以后，大部分职业班社基本上停止了活动，导致上党梆子日趋衰落。而共产党在晋东南地区创建的太岳、太行革命根据地，为上党梆子的蜕变带来了新的生机。在共产党的领导下，部分老艺人纷纷重新组织剧团，借助广大群众喜闻乐见的戏剧和曲艺形式，宣传进步思想，将新思想和英雄故事搬到舞台上，以此来激发上党儿女保家卫国的壮志和抗争到底的决心。1939 年 2 月 28 日，中华戏剧界抗敌协会太行山区分会在长治成立。与此同时，原

潞城县三乐班艺人王聪文因向当时驻长治的山西第五专署专员戎伍胜进书提出戏剧改革计划而受到重视。5月，在戎伍胜和山西省牺牲救国同盟会长治中心区主任王兴让的指示和支持下，王聪文联合了原壶关县西王庄新乐意班的程联考、郭江成、王胖则、申川亮、刘喜科等人，在长治县中山头村组建成立了"抗日剧团"，同时也是投身于抗日救亡的洪流之中。可以说"抗日剧团"在成立伊始，就和共产党的领导及中华民族的命运紧紧地联系在一起。

为了激发和鼓舞群众的抗日热情，抗日剧团一边演出传统剧目，一边又及时排演如《岳母刺字》《风波亭》等宣扬民族正气、反对卖国投敌的剧目。更重要的是，他们应抗日政府和群众要求，还破天荒地排演了很多现代戏。现代戏是个新事物，排演初始，困难重重。他们将现实中的正反面人物，比照传统戏中的生旦净丑各行当来进行划分，让现代人穿着传统戏的行头，拿着古人所用的刀枪来演绎现代战争。赵树理曾经在回忆他与上党戏剧的关系时谈道，"我和上党戏剧的关系，开始于一九三八年。那时候，日军尚未占领长治，王聪文即领着程联考的落子剧团在中山头演出《大战平型关》。从戏的本身说不到成绩（新人旧装，朱总司令穿绿靠），从性质来说是个新事物，我即找他们表示支持，并表示愿与他们合作"。[3]另外如剧团排演的《茂林事变》，也是让叶将军饰演者扎绿靠、带扎巾、披绿蟒，持大刀上场，踩五步、升帐，然后自报家门，而汤恩伯饰演者则穿龙袍，扮花脸，以别忠奸。这些新编的反映当时抗日战争与生活现实的新编戏，今天看来或许带着几分幼稚或滑稽，但我们必须将其充分历史化，放在其历史语境中来进行考察，才能对其成效作出相对公正客观的评价。而且，抗日剧团的尝试排演新编戏，不仅开启了上党戏剧传统的改革，还为其后其他根据地、解放区乃至新中国成立后在全国范围内展开的戏曲改革工作提供了基础和示范意义，一举奠定了其排戏演戏中密切关注革命现实生活的光荣传统，因此上党梆子后来又产生巨大影响的现代戏，如《赵树理》《太行娘亲》《沁岭花开》《申纪兰》等就顺理成章了。

1941年，抗日剧团更名为"抗日改进剧团"，第二年，根据共产党发出的"争取两年内抗战胜利"号召的精神，在中共太南区党委和政府的领导下，又定名为"太南胜利剧团"。1944年2月，上党梆子著名演员段二淼在赵树理的动员和剧团指导员王聪文的邀请下，带领其弟子温喜云、李秃则、王东则、关聚宝、宋东发等人先后加入胜利剧团，投身到抗日宣传演出的革命队伍之中。胜利剧团至此形成梆子、落子同台演出的新局面，一时间在太行抗日根据地引起了极大的轰动。11 月，剧团到黎城县南委泉为太行区首届杀敌英雄、劳动模范大会及战绩生产展览会进行演出，他们排演的《窑洞保卫战》《石寸金发家》《双转意》等新编剧目获得了晋冀鲁豫边区政府的隆重嘉奖与好评。剧团指导员王聪文因此在 1945 年 4 月召开的太行区模范文教者会议（史称太行第一届文教群英会）上获得"一等模范戏剧工作者"的称号，后来还作为代表参加了 1949 年 7 月召开的第一届中华全国文学艺术工作者代表大会，并作了《改革旧剧运动的几点经验与建议》的发言，后又被推选为中华戏曲改进会筹备委员。在这次大会上，太南胜利剧团展出了建团十一年的事迹，并历年自编的剧目七十多出，为上党梆子这一剧种迈向下一个新的辉煌作出了不可磨灭的贡献。

1945 年长治解放后，太南胜利剧团更名为长治县胜利剧团。新中国成立后，又改为长治专区胜利剧团。1954 年胜利剧团中的上党梆子演员与高平县朝阳剧团合并，组建为长治专区人民剧团一分团；另外的上党落子演员与潞城县大众剧团合并，组建为长治专区人民剧团二分团，前者于 1958 年改称为山西省上党梆子剧团。1959 年两团又分别更名为晋东南专区人民剧团一、二分团。"文化大革命"期间为晋东南地区人民剧团第一剧组一、二分团；1976 年以后为晋东南地区人民剧团一、二分团，后改为晋东南地区上党梆子剧团和上党落子剧团，前者于 1985 年市管县体制改革后归属于晋城市。在此 31 年间，尤其在 50 年代，正是全国"戏改"工作开展得如火如荼之际，剧团一面坚持继承传统，整理加工大批传统剧目，一面坚持借鉴革新，吸收移植了其他兄弟剧种许多优秀剧目，同时仍然坚持创作大量反映现实生活的现代戏，对上党梆子的剧目建设、音乐唱腔、表演程式及舞台设计等各方面贡献突出。1954 年，该团参加山西省第一届戏曲观摩演出后大获好评，其后移植加工排演的《法门寺》《秦香莲》《皮秀英打虎》，成为其常演不衰的保留剧目，《秦香莲》甚至入选了 2023—2024 年度"中国戏曲像音像工程"。1956 年，长治专区组团赴京汇报演出，①半个月内连演 23 场，《人民日报》《戏剧报》等多家权威报刊纷纷发表文章高度称赞。此次展演，著名作家茅盾、老舍和文化部的领导都到场观看，表示赞赏。最为兴高采烈的当数赵树理。他意外地给住在东总布胡同的作协同志送票看戏，还及时地写出《"百花齐放"中的上党戏》一文，发表在 7 月 14 日的《北京日报》，文章指出："现在我家乡的地方戏——上党戏来京公演了。前几年我常以这种戏未到北京演过为憾，现在看来，他们来得正是适宜的时候，要比前几年

① 长治专区赴京汇报演出团包括上党梆子、上党落子、襄武秧歌三个剧种。

来了强得多。为什么我要这样说呢？因为这种戏也和其他地方剧种一样，在戏剧改革中，也走过些曲曲弯弯的道路，在前几年把它弄得失去了本剧种的特色，而在今年的'百花齐放'的口号下才又恢复了它的本来面目。"[4]更值得铭记的是此次展演中根据上党梆子传统戏《忠孝节》改编的《三关排宴》因备受关注而开始被重点加工、多番整理，在赵树理的协助和支持下，于1962赴长春参加电影拍摄，搬上银幕，使得上党梆子的影响力进一步扩展到全国，终于成为一代经典而永远流传。关于此剧的改编、整理和传承，将在下文予以详述。

"文化大革命"前夕，在全国范围内大力提倡创作现代戏的背景下，上党梆子剧团的排演重点自然也离不开这一领域，先后移植了《李双双》《芦荡火种》以及赵树理创作的《十里店》，颇获好评，此后便是移植京剧样板戏的时期。另一方面，剧团仍不忘排演《徐公案》《雁门关》等传统剧目，1963年还排演了程联考整理的上党二黄《打金枝》，也成为保留剧目。"文化大革命"结束后，1977年，剧团开始重新恢复排演《三关排宴》《秦香莲》《法门寺》《潘杨讼》等传统戏。1982年，剧团排演了张宝祥创作的新编历史剧《斩花堂》，该剧于1987年被长春电影制片厂拍摄并全国放映，成为上党梆子历史上第二部电影艺术片。1984年，晋东南地区还组织拍摄了上党落子电影《佘赛花》，上党梆子剧团举全团之力予以支援，吴国华并在其中饰演主角佘赛花。

1985年晋城市上党梆子剧团成立后，很快就进入20世纪以来上党戏剧的另一个发展高峰。进入新世纪以后，在各级政府政策的大力扶持下，上党梆子更是借助"非物质文化遗产"的东风，在传承中奋力发展，在发展中更好地传承，取得了数不胜数的成就和荣誉，不仅推出了多部优秀剧目，更成就了一大批的艺术人才。剧团总计获得中国文化艺术政府奖"文华表演奖"2个，中国戏剧最高奖"梅花奖"4个，中宣部"金唱片奖"1个，上海"白玉兰戏剧表演艺术奖"2个，还有其他不计其数的各级各类戏剧大奖。在体制上，该剧团于1989年进而分为山西省上党戏剧院第一演出团和第二演出团；2002年再次合并重组为晋城市上党梆子剧团；2011年转企改制为晋城市上党梆子剧院有限公司，并新成立晋城市上党梆子传习所。在剧目上，不仅继续排演和移植传统剧目，更有如《两地家书》（1988）、《走出大山》（1995）、《塞北有个佘赛花》（1999）、《初定中原》（1998）、《赵树理》（2006）、《千秋长平》（2010）、《申纪兰》（2020）、《沁岭花开》（2020）等一大批新编历史剧或现代戏，经排演后好评如潮。尤其是2017年排演的《太行娘亲》，成为另一个上党梆子历史上的现象级剧目。此外，剧团还多次赴省外及港澳台乃至海外进行文化交流，将上党梆子的魅力和影响力扩展至晋东南以外的更为辽远之地。

时至今日，作为上党梆子最具代表性的剧团之一，为满足最基层人民群众的精神文化需求，晋城上党梆子剧院常年活跃在上党大地，送戏下乡，每年演出300余场次，受益观众100余万人，被誉为"上党梆子第一团"。历史几经流转，体制反复变革，从最初的抗日剧团到太南胜利剧团，再到今日之晋城上党梆子剧院，不管她的官方称谓如何随着历史的变迁而改变，但她所奠定的上党梆子的光荣革命历史传统，她为上党梆子这一剧种的传承，尤其在危急时刻的保存与蜕变，都将永远刻写在"上党梆子"的历史中。最后还值得特别提出的是，2021年，中国戏曲学会经过审慎的推荐和评议，决定授予晋城市上党梆子剧院（晋城市上党梆子传习所）为"中国戏曲学会推荐优秀剧团"。该学会并于2023年8月，协同山西省文化和旅游厅、山西省文学艺术界联合会在晋城主办了"古老特色剧种的新发展——晋城市上党梆子剧院（晋城市上党梆子传习所）建设发展实践研讨会"，这应该是对上党梆子这一古老剧种、对晋城市上党梆子剧院最高的礼赞和褒奖。

二、作为影史经典与保留剧目的《三关排宴》

在现存上党梆子所有的剧目中，如果要找出其中最经典、最具有代表性的一个，那必定非《三关排宴》莫属。晋东南几乎所有的上党梆子剧团都擅演这一剧目，而且几乎每一个剧团每次四天七场的演出，也几乎都必演《三关排宴》。甚至可以说，一部《三关排宴》的演出史，某种程度上可映现出上党梆子在20世纪以来的历史面貌。当然，一部经典之形成，非一人一时之力可为，其中集合了政治与艺术、时代与个人、国家与民间等诸多力量的介入、参与甚至博弈，在诸种因素共同的合力影响下而铸成。

《三关排宴》在1956年以前称为《忠孝节》，[①]主要是演义杨家将故事。如前所说，上党梆子是杨家将故事表演最多的剧种之一。《忠孝节》为上党梆子连台本戏四本中最后一本，前三本为《昊天塔》《五绝阵》《八姐盗发》，除第三本失传外，其余三本皆有

---

① 又名《忠孝义》，以地域不同而区分，长治一带称其为《忠孝节》，晋城一带为《忠孝义》。

剧本流传。① 四本戏剧起于何时，目前还不可考，但其故事见于元代关汉卿《孟良盗骨》杂剧、朱凯《放火孟良盗骨殖》杂剧，清代李玉《昊天塔》传奇及小说《杨家将演义》第44—45回。[5] 此四本戏主要讲述的是：

> 北宋时，辽邦天庆王在幽州设下双龙大会，请宋王赴宴，结果宋王被困，杨家将杨继业带领七郎八虎闯幽州。杨继业兵败，碰碑而死，萧银宗敬其忠烈，将其尸骨放入昊天塔。孟良前去盗骨，误将焦赞劈死。孟良托人带回尸骨，亦自刎而死。杨六郎见父尸骨，又痛失焦赞、孟良两员大将，悲伤而死。杨宗保年幼，不敌辽军，陷入五绝阵。佘太君驰援三关，哭夫伤子，哀痛成疾，八贤王为其出榜招医。八仙之汉钟离化名至军营视疾，声称需"龙须"（宋王胡须）"龙发"（萧银宗头发）烧成灰作为药引方能痊愈。杨八姐由此乔装改扮偷入辽邦，由杨四郎骗得萧银宗"龙发"而回。佘太君服药后病愈，亲率三军上阵，打败辽军。萧银宗兵败不得不与宋朝议和。佘太君奉命在三关设宴代主践盟。萧银宗在宴席上得知驸马木易原是杨家四郎延辉，气得当场吐血晕倒；桃花公主周全不成，摔死娇儿然后自己碰头而死。四郎归宋，佘太君金殿之上当众斥子，四郎最终金殿碰死。

既然作为连台本戏，从剧本到演出应该都具有较高的成熟度。傅谨在分析民国年间上海戏院对连台本戏的重视时指出："大量上演连台本戏，其根本原因，就是由于在偏重于情节故事的连台本戏和偏重于演员的表演，尤其是偏重于唱功和做工的传统戏的市场竞争中，前者处于明显的优势地位。"[6] 由此也大致可以窥见上党梆子这些连台本戏在清朝及民国时期的流传程度。新中国成立后，这些传统老戏在"戏改"的背景下自然无法再原样排演，必须经过修改整理方能上演。赵树理在1952年重返晋东南后就曾向长治专区剧团建议修改《忠孝节》，但

---

①1981年，山西省文化局戏剧工作研究室编、山西人民出版社出版的《山西地方戏戏曲汇编》第3册《上党梆子专辑一》中收入该四本戏，其中《八姐盗发》为存目，存目下有剧情说明，并有编者附注："《八姐盗发》一剧，失传已久，不只现尚健在的许多老艺人没有演过，就是访问七八十岁的寿高老人，也都没有看过。这个故事梗概，是陵川剧团老艺人王老闰女说的。而他也是听到师傅们的传说，并未看到过演出。"

直至 1956 年长治专区组团赴京汇报演出时才进行整理。这一版本目前仍可见于《山西地方戏曲汇编 3·上党梆子专辑一》①和《戏剧资料·〈三关排宴〉专辑》②之中,两处都标注有"长治专区人民一团演出本",但剧名仍为《忠孝节》,这一版应最为接近原始演出样貌。很显然,其中存在的问题很多。例如,无意义的场次及程式化对白过多;主要人物的戏剧动机单薄不足以支撑整部戏的情节走向;场次冗余,节奏拖沓等,有些情节中人物动作过于突然或不合情理。例如第二场"排宴"中桃花公主忽然摔死儿子;第五场"金殿"中佘太君对四郎的逼迫:"四郎,你快快于为娘死,你快于为娘死、死、死⋯⋯"等。总之,一切为了表现太君之忠、四郎之孝、公主之节这三个主题,上演的还是一出以忠君爱国为主要且唯一基调的传统守旧的封建戏曲故事。[7]这显然不能满足新中国文化部门在意识形态上对戏曲之价值和功能的定位,因此《忠孝节》要继续活跃在舞台上就必须面对修改与整理的局面。

其后的修改大致经历了这样的过程。进京展演后的第二年即 1957 年,该剧经过简单整理参加了山西省第二届戏曲观摩演出大会。因《忠孝节》一名听上去就带有浓厚的封建礼教气息,赵树理因此将其改名为《三关排宴》。整理后的剧本发表于 1957 年《剧本》杂志第五期,后又收入中国戏曲研究院"为了总结我国解放后,在整理、改编和创作戏曲剧目方面的成绩,并以此向各地提供优秀剧本,和交流整理、改编与创作的经验,来推进我国戏曲艺术的发展与繁荣"[8]而编辑的包括全国各地剧种最有代表性剧目的戏曲剧本总集《戏曲选》第四辑,前者标注为"山西省长治专区人民剧团演出本",后者为"山西省长治专区人民剧团整理",其余内容皆相同。1959 年,《三关排宴》作为重点剧目被抽调到福建前线慰问演出,其后由程联考继续进行整理,并由中国戏曲研究院郭汉城、黄克保等协助进行指导排练。此次改本收入 1959 年山西文化局出版的《山西文化》创刊号,也见于前述《戏剧资料·〈三关排宴〉专辑》,标注为"晋东南戏曲编导小组整理初稿","创刊号"并有编者按:"'三关排宴'是晋东南传统剧目之一,也是准备向国庆十周年献礼的剧目之一,该剧已经过晋东南戏曲编导小组的初步整理。本刊为了促进献礼剧目更趋于完善,使我省的戏剧艺术向前推进一步,特将此剧发表出来,供大家研究,并希提出宝贵意见。"[9]1960 年,长春电影制片厂计划将《三关排宴》拍成电影,但由于剧本修改不够理想而作罢。1961 年 2 月,赵树理了解到相关情况后,提

---

① 该书为内部发行资料,由山西省文化局戏剧工作研究室编,山西人民出版社出版,本集由晋东南行署文化局戏研组辑稿,栗守田、张振南校勘。

② 该杂志为内部发行,由晋东南行署文化局戏剧研究组编辑,一九八四年第三期,总第十期。

出修改意见，并亲自两赴长春，经过多方修改讨论，终于完成《三关排宴》最具有决定意义的一次改编。1962年3月，电影《三关排宴》拍摄完成。

此后的荣光便接踵而来。1962年4月，晋东南上党梆子剧团从长春返晋时，在首都北京广和、人民剧场连演数场。中国戏剧家协会专门召开了《三关排宴》座谈会，《人民日报》《戏剧报》等都发表了署名评论文章。很快，剧团受邀到国务院小礼堂为中央领导人汇报演出。周恩来总理、朱德委员长亲临礼堂观看演出，李先念、乌兰夫、罗瑞卿三位副总理和包尔汉副委员长及华北局书记李雪峰还上台亲切接见全体演职人员并合影留念。5月初又在太原汇报演出数场，剧协山西省分会也召开了座谈会。《山西日报》发表文章赞扬《三关排宴》的拍摄成功，并给予高度评价。[10]著名作家吴祖光先生随后将其改编为京剧《三关宴》，由北京京剧院演出，其剧本发表于《剧本》1981年2月。《三关排宴》不仅被京剧和省内其他剧种相继移植，同时，有湖北、湖南等十多个省区寄函索要剧本竞相移植，可以说，上党梆子的影响力首次空前扩大到全国范围。虽然在其后的"文化大革命"时期，除了排演《红灯记》《沙家浜》《智取威虎山》《奇袭白虎团》等少数样板戏，其他剧目几乎全部停演。直到1977年再次恢复《三关排宴》，它再也没有从舞台上缺席过。由于电影艺术片《三关排宴》的巨大成功和影响，后来所有的上党梆子剧团在排演此剧时，在舞台上都严格地遵照赵树理的改定本进行演出，一字不差，直至今日。此后很多年，《三关排宴》的演出范围基本仍止于晋东南及周边地区，虽偶有对外交流，但渐渐淡出了全国戏迷的视野。直到新世纪以来，该剧重新四次走出太行，走向全国。2016年10月，剧团赴河北参加"全国梆子声腔优秀剧目展演"；11月，又赴四川南充参加"第三届嘉陵江灯戏暨地方戏剧艺术节"；特别是2020年10月21日，《三关排宴》代表山西上党梆子赴江苏昆山参加了"2020年戏曲百戏（昆山）盛典"，演员们的精彩演绎使现场近千名观众被上党梆子的艺术魅力深深吸引。2022年11月，剧团再次赴广西南宁参加"2022年全国地方戏精粹展演"，这些交流无一不使得它再次进入全国戏迷观众的视野，似乎重新唤回了它昔日的荣光。

《三关排宴》应是上党梆子所有剧目中最受关注的一个。对于在五六十年代"戏改"的语境中，该剧如何从原初样态而一步步艰难地突破，三番五次地修改，最后一举而成为60年代戏曲电影中的经典及剧团的明星剧目，对此问题，本文因主旨并不在此，且学界已有非常成熟的研究，故兹不赘述。①这些研究或聚焦于佘太君和杨四郎的人物形象，或聚焦于传统戏改编的困境，或聚焦于文本的变迁或经典的形成动因等，且多将其与同题材的京剧《四郎探母》进行对照研究。1957 年北京宝文堂书店还特意出版了一本小书收入两个剧本，书名即为《三关排宴·四郎探母》，可见比较之意早已有之。《四郎探母》因其在京剧史中的重要地位而备受关注，但因其题材情节之敏感导致其在 20 世纪戏曲舞台上屡屡被禁。五六十年代全国"戏改"如火如荼的时候，《四郎探母》不出意料地被禁演，而《三关排宴》演述同样的故事却声名鹊起，有论者以为后者乃是前者的衍生物或替代者，其实不然。《三关排宴》中显示出的强烈的爱国主义与民族气节也与中国当时所处特定的国际国内大历史环境有着隐秘而幽微的内在联系，其成功经过了层层的审核和无数次的改编，从最初的原始版本《忠孝节》到现在的定本，对杨四郎的"罪与罚"也曾几度修订，数易其稿，使之从一个带有强烈封建道德气息的传统戏而成为一部"戏改"时期既具有典范意义也具有鲜明现代意义的成功剧目。京剧《四郎探母》自有其演变史，[11]《三关排宴》的流变和形成也不简单，但尤其需要说明的是，其实在上党戏曲中，原也有如《四郎探母》大体一致的故事讲法，名为《九龙峪》，属上党二黄，又名《四郎探母》。同样在《山西地方戏曲汇编 3·上党梆子专辑一》中收有该剧剧本，剧本后附记云，"《九龙峪》由于绝迹舞台多年，又经过十年浩劫，已经找不到本子。现在这个本子，是名老艺人郭金顺、李子清、晋德山、陈玉富四同志口述抄录的"。郭金顺正是晋东南上党梆子剧团老一代著名表演艺术家，戏曲电影《三关排宴》中杨四郎的饰演者。这里表明，上党戏曲中《忠孝节》和《九龙峪》原是同时段演出，但作为同题材剧目后者渐渐绝迹，而前者却渐入佳境，成为一代经典，从接受角度来看就不能不说明观众的选择和口味更倾向于哪一种表演方式。

三、作为艺术经典的《三关排宴》

中国艺术研究院戏曲研究所所长王馗谈到《三关排宴》时曾指出："该剧剧本文学以

---

① 具体可参见：张永峰：《〈三关排宴〉改编与戏曲改革的两个难题》，《文学评论》，2013 年第 1 期。张练红：《罪与罚：〈四郎探母〉〈三关排宴〉的"政治"和"伦理"》，《现代中文学刊》，2013 年第 5 期。陈火丫：《经典文本的生成：赵树理的〈三关排宴〉对戏曲创作的启发与反思》，《戏曲艺术》，2022 年第 1 期。令狐兆鹏：《新中国成立以来的"探母戏"浮沉研究：以〈四郎探母〉〈三关排宴〉为例》，《聊城大学学报》(社会科学版)，2022 年第 2 期。牛婷婷：《情感结构的现代转化：〈三关排宴〉版本演变考察(1956—1961)》，《戏剧之家》，2023 年第 34 期。

绵密的结构推衍，深刻挖掘出人物形象内心动机，诉诸流畅精准的文学表达，这为舞台表演艺术提供了经典的文本依据。佘太君从酝酿索回四郎，到谈判桌前的捭阖论辩，再到处于较为强势的状态下，自己又面临着失子痛苦的必然。萧太后从入关时的疑虑重重，到下关时虎威犹在而情绪凄迷，展示了一个女性政治家在居于弱势的两国对垒中，一步步失去谈判主动而被迫交人放人的全部过程。这两个人物都以融汇传统程式与现代体验的创作方法，以发自骨子与灵魂的力量感，传达出特定的时代时间、家国关系和人物个性的艺术风采。"[12]赵树理编订的《三关排宴》共有四场，分别是《联络》《坐宫》《排宴》《责子》。与京剧《四郎探母》所表现出的高度的伶人参与塑造性质不同，《三关排宴》可谓是典型的被新文人改编后体现出鲜明文学性的剧本，这一点在整部《三关排宴》中都表现得非常明显。

在第一场《联络》中，佘太君从潜伏在辽邦而因议和事来到三关的焦光普处得知，四郎延辉将随萧银宗和桃花公主同到三关，因此早已暗下决心要讨他回来。"十余载皇驸马南柯之梦！此一番管教你转眼成空。我杨家保大宋满门忠勇，岂容你小畜生叛国求荣"。① 第二场《坐宫》为赵树理的增写，其中出场人物主要是杨四郎与桃花公主，但此处二人绝无京剧《四郎探母·坐宫》般的闲情打趣之心，而始终切合剧情中人物应有的紧张与惊惧之情。四郎得知将要伴驾赴会，必将和老母相见，一旦相见，该不该相认？相认后该如何自处？萧银宗会如何处置？这些都是令杨四郎极度焦虑紧张的问题，既担心事情败露被国主斩首，又担心公主翻脸无情不予帮助。"萧国主她对我十分称赞，做一个皇驸马快活神仙。倘若是到三关真情难掩，我是她仇家子她怎能容宽？……贤公主她与我形影相伴，这件事已不能再把她瞒。我向她道真情求她婉转，讲出口怎保他不把脸翻"。四郎将桃花公主视为救命稻草一般，危急时刻不待公主多问便将自己的秘密和盘托出，"我本是杨继业老将第四男"。公主一听此事非同小可，又惊又气，要立刻去见母后禀明实情，但又禁不住作为丈夫的四郎苦苦哀求，非为令箭，而是如果日后事情败露，一定要替他在母后跟前周旋婉转以保其性命。当然，此处桃花公主同样忧虑的是，万一相认之后，不能回来怎么办。四郎也就同样信誓旦

---

① 晋东南行署文化局戏剧研究组编：《戏剧资料·〈三关排宴〉专辑》，1984 年第 3 期。后文所引剧中唱词道白，均引自此书，不再一一注出。

且一定回来，要与公主誓同生死。"本宫在此深得母后信任，又与公主多恩多爱，哪有再回南朝之理？本宫与你誓同生死，公主若再加疑，情愿对天盟誓"。公主决定宽恕并相信驸马，承诺万一露了真情，愿为他承担。可以说，不同于京剧《四郎探母》中《坐宫》的紧戏慢唱，包括人物对话的插科打诨，这里的《坐宫》可谓剧情紧凑，叙事逻辑步步推进。在从夜半三更到五更鼓起这极短的时间内，将杨四郎的紧张、担忧、害怕与桃花公主得知秘密后的震惊、气愤与明理，以及两人之后的商讨表现得淋漓尽致，环环相扣。

《排宴》是全部《三关排宴》最核心最重要的一折，其舞台表演时间一般在七十分钟左右，大概占全剧将近一半的演出时间，其中表现了佘太君、萧银宗、桃花公主、杨四郎等四人各自心理上的郁结愁情以及彼此之间造成的错综复杂的戏剧层次，意蕴丰富，高潮迭起。对于佘太君来说，她早已知晓十五年前失散的亲生儿子已然归降辽邦，并和桃花公主成亲，在议和前就下定决心一定要把他讨回来，而要在议和这一国家大事之背景下实现这一目的绝非易事，因为她面对的是作为一国之君的萧银宗，而杨四郎此时不仅是萧银宗的女婿，还是辽邦重臣。对于桃花公主来说，虽然她已经知道杨四郎的真实身份，但三关宴前能否在佘太君和萧银宗面前成功为他周旋，使其顺利还朝还很难说。杨四郎是这场戏中最尴尬之人，与《探母》中杨四郎见母的主动性不同的是，《排宴》中的杨四郎始终处于被动之中，一方面他不得不面对母亲佘太君，而以他现在不清不白的身份实难面对。如果母亲要自己返回南朝，就将无法实现自己临行前对桃花公主许下的诺言。另一方面更重要的是，一旦母子相认，身份显露，萧银宗会如何处置自己。他夹在三人之间，左右前后都为难，这一处境真正是他生命中最大的困境。对于萧银宗来说，这场宴席可谓让她彻底陷入失败的境地，作为一国之君，辽国战败，不得不亲临三关议和，心情本就沉重，宴席之上杨四郎身份的揭露更让唯一不知情的她大惊以致昏厥。在与佘太君屈辱地斗争的过程中又痛失自己唯一的爱女，最后只能伤心欲绝地离开。围绕这场宴席所展开的事件逻辑和种种复杂的戏剧情境，佘太君和萧银宗展开了四轮惊险的政治和人情的博弈。

第一轮即是揭穿杨四郎的身份问题。

宴席是以宋辽两国三关议和之名义举办的，此乃朝政外交大事，但这一事件在戏中不过走一个"过场"即告结束，围绕议和一事总共只有佘太君和萧银宗的四句礼节性的对唱："（佘）本主官慰国主长途劳倦，（萧）践盟约守信用怎敢偷安，（佘）幸喜得咱两国休兵罢战，（萧）饮一杯和平酒同庆万年。"国事公事议罢即是家事私事，然此家事私事又是和国事紧紧纠缠在一起的，因此《排宴》真正要展开的是针对杨四郎之生死去

留的斗争。佘太君首先正面发起疑问："和议之事已如愿，有一桩往事愿商谈"，要向萧银宗打听木易驸马之事。而萧银宗此时尚不知情，提到木易驸马，颇为自豪："驸马他也是你们南朝人氏，归降我邦，为孤忠心报效，屡建奇功，可算个多才之士。"当然了，毕竟是杨家将，将门虎子，系出名门。当佘太君继续追问他为何流落贵邦还被招为东床驸马时，萧银宗内心更为自得，因为这与十五年前大败宋朝之幽州大战有关："那是当年双龙大会，被我国所擒。当时问起他的身世，他说他南朝父母兄弟妻室一无所有。孤看他少年英俊，不肯伤害他的性命，并将他招为东床驸马。"萧银宗在不知情之下讲此话既想扬国威，又想显示自己宽容大度，爱惜人才，但恰恰是此时立得越高，瞬时间跌得越惨。佘太君立刻虚情提醒萧银宗上当受骗："此人失落贵邦之时，家中父母兄弟妻室俱有。至今尚有老母在堂，娇妻在室，侄儿侄媳身当大宋要职，并非姓木名易！……他本是杨延辉我的儿男。"佘太君斩钉截铁言之凿凿，不由得人不相信。萧银宗当然大吃一惊，此事正如四郎所料非同儿戏，第一时间想到自己的女儿桃花公主，于是厉声质问桃花。桃花不得不承认此事属实，结果让萧银宗急火攻心，几度吐血气晕过去。在此千钧一发之际，四郎在母亲和妻子桃花公主之间两厢应声左叩右拜，一个骂："我把你这不忠不孝的畜生哪！"一个骂："我把你这个忘恩负义之人哪！"最后也顾不得佘太君的厉声召唤而走向萧银宗。萧银宗受此刺激羞辱，也只能吞下苦果，勉力挣扎支撑场面："想当年只怨孤将人错认……把一个仇家子招为皇亲。在深宫养猛虎改名变姓……孤知人知面不知他的心。"桃花只好一力恳求，驸马临行前已然讲明身份，"儿念他对母后忠心耿耿，与南朝并无有一息私通。禀明了怕母后怒气难忍，辨不清忠和奸斩首施行"。想到此时此地，木已成舟，萧银宗虽无奈也只能暂且接受这一结果。

第二轮是紧接上层的身份问题立刻转入对杨四郎的惩罚之事。

萧银宗虽痛心但不能不顾及场面放下身段，她想要扭转这一局面，"回头来把太君一言奉请，且不提当年事单讲如今"。与之前志得意满提起十五年前双龙大会不同了，过往之事暂且不提："令郎既作了我邦驸马，你我两家便是儿女亲戚，可也算得一喜！"这当然算不上"一喜"，而是萧银宗见机而行，欲力挽狂澜。然而，佘太君显然并不领情，表示四郎欺瞒国主，玷辱公主，罪在不赦，"本主官定要对他加以重处，以平国主之气"，口口声声间是为萧银宗着想。而萧银宗此时为国体与桃花着想，怎能眼看驸马被太君处罚，立刻反驳说我看在你的面子上，已经饶恕你的儿子了。佘太君进而拿出自己的母亲身份，在第一场中她和杨排风商量如何讨回四郎时，杨排风就曾提醒说："丈母娘管得着女婿，难道母亲反管不着儿子不成？"显然置萧银宗一国之君的身份于不顾，于是按此逻辑："自古女婿是丈母门上娇客，国主对他自然不便深究；可是这做母亲的便不能纵子作恶！……吩咐校尉将四郎推出斩首！"佘太君言辞激烈，气势汹汹，这一下首先吓坏了桃花公主。公主苦苦求情，甚至跪地口称婆母，但不得太君理会，只好再次求助母后。萧银宗禁不起桃花哀求，不得不以一国之君之位再次降低身段不顾羞辱为驸马求情："令郎纵有不赦之罪，如今木已成舟。你若一怒将他斩首，一来他还未报你那养育之恩，二来孤皇儿终身无靠。哎！还望老太君看在我母女面上吧！……"如此才终于使四郎暂时免于宴席之上当众被斩的命运。其实佘太君怎会在宴席之上当众将四郎斩首呢？无论四郎犯下何种罪过，于公于私都不可能私自将其处置。事实上此后太君是打算将其押入囚车，交由国法处置，这样做不过是其作为一个政治家应对辽邦萧银宗和桃花公主的策略罢了。

第三轮又紧接上层而来，即如何处理杨四郎的去留问题。

佘太君假意饶恕杨四郎之后，立刻向萧银宗表示要将他留下并带回南朝，语气态度之坚决，丝毫没有回旋商量的余地；而萧银宗和桃花公主则极力表示反对，双方之间各执一词，唇枪舌剑，互不相让。佘太君对众人将杨四郎不忠不孝不义之事历数一遍："一不忠背宋王罪比山重，二不孝违母命灭绝人伦，三不义抛结发又把妻聘，弃国土忘根本怎能为人？（白）国主，你待他恩重如山，像这偷生之辈，倘遇国乱之年命他出马，再要被人擒去，招为东床驸马，岂不又把国主、公主待他的好意白白给枉费了吗？"这一番话倒使得萧银宗心中生出疑心。她于是决定再考验一下四郎："驸马！或在南或在北凭你的良心！"让他做出自己的选择。然此时此刻的杨四郎真的有选择的自由和权力吗？他的命运其实早已注定。最糟糕的是，夹在双方之间他竟然做了一个令双方都非常愤怒的回答："儿情愿对母后终身侍奉，也不敢违母命灭了人伦。辽邦义南朝恩我报之不尽，三两月回北国母后放心。"杨四郎的困境即在于他其实毫无选择，无论他选择哪一边都无法改变他命运的结局，调和主义当然更是幻想。他没想到这句话不但未化解矛盾，反而造成了两边更大的冲突，真正让萧银宗和桃花公主看清了他的真正面目。桃花公主听说是四郎要暂时留下，先是指责他违背誓言，后看他实在为难想想算了："逢着你无义人一言难尽，倒不如我随你一路同行。"为了保证他能顺利返回辽邦，公主竟然决定先跟着驸马回南朝，而这一想法最终断送了她自己的性命，以致酿成悲剧。

最后一轮即是三关宴席上以桃花之死而结束。

相比较于作为资深政治家的佘太君和萧银宗，桃花公主在政治上显然不够成熟，另一方面当然也可以说她有情有义。公主要随驸马回南朝，佘太君当然无话可说："公主你晓得嫁夫随夫，老身岂能不容公主前去！只恐你家母后不允！"桃花显然以为此乃顺理成章之事，丝毫没有想到其背后之利益攸关，既关乎国体，也关乎自身命运。萧银宗已经非常明智地指出："驸马此去他是回不来了！"[①] 然而桃花竟然还在为情所困，不识时务，甚至要自投罗网，"自家女儿心动摇，还望旁人尽什么忠？孤王要你有何用？任你南北与西东！"萧银宗的愤怒失望之情溢于言表。在一旁的韩昌也看不下去了，指责桃花："再不要惹国主伤心了，快快去了吧！"桃花受此刺激，幡然醒悟，瞬间明白驸马此去是真不可能再回来了，自己竟然为了这样一个背信弃义之人，而做出背叛母亲和国家之事，遂羞愤自尽而死。

> 桃花　（突然怒向延辉）杨延辉！杨四郎！
>
> 　　　　想当年我桃花被你蒙蔽，
>
> 　　　　来赴会你还说生死不离。
>
> 　　　　我为你在宴前吞声忍气，
>
> 　　　　谁知你背信义又把我欺。
>
> 　　　　十余载天地恩抛到海底，
>
> 　　　　回南朝投靠你慈母娇妻。
>
> 　　　　害得我老母后将我抛弃，
>
> 　　　　又惹得众朝臣个个生疑。
>
> 　　　　我桃花也曾是英明盖世，
>
> 　　　　岂与你负心汉比翼齐飞？
>
> 　　　　（转向萧银宗）母后！
>
> 　　　　老母后请恕儿不孝之罪，（重尾，跪拜）
>
> 　　　　（转向延辉，怒逼之）杨四郎！
>
> 　　　　你自去乐天伦恕不奉陪！（跑下碰死）

---

① 老版本中此处原为"驸马此去他是不回来了"，但后将其改为"驸马此去他是回不来了"，虽然只是两个字的前后顺序问题，但改动后更显示出杨四郎在此事件中的被动性。从情理上来看，他其实根本没有选择回去不回去的权利。

　　桃花公主之死，使得萧银宗肝肠寸断，她与杨四郎之间的矛盾达到了最顶点："孤为你绝了这条根！"因为桃花公主一死，杨四郎在辽邦不仅失去后援，同时也再无价值，他与萧银宗甚至是辽邦的所有关系也终告结束。因此，在此情境之下，他就只能随佘太君返回南朝接受审判。在这场戏中，萧银宗是一个至关重要的人物，她的形象光彩照人，三关宴席之上她与佘太君既是政敌又是亲家，既是一国之君、三军统帅，又是母亲和岳母，表现出了一个政治家杰出的智慧和一个长辈应有的担当。这场三关宴席，其实并没有因表面的议和而使得宋辽两国之矛盾真正得到化解，反而是进一步加深了。

　　第四场《责子》中，三关宴席结束以后，萧银宗退场，但佘太君和杨四郎之性格与动作继续发展，其中尤凸显出佘太君之性格特色。三关馆驿中杨四郎要母亲看在亲生母子的情分上饶过自己，佘太君悲愤不已，怒责亲生儿子。

　　　佘太君　　你说这母子之情吗？哎！（起立。念）
　　　　　　　龙争虎斗数十秋，
　　　　　　　七郎八虎一无留。
　　　　　　　眼前重见亲生子，
　　　　　　　反惹老身满面羞。（叫板，唱二性大板）
　　　　　　　提起来母子情令人难受，
　　　　　　　众儿郎一个个血染荒丘。
　　　　　　　只剩下这一个亲生骨肉，
　　　　　　　十余载分南北转恩成仇。
　　　　　　　畜生啊！
　　　　　　　看起来有你在不如无有，
　　　　　　　有你在教老身气塞咽喉！
　　　　　　　……
　　　　　　　小畜生算什么杨家之后，
　　　　　　　我杨家忠烈名岂容你丢？
　　　　　　　想当年那辽邦设下虎口，
　　　　　　　你弟兄去赴会大战幽州。
　　　　　　　你兄长一个个命丧敌手，
　　　　　　　不成功已成仁壮烈千秋。

唯有你小畜生投降肖后，

配了她桃花女得意悠悠。

十余年来事敌寇，

直到今日不肯休。

还将银宗称母后，

老身叫你懒回头。

畜生你算杨门后，

你叫我杨家羞不羞！

得新窝忘故主不如猪狗，

还妄想返辽邦与虎为俦。

我大宋锦江山天阔地厚，

也无处容你这无耻的下流。

佘太君的情绪压抑已久，其指责是沉痛而有力的。其实在第一场中，连侍女杨排风都看得异常明白："老太君，你要真想讨他回来，那萧银宗愿放也得放，不愿放也得放。"也就是说，杨四郎的命运早已注定，佘太君早已下定决心，但唯独四郎自己不愿面对。尤为可悲的是，在老太君一番义正词严的训斥之后，他还在幻想，恳求焦光普和杨排风为其向老太君求情，而排风最后终于为他分析情形，讲出实情："老太君主意定不好转扭，劝四爷也无须苦苦哀求。真要是老太君把你宽宥，回杨府我还是替你发愁。全家人秉忠心扬眉昂首，四爷你怎么能混在里头？手下人也不愿把你侍候，对外人又不便让你出头。像这样待下去将将就就，也不过是一个无期长囚。劝四爷你还是思前想后，老太君她怎好把你收留。"排风一席话密不透风，打破了四郎的全部幻想。最后杨四郎终于下定决心，拔剑自刎。而面对四郎尸身，佘太君最后的反应是："四郎！你死了？你死了好！哈哈！哈哈！（怆然）哈……"真的是佘太君冷酷无情一定要逼死自己亲生儿子吗？佘太君前面所有行为最后都在这无限悲凉的"哈……"中得以完成，其作为母亲的爱子之情的无奈和痛苦也显露无遗。

更为重要的是，佘太君的形象在《三关排宴》中并没有因时政的高压和文人的改编而游离出杨家将戏曲整体的设定。她既保持了其在众多杨家将戏曲中作为忠义为国之符号的一贯风格，又没有因彼时"人道主义""人性论"的负面阴影而被割掉其母子之情。因杨家将故事发生地在山西，故山西戏曲中尤擅演杨家戏，譬如在上党梆子《闯幽州》中，宋王听信奸臣潘仁美谗言，将杨继业一家贬职在家，到幽州参加辽国设下的双龙会陷阱，结果被困幽州，危急时刻不得不借助杨家父子救驾。杨继业尚怀不满之心，对救驾一事犹犹豫豫，反是佘太君劝夫莫计前嫌，为国为民，不计代价，杨继业才率领众儿郎出征幽州。同样，在《穆桂英挂帅》中，穆桂英一开始不愿挂帅出征，也是因为朝廷宠信奸佞，杨家解甲归田已多年，番王造反宋王这才又想到杨家。"宋王爷平日里宠信奸佞，桂英我多年来早已寒心；誓不为宋天子领兵上阵，今日里挂印出征叫他另选能人"。还是佘太君苦口婆心劝慰桂英："怎能够袖手旁观不顾乾坤！为国家说什么夫亡子殒，尽忠何必问功勋。……孙媳妇对朝廷心存怨恨，只怪那宋天子忠奸不分。番王造反来犯境，杨家不出靠何人？退敌不求加恩宠，但愿百姓得安宁。"也就是说，在整个杨家将戏曲的系统中，虽然在不同剧种不同剧目中有或多或少的差异，但佘太君的形象基本保持着其高度一致的风格，她就像一个稳定的意义符号系统中的超级能指，绝难轻易被打破或改变，就如同戏曲中包青天这一清官形象。而以此反观《四郎探母》和《三关排宴》中的佘太君形象，即可看出若从剧本出发，从其故事、人物之性格逻辑来看，《三关排宴》较《四郎探母》更为完整丰富，更为合情合理，其文学性和现代性也就更胜一筹。

还是王馗的一段话，他说："赵树理先生整理改编《三关排宴》，使偏居山西晋东南地区的上党梆子第一次走上全国性的舞台。这部作品与其他剧种的同题材剧目迥然有别，其独特的个性来自上党梆子素来擅演杨家戏的传统，也来自这个剧种悲壮激昂的艺术风骨，还来自特定时代政治文化语境，当然更来自赵树理先生体察人心的细腻深刻。说到底，戏剧最终聚焦在人生的丰富和人性的复杂，为人而创作的戏曲不论情节逻辑如何铺排，最终呈现的是独特的个性化发展。"[13]我以为此论颇为中肯。赵树理先生的文学成就众所周知，他自始至终对于他的家乡戏上党梆子都抱有强烈的感情，并不遗余力地尽其所能予以支持。精通文学，更懂戏曲，热爱上党梆子，才不至于自负地对传统进行胡改乱删。赵树理对戏曲的程式化，舞台呈现的特色和写意化，行当及人物处理，都严格地按照戏曲美学的规律和结构而设计。一个文人与一个剧团、一个剧目乃至一个剧种的一代佳话就此谱写在 20 世纪中国戏曲的历史之中。

结语：团以人兴，戏以人传

非物质文化遗产上党梆子项目代表性传承人之一、同时也是晋城上党梆子剧院梅花奖获得者的张保平先生在一次访谈中曾指出，这部戏对古老的上党梆子意义非凡、影响深远，至今仍具其重要的理论和研究价值，它的艺术高度像教科书般跨越半个多世纪，始终引领着我们艰难前行。虽然后来上党梆子也出现过很多好作品，但都不可与《三关排宴》比肩。它的改编，对于上党梆子而言是最具划时代的、里程碑式的、不可复制的经典。这是来自一位上党梆子艺人对赵树理及《三关排宴》的最有价值的高度认可。

的确，在该剧中，人物行当设置非常齐全，有佘太君的老旦、萧银宗的青衣、杨四郎的须生、桃花公主的小旦、焦光普的三花脸、杨宗保的小生、韩昌和国舅爷的花脸。而石岩、马天云为其设计的音乐唱腔同样气势恢宏，将上党梆子独特的音乐特色发挥到了极致。从开场曲牌"万花灯"，接关曲牌"醉太平"，再到排宴曲牌"扬州傍妆台"，最后到结尾处再次回到"万花灯"，整场音乐统一协调，地方特色浓郁，和上党梆子传统唱腔浑然天成。在人物的唱腔板式设计方面，佘太君的老旦用"大板""剁板""四六板"，适宜表现人物的凝重、沉稳；而萧银宗则用"大板"，因为她非一般青衣，而是一国之主，需要表现其沉稳中还有威严的一面；两人在"排宴"一场中的对唱用"中四六板"，表现在此重要场合，两国议和达成，共享太平之年，人物此时表现得平心静气，不慌不忙，等等。整部剧的唱腔严谨准确，艺术表现力及传统板式的运用和掌握几乎难出其右，的确是达到了教科书般的表演体系。

一部《三关排宴》的演出史，同时也是一部上党梆子优秀演员薪火相传的成长史。从早年的老一辈温喜云、郭金顺、吴婉芝、郝同生、郝聘芝、马正瑞、高玉林、王桂兰等，到当前的中流砥柱吴国华、张爱珍、张保平、郭孝明、陈素琴、齐素珍、成静云、董小琴、卢爱琴、侯慧琴、王爱果、赵德红、刘进苗、郑法根、陈树涛、李丹等，乃至更为年轻的后进演员，都为《三关排宴》的代代相传贡献着自己的力量。甚至可以说，《三关排宴》是每一个上党梆子演员必学的剧目，也是必须拿得出手的剧目。时至今日，晋城市上党梆子剧院的艺术家们依然在为此剧的传承而做着各种努力，精益求精，不断地将其打磨成上党梆子的艺术精品。例如现任团长陈素琴从老唱片中重新复排出当年因为电影的时间限制而删掉的《盘路》一折："两国兴兵如弈棋，一战高来一战低。为社稷三关来和议，虎离深山防人欺。酒席宴前加仔细，孩儿们与孤把驾起，孤好比打败的鹌鹑斗败的鸡。"陈素琴用原汁原味的上党梆子唱腔将萧银宗忍辱赴宴前的复杂心理再次呈现出来。这无论是对于上党梆子的老一代艺人，还是对于这个剧种及其传承来说都意义非凡。再如在体制上还不具备建立青年团的条件下剧团还为包括《三关排宴》在内的诸多经典剧目排演青春版，大胆起用青年演员，给他们提供更多的舞台实践的机会。此外还有《三关排宴》在近年的排演中又再次恢复了20世纪五六十年代剧中人物的装扮行头，如萧银宗和桃花公主的头饰"平顶冠"和"北国枕"，这些装饰原本就是上党梆子剧种所特有的，但在后来的演出中逐渐替换为了时兴的旗头装扮，反而失却了特色。如此种种，每一个细枝末节的改动，都牵涉的是守正传承还是勇于创新的问题。

上党梆子作为晋东南上党地区的文化遗产需要备受珍视，《三关排宴》作为上党梆子的经典保留剧目更需要珍视，而作为传承这一剧种的最重要的剧团之一，晋城市上党梆子剧院在其八十多年的历史中作出了不可磨灭的贡献，一代代的艺术家一边坚守传统，一边又通过自己的创造性使其走向现代，不断为上党梆子这一剧种打开了新的局面，为中国戏曲的繁荣发展，也为中华民族的文化自信传递着力量。"高不过太行山与天同党，美不过家乡戏五种声腔"，每一个上党梆子剧团都在坚实的上党大地默默前行，它们的力量，也终像太行山一样，一起使得上党梆子这一古老而又现代、独特而又多元的剧种成长为中国戏曲的脊梁。

参考文献：

[1]郑培凯：《"戏以人传"昆曲系列总序》，《昆曲传承与文化创新》，文汇出版社2023年版，第19页。

[2]王丽萍主编：《上党梆子志》，中国戏剧出版社2022年版，第258页。

[3]赵树理：《回忆历史，认识自己》，《赵树理全集》(5)，北岳文艺出版社2018年版，第421页。

[4]赵树理：《"百花齐放"中的上党戏》，《赵树理全集》(4)，北岳文艺出版社2018年版，第337页。

[5]王丽萍主编：《上党梆子志》，中国戏剧出版社2022年版，第213页。

[6]傅谨：《20世纪中国戏剧史》(上)，中国戏剧出版社2016年版，第197页。

[7]陈火丫：《经典文本的生成：赵树理的〈三关排宴〉对戏曲创作的启发与反思》，《戏曲艺术》2022年第1期。

[8]中国戏曲研究院编：《戏曲选·编辑凡例》(一)，北京：中国戏剧出版社，1958年版，第1页。

［9］山西省文化局：《山西文化》，1959 年创刊号，第 16 页。

［10］王丽萍主编：《上党梆子志》，北京：中国戏剧出版社，2022 年版，第 306 页。

［11］康保成：《〈四郎探母〉源流考》，《戏剧艺术》2016 年第 6 期。

［12］王馗：《看戏微录（二十）》，《戏剧文学》2022 年第 8 期。

［13］王馗：《看戏微录（八）》，《戏剧文学》2021 年第 8 期。

作者：

张慧敏，1982 年生，山西陵川县人，文学博士，博士后，山西大学文学院副教授，硕士生导师，主要从事中国现当代文学理论与批评研究，戏曲研究。

社会组织保护传统戏剧类非遗的台湾经验

——以 1990 年以后中国台湾水磨曲集昆剧团 与大陆专业昆剧团的交流为例

赵 润 刘卫华

摘要：在传统戏剧类非物质文化遗产的保护中，社会组织一直发挥着不容小觑的作用。特别是一些颇具专业素质的业余团体，区别于其他综合性社会组织，其发挥作用的方式会更加多元，但这类组织在传统戏剧类非遗保护中的作用还未被充分讨论与展望。本文以中国台湾地区水磨曲集昆剧团与大陆专业昆剧团的交流为例，以授课、演出与出版方面为重点考察切面，从它们在 1990 年之后的互动模式中，总结此类业余团体与职业团体之间独特的沟通方式，并展望其更大的可能性。

关键词：非物质文化遗产；传统戏剧；昆曲；社会组织；台湾

早在 2005 年《国务院办公厅关于加强我国非物质文化遗产保护工作的意见》中就明确规定了"社会参与"的工作原则[1]。在 2011 年 6 月开始施行的《中华人民共和国非物质文化遗产法》中单独开列出第九条秉承了这一工作原则，指出"国家鼓励和支持公民、法人和其他组织参与非物质文化遗产保护工作"[2]。在 2021 年中共中央办公厅与国务院办公厅联合印发的《关于进一步加强非物质文化遗产保护工作的意见》中"社会参与"这一工作原则依然没有改变，并明确写进了"完善调查记录体系""完善传承体验设施体系""融入国民教育体系"等细分条目中[3]。可见党和政府对社会参与非物质文化遗产（以下简称"非遗"）保护的重视，也折射出我国非遗保护社会参与度的不足。颇具代表性的例子是"中国非遗保护协会"的成立，2013 年"中国非遗保护协会"已经成立了，但是各省市的"非遗保护协会"还在逐步成立之中，除浙江省等个别省份的"非遗保护协会"发挥了较好作用外，大部分省市的"非遗保护协会"或未成立，或虽成立但力量不足，作用不明显。

当前的研究主要指出了社会组织参与非遗保护的若干种形式及其特点和缺陷。如学者谭宏强调了相对于政府而言，民间组织在保护非遗方面的重要性，并以研究协会与行业协会为论述对象，指出了民间组织在非遗保护方面的专业技术指导作用、传承创新示范作用、帮助协调支持作用、经济转化协调作用与社会监督保障作用[4]。杨颉慧指出，不同于西方国家委托民间社团的方式，我国文化遗产管理工作一直由政府主导，文化遗产保护的相关民间组织并不发达，民众整体文化素养的不足也限制了其对遗产保护活动的参与；政府应当努力提高社会公众参与文化遗产保护的技能与积极性[5]。吴平指出区域非物质文化遗产保护主体主要由当地政府、社区民众（传承人和民间组织）、学术界、商业组织以及文化机构等共同构成，并相较于其他主体阐释了社区民众在宣传非遗和培养非遗继承人方面的重要职能[6]。邓正恒以民间组织广东开平市仓东教育基地及香港长春社文化古迹资源中心为例，阐述了民间组织的自治性、非营利性、志愿性和民间性等特征，以及它们在搭建组织架构、资金来源渠道、人力成本、活动形式、与当地人连结方面的优势，并指出了该类组织经费来源不稳定、人员流动性强以及组织的合法性等问题[7]。

不同类别不同项目的非遗，其社会保护千差万别，而相关的研究还不够充分。以传统戏剧类非遗昆曲为例，其相关研究多局限在新中国成立前，特别是民国时期各种社会组织对昆曲的保护及其演变[8][9]。新中国成立初期积贫积弱的国情叠加"十年浩劫"的冲击，保护力度不够也是情有可原，但是社会组织的保护活动虽然相对微弱但是并没有停止[10][11]。中国台湾地区与大陆两岸恢复交流后，台湾地区的昆曲爱好者通过加强与大陆专业院团的交流与合作，实现了两岸共同保护昆曲艺术的美好局面。本文就 1990 年以后中国台湾水磨曲集昆剧团与大陆专业昆剧团的交流与合作为例展开具体的论述。

一、中国台湾水磨曲集昆剧团的简介

虽然根据台湾地区学者洪惟助的推测，至少在清朝乾隆年间，中国台湾地区已经有了昆曲剧团的活动[12]，但由于语言隔阂、竞争激烈等各种原因，在第二次世界大战之前，昆曲一直没有在当地扎下根来[13]。直到 20 世纪 40 年代末期，一批学者与昆曲曲友迁至台湾地区，在他们的积极研究与推广之下，昆曲才开始在当地真正兴盛起来。在尝试诸多推广方式的过程中，或许是因为演出可以帮助昆曲吸引来更多的关注，特别是激发在校学生学习昆曲的热情，培养年轻的昆曲爱好者，昆曲曲友们尤其注重通过组织、指导在校学生的昆曲演出这一重要形式来推广昆曲[14]。其中，曲友徐炎之、张善芗伉俪的贡献尤为突出。当时，除了台湾师范大学的昆曲社受教于夏焕新、焦成允先生之外[15]，其他各校的昆曲社主要都由徐炎之、张善芗伉俪来指导。徐炎之先生负责教导唱曲、张善芗女士负责教导身段，各校的昆曲社每年都要举行公演[16]。但1987年之前，当地主要的昆曲演出主要就是各校昆曲社每年举行的公演，以及曲友们偶尔自行出资举行的演出，各大学昆曲社的学生毕业后其实并没有多少登台的机会，技艺的渐渐生疏也是可想而知。鉴于这种情况，徐炎之先生的弟子萧本耀先生就组织徐氏伉俪的其他弟子，如陈彬、周蕙苹、林逢源、宋泮萍等十多人，于1987年6月共同创立了中国台湾地区第一个昆剧团——中国台湾水磨曲集昆剧团[17]（以下简称"水磨"昆剧团），并于同年八月于台北市文艺活动中心举行首度公演，以庆祝徐炎之先生的九十大寿。该剧团的主要活动为定期与不定期的昆曲公演，继续此前隔周举行的昆曲曲会，以及每年举行的昆曲清唱观摩大会[18]。

1949年后，两岸的昆曲联系被迫中断，但由昆曲引发的文化牵绊却一直在台湾地区曲友的心中萦绕不去，他们希望尽快并且尽可能地建立与大陆昆曲界的联系是台湾地区新老曲友们的心愿。1987年，两岸的昆曲交流日渐恢复。

二、"水磨"昆剧团与大陆专业昆剧团在授课方面的交流

1990年之前，"水磨"昆剧团的主要演出剧目为徐炎之、张善芗夫妇教授的十出戏，俗称"张十出"，具体为《牡丹亭》的《学堂》《游园》《惊梦》，《南西厢》的《佳期》《拷红》以及《铁冠图》的《刺虎》，《义妖记（雷峰塔）》的《断桥》，《长生殿》的《小宴》，《玉簪记》的《琴挑》与《思凡》[19]。1993年5月台湾陆委会通过了《大陆地区杰出民族艺术及民族技艺人士来台湾传习许可办法》草案后，同年6月，多位大陆昆曲艺术家应台湾地区中华民俗艺术基金会之邀，首度赴台进行艺术传习工作[20]，开启了"水磨"昆剧团直接向大陆专业剧团的专业演员学戏的进程。

在"水磨"昆剧团的指导老师中不可不提的是上海昆剧团的周志刚、朱晓瑜伉俪，自从1994年经昆曲名家华文漪引荐给"水磨"昆剧团后，周氏夫妇就一直指导、教授该团的演出至今。由于双方抱有对昆曲表演共同的理念，如对"俞家唱"（"俞家"指以俞

振飞为嫡系传人的昆曲世家）与"沈家做"（"沈家"指以沈传芷为嫡系传人的昆曲世家）的坚持，使得长期的合作可以持续下来。

（一）教授剧目方面

大陆的昆曲艺术家教授给"水磨"昆剧团的剧目大致可以分为三类：大陆经常上演的剧目、大陆不太上演的剧目以及新编剧目。其中，大陆不太上演的剧目，即通常所说的冷门剧目具有特殊的价值。例如，在1998年"水磨"昆剧团向周志刚学习的《绣襦记·剔目》，据说当时已经三十多年没有被搬上舞台了[21]，面临着失传的风险。像这样在大陆不太上演的剧目还有很多，究其原因，一是因为吸引不了观众，尤其是年轻的观众；二是因为演出难度比较大，演员本身就很少练习。但对于昆曲这门艺术的完整性来说，很多冷门剧目对于丰富各个家门的演出实践又是非常重要的存在。例如，"水磨"昆剧团在1997年向周志刚学习的《绣襦记·莲花》就是一出很有特色的剧目，重点突出了鞋皮生，即穷生这一角色。这样穷苦的男性形象在明清时期并不少见，对于我们了解明清时期一般民众的生活具有重要的价值，对于保持昆曲家门的多样性也意义重大。但是鞋皮生并不好演，"破衣烂衫"的形象相比于巾生、官生等角色也并不美观，因此长期处于被忽视的境地，长此以往必然产生失传的风险。然而对于"水磨"昆剧团这样的业余团体来说，学习怎样的剧目是具有一定自由度的。学员不必过多考虑观众的反响如何，只要自己觉得重要而且想学就可以拜师学艺。而"水磨"昆剧团这样对昆曲有深入理解和一定专业性的团体对于这些剧目的价值自然也是心知肚明，因此像《绣襦记·剔目》与《绣襦记·莲花》这样的冷门剧目反而在"水磨"昆剧团这样的业余团体中常演不辍。截至2008年底，"水磨"昆剧团共演出《绣襦记·剔目》十三场，《绣襦记·莲花》十七场，这两个剧目已经成为"水磨"昆剧团的保留剧目，由于该剧团对这两出戏的重视，未来这个数字还会不断增加[22]。现将"水磨"昆剧团向大陆专业昆曲演员学习的剧目列表如下：

表1　截至2020年"水磨"昆剧团向大陆专业昆曲演员学习的剧目

授课时间	剧目	指导老师	所属单位
1994年12月—1995年1月	《玉簪记·偷诗》《百花记·赠剑》《烂柯山·痴梦》《牡丹亭·拾画叫画》	周志刚	上海昆剧团
1997年6月—1997年7月	《绣襦记·莲花》	周志刚	上海昆剧团
1998年6月—1998年8月	《绣襦记·剔目》《蝴蝶梦·说亲》	周志刚	上海昆剧团

授课时间	剧目	指导老师	所属单位
1999 年 7 月—1999 年 10 月	《渔家乐·藏舟》 《西游记·认子》《咏花》	周志刚 朱晓瑜	上海昆剧团
2000 年 1 月—2000 年 4 月	《幽闺记·拜月》《焚香记·阳告》《雷峰塔·水门》	周雪雯	浙江昆剧团
2001 年 5 月—2001 年 7 月	《琵琶记·琴诉盘夫》 《窦娥冤·斩蛾》	周志刚 朱晓瑜	上海昆剧团
2002 年 9 月—2002 年 11 月	《玉簪记·逼试》 《雷峰塔·游湖》	周志刚 朱晓瑜	上海昆剧团
2002 年 9 月—2002 年 10 月	《疗妒羹·题曲》	胡保棣	上海昆剧团
2004 年 7 月—2004 年 10 月	《西厢记·寄柬》《占花魁·卖油》 《红梨记·花婆》《长生殿·絮阁》	周志刚 朱晓瑜	上海昆剧团
2006 年 10 月—2006 年 12 月	《琵琶记·廊会》 《浣纱记·合纱、泛舟》	周志刚 朱晓瑜	上海昆剧团
2007 年 3 月—2007 年 5 月	《琵琶记·书馆》	周志刚 朱晓瑜	上海昆剧团
2007 年 10 月—2007 年 12 月	《浣纱记·后访》	周志刚	上海昆剧团
2008 年 7 月—2008 年 8 月	《艳云亭·痴诉》	周志刚	上海昆剧团
2009 年 7 月—2009 年 9 月	《琵琶记·别坟》《吟风阁杂剧·罢宴》 《钗钏记·相约相骂》	黄小午 王维艰	江苏省昆剧院
2010 年 11 月—2011 年 1 月	《琵琶记·南浦》	周志刚	上海昆剧团
2012 年	《绣襦记·卖兴》	周志刚	上海昆剧团
2016 年	《绣襦记·坠鞭》	周志刚	上海昆剧团

（以初次教授为准，根据"水磨"昆剧团艺术总监陈彬提供的资料整理制作）

（二）演出方式方面

由于战争、政治、欧美流行文化的冲击等原因，昆曲在大陆的观众出现了严重的断层。笔者在 2018 年 9 月访问江苏省苏州昆剧院时，从国家一级演员吕福海处了解到，20 世纪 90 年代的昆曲观众基本上都是年事已高的老戏迷，年轻的观众非常少见。为了适应时代的发展和吸引年轻的观众等原因，大陆的职业剧团在舞台美术、配乐、身段、唱法等方面作出了很多改变，同时也从传统的小舞台逐渐过渡到了西方的现代化大剧场，其中的很多转变也受到了诸多行家的批评[23]。

相比之下，在演出方式上，"水磨"昆剧团与周志刚老师的理念一拍即合，即尽可能采用传统的表现手法。在舞台美术方面，没有绚丽的舞台背景与华丽的服装，"水磨"昆剧团坚持了传统的单色幕布背景与"一桌二椅"的传统布置，服装也坚持"宁穿破，不穿错"的原则，一切为表演服务。在配乐方面，"水磨"昆剧团坚持以曲笛为主的传

统配乐组合。在身段组合与呈现方式上，"水磨"昆剧团也坚持传统的表演方式，例如在《渔家乐·藏舟》这出戏中，男主人公刘蒜的出场点是在女主人公邬飞霞下场前所唱的《山坡羊》的最后两个字上，这就制造了邬飞霞在下场门时刘蒜正好在上场门的这一舞台瞬间，然而在剧情上二人却是身处两个场景。这种上下场方式在传统的戏曲舞台上是经常使用的。然而当代的戏曲舞台，也许是为了便于观众理解，转而采用了垫音乐的方式，即邬飞霞下场后刘蒜再上场，虽然便于理解但也在一定程度上限制了观众的想象空间。"水磨"昆剧团在这方面一直坚持着传统的舞台表现方式[24]。在唱法方面，"水磨"昆剧团坚持传统的咬字吐音与行腔方式，不会混入现代的流行唱法，也不会混入话剧的表现方式。

三、水磨昆剧团与大陆专业昆剧团在演出方面的交流

自从 1992 年上海昆剧团应邀赴台公演以来，在台湾地区新象文教基金会与台湾地区雅韵艺术传播有限公司的共同推动下，大陆的专业昆曲剧团几乎每年都会赴台公演。"水磨"昆剧团与大陆专业剧团的共演也于 1995 年拉开帷幕。在这之后，台湾地区的昆曲教育开始兴盛起来，各个大学纷纷开设昆曲讲座。在学者曾永义与洪惟助等热心人士的倡导下，为了进一步在台湾地区校园中普及昆曲，新象文教基金会邀请大陆的专业剧团与台湾地区的业余团体共同开启了昆曲校园巡回演出之旅。在这个过程中，"水磨"昆剧团有机会与大陆的昆曲名家岳美缇与王芝泉在台北文艺活动中心共演了《雷峰塔·断桥》与《扈三娘》。即使没有这样与大陆演员共演的机会，"水磨"昆剧团也会积极听取大陆名家对自己表演的意见，进而改善演技。例如，在 2000 年 12 月 11 日至 2001 年 1 月 14 日举行的台湾地区"跨世纪千禧昆剧精英大会演"中，"水磨"昆剧团独自演出了《咏花》《琵琶记·南浦》《牡丹亭·学堂》与《绣襦记·莲花、剔目》等剧目，演出结束后还主动询问大陆名家蔡正仁、岳美缇、计镇华等的意见，进一步提高了自身的技艺[25]。

2001 年 8 月，为了纪念恩师，也借着昆曲申遗成功的东风，"水磨"昆剧团开启了昆曲两岸巡演。从最初的上海、苏州到后来的南京、杭州，"水磨"昆剧团接连收到了来自江苏省昆剧院与浙江省京昆艺术剧院（即现在的浙江昆剧团）的演出邀请。在这个过程中，"水磨"昆剧团也首次实现了与大陆专业剧团乐队的合作。虽然 1995 年 "水磨"昆剧团曾经与上海昆剧团的鼓师李小平、笛师顾兆琪合作过，但与整个专业剧团乐队的合作还是第一次。"水磨"昆剧团也借此开启了与

职业剧团交流的新方式，更加磨炼了自身的技艺。截至 2020 年，"水磨"昆剧团与大陆专业昆曲演员共演情况见下表：

表 2　截至 2020 年"水磨"昆剧团与大陆专业昆曲演员共演的记录

日期	活动名称	剧目	共演的大陆演员与所属单位	演出会场
1995 年 5 月 10 日	昆曲美之旅	《雷峰塔·断桥》《扈三娘》	岳美缇（上海昆剧团）王芝泉（上海昆剧团）	台北国军文艺活动中心
2001 年 8 月 26 日	魏梁遗韵——纪念昆曲大师两岸巡演	《牡丹亭·学堂》	陆永昌（江苏省苏州昆剧院）	南京市兰苑剧场
2005 年 10 月 21 日	瑶台仙音——祝贺蔡瑶铣女士从艺五十周年公演	《琵琶记·南浦、琴诉盘夫》	王振义（北方昆曲剧院）董萍（北方昆曲剧院）魏春荣（北方昆曲剧院）	北京市湖广会馆
2009 年 7 月 12 日	耄耋氍毹——老生老旦折子戏精选系列	《荆钗记·见娘》	黄小午（江苏省昆剧院）王维艰（江苏省昆剧院）	台北国军文艺活动中心
2009 年 8 月 14 日	耄耋氍毹——老生老旦折子戏精选系列	《牧羊记·望乡》《钗钏记·相约相骂》	黄小午（江苏省昆剧院）王维艰（江苏省昆剧院）	台北国军文艺活动中心
2009 年 8 月 15 日	耄耋氍毹——老生老旦折子戏精选系列	《吟风阁杂剧·罢宴》	黄小午（江苏省昆剧院）王维艰（江苏省昆剧院）	台北国军文艺活动中心
2009 年 9 月 5 日		《长生殿》	黄小午（江苏省昆剧院）王维艰（江苏省昆剧院）	台湾彰化县员林演艺厅
2009 年 9 月 6 日		《长生殿》	黄小午（江苏省昆剧院）王维艰（江苏省昆剧院）	台湾桃源县中坜艺术馆
2009 年 9 月 13 日		《长生殿》	黄小午（江苏省昆剧院）王维艰（江苏省昆剧院）	台北国军文艺活动中心

（根据"水磨"昆剧团艺术总监陈彬提供的资料整理制作）

截至 2020 年，"水磨"昆剧团与大陆专业剧团乐队合作情况见下表：

表 3　截至 2020 年"水磨"昆剧团与大陆专业剧团乐队合作的记录

日期	活动名称	剧目	乐队所属单位	演出会场
2001 年 8 月 10 日	魏梁遗韵——纪念昆曲大师两岸巡演	《绣襦记·莲花》	浙江昆剧团	杭州市东坡大剧院
2001 年 8 月 19 日	魏梁遗韵——纪念昆曲大师两岸巡演	《琵琶记·琴诉盘夫》《牡丹亭·学堂》《绣襦记·莲花、剔目》	上海昆剧团	上海市逸夫舞台
2001 年 8 月 24 日	魏梁遗韵——纪念昆曲大师两岸巡演	《琵琶记·琴诉盘夫》《牡丹亭·学堂》《绣襦记·莲花、剔目》	上海昆剧团	苏州市十全街文华苑

日期	活动名称	剧目	乐队所属单位	演出会场
2001 年 8 月 26 日	魏梁遗韵——纪念昆曲大师两岸巡演	《琵琶记·琴诉盘夫》《牡丹亭·学堂》《绣襦记·莲花、剔目》	江苏省昆剧院	南京市兰苑剧场
2004 年 12 月 25 日	祝贺南京曲社五十周年	《渔家乐·藏舟》	江苏省昆剧院	南京市江南剧院
2004 年 12 月 26 日	祝贺南京曲社五十周年	《西厢记·寄柬》	江苏省昆剧院	南京市江南剧院
2005 年 10 月 21 日	瑶台仙音——祝贺蔡瑶铣女士从艺五十周年公演	《琵琶记·琴诉盘夫》《西厢记·寄柬》《绣襦记·莲花、剔目》	北方昆曲剧院	北京市湖广会馆

（根据"水磨"昆剧团艺术总监陈彬提供的资料整理制作）

四、水磨昆剧团与大陆专业昆剧团在出版方面的交流

"水磨"昆剧团的前任团长，现在的副团长兼艺术总监陈彬女士曾经是报社记者，这就为"水磨"昆剧团与大陆专业昆剧团在出版方面的交流奠定了基础，陈彬本人也在积极推动这种合作。

最初的尝试是在 2001 年，成果是历时 9 年完成的昆曲伴奏系列 CD：《檀板清歌——昆曲名曲吟赏系列》。1998 年，陈彬受聘担任台湾艺术学院（现在的台北艺术大学）戏剧系国剧声腔课的讲师，并将教学重点放在了昆曲上。为了使学生更好地感受到昆曲的音乐性，同时受到当时已经出版多年并且反响良好的京剧伴奏带的启发，陈彬决定制作一套昆曲伴奏带。由于昆曲没有派别之分，是定调定谱的剧种，在制作伴奏带时也比较方便，不需要制作多个版本。这一想法也得到了周志刚老师的支持与帮助。具体实施起来后，陈彬与周志刚共同选择曲牌，至于从工尺谱到简谱的翻译，以及具体的找乐队、找录音棚以及录音工作则由身在上海的周志刚负责，CD 的后期制作由陈彬在台北完成[26]。就这样，9 年之间出了 9 套伴奏 CD，其中还包括像《将军令》这样即将失传的曲牌，有力地促进了昆曲的保存与推广。

另一方面，陈彬也积极帮助大陆昆曲名家出版传记，记录艺术经验。这方面的合作肇始于 2000 年出版的《我是昆曲之"末"：演艺生涯半世纪》。2000 年左右的时候，相较于京剧书籍的繁多，有关昆曲的书籍却寥寥无几。陈彬通过当时浙江省京昆艺术剧院的昆曲演员周雪雯了解到，著名老生张世铮想要出一本书，介绍自己的生平以及艺术理念，材料已经齐全，只是其他方面还无头绪。抱着给后世留下宝贵昆曲资料的心态，陈彬毅然接下了出版的工作[27]。就这样，包含了张世铮四十多年舞台经验的传记得以出版，这对于昆曲的研究与保护都很有意义。此后，在陈彬的帮助下，又陆续出版了昆曲名家蔡瑶铣的传记《瑶台仙音：我的昆剧艺术生涯》（2005年），以及周志刚、朱晓瑜的传记《万里巡行：周志刚、朱晓瑜伉俪的戏曲艺术》（2006年）等等，昆曲的相关资料由此得以丰富。值得一提的是，陈彬在自传《我爱唱戏：优游戏曲三十年》（1999年）与《我更爱唱戏：优游戏曲四十年》（2009年）中也将向大陆名家学戏的经历娓娓道来，亦是很珍贵的昆曲资料。

五、结语

本文以1990年以后中国台湾水磨曲集昆剧团与大陆专业昆剧团的交流为例，阐释了在传统戏剧类非遗中，具有一定专业性的业余团体在此类非遗保护中的积极作用。除了通过进行一些与综合性非遗社会组织类似的活动来保护非遗之外，具有一定专业性的业余团体由于具有更多的关于某项非遗的专门知识以及技艺，使得它们在与非遗职业团体的沟通中具有专业上的便利性，便于通过完成一些对专业性要求较高的保护工作来传承非遗。

从"水磨"昆剧团在授课、演出与出版方面与大陆职业团体的互动中，可以看出这类业余团体的特殊作用。在授课方面，由于没有了吸引观众的压力，"水磨"昆剧团可以选择冷门但是重要的剧目来学习，有些剧目与角色甚至是被专业剧团冷落许久从而面临着失传风险的。此时"水磨"昆剧团对这些剧目的学习本身就是对它们最直接的传承，在一定程度上保护着昆曲的完整性。在表演方式上"水磨"昆剧团也尽量遵循传统，当然这也与该剧团主要的演出场所就是传统的小舞台有一定关系，但也不得不说这在客观上促使"水磨"昆剧团得以保持传统。在演出方面，"水磨"昆剧团积极抓住与大陆专业演员共演的机会磨炼技艺，即使共演不了，也主动听取专业演员的意见，改善自身的演技。除了与大陆专业演员的合作，"水磨"昆剧团还通过两岸巡回演出的机会，开辟了与专业剧团乐队合作的交流方式，更加提升了自身的表演水平。从而提升了自身普及、传承昆曲的能力。在出版方面，由于"水磨"昆剧团艺术总监陈彬女士本身的职业背景，使得"水磨"昆剧团可以通过与大陆专业剧团合作的方式，出版昆曲伴奏CD、昆曲名家传记等等以普及昆曲，保留住名家的艺术经验。从这些方面可以看出此类业余团体在保护非遗方面的特殊优势与特殊方式，以及作出的特殊贡献。

当然，随着国家对昆曲保护的日益重视，例如2005年文化部与财政部联合制定

了《国家昆曲艺术抢救、保护和扶持工程实施方案》，使得许多濒临失传的昆曲优秀传统剧目得以被挖掘整理保存与传承。地方上也陆续出台了配套措施，如2005年8月10日，北京市文化局印发的《北京市文化局关于抢救、保护和扶持北方昆曲的原则意见》，2006年浙江省财政厅和文化厅颁布的《浙江省昆曲艺术专项资金管理办法》以及2006年江苏省苏州市人大制定通过的《苏州市昆曲保护条例》等，这使得许多昆曲保护工作得以加强。通过昆曲及其他传统艺术的交流与合作，加固两岸的文化共同体意识是新世纪的重要课题。

另外，具有一定专业性的业余团体也有其自身的局限性。这样的团体相比于综合性非遗社会组织往往人数较少，资金来源也十分有限，很多活动没有办法举办。此外，该类团体对指导老师的要求也比较苛刻，如果没有遇到与自身理念一致或者相近的老师，就会面临没有指导老师的风险，这对该类团体技艺的提升非常不利。随着周志刚老师的年事渐高，"水磨"昆剧团在未来也面临着有可能找不到专业指导老师的困境。

总之，正是具有一定专业性的业余团体具有的这些优势与劣势，使得它们与综合性非遗社会组织以及其他主体的合作显得很有必要。各方取长补短，通力合作才能实现非遗保护的可持续性。而各个主体之间针对不同的非遗具体应该如何开展合作，在数字化时代各个主体应该怎样合作才能更加有效地保护非遗等等，也是今后值得研究的课题。

参考文献：

[1]中华人民共和国中央人民政府：《国务院办公厅关于加强我国非物质文化遗产保护工作的意见》，2005年8月15日发布，https://www.gov.cn/zwgk/2005—08/15/content_21681.htm

[2]中华人民共和国中央人民政府：《中华人民共和国非物质文化遗产法》，2011年2月25日发布，https://www.gov.cn/flfg/2011—02/25/content_1857449.htm

[3]中华人民共和国中央人民政府：中共中央办公厅国务院办公厅印发《关于进一步加强非物质文化遗产保护工作的意见》，2021年8月12日发布，https://www.gov.cn/zhengce/2021—08/12/content_5630974.htm

[4]谭宏：《民间组织在非物质文化遗产保护中的作用》，《民族艺术研究》

2009 年第 5 期。

　　[5]杨颉慧：《社会公众参与文化遗产保护的困境及路径》，《殷都学刊》2014 年第 3 期。

　　[6]吴平：《区域非物质文化遗产多元保护主体合作共治研究——以黔东南为个案》，《贵州社会科学》2012 年第 12 期。

　　[7]邓正恒：《民间组织保育非物质文化遗产的实践——以广东开平市仓东教育基地及香港长春社文化古迹资源中心为例》，《文化遗产》2015 年第 6 期。

　　[8]解玉峰：《文人之进退与百年昆曲之传承》，《戏剧艺术》2016 年第 4 期。

　　[9]邹青：《论民国时期昆曲社的时代特征及其启示》，《戏曲艺术》2021 年第 1 期。

　　[10]池玉玺：《从北京昆曲研习社看昆曲艺术的传承》，中国艺术研究院硕士学位论文，2013 年。

　　[11]孙秀兰：《昆曲保护组织研究——基于苏州的调查》，苏州大学硕士学位论文，2012 年。

　　[12]洪惟助：《台湾昆剧活动与海峡两岸的昆剧交流》，《千禧之交——两岸戏曲回顾与展望研讨会论文集》，宜兰：台湾传统艺术中心筹备处，2000 年版，第 24、25 页。

　　[13]蔡欣欣：《昆曲在台湾发展之历史景观》，《中华戏曲》2008 年第 2 期。

　　[14]林佳仪：《昆坛清音——徐炎之、张善芗的昆曲生涯》，台北：台湾秀威资讯科技股份有限公司，2018 年版，第 104 页。

　　[15]施德玉：《昆剧在台湾之概况及其当前之表演类型》，《戏曲学报》2010 年 12 月第 8 期，第 82 页。

　　[16]钟廷采：《台湾业余昆剧团观众发展之研究——以水磨曲集昆剧团为例》，台北艺术大学硕士学位论文，2006 年，第 57 页。

　　[17]陈彬编辑：《水磨 25：姹紫嫣红开遍》，水磨曲集昆剧团出版，2012 年版，第 36 页。

　　[18]赖桥本：《四十年来台湾的昆曲活动》，《国文天地》1994 年 1 月第 9 卷第 8 期，第 11 页。

　　[19]林佳仪：《昆坛清音——徐炎之、张善芗的昆曲生涯》，台北：台湾秀威资讯科技股份有限公司，2018 年版，第 130 页。

　　[20]洪惟助：《台湾昆剧活动与海峡两岸的昆剧交流》，《千禧之交——两岸戏曲回顾与展望研讨会论文集》，宜兰：台湾传统艺术中心筹备处，2000 年版，第 29 页。

［21］陈彬:《我更爱唱戏：优游戏曲四十年》，台北：台北出版社 2009 年版，第 85 页。

［22］陈彬:《我更爱唱戏：优游戏曲四十年》，台北：台北出版社 2009 年版，第 91 页。

［23］郑培凯:《昆曲青春化与商品化的困境》，《书城》2008 年第 5 期。

［24］陈彬:《万里巡行：周志刚、朱晓瑜伉俪的戏曲艺术》，台北：台北出版社 2006 年版，第 195 页。

［25］陈彬:《我更爱唱戏：优游戏曲四十年》，台北：台北出版社 2009 年版，第 26、27 页。

［26］陈彬:《我更爱唱戏：优游戏曲四十年》，台北：台北出版社 2009 年版，第 54—59 页。

［27］张世铮:《我是昆曲之"末"：演艺生涯半世纪》，台北：台北出版社 2000 年版，第 398、399 页。

作者:

赵润，甘肃省非物质文化遗产保护中心干部、博士研究生，主要研究方向：非遗保护理论研究与实践。

刘卫华，甘肃省非物质文化遗产保护中心主任、副研究馆员，主要研究方向：非物质文化遗产保护理论研究与实践。

皮影戏在民间信仰仪式中的特殊功用

——以通渭影子腔为例

陈旭龙

摘要：作为小戏曲的一种，中国皮影戏发展源远流长。以当下存在于陇中地区的通渭影子腔表演为例，在与地域化民俗活动的结合中，承载了诸多的民间信仰内涵，并辐射影响至陇中大部。这种自成体系的表演涉及的戏台营造、神灵供奉及人神间互动关系的确立，均依托于广泛分布在陇中村社庙宇的皮影戏专用戏台得以实现，其与自明清以来营造的大戏舞台相互映照，成为地域化民间信仰的主要活动场所。通过对至今仍完整保留于通渭影子腔中的仪式流程的解读，可以一窥皮影戏在中国传统农耕社会基层关系构建中所起到的特殊功用。

关键词：戏曲；神庙剧场；皮影戏；民俗仪式

古代中国的民间信仰以分布于广大乡村的社庙和宗祠为载体，以传承数千年的神仙鬼怪思想为依托，以仪式化的祭祀活动为表现，在长城以南的农耕文化区域内，构建起了古代中国区别于官方正统礼仪规范的另一套具有民俗化特点的民间信仰体系。在该系统中，中国底层民众以明清以来官方推崇的道德规范为参照，在佛教、道教和傩文化共同推动下，形成了与之平行存在的民间信仰空间。在这一空间中，底层民众善于学习、采纳、汲取各方思想与表达形式，形成了中国延续千年的底层崇拜。他们供奉神灵与所谓的宗教崇拜完全不同，并未有体系化的教义和宗教团体出现，而是具有很强的临时性民俗化特点。但在看似松散的组织形式之下，这种依地域和血缘关系划分出的每一个具有宗教化表象特征的聚居群落，在相互交织影响下成了整个中国民间社会的基础，而这一客观存在也成为自明代以来中国底层社会的主要组织形式。

这种因地域而形成的具有相同血缘和以姻亲关系构成的族群间的巨大网络，在中国北方乡村以依托"同姓村"为基础营建的庙宇形式广泛存在，其祭祀活动同样围绕早期的生殖崇拜和对生存的渴求而展开，在很多方面与南方宗祠文化呈现了同一化的倾向。本文将重点围绕广泛存在于陇中地区①的社庙及其祭祀活动中常规出现的皮影戏仪式表演展开论述，以期通过对发源于陕甘，流布于陇中大部分地区的通渭影子腔民俗属性的观察，探讨皮影戏在中国民间信仰仪式中所具有的特殊功用。

一、乡村庙宇承载的民俗信仰

"甘肃影戏是中国影戏的重要一支，其形成和发展当与中国影戏的进程大略同步，即初成于唐末，始兴于两宋，广盛于明清，衰微于当代"。[1]当地艺人和乡民普遍认为其传承千年以上。与赵建新的论述一致，通渭影子腔在陇中地区的传播，有其深厚的历史文化基础。历史上的陇中拥有较早的文明，在古代中国为相对发达的地区，以秦安县大地湾新石器文化遗址的存在为代表。距今3000年前，周人的祖先在域内泾河流域创造了中国最早的农业，而近年来在白银地区黄河沿线发现的众多岩画，也成为早期农耕文化和畜牧业在此发展的印证，这些一起构成了黄河流域早期灿烂文化的开端。古秦部落的发祥地和受封于周后的都邑也均在陇境，如同周一样，秦也渐次东进，统一中国。汉唐时期丝绸之路贯穿甘肃，使该地域成为中西文化交流，商贸往来的通道。这些均为甘肃影戏的发展传承提供了可能。

中国古代戏曲的一项主要功能便是娱神，戏曲被认为是可通神灵的途径和手段之一，被广泛运用于酬神还愿和祈神赐福的祭祀活动。通渭影子腔至今保留有这种传统，其演出主要以娱神为目的。皮影戏以其简便，价格低廉，流动性强的特点，为陇中各地乡村普遍接纳。而其在演出时间上集中于夜间所散发出的神秘

---

① 传统意义上的甘肃陇中地区包括了通常的定西六县一区，这是从历史发展和具有同源文化风俗而做出的划分。这些地区的生存群体以其具有的自然、经济、地理、语言、习俗上的共性，而共属于同一的文化板块。本文将以影子腔发展繁盛的通渭县为中心，按其传播中直接或间接发生影响的18个县市展开讨论。具体涉及的地域将以通渭为中心，依南北划分为两个区域，其中北部包括了会宁、定西、临洮、榆中、兰州、皋兰、永登、临夏，南部包括了陇西、渭源、漳县、岷县、武山、甘谷、秦安、静宁、庄浪。

性和表演剧目中对人神互动关系的巧妙设置，也更易于得到乡村群众的认可。同时，皮影戏表演中对神话色彩的处理方式较之人演大戏更为灵活，上天入地，日行千里，腾云驾雾，使各种幻象得以在百姓的认知范围内"再现"，这更易于被底层群体所接受。由此，皮影戏成为甘肃广大乡村群众酬神还愿、祈神赐福的主要方式，艺人们进而也成了沟通人、神的联系纽带，成了通俗化的民间信仰与民俗文化的重要组成。

早期中国皮影戏的演出主要在庙宇进行，这里的庙宇主要指分布于中国乡村的民间庙宇。而民间社庙在中国也出现了地理和文化上的南北差异，在中国北方的黄河流域，主要以广泛分布的乡村社庙为主；在中国南方的长江流域，主要是依托各姓氏家族为基础构建的宗祠等祭祀场所。而在这些特定空间上演的祭祀礼仪，则体现了底层民众对先祖庇护及神灵未知能力的期待。为了笼络神灵，纪念祖先，这些空间成为特定群体会聚的场所，而其中修建的戏台，也成为他们表达自身敬畏与虔诚之心的公共空间。

甘肃皮影戏的分布有两个中心，分别是位于陇东的环县和陇中的通渭，这两个县区的皮影戏表演虽各具特色，但均传承历史久远，班社集中，从业者众多，且对各自周边地区的影戏发展产生了重要影响。在这两个皮影戏中心带动下，形成了在陇东以环县道情皮影为主的环县、庆阳、镇原、泾川和陇中以通渭影子腔为代表的通渭、会宁、安定、永登、陇西等皮影戏集中分布区。在这些地域中，民间信仰崇拜氛围十分浓厚，庙宇文化比较发达，这也就形成了该地区"有庙就有庙会，有庙会就有影戏"的局面。在地处黄河、洮河交汇地的陇中，以影子腔为主的皮影戏表演多以乡村社庙皮影戏台为依托，这一空间成为祭祀仪式举行的重要场所。① 而由庙宇、皮影、戏台一起构成了陇中地区民间乡野"人神共在、人神共娱"的公共空间。

（一）陇中乡村社庙的营建与管理

在甘肃陇中，由村社成员自发组织营建的庙宇广泛存在，这种村社庙宇的出现与明初统治层推行的"官神"信仰影响下形成的地域化民间信仰密切相关。[2]在这一特定空间中举行仪式有别于官方主导的民俗祭祀活动，其在不断融合各类民俗文化内容的发展中，成为皮影戏在陇中地区长期上演的起因与原发点。

陇中乡村社庙的营建包括选址、集资、备料、修造、开光仪式等几个常见过程，除最终落成后举行的仪式外，与民居的修造类似，但因其功用的神圣性特点，决定了对它

---

① 陇中乡村社庙中的皮影戏专用戏台，在当下通渭义岗、会宁侯家川、定西安定区等地普遍存在。当地庙宇在营建之初便会有影戏台的修建规划。其戏台空间多窄小，但总体均以庙宇附属建筑的形式存在。

的营造有一套严格的程式法则必须遵循。在选址上，会竭尽所能寻找符合风水观的地点。严格遵循这一建筑理论的庙宇多营建于村社中心地带，兼顾民众祭祀时的便利，其间多会把握两个特点：其一为趋利避害，崇尚风水；其二为整个过程暗合"天人合一，刚柔相济"的哲学思想。建筑在平面布局上多为以围墙形成闭环式空间，普遍遵循了以中轴线为中心的原则。殿宇台基多居于最高处，厢房为次，靠近大门的戏台等则高度下降。同时依中轴线在庙宇院内中心位置通常会安放铁铸的香炉①。而其附属建筑中多会有戏台存在，其目的也旨在祭祀时使用。

陇中地区乡村社庙覆盖群体人口多以 1000 人为基础，这也是该地区庙宇营建中普遍存在的现象，而庙宇的营建和祭祀活动也会围绕这些群体展开。以庙宇建造为例，其营建所需物料均需全体成员集资统一购买，人工则由成员共同参与实施。庙宇修建时，多会设立专门的组织机构，该组织中以会长为首，会长之下由财务人员、会员代表、庙官、各社社头共同参与日常管理。② 其中的社头③ 起到对接本社社员的作用，会员代表监督财务及管理层运行，庙官则负责社庙的清洁与日常接待。庙宇的资金来源主要依靠每次过会时香客的捐助和社员布施两部分构成，但在涉及一些重大建设项目的开展，还会依靠社内成员集资应对。

（二）与民俗信仰仪式相关的皮影戏台

陇中乡村中普遍存在的社庙建筑规模通常较小，在满足了神庙建筑必备的主殿、香炉、山门基础上，戏台通常以皮影戏专用台（当地称灯影戏台）的形式出现。这一情况也可与当下国内尚存于山西、河北的几处早期影戏台遗存形成对照，这些仍在陇中乡村使用的皮影戏台对当下国内影戏的研究具有极高的参考价值。

按陇中地区习俗，皮影戏班社一年中的表演分为春秋两季，形成了所谓春

---

① 存在于甘肃地区庙宇中心位置安放的香炉，当地人称之为天坛或鼎，兼具祭坛的作用。其底部为圆形香炉形状，上为五层六角亭形制，最顶端有宝珠。底部有铭文，一面多为"香火万年吉祥宝鼎"，另一面多为庙宇名称和所供奉的神灵名号。

② 此处所说的"会"，在陇中乡村有两类。一类是乡村社庙的管理组织，通常以管理委员会的形式存在。其次是"青苗会"。清末民国之际出现的"青苗会"，以服务于各自村社农业生产为主旨，在很多地区，青苗会成为独立于社庙之外的乡村自治组织，但在陇中乡村，青苗会更多时候与社庙管理组织"会"发生了功能上的重合。在个别地区，即使两者名称独立，但人员组成上多会重合。

③ "社头"：在甘肃，乡村社庙的建立通常由几个社的成员共同出资，而庙内神灵的供奉通常也由这些成员共同完成。为了庙宇日常管理的便利，每社通常会推选出各自的代表参与，而这些代表因其所具有的上通下达职能，多被称为"社头"。

戏、秋戏的区别。艺人们每季演出时多会按照各自固定的线路展开，即出现了"戏路"的划分。因为每季演出总时长一般达到 3 个月以上，艺人的行进过程总体会沿各村社庙宇的神灵祭祀时间展开，所以其戏路通常按照从下到上的线路推进。每季演出开始之前，各地庙宇一般会与常用班社把式提前沟通时间，把式将汇总起的时间依线路进行提前安排，以便使各处庙宇演出时间上相互连贯，由此便形成了一个完整的当季演出戏路。戏路的存在连接起了陇中地区数量众多的乡村社庙，也由此组成了庞大的民间信仰仪式网络。陇中地区沿戏路分布的 20 多座皮影戏专用戏台，则成了伴随地域性民间信仰存在的一道亮丽风景。这些至今仍存在于安定、通渭、会宁乡村，并在使用的皮影戏台，业已成为该地区村社庙宇的重要组成，承担了神庙剧场的作用，而这也可视为是神庙剧场在地域化演进中出现的一种特殊形式。

以会宁县侯家川镇和定西市安定区李家堡镇的三座皮影戏台为例，其中会宁县白顾村涧滩社庙的皮影戏台位于该庙东南角，与坐北朝南的大殿相对，建筑形式与当地民俗建筑形式一致，为人字梁两坡水顶，使用灰瓦铺设，有高耸的屋脊，为砖木结构。整个戏台呈长方形，在东面墙体开门，北面墙体有为安放影窗预留的开口。戏台依地面而建，基座不可见。建筑整体外墙长度 3.51 米，宽度 2.33 米，由地面至外屋脊下檐高度 3.68 米，屋脊高度 0.45 米。房檐至地面高 2.16 米。其中影窗预留位置居于正对大殿的北向墙体，开口尺寸为长 1.88 米，高 0.93 米。戏台内部空间狭小，可勉强满足艺人演出使用。其中正对影窗一侧修建时考虑到了放置影具的需要，筑有 0.5 米宽的平台供把式使用。该戏台为早期建筑，社庙后期重建时该戏台予以保留，现所见庙宇围墙并未将戏台完全包裹，后墙有部分突出于墙体。会宁县侯家川镇葛滩村社庙皮影戏台，则是近年来与庙宇一同修建。其建筑形式上与庙宇整体风貌统一。位置居于庙宇西南角，坐西朝东，并未与大殿相对。戏台建在与西厢房相连的台基之上。台基高 0.37 米，戏台长 3.30 米，宽 4.8 米，东西长，南北短。东向墙体预留影窗开口。自台基至房檐下端高 2.0 米，自台基向上 0.66 米处以上为影窗开口，开口尺寸为长 2 米，高 0.91 米。南向墙体有门，门上方留有一烟道孔，可供戏台内部取暖时安放烟囱。戏台内倚西墙起筑有一北方农家土炕，可供艺人夜间休息。该戏台内部宽阔，空间大，使用时有空间可以炭炉生火起保暖作用。影窗位置制作了可拆卸的窗户，考虑到了不使用时的美观实用。定西市安定区李家堡镇唐湾、联合社庙皮影戏台，位于庙宇山门下的台地之上，与庙宇正殿相对。其早期形制与会宁侯家川镇影戏台类似，2022 年 10 月起进行了重建，2024 年 6 月进行了彩绘装饰和匾额悬挂，现为明清风格的混凝土框架结构建筑。^①戏台顶部飞檐四展，以灰瓦铺就，装饰有吉祥兽脊。正面整体为木质结构，正中位置留出影窗，左右按民居窗口形式进行了设计，利于光线投入，上有木作吉祥图案装饰。戏台底部台基较高，利于演出观看。戏台前檐总宽 5.3 米，檐高 3.7 米，正梁总高 5.6 米，总深度 5.1 米。影窗开口尺寸为：长 2.4 米，高 1.2 米。戏台内部空间宽阔，完全可以满足日常表演需要。

另在与会宁县侯家川镇相邻的通渭县义岗镇、华家岭等地，同样存在该类型的皮影戏专用戏台。其中义岗镇段家坡和华家岭汪家夯的影戏台均为近年新建，其形制仿照中国南方戏台建造，外观上相对奢华，其造价每座也近 20 万元。该类存在皮影戏专用戏台的乡村，其分布均与影戏艺人的活动线路相关。

二、皮影戏承载的民间信仰仪式表演

广泛存在于古代中国的民间戏曲在发挥其娱乐功能的同时，通过民间信仰的仪式化表演，在特定区域群体中实现了凝聚力的增强，域内群体通过对民间赛会活动的参与，将"宗教信仰，经济事务和娱乐活动交织在一起"，构成了早期中国底层民众社会生活的所谓美好场景。[3]

甘肃乡村普遍存在的以同姓村或多姓村庄为基础组成的村社组织，成为自宋代以后广泛存在于中国北方地区乡村社会的代表，其构建的社会组织形式具有早期中国民间社会的基本形态特征。其群体以"社"^②[4]为单位展开的民俗活动，更多是围绕促进农业发展的目的而展开。在陇中地区则以受到明代以来"官神"信仰影响下形成的对雨水的渴求为主。这也与该地区位于黄土高原腹地，干旱少雨

---

① 定西市安定区李家堡镇唐湾、联合社庙，因其每年农历五月庙会期间举行活动的丰富性和仪式表演的代表性（其仪式表演包括了傩舞、皮影戏、道教科仪、鼓乐等陇中地区常见的民俗祭祀形式），2024 年 6 月被上海市普通高等学校人文社科重点研究基地，中国仪式音乐研究中心设立为田野考察基地，而对其皮影戏台的研究，亦成为其中的重点考察内容。

② 关于"社"，这一乡村基层组织的功能与定位，在鲍江《娲皇宫志：探索一种人类学写文化体裁》中有所涉及。此处的"社"，为中国西北乡村早期组织形式中的最小单元，与后期出现的乡村自治组织"村"不同。其出现相对更早，更易与基层群众生产生活发生关系。这也与鲍江《娲皇宫志：探索一种人类学写文化体裁》中所言的在河北涉县娲皇宫周边乡村民间对"社"的称谓不同。按其叙述："社是神鬼门的一种组织形式，以庙为依托；社的首领称作香老，所谓'管庙的'，负责社庙的日常管理、组织工作；社的成员称作执事，负责在庙会活动中充任角色。"鲍江的叙述中，将北方庙宇的活动组织"会"和基层组织"社"发生了混同，其提法值得商榷。

的特殊地理气候条件相关。基于"官神"祭祀圈 [①] 存在的众多庙宇，其供奉神灵拥有各自的控制区域，其间依托庙宇为中心形成的村社联合随之建立，并依靠有序开展的祈雨活动及祭祀仪式得以长久延续。

这里，与农业祭祀事务相关的神灵一定程度上起到了整合社群团体的作用，其中由数个村社联合进行的祈雨仪式及赛社演出成为关键。当下陇中民间信仰中依旧盛行的春祈秋报即由宋金时期祈雨活动中的乡村赛社演艺延续而来，并在明清之际发展成为乡村社庙献艺的主流。在陇中地区，以通渭影子腔为代表的皮影戏中出现的"打台""请神""安神""愿戏"等表演则实现了对其祭祀内容的仪式化展现。

（一）传承久远的"打台"仪式

打台"又称祭台，踩台。中华人民共和国成立前，凡新戏台建成，必须打台，为新戏台所在地的百姓和登台唱戏的艺人消灾免祸。此活动在甘肃各地形式有所不同，但大同小异"。[5] 打台习俗在陇中民间得以延续，并以其仪式化的特点成为当地影戏艺人的必备技能。该仪式因其所处空间的神圣性及仪式中出现的鸡血祭台环节，具有早期巫文化的特征。

早期打台仪式使用的道具包括了银圆、瓦、红绳、黄表纸、香、粮食、碗、五色布、铜钱、米、面；祭品包括猪、羊、鸡；出场人物（神灵）有赵公明、刘海、王灵官（王善）、土地爷、咬鸡仙、天官、魁星。整个仪式过程包括了神灵出场、封台口、献祭、血祭、镇台、降福等6个环节。《中国戏曲志·甘肃卷》所载人演大戏打台仪式记录显示，其间"先在台前按八卦方位摆好八块瓦，戏班演员扮好黑虎玄坛赵公明等各种角色，由会长给每人一块银圆含在嘴里，再用红头绳和黄表纸封住上下场门和前台四周。打台时赵公明跳上，用鞭炮打断各处的红头绳。刘海在唢呐牌曲中上场亮相，在勾腔中绕场一周，踏碎八块瓦后下。王灵官（王善）在鼓声中上，跳架子下场。接着天官在庄严的唢呐牌子曲中上，环视四周后坐于台中高座。然后土地上，招手让台下站立的绅士百姓，抬着准备好的整猪、整羊、斗米、斗面、满斗铜钱及五色布上台，由土地爷率领

---

① 陇中地区"官神"信仰是伴随明初随戍屯政策的推行而在洮河流域出现的地域性俗神信仰。其供奉神灵原型人物最初以明初开国功臣（如徐达、常遇春、李文忠等）为主，后经发展，明代将领和明代传说人物亦被纳入。"官神"信仰分布根据距离洮河距离的远近和民族融合程度的影响，形成了核心区、边缘区、外围区的祭祀圈层划分。这一客观存在祭祀圈所具有的要素，完全满足了台湾学者提出的关于"祭祀圈"理论的相关指标要求。"官神"祭祀圈中的祭祀仪式普遍以司公主持下的傩仪为主展开，但在陇中地区，皮影戏表演则充斥其中，实现了傩仪与代表农耕文化精神的皮影戏的深度融合。

众人在天官面前烧香焚表，观众齐呼：'请天官开金口，漏玉牙。'天官先念四句诗，然后才说明某地新修戏台一座，他奉玉帝旨意，前来打台降福。换上赵公明，让他用五雷碗，打戏台四周，再换'咬鸡仙'咬去鸡头，抢着死鸡在前后台奔跑，并把鸡血抹在台柱上；再由土地指挥众人架好长梯请'咬鸡仙'登梯把鸡头钉在台中央大梁上，之后天官把铜钱、粮食向四周抛撒，祝愿当地财源茂盛、五谷丰登。土地率众人拾去粮食、铜钱。然后，天官呼唤魁星点元。魁星上跳架子，祝福当地一点状元，二点榜眼，三点探花。最后天官赞颂当地功德无量，祝贺新戏台今日今时开始唱戏，他回宫交旨，在唢呐牌子尾声中角色全部下场，打台结束后，正式开戏。"[6]该记录虽针对大戏而来，但基本流程与皮影戏大体一致。① 按照通渭影子腔皮影戏艺人间流传的剧本，其流程如下：

《打台戏》②

上元一品天官紫卫星大帝

第一场王灵官动作

第二场赵王上动作

起唢呐上天官下［高座］

第四场　五老「老中青」白　请天官开金口露金牙（打台上来）

⊙世在九重坐天官　长在神王保殿前

　但愿若知银公满　荣华富贵万万年

吾神苍门之子，苍学之后，上元一品赐福天官之　帝。

只因香烟纷纷玉庆庆，冲开之　玉帝有旨，纷封了玉帝赦与来

在 XX 省 XX 县 XX 村 XX（神灵名称）

帅前来打台

天官　二帅何在

---

① 按照陇中当地普遍做法，多以皮影戏进行打台、祭祀等仪式，民间普遍认为皮影打台更易得到神灵的认同。

② 该剧本为 2022 年 3 月通渭影子腔传承人杨永忠提供。通渭当地，打台戏剧本各班社使用上有差异，但基本流程一致。另，该剧本为全文录入，为保持原貌，未对排版格式进行修改，仅进行了相关繁简字体的转换，其中天官等特殊形式为中国传统影戏剧本标示格式。关于中国影戏剧本相关标示符号的使用可参阅陈旭龙著《中国影戏民俗属性及其戏剧化研究》（中国纺织出版社有限公司 2024 年版）中的相关内容。

赵王　参见天官

天官 XX 省 XX 县 XX 村 XX（神灵名称）合社人等修下万年宝台，玉帝有旨命吾虽代二帅前来打台，命你二人打台上来

赵王动作　打台已毕，站在一旁，抬头一观，观见中梁不正，不免将上方印儿鸡，摘下凡来、压定中梁

遵命，咬鸡仙何在、遵命压定中梁

动作鸡血死　五谷粮食　五雷碗，打台已毕，

天官 站下　观见此台不正，待王亲自打来，一打风调雨顺，二打国泰民安，三打三阳开泰，四打五谷丰登，打台已毕。虽代二帅玉帝交旨，正是

一顺百顺　二喜临门　三星高照

四季平安　五谷丰登　六连高升

妻贤子孝　八面伟分　九干十成

百事吉祥　千事如意　万事大吉

奉送了天神归天　地神归地

龙归沧海，虎归山林　见了神王交旨

有正是：

忙离了这个福地，怎敢毯摸摇迟

架起一朵五色祥云，早报神王得知　└完

该剧本所显示流程与《中国戏曲志·甘肃卷》所录大戏流程有所区别，其程序中少了刘海撒金钱及土地爷出场的情节。在通渭影子腔艺人表演实践中，会加入刘海撒金钱环节，但魁星点状元情节通常出现于愿戏仪式，与打台无关，不可混用。①

（二）影戏承担的"请神"仪式

陇中民间信仰中的"请神"分三种情况：其一由道教阴阳师主导，其以发文、念经

---

① 根据笔者 2023 年对定西市安定区李家堡镇凤凰山戏楼的打台仪式田野考察，该仪式中加入了刘海撒金钱环节，但无魁星点状元情节，且在出场人物中无土地爷出现。另外，仪式过程中，当艺人代表的"咬鸡仙"将鸡头斩断后，会将鸡血泼洒于戏台内部东南西北各方位。同时伴随天官"一打风调雨顺，二打国泰民安，三打三阳开泰，四打五谷丰登"的口白，后台有专人以火面喷向后台东南西北各方位，以示肃清邪祟。整个仪式肃穆庄重，后台参与人员均口含铜钱，禁止发声，仅以提前安排好的流程按步骤开展。

等设醮的形式开展仪式活动，陇中当地称实施主体为"法"；其二为傩仪司公主导，以设坛、游神等形式展开，当地称实施主体为"神教"；其三即为由影戏班社主持实施的请神、立幡等祭祀活动。

根据田野考察，在由影戏艺人主导的请神仪式中，签神牌为重要环节。班社把式会根据与社庙会首的协商，确定神灵邀请范围。陇中民间通常将神灵划分为方神、官神两类。这里的方神为当地村社区域范围内供奉的神灵，即地方神，而官神多为民间信仰中具有普遍性信仰的神灵，在陇中特指"八位官神"。[①]邀请神灵时艺人会以黄纸制作成神牌形状，书写神灵官阶，插入盛放了粮食的升子中，通常每个粮食升三面安放神牌，以30个为限，最后一个神牌为总述性牌位，多书"诸山坛洞，各宗庙神"或"灯火会上，一切等神"，以示邀请到了全部神灵。签完神牌后即以唢呐吹奏开始接神。等待该流程结束，便意味着神灵已全部邀请到位。

"请神"之后便需要对到场神灵进行祭祀，这便是"安神"，意在为村社众人送来祝福与吉祥。因"请神""安神"联系紧密，故同属一个大的仪式环节。"安神"时戏班会以专用的《安神戏》配合仪式进行。其中签神牌、接神、安神在第一晚举行，属准备工作，最后一晚演出结束后需送神，同时形成了"文接武送"的传统。[②]即在迎神时以唢呐曲牌相接，送神时以锣鼓敲打相别。

关于"安神"，在通渭影子腔中有专门的仪式剧，称《安神戏》，虽然其版本众多，但主要出场人物均以赵公明、王灵官、天官为主，内容上无外乎通过天官赐福，刘海撒金钱等表演以祈求村社人口平安，农业生产五谷丰登。所以在仪式上多以天官出场，向庙宇神灵诉说缘由，以完成仪式。该剧目多以程式化的口白形式展开。开演前戏班成员多很慎重，会净手、秉烛、上香、化裱、奠酒，之后鼓乐雷动，由把式操纵天官等影人上场表演。之后将天官固定于亮子前，由后台艺人主持

---

① 此处"八位官神"为陇中洮河流域周边地区俗神信仰神灵，该信仰自明初出现以来，对陇中民间信仰的形成影响巨大。根据笔者2023年6月起对历年来田野考察资料的整理汇总，认为常见的陇中八位官神包括：盖国大郎（徐达）、常山辅王（常遇春）、白马大王（李文忠）、金龙大王（康茂才）、索陀龙王（胡大海）、显现大王（赵德胜）、黑池龙王（朱亮祖）、成沙广济（成世疆）、杨泗将军（韩成）、盖国二郎、显世大王，共计十一位。其中前6位原型人物为明初分封功臣，后二位来源不定，其余三位均为明代将领。其"八位官神"的称谓属于一个总的称号，因供奉群体地域分布不同，多会出现组合人物上的差异，但均以八位为限。

② 这里的文、武是对伴奏乐器而言，其中的文乐为唢呐，武乐以锣鼓为主。

仪式。期间内容是以天官的口吻向庙宇所请神灵告知此场演出目的为演戏"还愿"，祈祷众神灵护佑合社人等家庭平安，万事如意。该仪式中因各地供奉神灵不一，会在实际表演中产生差异，但其程式总体一致。

安神戏 ①

赵上白

家住四川枣林寨，手拿铁索将虎带。要知吾的真宝号，吾是黑虎赵公明。封神台曾把子牙见，封我黑虎赵玄坛。天官登台，早来伺候。

王灵官上白

头戴七星帝日红，手拿金砖架火轮，要知我的真宝号，察查善恶王灵官。

天官登台早来伺候

天官上白

吾在九重坐天官，常在玉帝宝殿前。世人若知阴公满，天官赐福降临龙。

吾在南天门打坐，云中四值工曹传来了犯贱善恶的单报，吾奉玉帝旨意，下凡查看，这是童儿，揽动祥云，前去查看，早奔吉庆堂。

转之场

人在吉庆堂前，观见此地是一座好福之地，青龙白虎左右盘，万山倒有龙吸水，后山紧靠八宝泉。夸奖已毕，已来在 XX 省 XX 县 XX 村 XX 社全庄人等，自心嘀议，今晚开台演戏，答报神恩，大叫童子焚香化马，祝告此方尊神。

祝告已毕，观见粉壁墙十分干净，待我留诗一首：粉壁墙来粉粉壁，南阳登州有家会。子牙身背封神榜，各州府县游会场。

留诗已毕，观见东南角红云闪闪，不知是哪位大仙来到，待我等候等候。

刘海上

家住周地在户县，时运不济把柴担，观音老母曾指点，我妻狐狸送仙丹，石佛洞中得大道，得来金钱戏金蟾，王母设下蟠桃会，刘海撒下太平年。

吾乃直脚大仙刘海，奉了玉帝赦旨，早奔吉庆堂前撒钱，观见天官，早到，大叫天官请了。

---

① 该内容由通渭影子腔传承人杨永忠于 2021 年 11 月提供。此《安神戏》为通渭艺人普遍使用版本。在当地艺人使用时，常会发生与《天官赐福》剧目混同的情况，且仪式中有刘海撒金钱环节。

天官：直脚仙请了，你不在石佛洞中修身养性，来在吉庆堂前所为何事？

刘海：只因此庄人等，八辈好善，今晚开台演戏，答报神恩。香烟茂盛，冲开南天门口，玉帝心喜，令吾前来于合庄人等撒钱。

天官：金铁有数无数？

刘海：怎样无数。

天官：身带多少？

刘海：一十万贯有余。

天官：何不早撒。

刘海：说撒就撒，呀呀啡，撒钱已毕，遍地生金，待吾回上天官交旨，正是：刘海生来是大仙，行走步步撒金钱，金钱落在贵地上，荣华富贵万万年。

下。

天官：观见刘海走去，遍地生金，大叫赵王二帅何在？

二帅：伺候天官。

天官：令你二仙将合社人等庄前庄后庄左庄右不正之神，歪神外鬼一鞭扫尽，统在袍袖内边，压在阴山以下。叫它千年不能抬头，万年不能超生。

二帅：颂法语。

（上下）

天官上面交旨。

天官：待我再次祝告地方尊神，保佑合社人等大的无灾（再），小的无难，空手出门，富贵还家，一籽落地，万籽归仓，一年耕种，十年口粮，牛羊低头吃草，抬头长膘，许愿在前，还愿在后，祝告已毕，回上天宫，玉帝面前交旨。正是：忙离这块土地，怎敢怠慢瑶池。架起一朵五色祥云，早报玉帝得知。

在该剧目中，天官赐福之后刘海又以撒金钱的形式送来祝福，最终会以赵公明、王灵官对村社清扫禳灾结束，整个表演流程一气呵成。安神之后，多为愿戏表演，之后几日戏班便开始正常演出。但在最后一晚表演结束后会送神。送神仪式相对请神、安神较为简化，其间艺人会安排会首配合，将粮食升中供奉的神牌恭请至喜神方位，夹以黄裱、经方一同焚烧。至此，一个完整的演出流程才告结束。

（三）民间社庙祭祀中的"愿戏"表演

所谓"愿戏"，一般指村社群众针对家中各项事宜在庙宇中神前许下的诺言，待事情成功后便要邀请戏班在神前兑现的行为。《中国戏曲志·甘肃卷》将其解释为："还愿戏：许多人家为给家人消灾除难，祈祷福祥，常向神灵许愿唱戏，若许的愿应验了，就要唱还愿戏，唱戏时间多少，根据家庭经济情况而定，戏价及演员食宿全由还愿者负担。"[7]中国影戏与乡村社庙的结合，使"愿戏"成为满足其群体对幸福美好生活追求的主要表达形式。甘肃陇中地区皮影戏中的愿戏表演已形成了程式化的模式。以通渭影子腔为例，当地影班多参与乡村庙宇敬神活动，其表演第一晚即为愿戏。陇中地区早期还愿多邀请戏班至家中进行，但由于过程烦琐，花费高昂，后多在村社庙宇请戏时由社首统一安排，集中于庙宇一并进行。费用则由庄社还愿人按家户人丁分担，当下为每人10元。庙中会安排专人负责对接该事宜。关于还愿的原因，形式多样，多与家庭生产生活、疾病、娶妻生子、求财相关。近年来随社会发展，甚至出现与升学、车辆安全相关的内容。总体而言，均以祈求平安为主题。

以2022年3月在会宁县侯家川镇由通渭影子腔传承人刘满仓主持的"愿戏"表演为例，在表演中，前台把式会在仪式中结合庙宇情况，加入当地神灵名称及说明表演事由。其开场中的口白内容如表1所示：

表1 通渭影子腔"愿戏"开场内容汇总[8]

时间	2022年3月1日（阴历二月初一）
地点	甘肃省会宁县侯家川镇葛滩村
人物	上葛社、下葛社、黄平社三社成员
神灵	花儿湾仙山白马大王，势慈观音三佛菩萨，齐天大圣法王佛君，当方山神里城土地，九天东厨司命灶君，漱灵仙山观音菩萨，三岔口仙山把叉大王左龙山黑池龙王，石榴仙山雪山大王，乌龙仙山黑池龙王，盘龙仙山"九天圣母"，盘龙仙山花雨娘娘，凤凰仙山白马大王，翻江倒海杨四将军，诸山潭洞各庙等神，值日功曹纠夜善神，灯花会上一切神祇。
事由	"演戏还愿"

"愿戏"仪式结束后，便会开演正戏，当晚正戏必须以还愿内容为主。通渭影子腔班社常演剧目包括了《武当山还愿》《五台山还愿》《观音寺还愿》《天竺寺还愿》等。①

____

① 关于当晚所演剧目的确定，陇中当地通常是由会首和班社把式一同在神前掷签，由神灵选择决定。

三、结语

"打台""请神""安神""愿戏"表演，成为反映陇中皮影戏民俗属性的重要组成，在这里，从皮影戏专用戏台的营造到神灵的邀请供奉，直至实现人神之间的交流互动，均通过影戏艺人程式化的表演得以实现。在其经长期流传形成的程式化仪式中，皮影戏以民间小戏的形态出现并参与其中，成为陇中民间信仰的重要组成。这一仪式过程，除其本身具有的娱神功能之外，更多成为早期陇中民间村社基层社会关系构建的主要依托。在与乡村社庙的紧密结合中，明以来底层社会群体间的联系纽带在共同开展的仪式化行为中得以贯通，其包括了因血缘关系、亲缘关系、地缘关系构成的诸多群体，这也成为明代中国由礼俗社会向法理社会转型过渡阶段出现在民俗活动上的显著转变，该时期形成的诸多习俗对后世中国西北地区的社会经济发展产生了深远影响。

作者：

陈旭龙，白银市平川区经济合作局工作人员，研究方向：民族学、艺术人类学，非物质文化遗产资源传承与保护。

非遗影像学

非物质文化遗产论丛（第二辑）

建筑·文本·叙事：民族志中物质／非物质文化书写的影像表达艺术 *

颜 亮 加 措

摘要：民族志中的影像，又称影视民族志或影像民族志，是利用影像拍摄技术在特殊的民族田野语境中所进行的"他者"记录方法、多文本合成路径以及书写人民史诗的重要方式。人／媒介（建筑）／地理（自然／人文）多元矢量交互涵意构成了田野地志学意义上影像构素的"座架"基础。非物质文化所属的神话传说文本不仅与物质实存构成了互文关系，而且进一步链接，通过运动关系和关系美学，成为具有影像叙事和艺术表达的可能性构素。两种构素最终通过物质域中的物质／非物质媒介实存、意识域中的影像技术，生成了影像域的智力理解、"情境哲学"、文本重构以及中国故事的叙事。

关键词：物质文化；非物质文化；民族志影像；神话故事；风俗仪式

作为铸牢中华民族共同体意识和传承中华优秀传统文化的实践构成——民族志发挥着不可或缺的重要作用。无论是从"漫天星斗说""重瓣花朵说"，还是"多元一体化格局"的形成，中华文明体从起源、发展、交融以至生成，历来就是多民族文化体共在，聚合协同完成着中华民族几千年的"文化奇观"。而时至今日，面对不断绵延发展的民族文化，具有双维性"掘藏"功能的民族志"既指一种民族文化的记录结果，也指形成这种结果的研究方法"[1]，一维性中作为物质文化的文本性存在的民族志，"通过'民族志'文本，将一个族群的生活方式、思维习性、制度体系以及文化创造等方面系统地描述并呈现出来"[2]，书写生生不息的人民史诗[3]。另一维性中作为非物质文化

＊［基金项目］2022 年度西藏大学博士后资助项目"马克思文艺美学在西藏的传播和影响"。

形态存在的民族志，其方法的"叙述有相当灵活的表现空间，对事实和现象进行记录、描述的'志'，对'所志对象'进行分析、解释的'论'，对情节冲突、人物个性的刻画及其间融入表述者感情和文学性修辞策略、艺术技巧所体现出来的'文'，三者以不同的比重被不同的民族志作者加以匹配"[4]与聚合，注入情感态度与审美意趣，从而在自然的田野过程中"从特定文化的本土人的视角给读者提供了一幅正在进行的事情的详细图像"[5]。民族志中的影像，又称影视民族志或影像民族志，是利用影像拍摄技术在特殊的民族田野语境中所进行的"他者"记录方法和文本合成方式，这种"影视表达的优势也不仅仅停留在上述的'直接展现田野情景'方面，影视表达与文字书写一样，也可以表现思想、观念、理论等抽象的意义"[6]。除此之外作为一种持续性冲破纪实影像边界的表述方式，物质／非物质文化"民族志电影作者可以根据田野调查所掌握的事实资料，以虚构情节为架构，通过族群成员戏剧性的表演手段，更为深入地展示该族群的特定文化内容"[7]。

自 2015 年 6 月至 2018 年 6 月，笔者以物质／非物质关系为考察主题，深入云南三江源腹地（金沙江、澜沧江、怒江），以民族志理论方法结合物质／非物质文化的媒介考古、乡土档案谱系展开田野调查。其间具有典型性，位于澜沧

图 1　曲登西格转经现场（2018 年 3 月拍摄）

江畔的建筑景观"曲登西格"进入本研究视野。曲登西格在迪庆藏语中又称作"曲登格江""曲登西格让绛","曲登"在藏语中意指佛塔,"西格"意指玻璃或水晶,因其主体建筑是由白色石灰石柱构成,在当地俗称"白转经",亦为整体类圆形转经之路的起点,富含丰富的乡土非物质档案文本的神话传说。从地理横向空间的构成上来看,曲登西格北向距离迪庆藏族自治州德钦县县城15千米,向南顺澜沧江流向走势与德钦县诸多村落形成地理平面结构上的辐射/播散结构,东西由云岭山脉相夹形成了独特的"两山夹一江"自然地理,在自然媒介基础上人为构建的信仰景观以及人(群体)与物之间的非物质风俗仪式符码,皆成为影像生成重要构素"基元"。

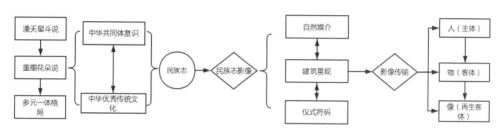

图2　民族影像结构谱系图示

一、生态空间与摹绘意象:民族志视觉建筑景观的物质/非物质文化媒介考古学构素

"建筑是指一定区域内的民族在某一历史时期所创造的建筑物,它综合地反映了该民族在某一历史阶段所达到的科学技术和文化艺术水平,是当时社会物质文明和精神文明的标志,并具有鲜明的地域性、民族性、时代性、科学性和艺术性"[8]。栖居于澜沧江、云岭山脉的当地族群,从知识考古的角度来看,信仰建筑曲登格江(曲登阁)的真实建造年份已无可证,其年代学意义上的叙事皆以神话述行予以叙述。藏传佛教历史资料《莲花遗教》(白玛噶唐)中记载曲登格江"这座水晶塔是莲花生大师从印度运用神通安立在这里的"[9]。这种原型"神话是一个奇特的系统,它从一个比它早存在的符号学链上被建构:它是一个第二秩序的符号学系统。那是在第一个系统中的一个符号(也就是一个概念和一个意象相连的整体),在第二个系统中变成一个能指"[10],这种第二个系统层次的符号系统(文本内涵意义),不仅指代当地族群精神分析层面的意识/潜意识构筑,"将会置换变形成为不同的历史想象场景"[11],构成了奥尔波特所谓的"想象在场",而且"是指一个社会构造出来以维持和证实自身存在的各种意象和信仰的复杂系统"[12]。历史上真实记述的莲花生大士入藏为赞普赤松德赞(742—797年)时

期，藏文典籍对其入藏传播佛法多有神话式的论述。公元766年莲花生大士修建了藏地第一座寺院桑耶寺。公元9世纪以来，有关莲花生大士的传记层出不穷，其中公元1258年"以莲花生的女弟子、被人们尊为空行母的伊西措结写成的《莲花遗教》"[13]为最佳版本。《莲花遗教》记载了"公元7世纪末，西藏前弘期佛教传入迪庆藏区。公元11世纪以后，西藏佛教（后弘期）各教派次第形成，形成佛教文化欣欣向荣的局面。各教派为了扩大自己的势力范围，争取获得更多的信徒，先后向与西藏接壤的滇西北藏族、纳西族（摩梭人）和普米族地区传播"[14]。藏传佛教的东向发展与滇西北地区族群中的传播接受，使当地民众很容易将曲登格江（曲登阁）水晶塔比附为《莲花遗教》（白玛噶唐）中的神话述行，构成了神性建筑来源的重要原型。并且在现实在场的言语／语言行为"可重复性"塑造中，有关曲登格江的"话语不断地与语境分隔和再语境化"，神话叙述被不断地加注于建筑之身，"文本中每一次重复都是一次再语境化，可能带来不同的意义"[15]。而在真实界中曲登格江的建筑曾一度遭受破坏，直至1980年在旧址上重建，当地民众邀请达仁活佛主持重修工作，并以宗教仪式加持装藏佛塔，预示重启白转经之路"秘钥"之意。至此曲登格江形成了由"主殿（供奉四臂观世音菩萨）、护法殿（供奉莲花生大师、狮面空行母等宁玛派护法神塑像）、大转经筒房"[9]三者单体建筑联接而成的建筑群落，成为当地依据自然地理建造的重要信仰之地。

从某种意义上讲，曲登格江整体建筑"确立了空间——地理环境的游牧学视角及平滑空间的生成与运行机制，建立了空间与环境的异质、开放、生成的关系模型"[16]。这种关系模式以曲登格江建筑景观系统中包含的主殿、护法殿、大转经筒房以及后期增设的白塔、神泉构成的"场域"为中心，生成链接了人／媒介（建筑）／地理（自然／人文）矢量多元互动意涵的异型地志学。异形地质"是一种

图3　澜沧江与卡瓦格博山系

时间与空间、历史和未来的交融状态，一种穿越真实和想象、中心与边缘"[17]"丰富、多产、生命和辩证的"[18]媒介世界。曲登格江的媒介地理包含以下构式：

（一）空间—自然／人文地理的游牧式构式

在德勒兹的理论中平滑空间是一个异质的场域，与多元体类型链接，块茎式横向拓殖的多元体占据着空间，无法计算，只能通过实地采样才能探索它们。曲登格江所位居的行政划分为云南省迪庆州德钦县，从自然生态看其自然环境包括了地理位置、地势、地质、地貌、水系、气候、植被以及土地等诸多异质性要素。水系（水知识）与山脉是信仰建筑曲登格江在自然平滑空中的突出依据"座架"，一方面由于"水知识是在某个特定流域内的族群所拥有的、和水资源相关的信仰和实践的总称，这些知识使得这个族群能从当地水资源中获得最大收益"[19]，绕经曲登格江的澜沧江（藏名杂曲）被怒山、云岭两大山脉所束，两岸高山峻岭，峡谷幽深。清代杜昌丁《渡澜沧有感》载"澜沧西渡欲何之，为访仙槎旧路歧"[20]，而古来澜沧江就有"水无不怒石，山有欲飞峰"[21]之势，美国植物学家约瑟夫·洛克说"到这里的人们就像进入了另一个世界，因为植物完全改变了"[22]峡谷世界，五次进入澜沧江的大卫·尼尔也认为森林、山道、草坪、山石簇拥下的澜沧江峡谷"仿佛觉得自己是在一本神话古书的图画中行走"[23]，约瑟夫·洛克也说"要走到这个地区是一件很艰难的事，因为它是亚洲最孤立的地区"[24]。另一方面这种平滑空间中富含段义孚所谓浪漫地理学"孤立"之感的实存，实际上意涵"德勒兹的游牧观念——如生成、异质性、连续变体等，是基于对游牧民在大地上的生活及活动方式呈现出的空间形式的思考"[25]。这一思考基于曲登格江围绕的中心"卡瓦格博"及其附属山脉的神山信仰展开人性与大地的诗意互动，族群赋予了自然界域山体实存生命化的"魂魄"，将其超拔于人的存在位置，并以日常行为和祭祀仪式完成对自然化象征实体的崇拜与敬畏。正如学者郭净所述"卡瓦格博地区的山神不是单一或孤立的，所谓神山卡瓦格博，指的并不仅是海拔6740米的主峰，而是以卡瓦格博为中心的一个山神的群体；崇拜这个山神群体的祭祀圈，也不受现代行政区划的限制，而囊括了以澜沧江上游为中心的藏族聚居区域。这座神山以及国内和国外藏区的许多神山，通过历史传说、亲疏关系、主仆从属关系连接成更庞大的神山体系，覆盖了青藏高原及周边的山地"[26]。

（二）绵延—时间—影像／运动—影像的构式

以"轮回—循环"为意涵象征的曲登格江，正如尼采所认为的永恒化的瞬间被强化为一种诸时刻的集聚，时间具有两个部分的不可分割性"永恒是时间外在性的表现，瞬

间是时间内在性的表现"[27]。以栖居视野和彻底解释生活在澜沧江峡谷的族群村寨，在自我栖居、承续有关本土"神圣建筑"古老记忆神话的同时，彻底理解着纵／横时间偏向传播于己（个体／群体）的"神圣建筑"述行（行为／叙述），使得建筑与神话"相互关联成分和地志性成分间相互依赖"[28]，生成了柏格森所谓的"空间时间"与"心理时间"的划分。通常现实场域中的时间以度量器完成记定，而空间时间中引入的物形位置与事件顺序，构成了生态环境中曲登格江的"时间—影像"，其中以生态自然地质地貌中的山脉（卡瓦格博—云岭山脉）、水系（澜沧江）位形为主，动植物为辅，借助地理生态人为构建出的曲登格江、飞来寺、明珠拉卡、布村、荣中巴久帕姆乃（金刚亥母）、雨崩圣地、明永冰川等内转经过程的实存节点媒介，完成空间与时间的量度。"心理时间"是通过当地族群直觉体验的时间，具有帕格森所谓的"绵延"特性，"在这一过程中体现的是人为地根据使用目的（对时间的规定）而做的关于时间的抽象的拼合"[29]，这种拼合纳含"原自系统范式"[30]中人的生存情境中瞬间实存物的多样性、异质性体验，人为赋予的"象征"性，使空间化实存成为"时间异质性变化的连续体"[31]非物质文化。一则曲登格江作为当地藏族"内转经"仪式行为的起点（寓言神话中获取开启转山秘境钥匙的开启），通过对一连串行为事件朝拜空间上的"神圣建筑"，完成其心理层面的持续性体验；另一则在"运动—影像"中，赋予神话意涵的建筑影像通过空间中人为运动的延伸来表现一种时间的延续，形成空间／时间—地理环境的界域化呈现与游牧式创制思维的现象。

（三）人（身体）／建筑／仪式的运动—影像的构式

从栖居视角看，以藏族为主体的澜沧江流域，其独特的地势是藏族"处于异质世界栖息地组织内部，而不是从中分离出来"[32]，也就是生态媒介与藏族"个人与非人类有机物根本就是二合一的东西，并进而推论出文化／自然，主体／客体间的互相混融"。[33]而且在青藏高原的东部延伸横断山脉栖居活动的藏族族群，其有机个体／群体在地势环境中的沉浸是一种不可避免的先决条件，地势构建的外在场域持续地进入藏族居民的周身。"世界的许多构成，通过人们统合进其生命活动的规则性模式而具有意义"[34]，这种意义的彻底理解在于，藏族人强调"身即认识主体，还强调运动和体验过程"[28]，也就是藏族人对生态媒介的理解是他们自身在自然环境中的体验、身体与建筑的互动映射、拓扑学空间的移动生活中获得的一种关于地势场所的知识，他们在日常生活中"描述栖居与场所创建的深刻关系"[35]，这种关系来自"环境、物或客体的理性，或者说是一种自然本身的呈现"①。这种呈现一方面表现为人（身体）与建筑的关联，另一方面显现为围绕单体/多体建筑而存在的仪式。

1. 身体/建筑的关联是一个多维、多义的存在，蕴含着建筑中的身体投射、空间中的身体体验、身体/建筑的回归隐喻等时间/空间基座上的话语与知识的"复数历史"，即身体的投射、体验、回归聚焦建筑，"静态实体的建筑彻底转化为一个能量释放的动态的过程，一个事件活动得以呈现和自我呈现的过程。在此，过去、现在和将来激发出时空感的叠加，这种时空感由我们的感观认知和心智建构的时间过程定义"[36]。例如，真实界中栖居于澜沧江附近的藏族村民个体/群体身体（心灵），通过想象界的塑造，形成了曲登格江具有身体投射性质的非物质神话想象，包括两个护法神殿的神像、寄魂柱隐喻的身体魂魄以及整个内/外转经地图中神人同形的卡瓦格博分异于不同地理空间的身体象征和身体附属用具，这种空间句法[37]上身体—建筑的投射、回归与隐喻的串联以祭祀行为的联动，构建出一个事件中的人为"想象或组织空间的基本法则、模式，可以解释根本不同的空间单元是如何在同一种法则支配下产生的"[37]建筑空间符号与文化隐喻。

2. 仪式/建筑，"一般来说，仪式是指人们按照一定的程序来表达某种意愿或信念的行为活动"[38]，与神话关联，维持人与外在客观世界的神圣，"有助于主体间性与共享情感的核心过程"[39]。整个澜沧江流域族群的"自然仪式"，一则显现为人对自然空间的移情体验，以及实践塑造神圣建筑的象征表达；一则展现为身体/心灵于自然情境中的自然而然"关涉到自然的、人文的和人类问题的情势的行为关怀，也就是指兼含人心灵活动及外物相融的关系的所有活动场域"[40]。这个场域具有单体建筑和整体建筑链式的矩阵品质，是人与自然关系视域融合以及"共谋"下，既是一种拓展的、物质的环境；一种符号媒介和物质媒介构筑的用以指导人/物关系的空间实践象征，同时也是人与环境之间仪式实践行为的拓扑学意义上的表征空间。以曲登格江作为开启自然神山卡瓦格博内/外转经仪式的"秘钥"，当地藏民族以煨桑、祭拜、浇筑寄魂柱等身体实践行为与神圣建筑发生关联，从而获取转山资格，通过持续性的运动与内/外转经"朝圣之路"中的他者神圣建筑进行移情、共感、体验"变动中的空间与造型（Space

---

①Gibson 指出呈现是指环境中的事物的价值和意义能够被直接感知到，更进一步说呈现试图说明价值和意义是外在于感知者的。

and Form of Transition）"[41]情境，构境象征人生完满的"圆形"路径与地景节点的现实/想象/象征拓扑，蕴含着影像－运动的世界"敞视"，人的"身体就是一个我的行为和反应整体的影像"[42]，"这个所有影像的无限集合构成一种内在性层面。影像在这个层面上就是自身"[42]，与物质建筑、人之行为构筑成同一性，"每一刻都是记忆、感知和想象三者的共存。在时间获得直接显现之后，影像不再是规则运动中的感知－运动影像，空间也不再是'神经经络'般的连贯空间，而成为'纯视听情境'（the pure optical and sound situation）。'纯视听情境'是感知、情感和运动的平面[43]，是潜在动作和思维生成的平面"与影像构境的"基座"。

二、时间本元与文本型符：民族志听觉乡土档案的物质/非物质文化故事谱系学述行

"时间作为运动（柏拉图）或运动的数目（亚里士多德）与天体运动一样循环往复，并且从属于自身所度量的内容，时间是一个受外力约束的循环"[44]，康德认为时间序列可以从自身度量的运动，抽离内感形式为人内化感性的自然时间，而在这个自然时间中由于引入了尼采所谓的人的生存情境，时间成为了人之此在的重要构成部分，成为打破线性序列，成为螺旋发展与强化瞬间的生成。柏格森认为个体/群性内在化认知的"绵延"赋予时间以记忆、存在与自由的统一，成为"一种在纯粹绵延中呈现：这是一种连续、融合、构成、异质性、性质差异或本质差异的内在多样性，是一种潜在而连续的、不能还原为数目的多样性"[45]。胡塞尔进一步将这种"内在时间"构筑为内时间意识现象学，通过直观的"视域""'滞留—原初印象—前摄'这种结构的分析提供了形式的可能"[46]"元印象、持存和预存，构成了作为'原初时间域'的具体「实存现前」"[47]。而海德格尔利用"在场""生存结构"以及"在之中"的空间性，展示存在显现视域"境遇整体"（Bew andn isganzheit）[48]生存论意义上的过去、现在、未来的时间维度优先权的演变及其线索。利用身体的显现以及"利用身体将滞留和前摄生存论化"[49]的梅洛·庞蒂认为身体与意识的统一，显现出时间中身体图示的运作意向性，"它是一个感觉世界的'逻各斯'，是'隐藏在人类灵魂深处的艺术'，它就如艺术一样只能从其结果中才被知晓"[50]。而且，"通过现在，并且在时间的流逝中，过去和未来相互融合、重叠……时间性将自身时间化为通过来—到—现在的未来—流逝—到—过去"[51]。苏珊·桑塔格认为"本雅明经常触及的主题是

如何把世界空间化"[52]，所以本雅明所谓的时间 / 时间意识可以促发人类经验在地貌学空间化中得到最完整的还原，"神圣性应能在世俗事物中得以揭示，世俗性也应能在神圣事物中得以揭示"[53]，这种时间性包含在纳博科夫"在螺旋运动中，没有意识的时间、有意识的时间与没有时间的意识对应于空间—时间—神秘彼岸"[54]的镜像投射，基于乔治·赫伯特·米德的现在秩序之网，将实物与事件重构，展现为"心智领域有机体环境在时间上的延伸"[55]显相。这种具有综合式多元维度的"显相"，其情势延展的功能性，一方面犹如利科通过三层的模仿情节，安排叙事进入时间轮廓，使得"时间叙事"[56]呈现成为可能；另一方面德勒兹将"身体"置于空间与时间的坐标，通过运动关系和"关系美学"，成为具有影像艺术可能的"独特的差异生成、永恒轮回的时间观与历史观"[57]。

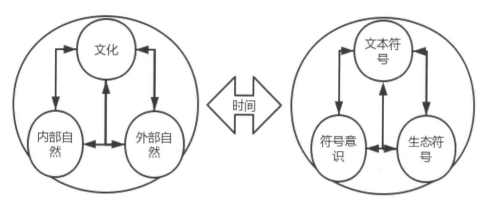

图 4　乡土自然向故事谱系转换图示

　　民族志中的时间本元是一个复杂、多元的垂直 / 水平意涵系统，"民族志中的时间测量与时间感"[58]既有日常生活中"人"的自然量度、内化感知基于历时 / 共时双重视角构筑的地方性知识（季节形态变化、纵向知识继承等），又包括媒介生态环境场域中人、事、物三者构素，交互、链接、同延、构式完成的"多重自然模式"。这种在时间中的自然现象，正如卡莱维·库尔所认为的"可以被视为文化符号学的一部分，它考察的是人和具有符号活动（经过符号调节）基础的自然之间的关系"[59]，这一立体的构式关系针对澜沧江流域的曲登格江来说，经过当地族群人为时间的传续以及"内化"思维的创序，构建出了差异性的有关曲登格江流布文本的型符和具有地方特征的乡土档案的故事谱系：其一，从符形学上看，自然生态媒介在文化结构中呈现出构成文本叙事符型的构素，即分类为自然媒介、人造景观、人 / 物仪式互动关系。其二从符义学上看，"境遇整体"的时间性为澜沧江流域的族群构建了人的时空存在意义，其中分异、外化

出了部分存在，有关像曲登格江一般实存物的意义。其三从符用学上看，"自然在人的主体世界中，尤其是在人的语言和文化所构成的主体世界图示中是如何被呈现、感知和反作用的——主体世界从生理层面延伸到了语言文化层面"[60]，即最终以口传／纸媒文本型符生成以及流传。以曲登格江实景建筑为中心的传说起源于当地居民对它的持续性赋义。这种赋义既包括人为赋予的单体建筑实景的神话异延，又包含地理空间上横向链接、播散的多体建筑实景的神话拓殖，其中以曲登格江实景建筑为起点的单体建筑神话有：

（1）相传古代印度的国王阿育王，起初并不信奉莲花生大士所传授的佛法，对于世间俗众传布的莲花生大士拥有的神通不屑一顾，于是为了验证自己的疑惑，阿育王命人找来莲花生大士本人，并对其说"如果真像世人所说你拥有神力，就请你用一夜时间在这个世界上修建十万佛塔，我便从此拜于佛门座下"。莲花生大士淡然笑之，为使佛法广布，于是施展神通，祈愿人世间山石皆幻化为佛塔。阿育王亲眼得见大师神力，从此尊莲花生大士为师，悉心领教，并下令黎民百姓从此信仰佛法、广施善业。一日，佛陀释迦知晓此事，恐末法时期佛法遭受毁灭，于是意欲将莲花生大士所幻化十万佛塔只留下印度佛塔撒拉滩、汉地佛塔西该龙锐、贝布域（尼泊尔）佛塔淌哇让寻三座，其余移居天界。而这三座幻成佛塔也欲飞往天界，莲花生大师得知后，在每座佛塔四角用铁链铁柱加以固定，才使得此三座佛塔永驻人间。如今世人依然在佛塔四角拴挂经幡，此风俗习惯据说就由此演化而来。

（2）过去多年后，汉地佛塔西该龙锐再度幻化为一只白鸽，飞临纳藏两族交界处的卡瓦格博神山附近，停落在贡许村的一处凸石上，又一次幻化为白色石头。此地一牧羊人见此凸石上的白石头，觉得有些怪异，但又不知其为何物，便推入深谷。时过不久，在一祥福日子的黎明时刻伴着地动、雷鸣、闪电等与众不同的兆象，白色石头又幻化成一只苍鹰，飞至今曲登阁化为佛塔。此地的玉贡巴头人觉得兆象奇特，就派下人去查看，得知有一幻化白石佛塔落于本地，认定此为吉兆，并在此修建庙宇大加供奉。幻化白石佛塔的事被众人一传十，十传百，一时间便扬名天下了[61]。

（3）清朝康熙皇帝听闻此幻化白石佛塔如此神奇，禁不住好奇，派出一名亲信大臣前往圣地卡瓦格博地区查验此事真假。大臣朝拜幻化白石佛塔后，在巨水一户人家喝茶休息。从窗口看见从西藏地方来的十三四骑人马前去朝拜佛塔，其中有两人肩上没有头颅，而朝拜佛塔返回时，此两人已生出头颅。大臣顿感此幻化白石佛塔神奇无比，功德无量，具有殊胜神力。感到供奉此塔不仅能祛病延寿，更能起死回生，于是大臣令手下取来纸笔，写下祈福之词，并取石刻碑立于佛塔边[62]。

（4）有一位法力高超的空行母（空行母藏语称"康卓玛"，系藏传佛教密宗无上部的特殊本尊之一）听闻曲登格江为世尊与莲花生大士所留殊胜之物，前来朝拜。无意间在距离曲登格江50米处，亲手掘出一股清泉，连绵不绝，清甜可口。附近村民朝拜此处时饮用居然治愈了身体疾病，于是神泉可治百病的传闻不胫而走，人们称神泉为"福运神水"，至此神泉成为曲登格江实体景观的一部分。

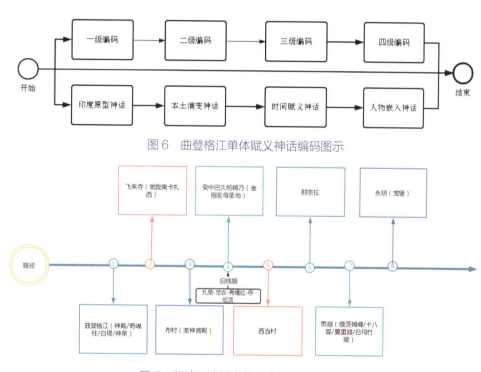

图6 曲登格江单体赋义神话编码图示

图7 澜沧江流域多体赋义神话编码图示

表一 澜沧江流域横向地理空间实存神话谱系

步骤序列	实景名称	赋义神话
1	曲登格江	印度神话——本土延伸——历史传说——神迹传说
2	飞来寺	隔空运物神话
3	布村	龙神祖那仁青神话 + 卡瓦格博神话（树林 / 手杖）
4	荣中	金刚亥母修行神话
5	雨崩	河流神话 + 神木神话 + 神石神话 + 修行神话 + 神瀑神话 + 伏藏神话
6	明永	卡瓦格博山神话 + 菩提塔、嘛呢堆神话 + 明永河神话 + 衮缅寺神话

三、视听融合与影像合成：民族志媒介记忆与知识档案的物质/非物质文化影像表达

"伟大的电影包含三重关系的描写：人与自然、人与社会、人与人的内心。越是高级的视听文本，越能逼真地描写内心的面相"[63]以及人之由内而外的行为述行。云南省迪庆藏族自治州澜沧江畔以曲登格江为中心的自然地理空间，随着时间推移，当地生活的各民族村民群体人为"利用自然界所提供的材料，在自然景观的基础上，叠加上自己所创造的文化产品"[64]。一则，这些文化产品的集聚生成"文化景观""既包括聚落、建筑、服饰、器物等物质文化，也包括语言、音乐、宗教、戏曲等非物质文化"[65]。二则，作为自然地理空间与时间中持存的媒介形态信仰建筑与文本传输，一方面"在每一个人的心中却存在着彼此共处的一个社群想象"[66]，这种想象以一体双面的建筑象征和口传文本留存，富含时间/空间运动的族群"仪式"成为共同阅读这一"活化"镜像的重要途径。另一方面曲登格江场域中的人、物、事以及相互关系构成的"媒介矢量"，可以通过影像的生产进行再现记录与诠释，在借助影像语言让历史建筑/文本信息影像化的同时，拓展了从物/言到镜像"涉及主体身体、身份、情感、文化以及社会关系的具体语境中，通过视觉上的隐喻"[67]，引向地方文化的探索与深描，掘藏其潜隐性的文化奇观与文化认同。

首先，媒介考古本意正如德鲁克里所述"重新发现'被遗忘之物'，建立稀奇古怪的古生物学，描摹、发现不切实际的谱系、未能明确的世系，'发掘'古董技术或图像，描述飘忽不定的技术发展状况"[68]，借用媒介考古学偏向现代性的研究理论与方法，将其置换、放置于自然生态场域中的"媒介"丛（自然界/人类族群/建筑景观），由此掘藏单体媒介表征与潜隐空间知识、关系、意涵；多体媒介链接构式中异型地志学和栖居视角下的文化空间、隐喻空间以及意义生产空间（第三空间）的叙事与美学。"建筑是人工创造的空间环境。通常认为，建筑是建筑物和构筑物的总称"[69]，曲登格江整体的建筑实体由以石灰柱构筑的"寄魂柱"为主体，左右两边为相反方向朝向开门的神殿构成，神殿空间中不仅供奉有卡瓦格博神像[70]，还供奉有藏传佛教格鲁派、噶举派、宁玛派等信奉的佛像及神像。而距离主体建筑"曲登贡庙"五米和十五米远的白塔、空行母神泉就构成了空间场域格局中建筑附属存在，展现出主祭祀之外的信仰实用性功能。

海德格尔《建居思》一文中明确表达了建筑物、居住、存在、耕种等之间的关系，阐释了建筑物"潜存的古老内涵和广阔意义。居住被定义为'与某些东西一起的一种停留'。当某些东西（可以聚集地、天、人、神四位一体的元素）首次被命名，他说，那么它们也是被认知的"[71]，这种建筑的"可认知"成为诺伯格—舒尔茨"迈向建筑的现象学"的阐释，即建筑意象、场所实存、"存在空间"的综合，在"定向"与"认同"共存的"知觉场"中显现以建筑为凸显的"中心性""方向性"以及"韵律性"。而列斐伏尔的"空间生产"展现出以建筑"这个中介当中行为和物质化"的空间实践/空间表征/表征空间的三元辩证，由此塑造了"从物到像""建筑的影像趋向"[72]。不仅构建出建筑电影透镜模式中的基本元素物象认知/表达，而且激发了建筑影像"对材料、光、色彩的感官上的品质，以及对象征的、有触觉的这些因素的重新兴趣"[73]。以曲登格江为中心的建筑构素在由"物"到"像"的影像生成中，不仅可以唤起审美情感中的膜拜情愫，而且潜隐性的影像信息改变着叙事传输中人与建筑的关系，由此连锁式生产出演绎性的镜像叙述、影像的艺术展现以及群性身体的图式参与。作为以艺术视角进行影像生产的田野之境，"感性审美符号通过某种物质材料而形成的人工制品和活动形态，是艺术作品固有的构成材料和显现载体"[74]，构筑曲登格江的建筑石材、木料、白石灰以及建筑附属的佛像、装饰等都是物质媒介，而一旦进入"镜头"被整合进影像语言，现实界域中物象组织构成空间布局、光影效果、质感纹理、造型构图等，田野建筑就转换为影像符号媒介，并生成包含了转换式演绎、仿真性演绎以及创造性演绎的动态情势，构成了"元建筑"叙事的信息拓展与创新，以及未来"观影者"非在场的认知与体验。

其次，非物质文化"文本是指以文字或特定的符号来表达信息的方式。文字是具有上下文关系的字符串组成的一种有结构的字符集合。符号是对信息的抽象，用于表示各种语言、数值、事物或事件"[75]。以人（仪式）—自然（媒介）—建筑（单体/组群）构境场域中的"文本"是一个复杂、多变、绵延的存在。一则从文学类型上讲，"曲登格

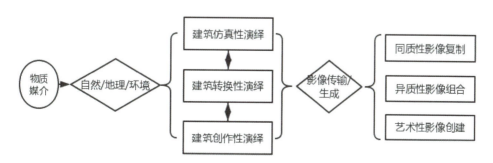

图 8　建筑影像生成图示

江"整体建筑景观背后潜隐着"富矿"形式的纸质文本叙事和口承记事信息，可视物象与隐含"文脉"构织成文本与潜文本关系。这种关系的多维性中建筑实体和文本形式作为"媒介物"，蓄藏着"物"到"像"的"故事现场"以及影像叙事的话语、陈述、主题。二则这种围绕人化场域存在的"文本"与之构成"互文关系"，相互依存，构成上行可视化的景观物象叙事以及下行持续生产意义的话语空间，正如罗兰·巴特所认为的"任何一个文本都是一个互文本，其他文本程度不等地以多少可以辨认的形式——先前的和环绕（文本）的文化的文本形式——存在于这一文本之中"[76]，而真正可以产生可叙事性、表征性、创造性的是哈罗德·布鲁姆所谓的文本关系。这种关系是影像"技术真实"与"主客观真实"对现实时间/空间"真实界"的一种"再复现"。从一定程度上来说，这种意识/无意识的"再复现"是基于对真实生活表象的行为记录在现象层面的影像交互述行，即"它由可视物与语言的直观联系（'水平'蒙太奇……）所产生，这两层含义是同时产生的……直观连续性或场景空间中的各种关联（即事实、事物、情境等的联系）决定某一含义"[77]和生成的影像含义，互文性成为克里斯蒂娃所谓影像文本对现象/符号文本的吸收，"互文性与不同形式的文本变化、影响、改编和重构有关"[78]。三则从前文本的结构来看，有关"曲登格江"的神话、传说以及民间记录是一个封闭/敞视并置的结构，具有言语/语言双重性特质：一方面其封闭性的"私人化"言语由指向场域景观特有的语素、语法以及述行方式；另一方面整体的述行因其开放性与传播性构成了情境"语义场"的超文本"记号复合体"[79]。这种景观/文本复合的记号"奇聚"，即是吉尔兹所谓的"地方性知识"，即"总是在特定的情境中生成，在特定的群体中流传和认同……与特定的历史条件所形成的文化，或文化群体的价值观，以及这种由特定的利益群体所认可和实践的立场有关"[80]。而且从影像生成构素意义上讲，这种集合人群共同体、空间、乡土知识体系，使影像"知识的构造是正在途中的，即它始终是未完成的，有待于完成的，或者正在完成中"[81]，从而极具鲜活、动态的影像情势生产性和无限创造拓殖的可能性。四则对于影像生产而言，文本/潜文本的所指与能指"面对整个文化维度的、无限活动的符指过程，在文学语言的使用中包含着政治、思维与社会等方面的语境及其显示……具有无限永久的敞开性，不存在对文本的封闭性解释或限定性阐释……与其他符号、符码集合和象征系统之间的相互交叉、依赖与互动"[82]，"创造性地使用'既存的文化资源'和'选择出的意义'"[83]复现编制具有影视化的叙事能指、符号态意指链接以及镜像新文本的生产。一方面根据曲登格江周边族群的共同地方性知识以及由此产生的共同述行符码（故事文本 / 口传文本 / 仪式文本），其与影像可以在多维度意义上互为投射指代，成为影像语言阐述彼此的镜像约定文本。另一方面现实层符码与影像层符码的转换"具有合一的意义向度"[84]，即在意识层面超越现实符码的整合性和统觉性，生成"共现构义"，并通过多次获义活动的累加重复"与其他符号相连接，竭尽所能，使解释项能够接近真相"[85]，生成完整的释码与完整的影像。

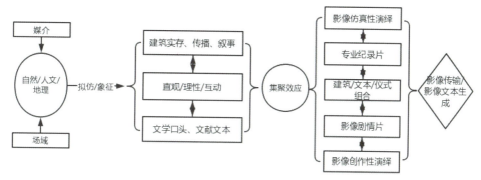

图9　影像生成逻辑

最后，作为电影影像生成的一种，"民族影像是文化电影坚持民族主体性原则的视觉基础。民族影像就是指文化电影的影像语言展现出的视觉画面都是该民族的物质文化和行为文化，在人物形象、社会环境和故事情节方面都符合该民族的民族文化意识的要求"[86]。这种对于"生于斯""长于斯"的族群乡土档案的镜像记录方式，实际上展现出物质域、意识域、镜像域三元互动、耦合、链接，集合而成的技术经验再现编码、直观"转换性解读"以及具有"电影语言或文化哲学为目的的影像叙事"[87]。其一，物质域中以建筑景观为主体的影像生成，包含了古典建筑中的主 / 客影像表达、影像空间中的隐喻叙事、建筑影像中的现象回归以及光影变异与建筑的结合。这是一个由"物"借助技术导向"像"的过程，指向物质域的时间与空间，亦关联物质文化与意识异动。一方面影像生成的空间指涉，内含了地理环境中物质化媒介镜像语境的关系链接、镜像话语的"元"语象构素和主题陈述以及镜像话语的转变、生成与释读；另一方面影像生成的时间联动，涉及了自然物理时间、意识绵延时间以及影像生成时间三者的拓展、收敛、压缩路径。其二，意识域中主旨指向建筑 / 文本的一种影像思维构筑，即"人们对视觉形象的观察力、感受力、发现力和表现力，以及对影像符号的想象、联想、综合、重构、判断、推理等认识活动和创造活动，还包括蒙太奇、节奏等美学创造"[88]。并

且直接展现为影像创作身心交融的主体—客体意涵，不仅可以利用双重感知的主客切换和融合性感知，赋予影像一种解释和一种意义，而且以影像"情境哲学"，即"关涉到自然的、人文的和人类问题的情势的行为关怀，也就是指兼含人心灵活动及外物相融的关系的所有活动场域"[89]来完成影像语言的陈述与叙事。其三，影像域，即影像生成域，本意指"将影像作为一个关注重点，注重地理景观的视觉表达……视觉影像往往被视作制造社会意义的手段，并与历史和地理特性相结合，对影像的生产进行诠释"[90]。而民族志影像基于空间维度中——媒介传播环境中的建筑质料、仪式景观、象征意涵，以及时间维度中——针对地理环境的"视觉物化存在"，所进行的语言符号/非语言符号的营建流动域绵延；以影像"智力理解"和"编码技术"重构物质与文本，从而呈现艺术化的地理景观和想象世界，产生电影影像对现实地理媒介（物质/文本）的重建与延伸。

结 论

物质/非物质文化作为民族志田野场域中的媒介、乡土档案的物化记录方式以及生生不息的人民书写基础，从一定程度上皆为民族影像生成的重要构素。其一，从空间视域来看，云南三江流域曲登格江建筑群生成链接了人/媒介（建筑）/地理（自然/人文）矢量多元互动关系，其空间平面结构上与自然生态物象的多元链接、共生同在，通过当地族群直觉体验的绵延—时间、运动—时间生成自然界/现实界人（身体）/建筑/仪式的运动—影像基础构素与构式。其二，从时间视域来看，民族志中的时间本元是一个复杂、多元的垂直/水平意涵系统，其在"整体境遇"中赋予单体建筑实景神话编码，又增意地理空间上横向链接、播散的多体建筑神话拓殖。潜隐的文本进一步与自然媒介、人物行为构成"共轴"影像素材。其三，空间与时间、显性与隐性上的物质与非物质文化，通过物质域、意识域、影像域的技术协同、"共现构义"，以影像"智力理解"和"编码技术"重构物质与文本，从而呈现艺术化的地理景观和想象世界，产生电影影像对现实地理媒介（物质/非物质）的重建与延伸，是为书写生生不息的人民史诗重要的组成部分。

参考文献：

[1]刘玉皑：《民族志导论》，北京：民族出版社，2018年版，第7页。

［２］喻锋平：《畲族史诗〈高皇歌〉英译研究》，杭州：浙江工商大学出版社，2018年版，第111页。

［３］习近平：《在中国文联十一大、中国作协十大开幕式上的讲话》，北京：人民出版社，2021年版，第7页。

［４］李立:《民族志理论探究与文本分析》，北京：人民出版社，2017年版，第5页。

［５］［美］米歇尔·刘易斯·伯克、艾伦·布里曼、廖福挺：《社会科学研究方法百科全书（第1卷）》，沈崇麟、赵锋、高勇主译，重庆：重庆大学出版社，2017年版，第404页。

［６］侯小琴：《人类学电影的表达与传播——兼论〈神农溪的冬天〉拍摄实践及反思》，武汉：华中科技大学出版社，2017年版，第40页。

［７］朱靖江：《民族志纪录片创作》，北京：北京联合出版公司，2014年版，第179页。

［８］周贵平：《中国旅游景观》，北京：国防工业出版社，2015年版，第132页。

［９］吴光范：《迪庆·香格里拉旅游风物志沿着地名的线索》，昆明：云南人民出版社，2009年版，第362页。

［10］史可扬：《影视与传播学丛书·影视批评方法论》，广州：中山大学出版社，2015年版，第106页。

［11］唐卉：《中国文学人类学理论与方法研究系列·希腊神话历史探赜神、英雄与人》，上海：复旦大学出版社，2019年版，第323页。

［12］［英］特伦斯·霍克斯：《结构主义和符号学》，瞿铁鹏译，上海：上海译文出版社，1987年版，第110页。

［13］拉巴平措，陈庆英:《西藏通史宋代卷》，北京：中国藏学出版社，2016年版，第327页。

［14］郭思九：《云南文化艺术词典》，昆明：云南人民出版社，1997年版，第240页。

［15］严小香：《修辞语用范畴实践研究》武汉：华中师范大学出版社，2018年版，第56页。

［16］［25］刘杨：《基于德勒兹哲学的当代建筑创作思想研究》，哈尔滨工业大学博士论文，第17页、第42页、第45页 2013年。

［17］黄继刚：《空间的迷误与反思爱德华·索雅的空间思想研究》，武汉：武汉大学

出版社，2016年版，第126页。

[18]黄大军：《筑建现代空间观的生态之维——西方现代生态空间观的哲学嬗变与城市规划》，《天府新论》2016年第3期。

[19]吴於松：《澜沧江流域可持续发展研究论文集》，昆明：云南大学出版社，2010年版，第145页。

[20][清]杜吕丁：《藏行纪程》，吴丰培：《川藏游踪汇编》，成都：四川民族出版社，1985年版，第47页。

[21]黄光成：《澜沧江怒江传》，保定：河北大学出版社，2004年版，第65页。

[22][24][美]约瑟夫·洛克，刘宗岳等译：《中国西南古纳西古国》，昆明：云南美术出版社，1999年版，第226页、第190页。

[23][法]大卫·尼尔：《一个巴黎女子的拉萨历险记》，耿昇译，拉萨：西藏人民出版社，1997年版，第86—87页。

[26]朱靖江：《在野与守望影视人类学行思录》，北京：九州出版社，2019年版，第193页。

[27]南开大学哲学系：《南开哲学（第2辑）》，天津：南开大学出版社，2006年版，第191页。

[28]朱晓阳：《地势、民族志和"本体论转向"的人类学》，《思想战线》2015年第5期。

[29]朱立元：《当代西方文艺理论》，上海：华东师范大学出版社，2005年版，第79页。

[30][60]彭佳：《新塔尔图符号学研究》，成都：四川人民出版社，2016年版，第78页、第156—157页。

[31]韩桂玲：《试析德勒兹的"无器官的身体"》，《商丘师范学院学报》2008年第1期。

[32][英]凯·安德森史蒂夫·派尔奈杰尔·思里夫特；《文化地理学手册》，李蕾蕾，张景秋译，北京：商务印书馆，2009年版，第215页。

[33] Bruno Latour: We Have Never Been Modern, Catherine Porter (trans.) .New York: Routledge.2003, P.3。

[34] Tim Ingold: The Perception of the Environment: Essays on

Livelihood, Dwelling and Skill New York: Routledge, 2003, P.154。

［35］John Gray: The Anthropology of space and Place: Locating Culture, Oxford: Blackwell Publishing, 2003, p.223.

［36］李华:《一个关于"电影建筑"的建筑文本》,《新建筑》2008 年第 1 期。

［37］宋卫红:《藏文化的空间句法——视觉人类学视野下的藏族空间观念》,《民族艺术》2016 年第 1 期。

［38］王进:《中国西南少数民族图腾研究》,上海:上海三联书店,2016 年版,第 297 页。

［39］［美］兰德尔·柯林斯:《互动仪式链》,北京:商务印书馆,2017 年版,第 81—82 页。

［40］郑金川:《梅洛—庞蒂的美学》,台北:远流出版社,1993 年版,第 9 页。

［41］［71］［73］［89］楚超超:《身体·建筑·城市》,南京:东南大学出版社,2017 年版,第 150 页、第 11 页、第 12 页、第 79 页。

［42］吉尔·德勒兹:《运动影像》,长沙:湖南美术出版社,2016 年版,第 94 页。

［43］周安华:《亚洲新电影之现代性研究》,北京:中国电影出版社,2017 年版,第 182 页。

［44］刘杨:《基于德勒兹哲学的当代建筑创作思想研究》,哈尔滨工业大学博士论文,第 45 页 2013 年。

［45］德勒兹:《柏格森主义》,张宇凌,关群德译,北京:社会科学文献出版社,2002 年版,第 25—126 页。

［46］栾林:《胡塞尔发生现象学研究:兼论现象学对经济学的作用》,北京:中国社会科学出版社,2016 年版,第 22 页。

［47］［瑞士］鲁多夫·贝尔奈特:《胡塞尔思想概论》,李幼蒸译,北京:中国人民大学出版社,2011 年版,第 98 页。

［48］单文:《论海德格尔的时间》,曲阜师范大学硕士论文,第 17 页 2013 年。

［49］刘胜利:《时间现象学的中庸之道——〈知觉现象学〉的时间观初探》,《北京大学学报》2015 年第 4 期。

［50］［51］Maurice Merleau—Ponty, Phenomenology of Perception［M］, Trans by Colin Smith. New York: Routledge& Kegan Paul Ltd, 1962, P.382、374。

［52］［美］苏珊·桑塔格:《单向街及其他作品·英译本序言》,刘北成:《本雅明学

术思想肖像》，北京：中国人民大学出版社，2012 年版，第 207 页。

[53]［德］瓦尔特·本雅明：《发达资本主义时代的抒情诗人》，张旭东，魏文生译，上海：生活·读书·新知三联书店，1989 年版，第 196 页。

[54] 王安：《纳博科夫的时间哲学》，《当代文坛》2012 年第 1 期。

[55] 宋君修杨卫华：《乔治·赫伯特·米德时间哲学》，《河北理工学院学报》2005 年第 2 期。

[56]［法］保罗·利科：《虚构叙事中时间的塑型时间与叙事（卷 2）》，北京：商务印书馆，2018 年版，第 265 页。

[57] 张晨：《身体·空间·时间——德勒兹艺术理论研究》，中央美术学院博士论文，第 3 页 2016 年。

[58] 张先清：《人类学学刊第 2 辑》，北京：商务印书馆，2017 年版，第 130 页。

[59] Kalevi Kull: Senfiotie Ecology, Systenzs Studies. 1998（26），P.347.

[61][62] 斯那都居，扎西邓珠：《圣地卡瓦格博秘籍》，昆明：云南民族出版社，2007 年版，第 62 页、第 75 页。

[63] 谢清果，钟海连：《中华文化与传播研究（第 6 辑）》，北京：九州出版社，2019 年版，第 41 页。

[64] 王恩涌：《人文地理学》，北京：高等教育出版社，2000 年版，第 43 页。

[65][91] 邵培仁，杨丽萍：《媒介地理学媒介作为文化图景的研究》，北京：中国传媒大学出版社，2010 年版，第 23 页、第 36 页。

[66] 魏饴：《城市文化论丛》，湘潭：湘潭大学出版社，2016 年版，第 533 页。

[67] 周诗岩：《建筑物与像——远程在场的影像逻辑》，南京：东南大学出版社，2007 年版，第 37 页。

[68]［美］埃尔基·胡塔莫，［芬］尤西·帕里卡：《媒介考古学》，上海：复旦大学出版社，2018 年版，第 50 页。

[69] 魏书华：《房屋建筑学》，天津：天津大学出版社，2018 年版，第 3 页。

[70] 林超民：《云南乡土文化丛书迪庆》，昆明：云南教育出版社，2003 年版，第 101 页。

[72] 周诗岩：《建筑远程在场的影像逻辑》，南京：东南大学出版社，2007

年版，第 1 页。

［74］陈鸣：《艺术传播——心灵之谜》，上海：上海交通大学出版社，2003 年版，第 26 页。

［75］范强：《大学计算机基础教程》，北京：中国铁道出版社，2018 年版，第 282 页。

［76］Roland Barthes, Richard Miller: The Pleasure of the Text, New York: Hill and Wang, 1976, P.39.

［77］［法］让·米特里：《电影符号学质疑》，方尔平译，长春：吉林出版集团有限责任公司，2012 年版，第 165 页

［78］［挪威］雅各布·卢特：《小说与电影中的叙事》徐强译，申丹校，北京：北京大学出版社，2011 年版，第 99 页。

［79］朱立元：《美学大辞典修订本》，上海：上海辞书出版社，2014 年版，第 424 页。

［80］廖春花：《全球化下城市历史街区的地方性实践研究——以潮州古城区为例》，武汉：武汉大学出版社，2017 年版，第 76 页。

［81］盛晓明：《地方性知识的构造》，《哲学研究》2000 年第 12 期。

［82］王丹：《语言意识与语言批评的维度演变》，上海：上海三联书店，2014 年版，第 161 页。

［83］刘坚：《媒介文化理论与当代文学观念研究》，长春：吉林大学出版社，2017 年版，第 71 页。

［84］曹顺庆：《符号与传媒（总第 18 辑）》，成都：四川大学出版社，2019 年版，第 33 页。

［85］张骋：《从共现到重复：从符号现象学说"电影影像生成性"》，《符号与传媒》2019 年第 4 期。

［86］魏国彬：《少数民族电影学的理论建构》，昆明：云南大学出版社，2012 年版，第 181 页。

［87］王晓晓：《影像叙事·受众心理电影作品与受众接受心理的分析及互动》，海口：南海出版公司，2018 年版，第 90 页。

［88］韩鸿：《民间的书写大众影像生产研究》，北京：中国传媒大学出版社，2007 年版，第 155 页。

作者：

颜亮，甘肃兰州人，文学博士，复旦大学新闻传播学博士后，西藏大学文学院副教授，博士生导师，研究方向：文艺学、中国古代文献与文化、人类学、数字人文；

加措，西藏日喀则人，西藏大学 2023 级文艺学硕士研究生，研究方向：中国文化与民间文艺。

铸牢中华民族共同体意识视域下影像叙事在非遗保护中的应用

——以新疆非遗纪录片为例

付 蓉 王 敏

摘要：非物质文化遗产是各民族在历史进程中创造的宝贵的文化财富，它是人类文明的重要组成部分。它承载着人类的精神智慧，见证着人类的悠久历史文明。因此，国家需要对非物质文化遗产进行创造性的保护，如借助数字化时代下的影像叙事手段记录和传播非物质文化遗产。这样不仅有利于维护我国在世界的文化话语权，同时更是对中华民族文化自豪感的展现。本文将以新疆非物质文化遗产的纪录片为例，深入探讨在铸牢中华民族共同体意识的视域下，影像叙事在非物质文化遗产保护中的具体应用，并期望通过具体案例的分析，由点及面地揭示其保护的重要意义。

关键词：铸牢中华民族共同体意识；影像叙事；新疆非遗纪录片

"文化是国家和民族之魂，也是国家治理之魂"。[1]只有文化繁荣发展，才能够促进社会主义现代化发展。为此，党和国家领导人高度重视文化在现代化发展进程中的重要作用，通过树立中华民族共同体意识，促进各民族文化在深度融合中共建精神家园，实现文化强国。在此过程中，我国能够以更加宏大的视野看待世界文明所具有的多样性，兼容并包，为我国文化发展提供发展空间。而非物质文化遗产作为我国多元一体文化的重要组成部分，有着悠久历史，它凝聚着中华民族的智慧。但是，随着现代化的快速发展，不少传统非物质文化遗产在当下发展状况不佳，濒临消失。因此，迫切需要将其记录保存下来，特别是利用数字化时代的现代媒介手段对其进行较为完整的记录，如以影像的方式记录并保留在数字平台上。本文将以中国非物质文化遗产保护中展现新疆地区的相关非遗纪录片为例，探讨铸牢中华民族共同体意识视域下影像叙事在非物质文化遗产保护中的优势及具体应用，进而探索影像记录非物质文化遗产的现实意义。

一、铸牢中华民族共同体意识视域下影像叙事记述非遗的优势

守正，乃知所来；创新，则明所往。唯有全面深入地了解中华优秀传统文化的内涵，将其与现代影视技术相融合，以影像志的理念打造非遗纪录片，有助于更新传播手段，实现对其的创造性转化与创新性发展，展现中华优秀传统文化的历史底蕴、匠心精神、东方美学、民族韵味及中国智慧，进而讲好中国故事，铸牢中华民族共同体意识。在视像和电子技术的时代语境中，电子信息网络传播媒介迅猛发展，为人们生活带来便利的同时，无疑也对已有价值观念、文化传播方式造成了巨大影响。如今人们接收到的信息及其接收方式可分为二，一种是以语言文字为媒介的可被听说理解的信息，另一种是以影像图形为媒介的更侧重视觉感知的信息。其中，语言文字阅读对人的归纳、综合、演绎等思维能力有着更高的要求，它被人感知到的更多的是一种语言文字符号，需要经过人脑加工转化形成具象化的叙事场景。相较于此，影像叙事则不需要视觉形象的转化，而是更为直观，更加具象化。同时它具备"所指"和"能指"，所展现出来的既是存在，又是意义本身。"在中西美学与艺术史上，图像具有符号隐喻性和艺术想象性，本身就具有叙事功能，可以独立完成叙事"。[2]文字是对意义的求索，而图像则呈现意义本身。因此，影像叙事较之于语言文字叙事，凭借其直观、易理解、传播范围广的特点，在宣传思想文化方面具有明显的优势。非物质文化遗产作为民族文化的瑰宝，不仅深刻反映出历史长河中不同时代民众的生活图景与思想脉络，更是各民族国家观念、文化认同与审美追求的集中体现。因此，在铸牢中华民族共同体意识的时代语境中，中国非物质文化遗产对于构建"多元一体"的中华民族文化生态与价值体系显得尤为重要。因此，笔者将对影像叙事在记述非物质文化遗产过程中的独特优势进行充分阐释，分析影视媒介手段较之于语言文字媒介手段，其所具有的独特性，以及在传播非遗的生动性、广泛性等方面所表现出的优势。

首先，影像叙事记述非物质文化遗产具有直观性的艺术特点。影像叙事以视听结合的叙事手法，通过全方位、多角度地记录非遗事象的诸多内容，有助于

立体呈现生动的画面、鲜活的人物以及高度还原的场景设置，并运用声、光、电等艺术表现形式，营造出直观且具有艺术性的影像画面。影像叙事不仅能够将非遗事象中所蕴含的文化故事及情感内涵予以艺术化展现，令受众在领略视听盛宴的同时，还能够让受众深度领会非遗事象所包含的精神核心与价值追求。习近平总书记重视文化遗产的保护，他指出："推动各民族文化的传承保护和创新交融，树立和突出各民族共享的中华文化符号和中华民族形象，增强各族群众对中华文化的认同。"[3]对于非遗纪录片而言，其通过影像视听语言的艺术表达方式，不仅记录了非遗技艺的全貌，还将非物质文化遗产中蕴含的中华民族共同体意识以艺术化的方式呈现出来，通过有形有感有效的影像叙事宣传中华民族共同体意识，使受众能够感受到包蕴中华民族共同体意识的非遗事象的魅力。

其次，影像叙事记述非物质文化遗产具有更易理解的特点。影像叙事以其直观生动的表现形式，降低了对所宣传内容的理解难度，如此，受众即使没有深厚的文化知识积累或熟练的语言文字水平，也能充分理解影像所呈现的内容。这种无障碍的传播方式，使得全球各地的受众都能跨越语言文字的屏障，直观理解影像所记述的非遗事象及其意义，同时也极大地拓宽了其传播的广度和深度。例如，将传统戏曲与现代舞蹈、音乐相结合，利用虚拟现实技术重现非遗具体事象的历史场景、技艺传承过程等，创作出具有时代特色的艺术作品，让不同民族乃至不同国家的受众都能够身临其境地感受非遗事象的魅力。影像叙事超越了语言区隔造成的文化信息壁垒，更易被来自不同民族、不同年龄阶段的受众所接受，同时让全世界的人们都能共享人类文明的瑰宝；它还结合现代科技的力量，在对非物质文化遗产的保护传承上，具有语言文字传播所不具备的优势。

最后，影像叙事记述非物质文化遗产具有传播范围更广泛的特点。在电子信息化时代，全息媒体技术的迅猛发展，赋予影像作品前所未有的强大传播力。诸如新疆非遗纪录片之类的影像作品能够快速突破地域的界限，将其承载的文化符号进行影像编码并传播到世界各地。这种高速便捷的传播有利于克服地域和语言所造成的信息区隔，为非遗事象的宣传推广乃至产业化开发和转化提供了同步的信息支撑。通过借助结合了 AI 技术的抖音、快手等短视频社交平台来进行非遗事象的传播，可以进一步增强影像叙事的互动性、感染力和传播力，让观众在参与讨论、分享感受的过程中，缩短大众对非遗事象的认知距离，让较为陌生的传统文化能借助影像叙事深植于年轻一代人的心中，成为连接过去与未来的文化纽带。例如，《寻找手艺》等呈现新疆非遗元素的纪录片，通过细腻的影像叙事以及短视频平台的宣传推广，将新疆传统手工艺人制作英吉沙小刀、民族乐器巴拉曼等技艺过程完整地呈现给受众。该纪录片迄今为止共上映了 5 部，在多个

平台上映后播放量和收藏量均有较好的表现，如在 B 站平台播放《寻找手艺》第一部的播放量达 380 万，弹幕数达 13.9 万，添加收藏人数达 28.8 万，其受众点评打分更是高达 9.9 分，由此可见该非遗纪录片得到了良好的传播效果。因此，我们应当充分利用现代科技的力量，以影像为媒介，讲述好非遗故事，让对非遗的影像传承在数字时代焕发出直抵人心的审美接受效果。

总之，非物质文化遗产承载着中华民族深厚而珍贵的历史记忆。中国一贯秉持平等、开放与尊重的原则，积极加强与世界各国的文化交流互鉴，致力于共享人类精神文明成果，推动与各国各民族间的对话与合作，以更加宽广的视野展现中华文明的源远流长与文化的博大精深。正如党的二十大报告指出："提炼展示中华文明的精神标识和文化精髓，加快构建中国话语和中国叙事体系，讲好中国故事、传播好中国声音，展现可信、可爱、可敬的中国形象。"[4]在这一背景下，影像叙事以其独特的魅力成为传承与弘扬中国传统文化的重要载体。它凭借视听语言的直观性与立体感，能够生动再现非物质文化遗产的精髓与风貌，使古老的文化遗产焕发出新的生命力。因此，我们应当充分利用影像叙事的艺术手段，对非物质文化遗产进行创造性转化和创新性发展，让中华文化在全球化语境中发声，促进世界文化的多元共融与繁荣发展。

二、铸牢中华民族共同体意识视域下影像叙事在非遗保护中的应用

当今数字化技术发展迅猛，现代前沿科技愈发多样化，对于文化的保护也呈现出多模态趋势。因此保护非物质文化遗产的形式也多种多样，那么，采用何种手段来保护非物质文化遗产，如何能够更好地展现并更为全面地展现非物质文化遗产所具有的特点，成为当下值得思考的问题。不同介质所具有的特点也不相同，根据记录方式，可以分为文字、音频、视频。在过去，非物质文化遗产的传播大部分是依靠口耳相传，传承人之间在心领神会后通过代际传播，因此不具有跨时空、跨地域的传播特质。而在当下随着大量传承人的离世，非物质文化遗产技艺也随之远去。故在以往数字化水平尚未发展成熟时期，一部分专家学者为了将其保护，采用文字形式进行记录，但以文字形式对非物质文化遗产的记录具有局限性，无法将非物质文化遗产的技术以更为直观的形式表现出来，也无法将传承人的音容笑貌、生活环境等更多内容记载下来。因此，在数字化高度发达的今天，我们拥有了更好的记载方式，能够将文字、声音、画面一同记录，这便是影

像化的保存和记载方式。在选择好记载方式后，接下来需要考虑什么是影像叙事，如何运用影像叙事更好地保护并记录非物质文化遗产，成为新时代铸牢中华民族共同体意识的重要使命和责任。影像叙事首先是影像技术，它包括光影、色彩、构图等技术元素；其次是影像表意，它通过影像的结构表达内容；最后是影像叙事，这是依赖于影像表达结合思想表现下的逻辑完成表意叙事。通常来讲，用影像叙事记录非物质文化遗产有三种路径：一是通过影像叙事更为直观、真切地记录并还原非物质文化遗产，让非物质文化遗产的多样性得到更直观的记录与传播；二是通过影像叙事拓展和丰富非物质文化遗产保护的传播形式，使非物质文化遗产保护渠道拓宽；三是通过影像叙事阐释非物质文化遗产的文化内涵，弘扬文化自信，以此为媒介更好地传达中华民族共同体意识。

中国影史对非物质文化遗产的展现由来已久，有电影、电视剧、纪录片等影视形式，其内容都是源自传统非物质文化遗产，通过展现原生态的、民间的多元文化，让我们从中领会到了非物质文化遗产的独特魅力。其中通过纪录片的形式对非物质文化遗产的记录和还原较多，因为纪录片是以展现真实、表现真实、还原真实为核心。何奎认为，"非物质文化遗产藏于民间，调查表明越是偏远地域其文化保存的原貌越完整"。[5]关于非物质文化遗产的影视作品中纪录片是最为常见的，而表现新疆非物质文化遗产的影视作品也较多，如近年影响较大的《山河新疆》《新疆味道》《新疆滋味》《世界遗产在中国：新疆维吾尔木卡姆》等。诸如此类都是以新疆地区非物质文化遗产为题材，总体而言，影像叙事在新疆非物质文化遗产保护中的具体应用主要表现为如下三点。

首先，影像叙事对非物质文化遗产的真切还原。在数字技术日渐成熟和多样的今天，影像技术也在不断地发展创新，非物质文化遗产保护和记载方式由传统的口述记录、文字记录转向视音频记录等数字化手段进行记录，特别是以视听等元素相融合的影像记录方式，可以说随处可见，无论是大屏还是小屏，抑或是移动终端，影像充斥着当下的各类场景，影像也随之成为主流的叙事文本。2024年杭州亚运会的开幕式在多个节目中融入了对非物质文化遗产的现代表达方式，它借助现代科技让世界各地的人们感悟到了中华文化的魅力，同时，也为文明交流互鉴推开一扇新的窗口，让人们更为直观和真切地了解到非物质文化遗产的时代魅力，并见证了其中所蕴藏的中华优秀传统文化的底蕴。

一方面，影像叙事有助于还原非物质文化遗产事象传承的时空场景。以往对非物质文化遗产的保护和记录方式多采用文字和图片等传统媒介，其传播方式过于单一和平面化，对于非物质文化遗产当时所处的时空场景和文化环境却无法得到有效的还原。而影像记录则可以很好地还原非物质文化遗产的时空场景，为非物质文化遗产的保护和传播开辟了新路径，也为非物质文化遗产的二次开发和利用提供了可能。因此，可以借助影像技术实现非物质文化遗产的全方位记录、多角度呈现，以最本真的方式展现非物质文化遗产的全貌。如央视打造的纪录片《非物质文化遗产里的中国·新疆篇》是以新疆维吾尔木卡姆艺术、玛纳斯、坎儿井开凿技艺、锡伯族弓箭制作技艺、馕制作技艺等非物质文化遗产项目为主线的影像叙事，通过影视视听语言展现出新疆丰富的非物质文化遗产种类和蕴含传统民间智慧的非物质文化遗产资源，并在非物质文化遗产的传承中不断创新，保留至今。这些影像以更加直观的方式为我们呈现了新疆当地民间的绝妙技艺，及非物质文化遗产创新发展的历史演变过程。同时，非物质文化遗产影像还清晰生动地展现了新疆各民族交往、交流、交融的历史脉络，以及表现出新疆非物质文化遗产在多元一体的中华文化中的重要地位，进而实现铸牢中华民族共同体意识。非物质文化遗产的核心是技艺、经验和精神，在过去完全依赖于传承人之间的口传心授，如果后续再无其他继承人来学习这项技艺，那么随着传承人的离去，这项技艺也会随之消失。对此而言，影像叙事可以借助特有的数字化影视技术，让这些即将濒临消失的非物质文化遗产得到数字化的保存和记录，更或者通过影像叙事挖掘这些非物质文化遗产更深层的文化内涵，使非物质文化遗产重新焕发生命力。

另一方面，影像叙事还能更好地记录非物质文化遗产事象的具体细节。"好的纪录片叙事无一例外都取决于深入的调查研究"。[6]非物质文化遗产的影像叙事不仅是对非物质文化遗产和其传承人的还原和记录，用人物及其背后的故事细节去感染受众。如《舌尖上的中国》中的新疆美食篇，它之所以能够备受关注，其原因不仅在于美食本身，更在于观众能够通过影像看到人和食物的故事细节和情感，通过对这些内容的呈现共情于生活在这里的人们所具有的生活智慧和处世态度。影像中的细节叙事不是编造人物故事愉悦观众，而是来源于生活，通过观察生活细节并以数字化的影像方式来呈现那些动人的生活影像。这些影像表达看似是平常的内容，但却通过食物的制作过程令其充满了人间烟火气。充满细节的影像叙事，能够为非物质文化遗产注入温情和美感，在还原众人具有真情实感的日常生活体验的同时，还能引发共鸣，让受众产生文化认同。

其次，影像叙事有助于对非物质文化遗产事象的传承进行视觉形象的审美塑造。影像叙事不仅是对非物质文化遗产的记录，更是对其中所蕴含着的文化内涵的系统阐释与保存，它可以跨越时空乃至语言文字的限制，以视听形象再现非物质文化遗产事象中的精髓和关键点，通过影像塑形的方式有效地促进对非物质文化遗产具体事象的保护和传承，让受众更直观地看到富有历史感却又焕发活力的非物质文化遗产事象本身。观者再根据这些影像的叙事，得以"近距离"窥探和领会其中的文化魅力。

一方面，影像叙事可以助力宣传非物质文化遗产事象的传承创新。非物质文化遗产承载着各民族的文化记忆，利用影像技术可以将位于各地的文化记录在数字云端，影像叙事能够跨越时空和语言文字的限制去记录，为中华文明的传承提供了新的媒介载体。如《中国新疆之历史印记》注重打造影像叙事的艺术性、影像制作的精美性，展现的画面美轮美奂，使观众能够在审美的愉悦中开阔眼界，并起到增长知识的作用。该片深入当地进行实地拍摄，以写意的镜头和情景再现的方式呈现出唯美的画面，并采用电脑制作动画和微缩景观的手法，将纪实和技术融为一体，呈现出极为震撼的视听冲击力。值得一提的是，摄制组大量运用了延时摄影，将时间浓缩汇集成光影的交响曲，呈现出时间的流逝和空间的变换。影像叙事在对非物质文化遗产具体事象内容的还原、细节的处理、技术的创新方面可以说极为细致，使影像呈现效果和视听表达更精准。

另一方面，影像叙事有助于数字化传播非物质文化遗产的文化之美。文化可以为受众提供审美和共情体验，非物质文化遗产作为传统文化的重要组成部分，在其传承过程中也会涉及受众的审美体验。传统的非物质文化遗产传承方式普遍局限，受地理空间的制约，也受受众文化水平的限制，更多不得不采用单向度的传播方式进行传播，其背后所蕴含的文化价值没有得到直观便捷的传播阐释，在此条件下，谈对受众提供文化审美就更无从说起。而当今的数字信息语境下，影像叙事能够更直观、更具象地还原非遗传承人的技艺。影像传播能够突破时空的桎梏，以更加活泼生动、通俗易懂的表现方式加以展现。影像叙事降低了受众的接受门槛，拓展了传播的渠道，被更多人群所理解和接受，达到了更广泛的传播效果，展现出非物质文化遗产的文化魅力和文化价值。如《人在新疆，多彩"非物质文化遗产"》采用更为直观形象的影像叙事形式，让观众近距离感受到非物质文化遗产的同时，还能够被其展现的文化艺术美所吸引，使得传承效果更加深入人心。非物质文化遗产影像叙事也为其传承和保护带来了更多可能，而影像叙事的承载媒介、传播终端的多样化更决定了其传播范围和影响受众的群体更加广泛，进而使得非物质文化遗产传播为更多受众带去了具有审美形象感受力的影像记忆。

最后，影像叙事有助于增强受众对非物质文化遗产文化价值与社会价值认知的体认感。影像叙事作为非物质文化遗产的保护和传播途径，追求真实客观，以呈现非物质文化遗产内涵为基础，在通过影像的方式记录时，需要坚持三点原则：首先是对非物质文化遗产内容的真实记录，确保拍摄和剪辑素材的"一手性"；其次是积极探索对非物质文化遗产表现方式上的多元化和创新性，如结合虚拟现实（VR）、增强现实（AR）等现代科技手段，提升观赏效果的同时为受众打造非遗事象的沉浸式体验；最后是平衡记录真实与表达真实间的关系，利用好影像叙事以更好铸牢中华民族共同体意识。此外，通过影像记录非物质文化遗产的基础上，还要融情于影像，深入挖掘和阐释非遗背后的深层文化内涵，构建多元共生的非遗保护生态，推动非物质文化遗产以蕴含情感和人文关怀的表达方式更好铸牢中华民族共同体意识。

  一方面，对非物质文化遗产饱含情感的影像叙事更有利于铸牢中华民族共同体意识的共识深入人心。"纪录片中，最难表达的是人物情感和主题"[7]，纪录片的创作重点应当是围绕着故事进行影像叙事，而故事蕴含在人身上，通过人来表情达意，非物质文化遗产的影像叙事亦是如此，只有饱含情感的影像才能带动观众共情。这就是非物质文化遗产影像以文化带入情感的原因，哪怕是件小物品的制作、民间戏曲的传唱，那也是凝聚人的精神和情感在其中的文化事象。非物质文化遗产影像叙事中最不可忽视的便是情感，只有将人的情融入其中，才能焕发出非物质文化遗产的生命力。当前，非物质文化遗产类影视作品热度不减，以展现新疆风土人情为代表的影视作品，如《国宝里的新疆》《知味新疆》《新疆滋味》等，为观众带来了文化的饕餮盛宴，从地域到文化，从天文到人文，优秀的影像叙事不仅起到记录的作用，还能够通过影片以润物无声的方式对文化起到保护和传播的作用。在非物质文化遗产影像叙事中寓情于文化，会给观众带来别样的情感体验。非物质文化遗产影像叙事不能仅局限于表达人和事，更要呈现中华民族历代创造非物质文化遗产时倾注在其中的情感，只有这样，才能彰显出非物质文化遗产的价值和魅力。如非物质文化遗产纪录片《了不起的匠人》里讲到在新疆的一位锡伯族老人，他将劳作视为信仰，怀着一颗工匠之心，认为能够精益求精地传承先辈们创造的传统弓箭手艺，对他而言是一份具有荣誉感的事业。从影片中可以看出，影像叙事的重点不再是制作器物的手艺本身，而是聚焦这些非物质文化遗产事象传承背后所蕴含的情感，以及倾注在这些非物质文化遗产事象中的人的心血，让观众可以从中体验到中华民族的精神追求和智慧结晶。非物质文化遗产影像记录的核心是与受众共情，要想非物质文化遗产影像叙事能够打动受众，那么在通过影像叙事展现非物质文化遗产传承人传授技艺内容的表达时，需要编导采录编制过程中能够融入纯真之情和热爱之情，架起与受众间的情感桥梁，达到情感共鸣的效果，进而使得对铸牢中华民族共同体意识的共识深入人心。

另一方面，蕴含温度的影像叙事，可以为非物质文化遗产的宣传增添人文关怀。影像叙事能够为我们记录并存留那些珍贵的民间传统文化，通过记录一方特色的影像叙事延长中华民族所拥有的历史文化记忆。当前，非物质文化遗产的生存环境愈发变得脆弱，影像叙事在这时便显得格外重要，它以自身所具有的媒介特质让非物质文化遗产的保存和传播得到扩展，为非物质文化遗产的保护提供了更多可能性。纪录片《山河新疆》以物产丰富、旅游文化资源多样的七彩新疆为背景，讲述了奋斗者和建设者的故事，以立体式影像图景展现新疆广袤的地域和独特的人文。影像叙事通过呈现有温度、有人文关怀的传统文化，构建起历史情境，并引导受众观看、交流等行为重组记忆，可以构建起民族的集体记忆，从而实现铸牢中华民族共同体意识的目的。

三、铸牢中华民族共同体意识视域下影像叙事在非遗保护中的意义

在铸牢中华民族共同体意识背景下，非物质文化遗产的影像叙事主要通过构建过去与当下的叙事空间为受众联系构建起历史时空脉络，通过多角度的叙事视角，从宏观转向微观，从国家到个体，以非线性结构与精简化叙事节奏展现非物质文化遗产的文化内核。影像叙事还极为注重叙事文本、叙事者和受众之间的联系。从受众视角看，非物质文化遗产的影像叙事能够满足对非物质文化遗产的个性叙事，同时能够运用声画关系还原现场和展现情感，以生活化的场景表现非物质文化遗产。而若要将文化大背景置于影像叙事当中，则需要平衡宏大的叙事主题与个体之间的具体内容，利用双重叙事构建中华民族集体记忆，设置丰富多样的传播内容。综合来看，铸牢中华民族共同体意识的内涵与非物质文化遗产的影像叙事相互构建，前者影响后者的形成与实践，后者又同时促进了前者表意的深刻与共情的审美效果。

首先，对非物质文化遗产的影像叙事有利于保护文化多样性。非物质文化遗产是中华各民族人民共同创造的文化和智慧结晶，非物质文化遗产保护可以促进文化多样性，亦是民族自豪感的力量源泉，同时也起到保护人类文化多样性的作用。中国非物质文化遗产凝聚着源远流长的中华民间智慧，它使中华民族文化一脉相承，保护和利用好中国非物质文化遗产，有利于中华民族团结和培养中华文化自信和中华文化认同感、增强中

华民族凝聚力，对实现中华民族伟大复兴有不可估量的作用和意义。随着社会的发展和数字化时代的到来，影像叙事作为非物质文化遗产的有效保护形式之一，呈现出叙事结构简单直接、节奏紧凑、可视性强等叙事特征，其创作手法从细节出发，赋予画面和听觉的美感，从而实现通过影像叙事的方式推动非物质文化遗产传承与保护的初衷。因此，通过影像叙事可以全方位立体式地展现不同种类的非物质文化遗产，并将所代表的中华民族精神以更直观的方式传递出来。

其次，对非物质文化遗产的影像叙事有利于弘扬中华民族精神。非物质文化遗产是中华民族文化的重要载体，它能够反映一个民族的价值观。非物质文化遗产是民间的艺术和技艺，如传统戏曲、民间音乐、手工艺品制作等，具有独特的艺术价值和文化价值。这些艺术形式不仅能够丰富人们的精神文化生活，还能够为现代多种艺术创作提供灵感。非物质文化遗产保护利用影像叙事方式更好地构建了国家形象和弘扬了民族文化，同时更增强民族认同感和民族向心力。党的二十大报告中强调要铸牢中华民族共同体意识的主线地位，党中央还强调要传承和弘扬中华优秀传统文化。[8]我国非物质文化遗产是中华优秀传统文化的重要组成部分，同时也是铸牢中华民族共同体意识的丰富资源。因此，利用影像叙事的方式不仅能有效保护和传承非物质文化遗产，更能推进铸牢中华民族共同体意识的时代呼应。

最后，对非物质文化遗产的影像叙事有利于提升受众精神境界。说到对非物质文化遗产的保护，就需结合当下的文化语境下去看，只有树立中华民族共同体意识，才能在非物质文化遗产影像叙事当中正确利用好这一传统文化资源。而如何用好非物质文化遗产影像叙事，需要我们立足铸牢中华民族共同体意识的切实语境加以衡量，借助现代数字化传播媒介，尤其是影像视听媒介，去如实记录，直观表达非物质文化遗产的诸多事象。如以新疆非物质文化遗产为代表的作品《山河新疆》《新疆味道》《新疆滋味》等，它们都是通过影像叙事"客观"记录的、具有代表性的非遗纪录片，通过影像记叙传承人或民间艺人口述历史，以故事为切入点，以影像再现的叙事手法呈现出非物质文化遗产事象发展的历史趋势，进而还原中华民族传统文化，建立民族的集体记忆，构建起当代人对传统文化的新阐释，最终实现铸牢中华民族共同体意识的目的。

结　语

在铸牢中华民族共同体意识的政策语境下，影像叙事对非物质文化遗产的保护和记录起到至关重要的作用。非物质文化遗产题材影像叙事不仅是保护中华优秀传统文化的重要载体，也是承载中华民族记忆的有效手段。非物质文化遗产既是历史发展的见证，又是珍贵的、具有重要价值的文化资源，是展现国家文化软实力的重要内容和标度，它体现出中华民族的历史文化内核和民族精神，因此，我国非物质文化遗产的保护关系到中华文化传承和中华民族共同体意识的形成。如何通过现代化数字化的影像叙事，记录好我国非物质文化遗产事象和非物质文化遗产传承人的技艺和精神，是当前值得思考的问题。

参考文献：

［1］中共中央办公厅国务院办公厅：《"十四五"文化发展规划》，中华人民共和国中央人民政府网，https://www.gov.cn/zhengce/2022—08/16/content_5705612.htm

［2］杨向荣：《可见性与不可见性：西方绘画中的图像叙事及话语隐喻》，北京：中国社会科学出版社，2023 年版，第 2 页。

［3］习近平：《在全国民族团结进步表彰大会上的讲话》，《人民日报》2019 年 9 月28 日第 2 版。

［4］习近平：《高举中国特色社会主义伟大旗帜为全面建设社会主义现代化国家而团结奋斗——在中国共产党第二十次全国代表大会上的报告》，中华人民共和国中央人民政府网，https://www.gov.cn/xinwen/2022—10/25/content_5721685.htm

［5］何奎：《论电影对非物质文化遗产的传承与保护》，《电影文学》2012 年第 14 期，第 8—9 页。

［6］［美］希拉·柯伦·伯纳德：《纪录片也要讲故事》，孙红云译，北京：北京联合出版公司 2015 年版，第 115 页。

［7］［美］希拉·柯伦·伯纳德：《纪录片也要讲故事》，孙红云译，北京：北京联合出版公司 2015 年版，第 115 页。

［8］习近平：《高举中国特色社会主义伟大旗帜为全面建设社会主义现代化国家而团结奋斗——在中国共产党第二十次全国代表大会上的报告》，中华人民共和国中央人民政府网，https://www.gov.cn/xinwen/2022—10/25/content_5721685.htm

作者：

　　付蓉，蒙古族，新疆大学中国语言文学学院 2023 级博士研究生，主要研究领域：民间文艺学与非物质文化遗产学、文学创作理论与实践。

　　王敏，新疆大学中国语言文学学院二级教授，博士研究生导师，主要研究方向：地方非遗事项与叙事学、符号学、文学创作的理论与实践。

非遗保护与传承

推动建设黄河关中文化生态区的战略构想 *

金栋昌　刘洁明

摘要： 作为黄河文化和中华文明的重要组成部分，关中文化是展示中华民族历史深厚性的关键载体。文章通过系统梳理关中文化的内涵体系、战略价值和资源基础，并结合具体情境提出黄河关中文化生态区的战略构想。具体来看，关中文化的内涵体现为地理区位、历史积淀和多元样态的三重属性，并具有黄河文化的根源性意义和作为中华文明典型代表的价值意蕴。关中文化区文物遗产类别完整且特质显著、非遗资源结构多样且体系健全，二者两相互动构成了黄河关中文化生态区的文化依托和基因本底。黄河关中文化生态区的创建工作，应着重从总体定位、区域联动、核心理念等三个方面强化顶层设计；以财政投入、数字化建设、引育并举等方式构建立体保障机制；从经典 IP 矩阵、宣传推广网络、文产融合发展等方向打造品牌集群优势，着力将关中文化生态区建成全域展示黄河非遗活态传承与高质量发展的战略高地。

关键词： 关中文化；黄河文化；非物质文化遗产；战略构想

关中文化的厚重性决定了其在黄河文化和中华文明发展过程中的核心地位。习近平总书记高度重视黄河文化保护传承弘扬工作，强调"黄河文化是中华民族的根和魂，要讲好'黄河故事'，延续历史文脉，坚定文化自信"[1]，而关中文化作为黄河文化的主脉，构建黄河关中文化生态区的战略意义重大。近年来，随着《黄河流域生态保护和高质量发展规划纲要》《国家级文化生态保护区管理办法》的出台，构建黄河关中文化生

---

*［基金项目］长安大学 2021 年研究生教育教学改革资助项目"《文化管理研究（MPA）》课程案例教学改革"（项目编号：300103111605）；长安大学中央高校基本科研平台建设项目"陕西黄河文化资源利用及产业发展研究"（项目编号：300102111607）。

态区的政策条件日趋成熟；加之，关中地区的文化资源禀赋优越，非遗保护水平不断提高，构建文化生态区的基础条件日臻完善。同时，受齐鲁文化、河洛文化、河湟文化等黄河文化其他片区已不同程度建成文化生态保护区（实验区）的启示，黄河关中文化生态区建设迫在眉睫。顺应这一发展趋势，本文着重解析黄河关中文化的内涵意蕴，梳理关中文化区的资源优势和现实基础，并以此形成黄河关中文化生态区的战略构想。

一、关中文化是黄河文化的核心精髓

关中文化是黄河文化的子集，关中文化区是黄河流域的核心区域。本文所指的关中文化是以关中地理形势为承载、以关中人（族群）及典型事迹为核心，所形成的集合文化艺术、风土人情和遗产资源等形式于一体的文化形态，是具有区位型、传承型和多元型特点的文化有机融合体。相较于以往学界从地理学[2]、考古学[3]领域的研究来看，这种内涵的理解更具整体性，对我们以系统思维阐释黄河关中文化内涵具有重要启示。

（一）整体视角把握黄河关中文化的三重意蕴

整体考察黄河关中文化的内涵体系，是全面理解关中文化乃至黄河文化应具备的视角自觉和理论思维。从概念出发，包括地理层面、历史层面和形态层面的三方面意涵，对应的是关中文化的空间、时间和形式的集中表达，这是黄河关中文化的整体界定。

1. 从地理空间层面把握关中文化的核心功能

关中文化是以关中地理空间为承载的文化集合，是中华文明在黄河流域的具体呈现。学界对关中范围有不同界定，认为关中地区有"大小"之分。"大关中"[4]以陇关、函谷关、萧关、武关四关内的区域为主，这表明"大关中"的地域划分涉及现在的甘肃、陕西、山西、河南部分区域，所涉区域较为广泛。2018年发布的《关中平原城市群规划》中也将关中地区划分为上述四省中部分市区县，并指出各城市"文化同源、人缘相亲、民俗相近、交流合作密切、区域认同感强"[5]，这是国家层面对关中地区划分的合理认同。"小关中"则单指陕西中部渭河流域平原城市群以及甘肃的天水、平凉、庆阳等地，这种划分方式更为常见，也符合民众心理层面长久以来的划分观点。建设黄河关中文化生态区的战略构想就是以"小关中"为翘板建成省级生态区，进而辐射延伸到"大关中"层面在黄河流域建成国家级关中文化生态区，这是站在黄河流域生态保护和高质量发展的战略全局来设想的关中文化生态区的建设步骤。地理格局影响着区域社会的生产生活方式，还在一定程度上塑造着文化的整体特质和种类分布，规定着关中文化中不同文化形式之间既相互独立又交融互动的一种人文地理关系。地理区位意涵的黄河关中文化有三重特征，表现为渭河流域是关中文化的核心承载区构成了渭河华夏文明的主轴线、黄河主干道晋陕两岸的关中文化是黄河文明的重要分支、秦岭和黄土高原作为南北屏障是孕育关中文化的核心区域。关中地区独特的人文地理条件形塑着关中地方文化，自古以来关中地区的历史文化交流就相对独立，使得关中文化在某种意义上存在高度内聚性的特征，像关中农耕文化的土地情结、戏曲民俗的东西府差异、非遗资源的地域色彩等，都印证着地理空间对文化发展的长远影响。

2. 从历史积淀角度理解关中文化的内在基因

关中包含着丰厚深沉的文化底蕴，作为中国文化史上的重要瑰宝，具有独特的历史文化基因。在黄河流域3000余年历史厚度上，关中文化长期居于全国文化中心地位。就历史维度而言，"小关中"意义上的关中文化占据全国文化高地的时间在1100年以上，从仓颉造字到青铜文化、礼乐文化的兴盛，再到周秦汉唐文化包容性的增强，关中地区的文化达到鼎盛，尤其是以古代长安为代表的政治中心，造就了以长安文化为主体的关中文化成为全国文化的中心。但是文化的演进发展必定伴随经济和政治因素受到显著影响，关中文化也随关中地区经济重心的南移和政治中心的迁移而衰落，这符合文化发展所经历"生成、发展和衰落"[6]的一般规律，并且呈现着阶段性的鲜明特征。经过历史的变迁和文化重心的更迭，关中文化从唐朝后期一直到近现代，被降格为区域文化的典型代表并一直延续至今。整体上理解关中文化的传承发展规律，就需从时间维度了解关中文化的中心性及其变迁特点。就现实维度来讲，关中地区因历史的积淀形成了丰富的文化类型，但近现代以来并未成为全国文化的中心和重心。直到2009年通过《关中—天水经济区发展规划》以来，包括西部大开发战略和黄河流域生态保护和高质量发展战略的提出，黄河关中文化作为区域重点文化形态，进入新一轮文化中心地位的抬升期，关中文化的系统性挖掘和保护提上日程。综合关中文化发展的史实以及结合中华民族文明发展史的整个历程来看，认识和定位关中文化的内涵离不开历史沉淀这一重要线索。因此从时间延续角度看，当下所讨论的关中文化是黄河文化的重要组成、承载着中华民族文明的重要基因、历史上长期处于文化中心地位、并在当下仍具有价值的一种区域性文化。关中文化的内在基因源于其深厚的历史积淀、独特的地理环境、丰富多彩的艺术形式以及独特的思想观念，这些因素共同促使了关中文化的源远流长。

3. 从多元形态视角领会关中文化的传承价值

地理意义的关中文化以空间范畴来呈现，历史角度的关中文化以时间线索来表达，而文化形式集中展示为关中文化的鲜活程度，是对关中文化多样性、系统性、传承性、发展性的总体概括。关中文化大致包含根本文化、德礼文化、国都文化、关学文化、革命文化和民俗文化6项内容，并且在生态文化、史学传统等方面形成了独有的区域特征[7]。这些宏观层面的文化类型共同构成关中文化的子单元，但从总体性上来看无法形成关中文化形态的整体认知。因此，准确完整领会关中文化的多元形态，需要从文化的不同层次来理解关中文化的总体结构，分为表层文化、深层文化和文化认同[8]，具体是由物质、制度、精神三层次构成[9]。表层的物质文化，是关中地区人们生产生活和活动产品的总和，表现为生态景观和人文景观、历史遗迹和文化遗产、传统文物和村落建筑等，直观地反映关中文化的丰富程度。中层的制度文化，则是关中地区所形成的规则法令及其对现代社会的影响，以西周的"制礼作乐"、秦汉的文教制度、隋唐科举制为代表，是关中文化的内核所在。深层的精神文化则表现为价值观念和思维方式，以文化典籍、习俗文化和非遗为主体呈现。从仓颉造字到《诗经》《周易》经典再到《史记》《汉书》巨著以及唐诗等这一纵向的文化典籍发展；再从秦腔、老腔传统戏剧到富平石刻、凤翔年画传统技艺这一横向的非遗资源脉络，都深刻表现着关中文化的鲜活程度。从多元形态的视角看，关中文化是具体且系统的、生动且完整的文化表达，具有高度的文化传播、文脉传承价值。

（二）黄河关中文化的战略价值

关中文化起源极早，文化原生性较强，在黄河文化谱系和整个中华民族发展历程中最具根脉性和代表性，无论是对学界研究，还是在社会公众认识上，关中文化与黄河、中华文明这两个核心概念密不可分。"研究黄河文化，须以关中文化为重心；而研究关中文化亦须以黄河文化为背景和依托"[10]已经成为社会各界的共识。因此，关中文化的根源性意义可以从黄河文化的关键承载和中华文明的鲜明代表两个方面进行重点论述。

1. 关中文化是黄河文化的关键承载

习近平总书记指出："在我国5000多年文明史上，黄河流域有3000多年是全国政治、经济、文化中心，孕育了河湟文化、河洛文化、关中文化、齐鲁文

化。"[11]关中文化区以陕西为主体，辐射甘肃、宁夏、山西、河南部分区域，是黄河文化的最核心精髓所在。创建黄河关中文化生态区对黄河流域高质量发展意义重大，应从关中文化与黄河文化的互动关系以及关中文化的历史根源进行分析来把握其现实意义。

一是关中文化与黄河文化在基因、内涵和价值上具有统一性。从文化起源上看，关中文化和黄河文化具有基因的同根性。关中文化诞生于以渭河流域为主体的广阔区域中，以最初的农耕文化形态形成了包括伦理文化、民俗文化、民族文化等集合体的文化体系，构筑了关中人的心理底层结构和思维方式。黄河文化同样是以农耕文明原生形态延伸出庙堂文化、伦理文化、水利文化等集合体的文化体系，并内含着关中文化所具有的包容、融合等基因特质。从文化范畴上看，关中文化与黄河文化具有内涵的同质性。关中文化是建立在"大关中"概念范畴之下，是黄河文化总体框架下的内涵表达，因此，关中文化所具有的文化内容也自然地成为黄河文化内涵的重要组成。关中文化中蕴含的家国情怀、和谐理念以及个体原则等方面的精神同样也是黄河文化的精神所在，同属于中华民族的精神品格。从文化价值上看，关中文化与黄河文化具有价值的同向性。关中文化被历史和时代赋予了追求以人为本的价值目标，并且在多种文化元素的融合、碰撞中逐渐形成与发展起来，诸多民间故事、艺术作品的背后都反映着"人本"的理念内核，而黄河文化的传承价值与之类似，都注重人的尊严和价值。一致性的价值取向是关中文化作为黄河文化关键承载的真实反映。

二是关中文化在黄河文化脉络上具有根源性和中心性。关中文化的发展史反映黄河文化的历史根脉。关中地区孕育了多处象征着文明起源的史前遗址，发掘的蓝田遗址证实了百万年前人类文明的起源、大荔和半坡等旧石器与新石器时期的文明遗址表明了关中文化在黄河文化中的根源性地位。关中渭河流域被认为是中国古代农牧业的发祥地，属于麦粟文化地带[12]，特别是在史前文明时期的种子培育以及秦之后农业生产技术在全国范围内推广，推动了中国古代农业的繁荣发展，这些最基础的根脉性文明作为整个黄河流域农耕文明的典范，不断孕育着黄河流域人类文明体系的完整性。关中文化在黄河文化发展主线上具有中心地位。这里所指的中心性，并非以绝对中心的概念来进行解释，而强调的是关中文化基于特定比较对象和历史阶段的相对重要性。关中曾作为周秦汉唐的都城所在地，所形成的古都文化和德礼文化、庙堂文化都系统反映着关中文化在此阶段的中心地位。尤其是在盛唐时期的文化繁荣和包容开放使得关中成为世界文化中心。从黄河文化横向比较来看，相较于河洛文化、齐鲁文化等黄河文化的其他组成区段而言，关中文化无论是文化地标的显示度、文化遗产的丰富度以及精神文化高度等各方面都有更具代表性的价值，从而具有纵向发展和横向比较的历史中心性特征。

2.关中文化是中华文明的典型代表

关中作为黄河文化的核心区，其完整的文化体系是中华民族文明体系的代表。习近平总书记在文化传承发展座谈会上提出了"建设中华民族现代文明"[13]这个重大问题，要回答这个根本问题，就要系统回溯中华文明的发展历程，这对系统分析关中文化在中华文明发展史上的重要地位指明了方向。

一是关中文化是中华民族和中华文明的精髓。中国早期的农耕活动、部落活动最早出现在关中渭河地区，最早的"华夏"概念也是源出于此。关中地区不仅创造出丰厚的物质文明，也在历史的长河中创造出璀璨的精神文化，沉淀出中华民族文化的基因，铸就了中华文明的根脉。作为根源于关中这片土地上所诞生的文化形态，关中文化的发展过程完整记录和呈现着中华文明的发展史。从黄河流域关中区域的农耕文明伊始，关中地区的人类史、文化史、文明史就记录着中华文明的发展脉络，炎黄传说、儒家思想源头、文学经典、宗教信仰、伦理观念等均诞生于此并影响至今，造就了中华文明的精髓，深刻影响着中华民族的品格。由此可见，关中文化与中华民族的发展历程吻合、协调统一，关中文化的发源既代表着中华民族和中华文明的起源，关中文化的鼎盛也标志着中华文化的高峰。因此，关中文化作为黄河文化的主干，自始至终就是中华文化的典型代表。

二是关中文化是中华民族和中华文明的文化标识。黄河关中文化的精神标识体现着中华文明的民族特质，也是对关中文化时代价值的生动表达。深入理解关中文化的精神标识，需从其富含的文化精髓、拥有的地理价值、承载的革命精神三个方面来理解。在中华文明的精神标识上，黄帝陵、兵马俑是国家历史的象征，也是中华民族生生不息的民族象征，成为中华文明传承的重要符号；丰富的文学典籍、汉唐文化、非遗资源都具备扩展为中华文明精神标识的条件，这些关中文化的精华有力诠释了中华文明五千年文脉赓续的文化生命力。在中华地理自然标识上，秦岭、华山、黄河、渭河等自然标识，蕴含着中华民族最深层次的文化基因，渭河文明这种大河平原文明影响着关中文化对中华文明的基础性作用，壶口瀑布、泾渭分明等特有景观也在中国文化版图中占据重要地位。在中国革命精神标识上，以陕西革命文化遗迹和中国共产党精神谱系最为关键。关中地区渭华起义纪念馆、葛牌镇革命遗址群、凤县战斗旧址等文化文物资源，以及照金精神、西迁精神等构成了中国共产党精神谱系的陕西元素。概括看来，关中文化的标识性特质体现为"历史文化、自然地理、革命精神"三座文化高地，这是增强民族自豪感和文化自信心的关键所在。

二、底蕴丰厚的文物和非遗是建设黄河关中文化生态区的独特优势

文化遗产是文明历史的见证与结晶，是物质文明与精神文明交融共生的具象呈现，是精神标识的重要来源[14]，具体包含以文物、建筑、人类遗址等有形的文化形态和以文化传承的各种实践、知识和技能为主的无形文化遗产[15]，这是关中文化的精髓所在。关中地区分布着黄河流域陕西段最为富集、最具代表性的文化遗产资源，拥有展示"中华民族根和魂"的根脉性文物遗产、结构健全且形态丰富的非遗资源，二者共同构成关中文化多样的文化底色。

（一）关中地区文物遗产类别完整且特质显著

1. 丰富的文物遗产是关中文化的具象呈现

单从陕西省关中地区的文物资源来看，截至当前共有国家级文物保护单位270处、省级文物保护单位1097处、市县级文物保护单位3730处；已建成秦始皇陵、大明宫、汉长安城未央宫等7处国家考古遗址公园；也建成华清宫遗址、西安城墙等共25处首批"陕西省文化遗址公园"；拥有陕西历史博物馆、西安碑林博物馆、西安半坡博物馆等9个全省备案的一级博物馆[16]，这些构成了关中文化的实体景象。关中地区还包括大量的农业遗产、工业遗产、考古遗址、红色遗迹等不同类别的文物遗产，这些基本构成中华民族从华夏文明发祥与文脉传承到中外文明交流互动再到近代革命精神文化的完整序列。整体上看，关中的文物资源谱系保存完整，申报保护发展结构健全，建设黄河关中文化生态区具有独特优势与雄厚基础。

2. 多样的文物遗产构筑中华文明的显性基因

在文明起源方面，关中有着蓝田猿人遗址、甜水沟遗址、花石浪遗址等旧石器时代遗址；仰韶遗址、半坡遗址、石峁遗址等史前文明遗址，以及夏商周以来体现关中文化作为中华民族和中华文化发源地和摇篮的完整文化遗迹，其中以纳入国家大遗址名录的遗址为典型代表。在都城遗产遗迹方面，有丰镐遗址、秦始皇陵、秦咸阳城遗址、隋大兴唐长安城遗址、西汉帝陵、唐帝陵、周原遗址、西安城墙等14个王朝的都城、陵寝遗迹，以及战国秦长城遗址（陕西段）、魏长城遗址（陕西段）、明长城遗址（陕西段）

等线性长城遗迹。在工农业发展方面，有蓝田大杏种植系统、临潼石榴种植系统等中国重要农业文化遗产3处，耀州陶瓷工业遗产群、红光沟航天六院旧址、中科院国家授时中心蒲城长短波授时台等7处国家工业遗产。在交通水利方面，有秦直道遗址、灞桥遗址、咸阳古渡遗址、中渭桥遗址、渭城渭河古桥遗址等古代交通遗址，以及郑国渠首、龙首坝、龙首坝井渠遗址、大荔洛渭漕渠遗址等水利遗址遗迹。在历史文化名城名镇名村方面，现有西安、咸阳、韩城等中国历史文化名城6座，蒲城、凤翔等省级历史文化名城11座，铜川市孙塬镇、澄城县尧头镇等历史文化名镇5座，韩城市党家村、三原县柏社村等中国历史文化名村3座[17]。总的来看，关中地区已成为最完整地保存和传承中华文明的核心区域，构成了中华民族特色的基因序列。

（二）关中地区的非遗资源类型结构多样且基因价值鲜明

1. 丰厚的非遗资源构筑中华文明的隐性基因

关中地区拥有民间文学、传统音乐、传统舞蹈、传统戏剧、曲艺、传统体育游艺与杂技、传统美术、传统技艺、传统医药和民俗等10类非遗项目，国家级和省级非遗分别占全省黄河流域非遗资源的一半以上，全省入选联合国人类非遗代表作名录的非遗资源也全部出自关中文化区，包括西安鼓乐、中国皮影戏、中国剪纸、泾阳茯茶[18]。关中文化区还拥有秦始皇陵及兵马俑坑、丝绸之路：长安—天山廊道的路网（陕西段）等2项7处世界文化遗产[19]，以及78项国家级、567项省级非遗项目[20]。从非遗分类来看，主要包括以牛郎织女传说、仓颉传说等为代表的民间传说类；以旬邑剪纸、大荔面花、富平石刻等为典型的传统美术类；以秦腔、华县皮影、同州梆子为主体的传统戏剧类；以关中秧歌、红拳为核心的曲艺舞蹈类；以陈仓社火、城隍庙会、祭祖习俗为重点的传统习俗类；以牛肉泡馍、宝鸡凤酒、面食文化为底色的传统饮食类这六大特色，充分印证了自古以来关中地区就是中华民族生产生活史和5000余年中华文脉传承史的集中反映。

2. 健全的非遗保护传承弘扬体系彰显关中文化的系统完整性

在非遗保护上，注重深入调研和资料整理。全省各级政府积极组织省内专家学者对关中地区的非遗进行深入研究，并成立省级非遗研究基地和智库对关中非遗进行普查整理，确立出一批稳健的非遗项目和传承人队伍，形成关中非遗挖掘和登记编册的精准保护体系。当前，关中地区现有非遗国家级代表性传承人68人、省级506人[21]，且渭南、西安的非遗传承人数量和非遗数量领跑全省，在非遗保护上起到了良好的示范作用。在非遗传承上，注重设施和基地建设。关中地区各市县非遗保护机构建立了非遗五级名录体系，将最具代表性的非遗项目重点纳入保护范围；建立三级非遗数据库，确保非遗编册入库。关中地区中、省、市、县四级非遗传承场馆和设施体系基本健全，并分布有凤翔泥塑、西秦刺绣、耀州窑陶瓷烧技等3个国家级非遗生产性保护示范基地，5家省级生产保护基地，省级非遗代表性传承单位54家[22]，非遗保护传承工作取得长足进步。在非遗弘扬上，重点推动非遗的传播推广。以"文化和自然遗产日"等时间节点为突破，通过举办"中国非物质文化遗产博览会""中国非物质文化遗产技艺大展"等非遗文化节活动，提升关中非遗的能见度。同时，鼓励支持建设乡村博物馆，并着重利用数字科技将实物资源转化成数字资源，扩大非遗的受众面，增强公众对非遗的认同感和保护意识。在政策体系上，稳步形成国、省两级政策引导机制。近年来，陕西省在《"十四五"非物质文化遗产保护规划》《关于进一步加强非物质文化遗产保护工作的意见》等政策引导下，先后印发《陕西省"十四五"非遗保护规划》《陕西省黄河流域非遗保护传承弘扬专项规划》等政策文件，撑起系统性保护关中非遗的"四梁八柱"。中、省也不断明确关中文化生态区的建设重点和主要任务，国家出台的《黄河国家文化公园建设保护规划》将关中文化片区、渭河文化遗产带作为构建黄河国家文化公园"一廊引领、七区联动、八带支撑"[23]总体空间布局的关键一环；省级层面的《陕西省黄河流域非物质文化遗产保护传承弘扬专项规划（2022—2035）》提出"重点挖掘、整理、保护关中地区非遗项目，支持创建省级关中文化生态保护实验区"[24]，这是对关中非遗进行整体性保护的有效手段和战略期待。

三、系统建设黄河关中文化生态区的战略构想

建设黄河关中文化生态区是讲好黄河文化故事的核心依托，是服务黄河流域生态保护和高质量发展重大国家战略的重要抓手。相较于丰厚的文化资源禀赋，当前黄河关中文化生态区的创建与中、省战略要求存在较大差距，下一步应重点从顶层设计、保障机制、品牌集群三方面持续发力，不断提升黄河关中文化生态区的综合影响力。

（一）宏观层面：强化顶层设计

新时代推进关中文化的保护传承弘扬工作，必须紧紧围绕习近平总书记在黄河流域生态保护和高质量发展座谈会上的重要讲话精神和历次来陕考察重要指示精神进行谋篇布局，秉持"站位高、格局大、思路清、方向明"的系统观念，大视野谋划黄河关中文化生态区协调发展战略。具体来看须：

1. 以全域多维创建为思路，谋划关中文化生态区的顶层设计。一是对标《国家级文化生态保护区管理办法》，加快形成与齐鲁文化国家级生态保护区、河洛文化国家级生态保护区、河湟文化省级生态保护实验区的良好互动的黄河关中文化生态区，打造黄河流域文化生态保护的整体架构。推动落实"在省（区、市）内已实行文化生态区域性整体保护两年以上的生态保护区才能申报国家级文化保护区"[25]的总要求，按照"两年省级、三年国家级"战略步骤，将黄河关中文化生态区建设全面纳入全省高质量发展体系，形成省级规划引领、市级创建申报的协同格局。二是聚焦关中文化本身，着力通过保护传承弘扬体系、区域协同发展、生产性保护、品牌建设、社会化合作、跨界融合、数字化、宣传推广九大工作重点，坚持保护传承全域化、主题展示多元化、文旅融合互动化、传统文化现代化"四位一体"模式来加强关中文化生态区非遗的系统性保护。三是以构建非遗五级名录体系、四级非遗代表性传承人体系为目标，以"保护为主、抢救第一、合理利用、传承发展"为基准，形成关中地区"见人见物见生活"的非遗保护传承弘扬体系，着力将关中打造成黄河流域非遗保护传承的样板。

2. 以建立"区域联动机制"为抓手，聚势打通关中文化生态区协同创建局面。陕西省确定渭南市与西安市在全省率先创建首批省级关中文化生态保护实验区，这是陕西省响应黄河流域非遗保护传承发展的关键一步。在省内形成以西安和渭南为核心，联动宝鸡、咸阳、铜川、商洛（商丹洛）、杨凌和韩城等市的核心片区建设格局。同时，在周边省份建立以陕西省为基座，以甘肃、山西、河南为拓展的创建空间，整体上形成地市联动为基础、跨省协作为延伸的关中文化生态区协同创建机制，立体提升黄河关中文化在文脉传承、文化活化及传播创新等方面的影响力。另外，重点加强黄河关中文化生态区与黄河流域的齐鲁文化、河洛文化、河湟文化等生态保护区（实验区）建设的经验借鉴与交流合作，积极推动与国家级陕北文化生态保护试验区、羌族文化生态保护实验区的错位与协同发展，力争在全省层面形成黄河干流与渭河支流"两河带一区"的关中文化生态空间。

3. 以陕西省内"一廊三区五带"为空间架构，营造黄河关中文化生态区的广域载体。以西安和渭南两市作为先行市，坚持项目支撑、机制创新、点面结合、全域创建的机制，重点以文化生态保护为核心，将关中地区创建成黄河文化的重要展示窗口。一是打造黄河流域关中文化保护传承弘扬廊道。沿黄河干流陕西段自北向南串联起榆林、延安、韩城、渭南等市，自东向西联结起渭南、西安、咸阳、宝鸡等市，依托各市文化遗产的特点，探索形成自然奇观、文物遗迹、非遗体验、生产生活等有机融合的黄河流域关中文化保护传承弘扬廊道。二是推动形成黄河流域"三区"联动格局。依托现有国家级陕北文化生态保护（实验）区，进一步挖掘保护大批非遗资源，着力打造黄河流域非遗保护传承弘扬的样板；联动国家级羌族文化生态保护试验区，加强羌族非遗特色项目的保护，形成黄河流域文化生态保护区的全省格局。在此基础上，沿渭河流域重点依托联合国人类遗产名录，以及秦腔、剪纸、华阴老腔等陕西特色非遗项目以及其他文化遗产，夯实黄河关中文化生态区的文化资源集聚水平。三是依托区域特色非遗探索形成"五带"空间布局。鼓励关中各地市结合自身非遗特色、集聚水平和传承基础等条件，因地制宜打造以陕北民歌、唢呐等为主题的传统音乐保护传承弘扬带；以安塞腰鼓、关中秧歌等为核心的传统舞蹈保护传承弘扬带；以凤翔木版年画、西秦刺绣、旬邑剪纸等为重点的传统美术技艺保护传承弘扬带；以同州梆子、华阴老腔、碗碗腔、眉户等为主体的传统戏剧保护传承弘扬带；以耀州窑、尧头窑、富平石刻和泥塑等为承载的传统技艺保护传承弘扬带。

（二）中观层面：构建立体化保障机制

构建文化生态区，重在保护、要在传承、关键在创新性发展。这意味着建设黄河关中文化生态区必须构建非遗保障机制，其对于维护文化多样性、促进文化可持续发展具有重要意义。具体看，应重点从财政投入、数字智慧保护和培育引进人才三方面聚焦提升黄河关中文化生态区的整体建设水平。

1.以稳健的财政投入支持非遗保护硬软件建设。一是统筹利用中、省、市相关专项资金，探索设立关中文化生态区专项资金，优化形成中、省、市、区多级财政投入保障机制。高效利用国家财政对文化生态保护区建设补助经费，用于支持文化生态区相关规划编制、研究出版、数字化保护、传承体验设施租借或修缮、普及教育、宣传推广等支出；重点利用省级财政，用于非遗保护、传承人补助、修复工程、展示活动等，以财政支持构建完善的非遗保护网格。二是健全多元资金融通机制，鼓励支持社会资金参与生态区创建工作。财政专项资金作为杠杆，在非遗保护工作中发挥基础性作用，但是单一的资金来源无法保证生态区建设的可持续发展。因此，通过政府引导、企业投入、社会参与的多元方式来推动生态区建设的多元化运作成为重要方向。特别是，金融机构、社会基金的作用不容忽视，可着力营造政府、企业、社会多方协同参与的大格局，以稳定的资金支持来保障生态区创建工作顺利开展。

2.以数字化手段提升非遗保护利用水平。一是加强非遗数字化保护，着力建设黄河

流域非遗数据资源库，重点推动戏曲、民俗、技艺、曲艺等数字化保存。可参照"数字敦煌"模式，打造黄河关中文化的开源文化平台，建成"非遗记忆""黄河记忆"等关中非遗数据库。特别是，可结合关中独特的文化标识，建设集文物、遗址、非遗、传说等于一体的黄河、渭河、秦岭"两河一山"特色文化数据库。二是提升非遗数字化利用，打造线下实体文化体验和消费场景，将关中文化进行数字化解码、更新、储存与展示，不断提高关中文化在现代数字技术发展进程中的环境适应性、技术适应性、消费适应性，进而满足人民群众理解非遗、欣赏非遗的多层次需求，不断促成关中文化的现代化表达与创新发展。

3.以引育并举搭建非遗研究保护的人才队伍。一是传承人队伍建设是基础。在挖掘利用关中文化资源的过程中，民间艺人是非遗关中文化保护传承弘扬的根本，通过积极申报中、省、市、县四级非遗项目，"引进＋培育"两相促进，探索将民间艺人有机吸纳到非遗传承人队伍，并以此健全非遗保护名录和传承人名录体系。二是重视非遗智库和人才梯队建设，应积极搭建黄河关中文化保护传承与研究基地体系，积极开展理论研究和人才培育工作，实施校校、校地合作，在全省推出一批关中文化研究的领军人才。此外，还须加强关中文化的系统性研究，借助黄河文化研究项目、关中文化和旅游研究项目、非遗数字化转化项目等以研促建，形成关中文化保护传承弘扬的广义人才队伍建设理念和模式，努力为黄河关中文化生态区的可持续发展锻造有生力量。

（三）微观层面：打造品牌集群

黄河关中文化生态区的创建离不开关中文化品牌的塑造和宣传体系的构建。可从经典IP矩阵塑造品牌、宣传推广网络提升名气、文产融合发展激发潜能三方面发力，探索以"软品牌"建设激活黄河关中文化"硬实力"，打造黄河关中文化生态区的可持续发展机制。

1.持续推出叫响世界的关中文化经典IP矩阵。对于关中文化而言，创造性转化的关键在于放大关中文化经典的价值，一定程度上体现为对代表性的文化符号进行IP化打造。促进关中文化创造性转化和创新性发展，应坚持资源场景化、场景主题化、主题IP化的思路，着力深挖古都文化、经典文化、红色文化和非遗四大类型文化IP，通过线下线上场景互补，进一步丰富关中文化的展现形式，推动关中文化活态化、现代化、产品化、品牌化，以多元的文化场景为年轻客群带来更具年轻感、潮流感的关中文化体验。在关中文化IP化的基础上，可充分利用 5G、大数据、云计算、人工智能等新技术，开展关中文化云、"数字关中"线上展览平台等重点项目建设，顺势推出关中文化数字文旅品牌，持续提升关中文化在国际文旅舞台上的影响力和显示度。

2. 整合建设黄河关中文化的宣传推广网络。一是非遗展示展演计划，要充分利用好"陕西传统工艺大展""陕西非遗传承人绝活才艺展""黄河记忆非遗展"等品牌活动，开发大关中文化区非遗传播交流活动和节庆品牌，支持各级非遗机构与社区、学校、企事业单位联合媒体资源开展实物展览、图片展示、技艺展演等活动，向大众宣传普及非遗知识。二是非遗传播计划，发挥省、市两级关中非遗保护智库的人才和科研优势，并依托省级科研平台和文化馆、图书馆，编纂出版系列关中文化书籍，以及非遗校本教材和地方非遗志，积极推动关中非遗的大众化普及工作。三是非遗"走出去"计划，积极打造黄河流域"关中非遗"文化宣传品牌，依托陕西关中地理区位优势，用好"古丝绸之路起点"的历史标识，推动关中文化生态区创建工作有机嵌入丝绸之路国际艺术节、电影节、文博会等文化展会，尤其是率先推动秦腔老腔、社火、剪纸、皮影等代表性非遗项目走出关中、走出国门，系统构建起关中非遗媒体宣传、书籍传播、活动响应的推广格局。

3. 促进关中非遗和文化产业的融合发展。推动文化事业与文化产业融合发展是构建关中文化生态区的重要思路，以事产融合为双轮驱动，形成两者齐头并进发展局面是应有之义。从发展文化事业来看，应实施"非遗＋公共文化服务"行动计划，推动非遗项目进入各级文化馆、图书馆、博物馆以及村镇（街道办、社区）文化站（室），开展民众喜闻乐见的非遗传承活动。从发展文化产业来看，应将非遗融入关中地区经济社会发展之中，实施"非遗＋旅游""非遗＋创意"等举措，探索以非遗为内容打造文化街区、开展非遗进景区和休闲街区等创新形式，打造非遗集聚发展的新型消费场景。同时，还可以培育壮大一批非遗文创企业，打造"黄河非遗礼物"文旅商品品牌，推动关中非遗文创化、品牌化发展，在市场化、产业化的过程中营造关中文化生态区可持续发展的市场生态。

四、总结与展望

建设黄河关中文化生态区是推动实现黄河流域生态保护和高质量发展的题中之义。在扎实做好保护传承弘扬的前提下，利用文物遗产和非遗来激活和壮大区域文化发展的活力，促进区域经济社会发展，已成为以现代化理念建设文化生态区的重要课题。因此，系统建设黄河关中文化生态区，不仅是对关中历史文化的尊重与弘扬，更是对关中文化创新发展的创新举措。这需要在系统把握关中文化科学内涵的同时，厘清其在黄河文化和中华文明发展史上的重要地位、战略价值和现实基础，进而开展顶层设计、机制保障、品牌塑造等关键路径来系统建设黄河关中文化生态区。我们有理由相信，随着创建文化生态保护区国家战略和省部级规划的稳步推进，黄河关中文化生态区必将成为集文化传承与创新、文化生态保护与可持续发展、区域合作与共赢的重要典范。

参考文献：

［1］习近平：《在黄河流域生态保护和高质量发展座谈会上的讲话》，《求是》2019 年第 20 期。

［2］任宗哲：《论关中在黄河文化发展中的地位与使命》，《西北工业大学学报（社会科学版）》2022 年第 2 期。

［3］耿显家等：《考古发现夏文化已影响关中中部地区》，《中国社会科学报》2011 年 1 月 25 日第 6 版。

［4］王长顺：《汉代关中文化与文学》，西安：陕西人民出版社，2015 年版，第 45 页。

［5］中华人民共和国国家发展和改革委员会：《关中平原城市群发展规划》.［EB/OL］.（2018-02-02）.https://www.ndrc.gov.cn/xxgk/zcfb/ghwb/201802/t20180207_962246.html

［6］曹道衡：《关中地区与汉代文学》，《文学遗产》2022 年第 1 期。

［7］王长顺：《汉代关中文化与文学》，西安：陕西人民出版社，2015 年版，第 34 页。

［8］托马斯·麦格奈尔：《表层文化、深层文化和文化认同》，《中国社会科学报》2010 年 8 月 27 日总第 117 期。

［9］王竹波：《以文化结构三层次说研析远古至春秋礼的演进》，《云南社会科学》2011 年第 5 期。

［10］刘学智：《关中文化是黄河文化的主脉》，《中国社会科学报》2021 年12 月 2 日第 4 版。

［11］习近平：《在黄河流域生态保护和高质量发展座谈会上的讲话》，《求是》2019 年第 20 期。

［12］王勇超：《研究传承关中优秀传统文化培育和践行社会主义核心价值

观》,北京:中国社会科学网2020年5月27日。

［13］习近平:《在文化传承发展座谈会上的讲话》,《求是》2023第11期。

［14］孙羽津等:《如何理解中华文明的"精神标识"?》,《学习时报》2023年3月20日。

［15］高宇航等:《文化遗产保护:概念、策略与影响机制》,《现代管理》2022年第2期。

［16］陕西省文物局:《陕西文物基本数据(2022版)》,2023年2月21日。

［17］陕西省文物局:《陕西历史文化名城名镇名村基本数据(2020版)》,2020年8月25日。

［18］《陕西:激发创造活力创新传承非遗》,《陕西日报》2022年12月27日,http://www.shaanxi.gov.cn/xw/sxyw/202212/t20221227_2269759_wap.html

［19］国家文物局:《丝绸之路:长安—天山廊道的路网》,http://www.ncha.gov.cn/art/2021/7/23/art_2539_170157.html。

［20］陕西省文化和旅游厅:《陕西省黄河流域非物质文化遗产保护传承弘扬专项规划(2022—2035)》,2022年10月17日,陕文旅发〔2022〕79号。

［21］陕西省文化和旅游厅:《陕西省黄河流域非物质文化遗产保护传承弘扬专项规划(2022—2035)》,2022年10月17日,陕文旅发〔2022〕79号。

［22］陕西省文化和旅游厅:《陕西省黄河流域非物质文化遗产保护传承弘扬专项规划(2022—2035)》,2022年10月17日,陕文旅发〔2022〕79号。

［23］中国政府网:《黄河国家文化公园建设保护规划》.［EB/OL］.(2023-07-18).https://www.gov.cn/lianbo/bumen/202307/content_6892597.htm

［24］陕西省文化和旅游厅:《陕西省黄河流域非物质文化遗产保护传承弘扬专项规划(2022—2035)》,2022年10月17日,陕文旅发〔2022〕79号。

［25］中国政府网:《国家级文化生态保护区管理办法》.［EB/OL］.(2018-12-25).https://www.gov.cn/xinwen/2018-12-25/content_5352070.htm

作者:

金栋昌,法学博士,长安大学教授、博士生导师,研究方向:文化产业和公共文化服务、非物质文化遗产研究。

刘洁明,长安大学硕士研究生,主要研究方向:非物质文化遗产。

非物质文化遗产论丛（第二辑）

民间传统节日所见中华文化认同 *

——以甘肃"拉扎节"为例

孙芸霞　陈芳园

摘要：拉扎节是西北民族走廊的汉族节日，但其节庆仪式中却蕴含着羌、藏、汉等多民族文化因素。拉扎节是农耕与游牧文化在碰撞中不断调适、彼此借鉴、相互融通的产物，是"多元融一体、一体容多元"的中华文化的典范。区域民众通过"家族"—"番汉一家"—"中华民族一家亲"的层级认同，在长达3个月的庆典中感受节日的美好，在番汉共祭的节庆仪式中深化"一体同源"记忆，力图实现人与自然、人与人之间的和谐共处。

关键词：拉扎节；拉扎文化区域；共生；文化认同

文化认同贯穿于中华民族共同体意识研究的始终，且处于整个体系中最基础、最核心的位置。传统节日被视为民族文化身份和民族认同的标志[1]，其中蕴含着共同的祖先神祇、共通的记忆及共享的仪式符号，承载着民族认同的文化基因，且与民众生活密切相关。西北民族走廊的拉扎节是一个汉族的节日，但其蕴含着多民族共生文化，是打破民族结构、弥合民族隔阂、实现民族融合的中华文化的典范。

* [基金项目] 2024年度国家哲学社会科学基金西部项目"甘青宁多民族共享节日研究"（项目编号:24XMZ068）。

一、甘肃拉扎节概述

作为甘肃省第一批非物质文化遗产，拉扎节是西北民族走廊洮岷地区 20 多万汉族群众为庆祝丰收而举行的民间传统节日。简称"拉扎"，拉扎一词源于藏语，意同山神，表明拉扎节与藏族祭祀山神的仪式"拉则"有着紧密的联系；也称"节令"，用统称专指拉扎节，"穷年富拉扎"，民众对拉扎节的重视程度胜过春节，其重要性不言而喻；还称"打黄醮"，表明拉扎节与汉文化一脉相承。在当地文化语境中，拉扎含有"聚拢、汇聚"等意，有多重含义：指庄稼的"拉扎"丰收、不同群体的"拉扎"汇聚及众多神灵的"拉扎"聚拢。"拉扎节，就是庄稼拉扎了，亲戚朋友拉扎了吃一顿，把神也拉扎了，举行一下仪式，答谢一下神恩"。[2]

拉扎节的过节时间在秋天，以村落或家族为单位"接龙式"过节。各村落节期不一，有的一村一期，有的一村多期，有的多村一期，整个节期长达 3 个月。临洮县衙下集镇的杨家河村在川区，庄稼成熟早，节期最早，在农历七月十五日；临潭县八角镇的包儿庙村在山区，庄稼成熟晚，节期最晚，在农历十月十五日。区域内八月十五日和九月九日过节的村落最多，当地有"八月十五满川，九月九满山"的说法。与周边村民秋季仅辛勤劳作不同，区域内民众一边忙秋收，一边去亲友家欢庆拉扎，从川区到山区、河东到河西，沉浸于 3 个月的节庆狂欢。

拉扎节的主要活动包括"吃拉扎"与"跳拉扎"。"吃拉扎"，每逢拉扎节，主人需提前邀请亲友来家过节，男主人备办烟酒、杀鸡宰羊，女主人煮甜醅、蒸花卷、煎油饼、捞馓子，买回时令蔬菜，备好新麦长面，打扫房前屋后。拉扎节当天，民众穿戴一新，客人带上自制的花卷、大馍馍去吃拉扎。席间，须先献祭祖先，然后宾客欢宴。一杯杯热茶下肚，一道道美食上桌，酒酣耳熟，觥筹交错，宴饮可通宵达旦，家家户户喜气洋洋，热闹非凡，一派欢乐景象。

"跳拉扎"，民众邀请司家击鼓作乐，答谢神灵和祖先护佑庄稼丰收之恩。跳拉扎，按当地人说法，有"番"[3]汉之分，祭拜的神祇、仪式主持者皆分番汉。有的村落供奉番山神拉扎爷，节日期间需邀请番司家主持仪式；有的村落供奉土地、方神（多为龙神）等汉神，需邀请汉司家主持仪式；有的村落同时供奉居于山巅的番拉扎和居于村落中间的汉神，如甘肃省临洮县衙下集镇民联村、杨水家村等，需同时邀请番、汉司家。届时村内坛场[4]上柴旋篝火，番汉司家身披法衣，左手持羊皮鼓，右手执槌，或击或拨，唱念有词，铿锵之声传遍村落各个角落。番汉同坛共舞，不仅可以看到羌藏等民族的白石、大鹏鸟琼等，也可以看到汉族五行八卦、打醮还愿，使跳拉扎仪式呈现出多民族文化共生的符号。

拉扎节是一个区域文化事项，该区域位于西北民族走廊，是黄土高原和青藏高原的交界地带，具体包括甘肃省定西市的临洮和渭源、临夏回族自治州的康乐以及甘南藏族自治州的卓尼、临潭五县交界地带的 15 个乡镇 100 多个行政村，被命名为"拉扎文化区域"。[5]该区域是历史上生活过的羌氏、党项、吐蕃、蒙古、藏、回、汉等不同民族有机衔接和交错过渡的缓冲地带，一直处于动态的多元化状态。它位于洮河中上游，青藏高原的东缘，拥有高寒的草地和顶部积雪常年不化的高山；黄土高原的西缘，破碎的峁、梁、坪错置在沟谷之间，北面顺洮河而下两岸是肥沃的河谷地带。五户、景古、连麓、草滩、胭脂、八角、勺哇等 7 个乡镇位于洮河以西的康乐、卓尼县，多高山，以祭祀番神为主；峡城、麻家集、田家河、会川、藏巴哇等 5 个乡镇位于洮河以东的渭源、临潭县，山川并存，以祭祀汉神为主；衙下集、南屏、洮阳等 3 个乡镇位于临洮县，横跨洮河东西两岸，高山沟谷兼备，山区多番神，谷地多汉神，半山区可见番汉共祭。区域环境的多样性为拉扎节呈现多元文化共生提供了生态基础。

二、"多元融一体、一体容多元"

1988 年，费孝通先生首次提出"多元一体"，以界定我国多民族长期交往、融合而形成的"你中有我、我中有你"的中华民族多元统一格局。[6]本文在此基础上提出"多元融一体、一体容多元"的概念。"多元融一体"，即多民族、文化融合汇聚成为中华民族和中华文化，这是一个持续的缓慢的历史过程；"一体容多元"，即中华文化作为有机整体包容涵纳多民族多元文化的格局，是兼容并蓄、和而不同的多元共生现状。拉扎节就是"多元融一体、一体容多元"的中华文化的历史印证。

（一）"多元融一体"

从拉扎节看，"多元融一体"指多民族在交往交流中彼此借鉴、相互依存，最终在族体、语言、文化上达到水乳交融，形塑共生节日文化的过程。主要受古羌人"祭山会"、古藏人"祭拉则"及汉人"社祭"等仪式的影响，历经多民族数次融合，形成了时下汇集多元文化于一体的拉扎节。

跳拉扎主持者汉司家以羊皮鼓为法器，奉祀西王母，可看出汉司家与古羌部族有着千丝万缕的联系。[7]这与拉扎文化区域的历史相吻合。拉扎文化区域自古为羌人聚居地。《后汉书》记载了中原王朝与羌人互动的大量事迹：汉王朝开辟河西四郡后，在西北地区广开屯田，数次将内地汉族西迁至河湟洮岷地区，同时又将聚居的羌族部落回迁，其中就包括陇西郡的狄道（今甘肃临洮）。经过汉王朝数百年的经营，内迁的羌人"与华人杂处，数代之后，族类藩息"[8]。王明珂指出，东汉魏晋时在青藏高原的东缘形成了一个"羌人地带"，后来羌人范围逐渐缩小，直到当下，区域内已不闻有羌。四川省阿坝州的茂县，如今每年春秋季节举行祭祀山神的祭山会。羌人法师"释比"主持仪式，他们手持羊皮鼓，奉祀代表着神灵的白石，各寨羌民杀鸡宰羊祭山，与拉扎节仪式有诸多相似之处。

唐代中叶，吐蕃东扩，在占领区实施的军政节度使制度实为其"茹—东岱制"部落制的变体，土地、赋税施行人均一突的"计口授田"制，宗教方面委派吐蕃僧人担任僧官，此外在姓氏、服饰等方面都反映出"吐蕃化"的印记。[9]藏是清朝才大量出现在官方典籍中的名词，区域民众眼中，他们被称作"番"，并一直延续至今。主持者番司家自称"苯波"，以大鹏鸟琼为图腾。[10]他们认为跳拉扎与藏民举行的"祭拉则"同源，除了藏民穿藏服、操藏语之外本质是一样的。祭拉则和跳拉扎有诸多相似之处。其一，祭祀神祇均为山神。拉则为山神，拉扎亦指山神。祭拉则与藏族原始苯教文化相关，是集山神（战神）、自然和祖先崇拜于一体的古老信仰习俗。[11]其二，祭祀仪式近似。二者都是在山顶或豁口处堆起石块，分地下和地上两部分，其中拉则"地下部分主要埋藏一些宝物，包括在所挖的坑内中央竖一截木桩，称为'命木'，上缚白羊毛绳。在'命木'的周围放置内装有粮食、金银、珠宝之类的宝瓶、兵器等物。地上部分垒有石头，再插上柏木、桦木、竹子及木制的刀剑，上系白羊毛、哈达、经幡等"。[13]跳拉扎也要制作"神桩"，番司家在神桩上书写形似藏文的符号，与宝瓶、粮食等物一起埋入地下；地上用柏树枝攒聚成圆形，以红丝绸缠绕（之前用白羊毛），周围堆积白石，区域侯家拉扎的总督山神与藏区的拉则外在形态近似（图1）。

随着明王朝设"卫所制"，推行屯田政策，汉人官兵携家眷从南京、陕西、河南、山西等地来此，大量的罪谪官员、流民也涌入这里，中原文化逐渐成为当地的主导文化。其中土地崇拜的社祭发端于上古，周朝即被列入国家祀典。社为土神。《说文解字》："社，地主也。"[14]《礼记·郊特牲》："社，祭土。"[15]其形态有堆土为社、以石为社、封树为社等。《论语·八佾》记载了夏商周三代各自的神社，以树为名，"夏后氏以松，殷人以柏，周人以栗。"[16]秦汉以降，发展为春祈秋报，"春祭社以祈膏雨，望

图 1　近似的形态：拉扎与拉则[12]

五谷丰熟；秋祭社以百谷丰稔，所以报功"[17]。社祭之日，邻里相聚，在社树下杀牛宰羊，敬献美酒，击鼓作乐，祭祀社神，然后共享祭祀用过的酒肉。春祈秋报的社祭在拉扎文化区域传承下来，其春祈被称作"插拉扎"，又称"打青醮"，约在每年三月、四月举行，目的仍为向神灵卜稼，祈求丰收；秋报为"跳拉扎"，也唤"打黄醮"，亲友欢聚向神灵报功、酬谢护佑。

　　笔者推测，拉扎节形成于明朝中期。随着社会秩序的基本稳定，农耕生产成为区域社会最主要的经济来源，干旱与冰雹等与农事相关的事项取代战争与冲突，成为番汉民众最关心的问题，庄稼丰收成为区域民众共同的利益诉求。据《狄道州志》记载，有明一朝，仅狄道州灾害有旱、雹、洪、震等，其中严重旱灾致"人相食"就有 3 次。[18]民间也有"石头上生火，柳树上生烟，晒得田干火焦，人吃人肉，狗吃狗肉，人命畜化，五谷焦干，身穿桦皮，口吃狼爪"的歌谣流传。民众对神灵的诉求相应从保佑征战胜利的"战神"——番神拉扎和"军神"——方神（多为明朝分封功臣名将如常遇春等）转变为护佑丰收的"民神"——山神土地。

　　番汉互嵌的居住格局，共同的利益需求，最终"将神拉扎""将人拉扎"，产生了拉扎节。因缺乏具体文献记载，我们只能推测，或许是某一家族的番人举行仪式的时候主动邀请汉人参与其中；或者相反，初来乍到的汉人为了尽快融入区域主动邀请了番人，其结果是农耕文化共同的心理需求、愉悦的宴饮，给民众的交往交流带来了意想不到的效果。拉扎节由此逐渐成形并传承下来。可以说，羌人举行的是祭山会，藏人举行的是祭拉则，汉人举行的是春祈秋报的社祭，唯有羌藏汉等多民族融合的才是拉扎节。这个过程中，"番"渐渐成为仅存于拉扎节仪式中的词汇，区域民众中，谁是羌，谁是番，谁是汉，界限已经十分模糊，他们在语言、服饰、习俗乃至血脉上都已融为一体。

（二）"一体容多元"

拉扎节的参与主体皆为汉族，但其中包含了多民族多元文化。从语言来看，区域内民众皆操汉语，但方言中杂糅了藏语、满语、蒙古语、土族语等少数民族词语。如"胡度"（非常）源自藏语，"一挂"（全部）源自土族语，"歹"（狠毒）源自蒙古语，"察利"（干脆利落）源自满语。[19]究其原因，早在明末清初，区域内"其（土民）先世夷人，居中土已久，服食男女与中国无别，且与汉人联姻。与汉人言，则操汉人音，又能通羌夷语，其实心为汉"[20]，"凡切近河、洮、岷州内地番人与百姓杂处者，向通汉语。自归诚后已领改换内地服色……久则化番为汉"[21]，已形成了语言融通的局面。

仪式中使用的文字，主要为汉字，鲜有藏文。区域内可见被称为"石路"的小石碓，形似藏人尼玛堆，上书藏文六字真言。番司家还存有藏文拓版，有长方体、正方体等不同模板，通体黑色。笔者曾在一村庙内发现一块石碑，碑额为汉字"威灵显应"，其余文字漫漶不可辨；离此不远，道路旁草丛中亦立有石碑，上刻藏文六字真言。

普通民众的服饰自清初便已与"州民同"，但番汉司家的法衣至今仍然保留着羌藏汉多民族文化符号。汉司家法衣绣硕大黑色虎头。传说中古羌人祖先无弋爱剑被秦人追击途中藏匿于岩穴，"秦人焚之，有景象如虎，为其蔽火"，羌人认为爱剑有虎神护佑，"推以为豪"。[22]梳理西北、西南各地与黑虎相关的资料，多与古羌人有关。番司家法衣为条状法衣，法衣最上端为一条铁链，上系护心铜镜、虎头铃等物，下缚12红色布条，布条下端缝有5根不同颜色的布条，中间为10厘米左右大小的方块，内缝十二护法神像。番司家法衣在形态上与萨满服饰近似，或受萨满文化影响较多。

拉扎节祭祀的神祇无论家神、山神、方神都具有多元文化融合共生的特点。家神的形态具有多样性，有绘制的神像、草扎的琼鸟、木制的牌位、泥塑的神像、神轿、白石等，其中被称为"神案""案案儿"的家神画像最能体现多元文化的兼容性。第一，儒释道合一。神案画面整体以儒家思想为基础，构建起被称作"上转、中转、下转"的"天人合一"的宇宙观。上转为日月星辰、五彩祥云及众位神尊，代表着天。其中"一祖四帅"为道教；三位喇嘛，面容祥和，头戴黄色僧帽，身着黄色交领式僧衣，为藏传佛教。中转为主案神，有上天童子与入地郎君连接天地。下转为民间众生。神案的层位是天地人的象征。祭祀天地古已有之，天人合一的集大成者东汉儒生董仲舒赋予天地以人

格化特征："天地人，万物之本也。天生之，地养之，人成之。"[23]这种构思，将错综复杂的儒、释、道及地方民间信仰交织在一起，正如仪式歌谣所言："当院长着一树花，杆儿青，请佛教；叶儿绿，请道教；根儿白，请儒教；花儿红，请神教。青秆绿叶红莲花，四教原来是一家"，形成中国特有的兼容并蓄的宗教体系，佛教、道教、儒教及地方信仰相互渗透，融为一体。第二，"番汉鞑"共存。神案三转皆有"番汉鞑"的结构序列。上转天界分为两层，第一层左起依次为逢山开路、一祖四帅、十二大海。逢山开路骑枣红马为汉神，十二大海中六位番神居左，六位汉神居右。第二层为三位喇嘛、八位鞑神。中转主案神可以是番神、汉神，或"番神 + 汉神"。康乐县五户乡番司家供奉的主案神为番神公布爷居中而立，左侧为骑麒麟的番神彦巴达巴，右侧为骑马的汉神"敕封盖国黑池龙王尊神"。下转民间众生中，"安家法师"随主案神而变，如果主案为番神，法师为苯波施食；主案为汉神，法师为安家师父；放羊老祖，又称草头皇帝，被认为是鞑神。"番有番祖、汉有汉祖、鞑有鞑祖"而又能"番汉一家"，兼顾了多元性与一体性，是拉扎文化区域不同时期民族融合形成祖先信仰层层累积的结果，更是多个民族协商互利求得和谐共生的结果。

在文化的交融与互动中，两种或两种以上平等文化的遭遇意味着生成一种新的文化。[24]拉扎节正是这种异质文化互动共生的理想结果，是多民族多种文化碰撞、融合发展而来的复杂文化体系，它不是强势一方对弱者的吞并，而是势均力敌的融合共生，因而将二者各自的文化特色保留下来，涵化整合，呈现出纷纭多姿的状貌。

三、从拉扎节看中华文化认同

"认同"是源于心理学的一个概念，也被称作"统一性"或"统一性身份"，"是个体在群体中得到自我身份的确认和群体归属感"。[25]认同受血缘、地缘，特别是文化的制约。没有文化，就没有民族；没有文化认同，就没有民族发展的精神源泉。[26]中华文化是以华夏文明为基础，持续整合各地域和各民族文化要素而形成的，它通过族际间的文化认同来夯实中华民族共同体意识。

（一）"家国一体"认同：中华文化认同的层级性

人同时具有血缘身份的自然属性与文化身份的社会属性，决定了人对自我身份确认的层级性。拉扎节奉祀的神祇不仅有番汉之别，还分家神、山神土地和方神，这种神祇崇祀的层级性及文化认同本身的层级性使拉扎节主体认同兼具多个层级。

第一层级是基于血缘的家族认同。拉扎节首先是家族节日，家人共聚与否是衡量是否过节的标志之一。有的家族过拉扎节，还要举行"跳家神"仪式，比较有特色的是"合户党家"[27]的家神祭祀，通过仪式行为，祈求超自然力量的祝福和庇佑，是对家族凝聚力的进一步强化。第二层级是基于地缘的村级认同。民众生活的村落是身份认同的产生地，世代生活于此的民众由于"地域的亲和感、文化的熟悉度以及对传统生活资本"[28]的眷念让他们固守此地。一个村落就是一个大家庭，山神、土地就是村落这个大家庭的保护神，对他们的崇祀，呈现的是民众与土地及自然环境的密切关系，象征着以农业为主的地方社会的集体凝聚力。第三层级是基于节日的区域认同。节日所建构的地方性文化和话语系统结构，形成了民众对区域复杂事项的认知。从番汉对抗到"番汉杂居、互从其俗"[29]再到"番汉一家"，是超越了亲缘、地缘的文化认同。第四层级是中华文化认同，是超越了血缘、地缘上升到国家层面的认知。无论是诉诸超自然力量，还是自己躬身力行，民众所求不过是"国泰民安"。他们讲述节日时透露着对国家的认同：

> 拉扎节，是我们阿爷、阿爸一辈儿一辈儿流传哈（下）来的……以前随便做个甜饭（面条）、菜疙瘩就过了，现在国家政策好了，家家有肉有酒有茶。亲朋四友拉扎了（双手做聚拢状），告今一哈（聊一聊）一年的庄稼，老汉的身体，娃娃的上学。置（这）就咱们置达儿（这里）有呢，别的地方钱多呀（也）不能过。[30]

从"家族"到"村落"，从"区域"到"国家"，拉扎文化区域的层级认同是和谐共存的。从血缘家族到番汉一家到中华民族大家庭，"家国一体"的认同在层级文化认同中隐含着化解矛盾、维护区域秩序的理论和机制，有利于民族社会的整合，是凝聚文化认同的典型体认。

（二）"一体同源"记忆：中华文化认同形成的根基

一体同源记忆是民众以身体为表征，对共同拥有的不同神祇或祖先同出一源的神话故事的集体记忆。拉扎节中，山神、土地是最主要的奉祀神祇。山神为番人奉祀的神祇，也被称作"山神老祖"；土地为汉人供奉的神灵，土生万物，养育百姓。区域传说中山神、土地"一体同源"，一位渭源县的汉司家说：[31]

看守米粮的山神土主儿原先是一给（个）修炼的白蛇。山地王韩信（路）过九里山，白蛇停在路中间把路拦哈了想讨封。山地王以为是铲路蛇（拦路蛇），就么（没）封，一剑剁成了两半截儿，头呢的半截儿挑起撇（扔）到了山尖尖上，尾巴的半截儿撇到了地和头（地里）了。头半截儿到山尖尖上就封了山神，后半截在地和就封了土地，置就是"前山神、后土地"。

一位康乐县的番司家讲述：[32]

韩文公（八仙里韩湘子的叔叔）修仙么（没）修成，修来（了）个半仙。天曹（天庭）里打着哈来，要着修二灿（次）呢。走开了问往阿达儿（哪里）落呢，天曹里说往白颜色的地方落，意思是往水里落。他哈来么看着落到白崖上了，一看是白着呢，结果一绊绊死了（摔一跤摔死了），绊成两半截儿了。上半身封哈的山神，下半身封哈的土地，置就是"前山神的后土地"。

两则传说讲述了"山神土地"的来源，第一则演化自汉高祖刘邦斩白蛇的故事，但是将主人公变更为韩信。蛇与神的关系源远流长，人文始祖女娲便是人首蛇身，韩信作为大汉王朝开国元勋，其象征意义也不言而喻。第二则中，韩文公修炼不成自天庭堕入凡间。讲述人强调韩文公与道教八仙之韩湘子之间的关系。两则传说的共同在于，不同的山神、土地两个神祇，被建构为"一体同源"的"前山神、后土地"。这是对"我们的神灵与你们的神灵本为一体"的阐释。二者的关系是一体两半，离开了任何一半都不再完整，也无法回归本源。这种神话记忆并非随意虚构，而是有意义的讲述，是地方民众以身体为隐喻和表征，解释本民族起源的时候将与之交错杂居、生活关联紧密的其他民族融入其中形成"一体同源"的认知，是多民族和谐共处历史事实的真实呈现。

"一体同源"记忆与"同源共祖"神话相类，后者典型的情节是某一始祖生下两个或两个以上的孩子，长大后发展为多个民族，如羌族"兄弟祖先故事"、仡佬族"阿仰兄妹制人烟"、黎族"三个民族同一源"等，"均涵养和丰富着中华各民族弟兄般的亲密关系，也使共同体的聚合和认同在神话故事的讲述中得以深化"。[33]但"一体同源"记忆在认同上更趋向于本源一体,是内部分化的统一体,而不是兄弟姐妹的亲密关系。这种认知下,我族与他族之间的关系更加平等、关联更为密切,更强调共同祖先信仰下不同民族之间的文化同源。"一体同源"记忆是区域多民族融为一体的真实呈现,是他们同气连枝、和谐共融的精神依托。从我族记忆到区域集体记忆,形成中华民族共同记忆的组成部分,弥合了族际差异,进而成为中华文化的根基。

（三）"复调仪式结构"：中华文化认同呈现的载体

"跳拉扎"仪式是一个多重符号集聚而来的庞杂结构体系。从仪式主持者看,简单的仅有番或汉司家一类主持者;复杂的有两类主持者的,如"番司家＋汉司家""番司家＋阴阳"或者"汉司家＋阴阳"等类别;有三类主持者的,有"番司家＋汉司家＋喇嘛"等;最复杂的包括"番司家＋汉司家＋喇嘛＋阴阳＋礼宾＋吹响"六类仪式人员。借鉴维克多·特纳仪式结构理论和巴赫金复调理论,笔者将跳拉扎番汉共祭及其他多个参与主体的仪式命名为"复调仪式",其所呈现的结构命名为"复调仪式结构"。

复调仪式结构具有如下特点:一是独立性。结构中的任何一个声音都保持着自己的个性。番汉共祭中,二者有各自奉祀的神祇、有独立的主持人员、完整的仪式流程,是独立于对方的存在。二是对话性。番汉共祭时,在请神、接泉等环节需要互相配合。接泉环节,三位番司家穿红挂绿,涂脂抹粉,扮成女性去接泉神,取到泉水后,三位"泉神"扭捏不肯返回,汉司家一边劝说一边拖拽。番、汉司家一问一答,引得观众哈哈大笑。三是统一性。无论是番祭还是汉祭,都符合特纳"分隔—阈限—聚合"[34]的仪式三段论结构,同时,他们都是跳拉扎仪式整体结构的一个结构体。

"复调仪式结构",是同一体系之中有两种或两种以上的单一结构,这些结构按自己固有的仪式程序运行,各自从对方那里获得自由、独立以及存在的价值,在必要的时候相携共存,共同组成一个交融互渗的"比单声结构高出一层的统一体"[35]。复调结构的节庆仪式是共享的现实文化形式,它将多元文化置于同一时间同一场域的横向层面,使参与者在感性层面可以直接感受并接纳包容异质文化,从而对自身及共居民族所处的世界产生一种近似的认知,进而在理性层面促进不同民族间的认同。如果说单一结构体通过仪式希望达到是风调雨顺及其所代表的丰衣足食,那么多民族共同体所组成的复调统一结构体内还包含着共居民族和谐共处、国泰民安以及美好幸福生活的共同向往。

（四）全民情感交融：中华文化认同的拥趸

情感上的相互亲近是中华民族共同体意识形成的内在驱动力。拉扎节作为历史积淀的异质文化交融的群体性产物,是区域内全民共同情感交融的生活实践,它所蕴含的民族交融的情感符合更高层级上的中华文化认同的需要，是中华民族追求团结统一的内生情感动力。

首先，"跳拉扎"是全民情感交融的仪式。跳拉扎仪式的组织者为"会首"，会首在村落内轮流产生，一般一年一换，每位成年男子一生中可以轮值一到两次。在轮值的一年内，会首需向村民摊派收缴跳拉扎所需的份子钱，俗称"收股子"，分发仪式之后剩余的食品，称为"分股子"。收、分股子不分男女老幼，人人有责，人人有份，寓意每个人都受神灵护佑，来分享神灵的福气。通过缴纳、分食股子的间接参与及组织仪式活动的直接参与等不同形式，区域实现了跳拉扎的全民参与。

其次，"吃拉扎"是全民情感交融的途径。子女、姑舅等"实亲"、交好的朋友是必须请的客人。客人"既不空来也不空回"须携带礼品，临走时主人也须将自家做的吃食回馈客人，不能亲自去吃拉扎的亲友以接收礼物的方式吃到了"拉扎"，参与了节日。这种礼物交换与莫斯在北美等地看到的"竞赛式之全体赠给"[36]不同，是中国特有的礼尚往来，是一种长久、稳定的"情感性关系"[37]。这种关系满足了区域民众在关爱、安全感、归属感等方面情感的需要，在礼尚往来中增进亲友之间的感情。

为什么礼尚往来的节庆活动可持续3个月？民众解释，除了庄稼成熟时间不同、主持仪式的司家人数有限等客观原因之外，还有一个主观原因：方便亲友相互交流走动，增进感情。[38]作为主人每年只需待客一天，作为客人却可以很多天去亲朋家享受。节日期间，到访的宾客越多代表着主人的"活势"越好、人气越旺，因此节日期间即便是陌生人或结怨的人来亦会得到主人的盛情款待。如此一来，不仅在亲友之间，整个区域的民众都可以在丰收的喜悦中感受节日的美好。参与者从惯常的角色中摆脱出来，投入节日的情景氛围中，获得嵌入其中的深层集体认同。持续3个月的节日，承载着的情感不是一年一次，而是一年多次的反复呈现，"通过这种连续的关系，我们的认同感得以终生保存"[39]。这种集体认同将区域民众凝聚到一起，促进了区域和谐发展，它像一枚"楔子"一样，将甘南、临夏、定西三州（市）五县的多元文化交融区域内汉、藏等多民族民众连接起来，以此来谋求与周边区域乃至整个西北民族走廊的和谐共处，进而在更广泛的层面上，促进了中华文化的认同。

四、结　语

拉扎节是传统民族融合共生节日的优秀代表。作为非物质文化遗产，它"是人类个人、群体、集体所创造并为后代人不断传承的活态的精神财富"[40]，也是促进民族文化交融、巩固民族团结、增强中华文化认同的重要载体。"上半年唱花儿，下半年过拉扎"，将每年农历四月到六月唱花儿的时间计算在内，民族矛盾曾经十分尖锐的拉扎文化区域，现在一年中有 6 个月的时间在节会中度过。在长达半年特别是秋冬 3 个月的拉扎节庆中，民众相互表达亲情、友情，传递感恩与喜悦，实现人与自然、人与人、民族与民族之间的和谐共处。拉扎节的实践证明，中华文化是互融共生的，涵纳其中的多元文化可以是独立的、自由的，又是相互对话，相互作用的，是可以实现的"美美与共"。

参考文献：

[1]刘魁立：《我们需要重建对自己节日的情感》，《人民论坛》2008 年第 8 期。

[2]被访谈人：WYB，男，甘肃省渭源县秋池湾村船崖寺村人，访谈时间：2020 年 10 月 14 日。

[3]本文并用"番"、藏。藏指藏区、藏族；番指在拉扎文化区域生活的保留了部分羌藏习俗的汉族群众。

[4]坛场，指跳拉扎仪式空间。因神祇或仪式规模不同，"坛场"有家户、打麦场、山神庙、寺庙等各种不同场域。

[5]孙芸霞、马立峰：《节庆仪式与乡村公共性维系——基于西北民族走廊"拉扎文化区域"的田野调查》，《甘肃高师学报》2020 年第 6 期。

[6]费孝通：《中华民族的多元一体格局》，《北京大学学报（哲学社会科学版）》1989 年第 4 期。

[7]马立峰、孙芸霞：《"拉扎节"汉师公起源考辨》，《甘肃农业》2021 年第 1 期。

[8]（唐）房玄龄等撰：《晋书》卷五十六"江统传"，北京：中华书局1974 年版，第 1529 页。

[9]杨铭：《试论唐代西北诸族的"吐蕃化"及其历史影响》，《民族研究》2010 年第 4 期。

[10]孙芸霞、马立峰：《"拉扎节"番师公起源考辨》，《兰州文理学院学报》（社会科学版）2020 年第 6 期。

［11］拉先：《村落与信仰仪式——循化县道帏"拉则"调查研究》，《西藏大学学报（社会科学版）》，2012 年第 4 期。

［12］"拉则"图引自中国藏族网通 https://www.tibet3.com/custom/content；"拉扎"拍摄于甘肃省临洮、康乐县交界处的侯家拉扎，拍摄时间：2019 年 12 月 28 日。

［13］才项多杰：《藏族"拉则"文化意蕴解析》，《青海民族大学学报（社会科学版）》2010 年第 3 期。

［14］（汉）许慎：《说文解字》，北京：中华书局 2013 年版，第 3 页。

［15］《礼记》"郊特牲"，北京：中华书局 2018 年版，第 486 页。

［16］《论语》"八佾"，北京：中华书局 2018 年版，第 32 页。

［17］转自萧放：《社日与中国古代乡村社会》，《北京师范大学学报（社会科学版）》1998 年第 6 期。

［18］（清）呼延华国：《狄道州志》卷十一"祥异"，清乾隆二十八年修官报书局排印本，第 3—4 页。

［19］张仲强：《定西方言外来语和古代民族交融》，《今日微定西》2019 年 7 月 14 日。

［20］（清）梁份：《秦边纪略》卷一"河州（卫）"，赵盛世校注，西宁：青海人民出版社 2017 年版，第 35 页。

［21］（清）龚景瀚：《循化厅志》，李本源校，西宁：青海人民出版社 2015 年版，第 21 页。

［22］《后汉书》卷八十七"西羌传"，北京：汉语大词典出版社 2004 年版，第 1734 页。

［23］（汉）董仲舒《董仲舒集》，北京：学苑出版社 2003 年版，第 75 页。

［24］滕守尧：《文化的边缘》，北京：作家出版社 1997 年版，第 4 页。

［25］罗强强、钱佳乐：《新时代文化认同危机及建设路径——兼论铸牢中华民族共同体意识》，《重庆工商大学学报（社会科学版）》2020 年第 5 期。

［26］肖锐、朱鹏程：《当前中华民族文化认同面临的问题与建设路径》，《贵州民族研究》2021 年第 6 期。

［27］"党家"，方言，具有血统较近的同宗族成员。"合户党家"，意为本非同宗亲属的同姓人家通过某种方式结合而组成的宗族。

［28］纳日碧力戈:《中国各民族的国家认同研究》,北京:中国社会科学出版社2020年版,第229页。

［29］(清)呼延华国:《狄道州志》卷十一"风俗",清乾隆二十八年修官报书局排印本,第6页。

［30］被访谈人:HXJ,男,甘肃省临洮县南屏镇人,访谈时间:2020年9月19日。

［31］被访谈人:WYB,男,甘肃省渭源县秋池湾村船崖寺人,访谈时间:2021年11月2日。

［32］被访谈人:XZH,男,甘肃省康乐县五户乡线家沟人,访谈时间:2021年11月3日。

［33］王丹:《"同源共祖"神话记忆:中华民族共同体形成的思想文化根基》,《西南民族大学学报(人文社会科学版)》2021年第7期。

［34］彭兆荣:《人类学仪式研究评述》,《民族研究》2002年第2期。

［35］[苏联]巴赫金:《文本·对话与人文》,白春仁等译,石家庄:河北教育出版社1998年版,第27页。

［36］[法]莫斯:《礼物:古式社会中交换的形式与理由》,汲喆译,北京:商务印书馆2019年版,第3—4页。

［37］贺培育、姚选民:《人情:内涵、类型与特性》,《求索》2015年第5期。

［38］党士涛:《宗丹沟的轶事》,渭源:渭源县文化馆编印,2015年,第41—45页。

［39］[法]莫里斯·哈布瓦赫:《论集体记忆》,毕然等译,上海:上海世纪出版集团2002年,第82页。

［40］宋俊华:《文化生产与非物质文化遗产生产性保护》,《文化遗产》2012年第1期。

作者:

孙芸霞,兰州城市学院经济管理学院副教授,博士研究生,主要研究方向:地方节日文化、非遗保护与开发。

陈芳园,陕西师范大学博士后,助理研究员,主要研究方向:民族文化。

作为非遗的唐卡艺术的审美特征

尼玛卓嘎

摘要：唐卡是藏族文化艺术中的瑰宝，也是一种藏传佛教文化的视觉传达形式，具有庞大而严密的审美体系。唐卡的绘画艺术具有十分鲜明的审美特征：动感流畅的线条美、绚丽鲜活的色彩美，题材包罗万象、意蕴隽永悠长。本文对唐卡绘画艺术体现出来的审美特征进行分析与探讨，旨在促进唐卡文化的传承与发展。

关键词：非遗；唐卡艺术；审美特征

作为非遗的唐卡艺术，是藏族文化的一颗璀璨明珠，具有独特的艺术魅力和深厚的文化内涵。唐卡不仅是藏族宗教信仰的重要载体，更是民族历史、文化传承的生动展现，被誉为中华民族绘画艺术的珍品、藏族的"百科全书"，2006年被列为国家级"非物质文化遗产名录"。

在藏族人民的日常生活中，唐卡艺术无处不在。无论是寺庙的殿堂，还是家庭的佛堂，甚至是山野牧区的帐篷里，都可以看到悬挂的唐卡。这些精美的唐卡，以丰富的色彩和细腻的笔触，描绘了佛教的神灵、传说故事以及藏族的历史文化，展现了藏族人民对美好生活的向往和追求。

历史上唐卡画师通过口传心授的方式，将唐卡的绘制技艺代代相传。在绘制过程中，画师们不仅注重画面的构图和色彩搭配，更追求画面的神韵和意境。他们用自己的智慧和汗水，为唐卡艺术注入了生命和活力。但是，这样小范围的传承模式，使掌握唐卡绘制技术的画师十分稀少。甚至，唐卡一度面临失传的风险。"根据2006年政府普查唐卡画师的数量依据，以勉唐派传承为例，由于历史因素等多方面原因，拉萨包括山南地区持有勉唐派传承的唐卡画师不足

30 人，青海热贡地区的唐卡画师不超过 50 人"。[1]

改革开放以来，国家和西藏自治区人民政府十分重视古老的唐卡艺术，投入巨大的财力物力人力保护这一具有丰富民族文化特色的画种。2006 年唐卡被列为国家级"非物质文化遗产"以来，政府采取多方举措，在各画派挑选杰出代表作为非遗传承人，为唐卡艺术的传承和发展提供了切实的保证。

唐卡的教育教学方面，除了西藏唐卡画院这样由个人创建的唐卡教学机构，在公办大学内部也设立了唐卡绘画专业，如西藏大学、青海大学都设有唐卡绘画专业。唐卡教学模式的转变让更多的人拥有了接触学习唐卡的机会，为古老的唐卡艺术注入了新的生机与活力。

积极开展旧有唐卡的修护工作。国内最早专门从事唐卡保护及修复工作的是内蒙古包头博物馆研究馆员白云飞先生。白先生自 2001 年开始唐卡修复工作，发表过多篇关于唐卡修复的文章。我国第一部唐卡艺术保护与修复理论著作《古代唐卡的保护与修复》便是出自白先生之手。[2]数字化技术也用于唐卡的保护与修复。我国首个利用数字化处理技术，对唐卡进行数字化修复保护的项目是西北民族大学王维兰教授的《唐卡图像数据库检索与特定破损区域修复》项目，"该科研项目主要由建立和设计唐卡图像数据库系统、开发唐卡图像检索系统、研究唐卡图像分割技术和唐卡图像修复研究四部分组成。采用数字化处理技术，将大量唐卡以数字图像的形式保存，并利用现代计算机图像处理技术，研究和恢复破损图像，再现唐卡完整画面"。[3]该项目对我国的唐卡数字化保护修复具有开创性的突破；一些唐卡画师也开始尝试将唐卡艺术与现代艺术相结合，创作出更具时代特色的作品，为唐卡艺术的发展注入了新的动力。

如今，随着科学技术的突飞猛进，对唐卡艺术的保护方式亦与日俱新。如西藏博物馆唐卡工作室自 2012 年成立以来，"利用科技手段加强了唐卡的保护。通过购置专门的保护修复设备，该工作室成了西藏唐卡尤其是馆藏唐卡科技保护与学术研究的重要平台。此外，唐卡工作室还开展了唐卡文物病害调查报告编撰、文物信息采集等工作，为唐卡的保护和研究提供了重要的数据支持"。[4]从人们对唐卡艺术的珍视与保护中可以感受到人们对这一非物质文化遗产的喜爱与认可，继而产生更加深入了解作为非遗的唐卡艺术之文化内涵与审美特征的想法，本文试图从唐卡的起源、基础流派、审美特征三部分探究唐卡的文化内涵与美学意蕴。

一、唐卡的三种起源说

时光之沙自指隙缓缓流过，从距今四五千年的西藏卡若文化遗址中出土的彩陶文物向我们宣告藏族美术之萌芽时刻。关于唐卡的起源，学界众说纷纭，总体而言分为三种。

其一，认为唐卡由印度传入。该观点由意大利著名学者图齐（Tucci）在《西藏画卷》一书中提出，认为在佛教前弘期，印度文化对西藏文化影响极大，在佛教传入西藏的过程中，相应的佛教艺术品也随之传入西藏，因此图齐认为唐卡来源于印度的宗教布画。学者赤培·巴桑次仁与杨力勇在此基础上借助梵藏译文间的对应关系进一步论证了该观点，在《再议西藏唐卡的起源及“唐卡”一词的含义》一文中提出 18 世纪由学者朵卡·夏仲次仁旺杰所著的《梵藏对照》中就将梵文的“布画（pata）”一词释义为藏文的“唐卡（thang-kha）”；[5]学者谢继胜在《唐卡起源考》一文中也提到了图齐及其后世追随者的观点佐证之一是藏人译制的密乘经典《大方广菩萨藏文殊释利根本仪轨经》中，用藏文的“布画（ras-bris）”一词翻译“pata”，而在藏文中布画与唐卡有相通之意（因唐卡多作于布锦之上），“其逻辑为：thang-kha=ras-bris=pata，故 thang-kha 源自印度”。[6]

其二，认为唐卡由受汉地卷轴画影响的吐蕃旗幅画演变形成。这种说法由学者谢继胜提出。他在《唐卡起源考》一文中从语源分析入手，通过对唐卡的本义、thang-kha、ras-bris 与梵文 pata 之间的联系等多方面的探究，分析图齐氏观点依据难以立足之处，并对图齐的观点提出了质疑，他认为：“仅凭一两条没有文物例证的词义对应，就断定唐卡源自印度，所获结论确实应该重新审视。国内文博界流行的说法以藏文文献中记载的历史传说为凭据，这也是不够的。”由此他提出了全新的观点：“（唐卡）的发展与汉唐至宋元中原汉地卷轴画的发展进程相适应，它是在蕃汉交往密切的敦煌，沿着佛教绘画的轨迹，由吐蕃旗幅画演变而形成的。”[7]这一类观点认为，唐卡作为一种佛教思想的视觉传达工具，尤其严格的造像尺度，必须严格按照“度量经”进行绘制。因此能够变化的部分仅仅是在唐卡的背景景物与画面装饰等细微之处。而汉地艺术对唐卡的影响也正表现在这些方面，如云彩花鸟植物的绘制手法上，背景色彩的运用上等。因此研究唐卡的起源，重点应该放在其形制起源。

谢继胜还提出现代唐卡的形制与汉地挂轴画极为相似，他认为汉地挂轴画是受旗幡画影响发展而来的，又以马王堆 T 字幡为例，从其象征意义中寻找到了与唐卡形制寓意的共通之处："从 T 字幡分析，它展示的是一种从人间进入天界的过程，所以 T 字幡上方与下方相接处画有天界之门，顶端绘有月亮和太阳，令人惊异的是，在很多西藏唐卡上方，佛像的两侧，往往绘有月亮和太阳。这种日、月的绘法与藏传佛教的上日下月的形不同。与藏族右阳左阴的方位也不同，将月亮绘在右侧，太阳绘在左侧，与 T 字幡完全相同。"[8] 总体而言，他认为唐卡源于旗幡画的原因有三：一是由于汉地丧葬用帛画与佛教长幡之间存在联系；二是唐卡与 T 字幡在丧葬及民间仪式上的功用存在共通之处；三是从唐卡（thang-kha）的词义分析，thang 有平铺展开之意，thang-kha 可以引申为"遮柱"，类似如今的"柱面幡"。

其三，认为唐卡是在本土的苯教文化和古老艺术的基础上发展形成的。这一观点也是从词义分析出发，指出唐卡（thang-kha）的 thang 之词义包含"兽皮"，尤指"獐皮"之意。[9] 而作为游牧民族，藏族人擅长放牧，也擅长狩猎。因而经常处理动物毛皮，在这个过程中逐渐掌握了皮革制造技术。于是藏族人的日常生活中处处出现了皮革制品的身影，开始是衣食住行方面，诸如茶盐袋、糌粑袋、羊皮袄、皮靴等皮制品，再后来，文化艺术领域也开始采用皮制工艺，譬如藏戏的面具，以及皮制绘画。于是这种观点认为这种绘制在软质皮革上的绘画是今日之唐卡的雏形。此外，身为游牧民族，逐水草而居的生活习惯也使得固定的宗教庙宇与之不配适。因此，供奉可以随身携带的，"移动的神像"就成了最佳的信仰方式，人们将神像绘制于兽皮之上，逐渐演变为今日的唐卡。学者赤培·巴桑次仁等人也在《再议西藏唐卡的起源及"唐卡"一词的含义》一文中表达了对本源说的赞同。并从西藏绘画艺术的历史久远性出发，通过例证苯教文化自最初便拥有自己的绘画艺术、隆达经幡这一苯教典型崇信物也是在布面作画表达教义的形式等方面分析了苯教文化对唐卡产生的影响："藏区随处可见的隆达经幡是比较典型的苯教崇信物，大多隆达经幡为方形和长方形的布幡，幡面四角通常画有大鹏鸟、白虎、龙、狮子，而幡心画有马（牦牛）……四种动物分别代表着地、水、火、风四大元素，而幡心的马代表人的力量。隆达经幡上我们可以窥见这种在布面上以图画的形式形象地表达某种教义的做法，本身说明了唐卡创作的最初动力来源，至少解释了雍仲苯教弘传高原之际，西藏就有产生唐卡这种艺术形式的可能性。"[10] 文章还引证了苯教中关于皮制绘画的文献记载："如苯教当中施行替身俑仪轨时，其理论经典《堆之下部》中记载：救赎女性的女俑应在虎豹皮上绘制成面容美丽、妩媚动人的形象。从这段记述中看到苯教仪式当中确实存在以皮底作画的传统，这跟早期藏族居所不定、逐水草迁徙的

生活是相适应的，而且很好地解决了现实生活与苯教仪式烦琐，崇信神灵众多之间存在的矛盾。"[11]本文还从吐蕃军队旗幡对唐卡形制的影响等方面分析了苯教文化对唐卡材质、形制产生的影响，并肯定了印度佛教文化对唐卡形制、样式定型方面的影响，但并不认同印度宗教布画是唐卡的源头。认为唐卡是受西藏本土宗教影响在古老绘画艺术的基础上发展演变出的艺术形式。

二、唐卡的基础流派

藏族传统美术经历了漫长的发展历程：远古时期类美术现象开始萌芽。小邦时期，美术开始初具雏形，至吐蕃时期基本形成了最初的美术范式。古格时期产生了新变革，萨迦时期进一步发展，在帕木竹巴时期达到兴盛，甘丹颇章时期趋于成熟。再到如今，在新时代的背景下不断发展出新面貌的当代藏族美术。主流观点认为："藏族传统绘画，归根结底从大体上仍以'藏族传统五大画派'为其根本，即尼泊尔画派、齐乌岗巴画派、勉唐画派、钦孜画派和噶尔赤画派。"[12]作为藏族传统美术的代表，唐卡无疑是这历史长河之中的璀璨明珠，关于唐卡流派的划分有很多种，但基本也可以划分为以上五种流派。

图 1　唐卡：萨迦派《如意轮总持经》（Cakrasamvara）传承诸师环绕的索南孜摩和扎西坚赞[②]

（一）尼泊尔画派（11 世纪—13 世纪）

早期的唐卡受到波罗（Pala）风格[①]的影响，表现为印度—尼泊尔风格，因此也被称为尼泊尔画派。这一时期的唐卡作品喜好用暖色调作为画面主色调，画面中心的主尊占突出位置，四周绘有护法诸尊。在人物造型突出特征为，正侧面的脸多呈斜方形，下巴显得突出宽大，下唇厚凸，双眉和眼线为弓形。[13]如图 1 所示，这幅唐卡作品作于公元 15 世纪的后藏地区（俄尔寺），可以看到

---

① 印度波罗（帕拉）王朝时代（8 世纪中叶—12 世纪末叶）绘画与雕塑的艺术样式。

② 大卫·杰克逊（DavidJackson）著，向红笳等译：《西藏绘画史》，济南：明天出版社；拉萨：西藏人民出版社 2001 年版。

这幅唐卡上的人物脸型上宽下窄，眉眼皆呈弓形，且人物造型方正，没有婀娜姿态。并且四周装饰有棋格状排布的护法诸尊。

（二）齐岗画派（13世纪—15世纪）

这一画派的创始人齐乌岗巴是藏族著名画家，"齐乌"一词在藏语中意为"小鸟"，相传他为了寻找艺术精品的范本，四处游历，又因其艺术成就斐然，于是人们便尊称他为"小鸟活佛"①。大卫·杰克逊在《西藏绘画史》中谈到当时对于齐岗画派的绘画风格评价不多，因此只能从后期文献中了解齐岗画派的风格特点。如夏格巴评价齐乌岗巴的绘画风格与尼泊尔风格相似，"中间的神灵较大，较小的神灵（lhamgron）被画在小的方框内或拱形门廊内。橘红色色彩突出，衣袍上的金线勾勒非常细致精巧。怒相神较矮，头部硕大……（密教神灵的）六种骨饰的绘制尤为精细"。[14]杜玛格西给出了不同的评价："神灵和背光所占空间呈圆形，神像体态较为丰满。四肢给人一种松弛的感觉……色彩如嘎玛噶智画派，这是齐乌活佛的风格。"[15]因齐岗画派现已失传，关于齐岗画派的文献记载也非常少。我们只能从历史遗迹中一窥齐岗画风之韵。学者阿旺晋美描述了齐岗画派的艺术风格："在造型上变化即从之前尼风画派中佛像造型的僵硬、如同木偶、剪影似的转变为人体比例更加自然协调、动态具有气动灵活舒畅自然……菩萨、高僧等的动态、眼神处理技巧上出现了不管其整体比例多么大，总是面向朝拜者的视觉效果与互动效应，是之前的画风中难得出现的，从而自信地迈向藏族艺术的本质特性之目标。"[16]纵观各家之言，可以看出齐岗画派的风格是在尼泊尔风格的基础上融合了本民族审美进行修改调整，一定程度上减弱了异域特色从而形成的一种全新风格。通过观察齐岗风格的唐卡作品（图2），我们可以发现，齐岗画派增加了对冷色的使用，使得画面色彩变得更加丰富，此外装饰纹样也变多了。"与之前的尼风作品应用色彩种类少，基本趋向暖色调的风格特点相比……齐乌岗巴画派在仍保持暖色调为主的基础上，色相与色彩更加地多样化，开始更多地出现增加绿色等冷色类成为其又一个特点。色彩种类丰富绚丽、用色技法明显多样"。[17]

① 此处"活佛"是一种对艺术家的尊称，在15—17世纪广泛使用于技艺超群的艺术家身上。

图 2　齐岗风格唐卡《师徒三尊》[①]

（三）勉唐画派（15 世纪至今）

勉唐画派诞生于 15 世纪，兴盛于帕木竹巴时代[②]中期至甘丹颇章[③]时代，距今已有近百年历史。勉唐派以拉萨为活动中心，风靡卫藏地区，成为 15 世纪之后影响最大的绘画流派。[18]"勉唐"之名源自创始人勉拉·顿珠嘉措的故乡，山南勉唐。勉唐画派的绘画风格注重造像的法度精严，此外在画面色彩选择进行了较大的革新，在绘制唐卡背景时融入了汉地青绿山水元素，选择石青、石绿等冷色作为画面的主色调，与之前的唐卡绘画流派有较大不同，呈现出清丽典雅的审美追求。如图 3 为勉唐画派唐卡作品《妙音天女像》，这幅唐卡的背景非常明显地出现了汉地青绿山水的元素，主体人物用暖色晕染，色调活泼鲜丽。结合历史我们可以发现，勉唐派会有此创新与当时藏汉两地间艺术交流变得频繁，从而勉唐派的画师可以大量接触到汉地艺术品有密切联系。从勉唐派唐卡的色彩转变上不难发现汉地青绿山水的色彩对勉唐派的画师产生了一定的影响。

（四）钦则画派（15 世纪至今）

钦则画派的名称同样取自创始人贡嘎岗堆·钦则钦莫的名字，在山南与后藏地区广泛流行。钦则画派与勉唐画派在同时期诞生，两个画派的创始人师出同

---

①　阿旺晋美：《藏传绘画"齐乌岗巴画派"的艺术风格特点及其历史定义》，《中国民族博览》，2015 年 4 月。

②　14 世纪中期—17 世纪初期。帕木竹巴政权兴起于 14 世纪的山南地区，取代了萨迦政权，成为控制西藏大部分地区的主要政权。

③　17 世纪中期—18 世纪初期。1642 年格鲁派与固始汗掌握了西藏的统治权，甘丹颇章政权是一个政教合一的政体。

图 3　勉唐画派唐卡:《妙音天女像》①

图 4　钦则派唐卡:《莲花网目观音》②

门，早年均跟随著名画师朵巴·扎西杰布学习绘画技艺。勉唐画派擅画静相神，钦则画派则擅长绘制怒相神，故此画派追求一种阳刚之美。同样的历史背景使得钦则画派也吸收了汉地山水画的美学思想，但与勉唐画派相比，保留了更多尼泊尔风格审美理念。从图 4 可以看出钦则画派的作品背景不似勉唐画派喜好用青绿色调，而是固守传统的蓝色基底，但也吸收了汉地绘画技艺，在石色之上进行了透明色的渲染。人物造型与印度、尼泊尔风格相似，样式更为活泼，人物姿态更加夸张优美，富有动感。人体修长，手足柔美。[19]

图 5　噶赤派唐卡《罗汉卡利卡》③

---

① 宛华:《唐卡艺术全书》，北京:中国华侨出版社 2014 年版。
② 于小冬:《藏传佛教绘画史》，南京:江苏美术出版社 2006 年版。
③ 于小冬:《藏传佛教绘画史》，南京:江苏美术出版社 2006 年版。

（五）噶尔赤画派（噶赤画派）（16世纪至今）

与以往画派的命名方式不同，噶尔赤画派是唯一一个以教派（嘎玛噶举派）名称命名的画派。噶尔赤画派的创始人是南喀扎西。画派推崇空灵淡雅之美，创始人南喀扎西从小跟随多位著名画师学习技艺，尤其受到勉唐画派大师嘎丹夏觉巴·页觉彭德的影响，因此噶尔赤派的绘画风格是在勉唐派的基础上发展变化出来的：在风景描绘上更加注重写实，树木、岩石具体真切；画面色调上喜好用灰白色表现人的皮肤，色彩明亮。画面呈现冷灰色调，凸显空灵淡雅的审美追求，人物造型儒雅清秀，整体呈现出恬淡柔和，沉静优美的意蕴。

三、唐卡的审美特征

（一）感性直观美

1.线条动感流畅

线条是构图的基本要素。线条的曲线美可以将艺术作品的美感以感性直观的方式表现出来。唐卡以线描构建整体框架，线条作为唐卡绘制全过程中的主要造型手段，化身为唐卡作品中最基础的语言，是唐卡作品的重要组成成分。唐卡艺术运用了大量且种类丰富的线条，线条构型繁密均匀，具有独特的繁复美感。

借助线条，景物的细枝末节、佛像的神态、人像的体态勾画得栩栩如生，足见唐卡画师对线条艺术的深刻见解，线描功夫也成为衡量画师水平高低的一个重要标准。同时由于唐卡是与佛教有密切关系的艺术品，在唐卡中有很多表现密宗诸本尊的画面，在这些画面中，借线条的动感将诸佛本尊自身幻变过程的千姿百态、生动形象的神态展示得淋漓尽致，使得义理深奥、变化莫测的密宗理论也变得生动形象易于理解了。而在描绘显宗诸佛及其弟子传承的画面中，线条的处理偏向稳健凝重，在画面中可以看到慈祥、安然、寂静的诸佛形象。

在唐卡的细枝末节之处更能见得画师对线条的运用炉火纯青，譬如：佛像背景里的繁花簇锦，大片密集的花，要做到密而不杂、繁而不乱，对勾画每一片花瓣、每一根藤蔓的线条要求极高；人像的服饰大多华美，飘逸的衣袍上布满繁复的暗纹；佛像大多华丽庄严，头戴珠宝佛冠、莲花耳饰、璎珞项圈、云纹披肩；这些细节都借助线条表现，惟妙惟肖。

如唐卡《莲花生八名号》组图（图6），描绘的是莲花生大士的八种变相。唐卡正中是西藏密宗宁玛派的开山祖师莲花生大师。相传莲花生大师抛弃王政后，

图6 《莲花生八名号》组图①

在印度的八大尸林等著名道场进行八种"持明"的修行，获得八种证果。分别为：莲花金刚、释迦狮子、爱慧、莲花生、日光、狮子吼、白玛迥乃、忿怒金刚。每一种法相都有独特的姿态、表情，画面精妙复杂，构图运用了周密细致的线条，使得每一种形象都十分清晰、各具特色，画面流畅自然，各种变化身的形象跃然纸上，栩栩如生。

2.色彩绚丽鲜活

色彩是图像的灵魂。在线条勾勒的基础上，用颜料将色彩巧妙结合起来，使得线条创造出来的美感更加丰富，更加显著，提升了画面的美感层次。唐卡的颜料由矿物类、植物类以及动物类三种类型构成，唐卡以其色彩绚丽鲜活著称，呈现多元和谐的视觉审美感受。

唐卡的画面大多选择以红黑蓝金银的一种为底色，进而用明度、色度相似的其他色彩再次装饰画面，产生强烈的第一视觉印象。其次是多变的小面积色彩上色手法，小面积部分多使用明度、饱和度高的颜色，使画面生动鲜活、增强视觉观赏性。唐卡色彩用法多样性的核心基础是唐卡多种类型的颜料，为绘制唐卡提供了材料支持，能够增加画面色彩丰富的美感。

红唐卡多绘佛本生故事，雍容华贵，风格富丽；黑唐卡多绘护法神、金刚一类镇妖

---

① 西藏人民出版社：《西藏唐卡大全》，拉萨：西藏人民出版社2005年版。

降魔的内容，并施金色勾线，画面威严庄重；蓝唐卡则多绘欢喜佛一类题材，色调明朗，寓意吉祥喜庆；[20]金唐卡富丽堂皇，因颜色特性视觉上有发光的感觉；银唐卡也称为铅唐卡，质朴典雅。白色常常用来表现神佛，代表着平静、和蔼、善良。通过各种色彩之间的搭配，使得整个画面在看似不协调中体现出和谐统一，显示出一种热烈、华丽的艺术效果。

艳丽的色彩偏好也显露出藏族人民的审美风格，因为西藏地处青藏高原，海拔高气温低，有"雪域"之称。藏区大部分地方终年覆盖着皑皑白雪，苍茫的环境中明艳的色彩愈发绚丽夺目，极具美感。这样的生态环境造就了藏族对高明度、高饱和度色彩的偏好。

多变的色彩搭配也是唐卡的一大特点。唐卡色彩的运用可以分为单色平涂、间色和不同色之间的对比、互补。利用色彩的反差给人带来强烈的视觉冲击是唐卡的显著特点。如《罗汉渡水图》唐卡（图7）中，使用蓝色作为底色，色调明朗，以释迦牟尼佛为中心，背光旖旎氤氲向四周漫散逐渐变淡。在释迦牟尼佛的左右两侧绘制了各式渡水罗汉，或骑狮驭虎、或踏叶凌波，释迦牟尼佛的袈裟和罗汉们的服饰色彩为橙黄和黄。借助色彩间的冷暖对比形成强烈的反差，提高了整个画面的视觉冲击力，一种庄严、清丽的艺术感受油然而生。这种强烈的反差色调亦是带领人走向更高层次的精神世界的重要艺术载体。

（二）理性启示美

图 7 《罗汉渡水图》①

---

① 西藏自治区文物管理委员会：《西藏唐卡》，北京：文物出版社 1985 年版。

1. 题材包罗万象

唐卡的主要题材内容涉及藏族生活的方方面面，行宫庙宇、花鸟山水、佛像法坛都是唐卡描绘的内容。

除了上文介绍的佛像唐卡，还有《和睦四瑞图》唐卡（图8），象征尊老爱幼，和平相处。和睦四瑞的故事源于《释迦牟尼本生传》。讲述了四只动物和睦相处的故事。相传，在古印度波罗奈斯国时期，世尊化身为一只鹧鸪鸟，居住在噶希森林。当时，该森林尚住有一只猴子、一头大象和一只山兔，它们和睦相处，互敬互爱，过着安详自在、幸福美满的生活。四者情谊深厚，相处融洽。为了永远的和睦，它们拟订立了一个互敬互爱的约定——以与一棵尼枸卢树的成长历程相逢的时间作为确定长幼的依据：鹧鸪鸟

最早，其次是山兔、猴子，最晚的是大象。从此以后，它们奉行尊老爱幼的准则相处，年幼体大的大象驮猴子，猴子背山兔，山兔头顶鹧鸪鸟。四个动物情如手足，互敬互爱，过得极为和睦。后来，森林里的其他动物见此情景，也纷纷仿效，一时间，整个森林动物世界出现一派友爱、和睦的景象。[21]

绘制《和睦四瑞图》唐卡体现了歌颂尊老爱幼、团结友爱的审美艺术形态。在人类文化多元化及民族大团结的趋势下，国与国之间、民族与民族之间、人与人之间和平相处、团结平等、共谋发展是人类的共识。《和睦四瑞图》作为藏族独特的文化载体，向世人展示和表达了藏族与各民族团结和睦共谋发展的美好愿望。

图8 《和睦四瑞图》①

建筑物的描绘也是唐卡的题材之一。如唐卡《布达拉宫与大昭寺》（图9、10）就描绘了西藏的标志性建筑。作为世界文化遗产，布达拉宫是世界海拔最高、规模最大最完整的古代宫廷建筑群，是藏族古代建筑艺术成就的一座丰碑，布达拉宫和大昭寺一起被誉为高原上的两颗璀璨明珠。唐卡中（图9）布达拉宫楼宇层叠、气势巍峨，楼顶云气

---

① 西藏自治区文物管理委员会：《西藏唐卡》，北京：文物出版社1985年版。

缭绕，有高耸入云之势，更显行宫的雄伟气势，云端现佛，祥瑞安宁。楼宇间树木茂盛，在布达拉宫前还有骑着骏马奔驰的人以及围坐在一起交谈的人群，将那个时期的社会生活细腻真实地展现在我们眼前，极具历史人文价值。

大昭寺经历代修缮增建，形成了庞大的建筑群。唐卡（图10）中大昭寺主殿镏金铜瓦顶，壮丽辉煌，兼具唐代与尼泊尔、印度建筑艺术特色。此外唐卡中还绘制了许多藏式民族，展示了当时的建筑风貌。大昭寺外还有正在跪拜祈祷的朝圣者、一起嬉戏玩耍的孩童、远处的林场还有骑马狩猎的人群，将当时普通民众的社会生活描绘得细腻入微，极具鉴赏价值。大昭寺旁流水潺潺，朵朵祥云飘浮于林间，给人安宁祥和之感。

佛塔唐卡也极具特色，佛塔是佛教的象征，随着佛教的传入而在藏区逐渐兴

图9 《布达拉宫》① 　　　　　　　　图10 《大昭寺》②

起的一种建筑物。遍及藏传佛教的各个寺院内部及其周围区域。有一部分唐卡专门描绘佛塔这类建筑物，如《聚莲塔》（图11）和《菩提塔》（图12）。

聚莲塔是为纪念释迦牟尼佛降生而建，因佛经中言佛陀降生之时便会行走，步步生莲，故为"聚莲"，塔身呈圆形，有四阶层，每个阶层用莲瓣装饰；菩提塔则是为纪念释迦牟尼在菩提树下成佛而建，是为"菩提"，为四阶层的四方塔。

2.意蕴隽永悠长

黑格尔认为"美是理念的感性显现"，以心境的"和悦静穆"为艺术向欣赏显现的"理念"，以"人的形象"为其完满的显现形式。因此，他关于"美是理念的感性显现"之理性命题，在欣赏层面上即表述为："美是和悦静穆之心境见于人的形象。"

---

①② 宛华：《唐卡艺术全书》，北京：中国华侨出版社2014年版。

黑格尔崇尚一种"和悦静穆"的艺术理想。席勒也曾提到过："生活是严肃的，艺术却是和悦的"，欣赏者观唐卡之画面，心入澄明静谧之境，深刻体悟其意蕴之隽永悠长。

如黑金唐卡《黄财神》主要表现出布施的功德。黄财神以如意坐左脚曲，右脚轻踩海螺宝，寓意由于黄财神因发愿利益一切众生而行布施的功德感动了海里的龙王，故龙王愿意源源不断地把海里的宝贝供他所用。黄

图 11①   图 12②

财神左手轻抓鼬鼠，鼬鼠可随需要口吐珠宝，象征时刻准备着以财富帮助有需要的众生。黄财神的右手持饰有摩尼宝的布匹布拉果（形似桃子），象征有了布施的因，才会得到财富的果实。[22]整幅唐卡观之庄严华丽，使人心境和悦静穆，细细品悟唐卡深意，感其意蕴深厚。

在各式唐卡中，黑金唐卡以神秘深沉的意蕴著称，使用黑色作为底色，金色线条勾勒人物和景物，少量的色彩点缀及晕染出画面的主要结构与明暗。

黑金唐卡中蕴含着质朴的民族情愫。这一点由藏地的苯教信仰可见一斑。苯教俗称"黑苯"，因苯教徒喜蓄长发、身着黑衣而名。这一尚黑的习俗，在苯教的学说义理中都得以体现。随着藏传佛教密宗在藏地的盛行，吸收了大量本土原始宗教、苯教的教义内容，与之相适应的各种藏传佛教艺术形式由此诞生。"黑色本身具有威严、黑暗、神秘等视觉审美特质和色彩象征内涵"。[23]因此，黑金唐卡最能表现出密宗神灵变幻莫测的意境，以黑色为底色就成了黑金唐卡在表现形式上的定式。

除此之外，画面中金色的选择与运用象征着对光明的追求、对世间万物生命之源的向往。唐卡中金色代表着高贵、权力、财富、崇拜，象征着智慧之光。在唐卡艺术的发展中衍生出了多种用金技法，如金线勾勒、磨金平涂、金点饰物等。

黑金唐卡艺术源自藏传佛教密宗的义理文化，凝聚着历代高僧大德的智慧，也是无

---

①② 宛华：《唐卡艺术全书》，北京：中国华侨出版社 2014 年版。

数能工巧匠们创造力的结晶。黑金唐卡不仅具有鲜明的特色、神秘的意蕴，更因其深刻的人文内涵，极具收藏价值。

四、小结

作为非遗的唐卡艺术，不仅是藏族文化的瑰宝，也是中华民族的重要的文化遗产。唐卡的绘画艺术具有十分鲜明的审美特征，向我们展示了民族传统艺术的独特魅力。新的时代里，唐卡艺术已逐渐走出了藏族地区，走向了全国乃至全世界。越来越多的人开始了解和欣赏唐卡艺术，它的价值也得到了更广泛的认可，相信在未来的日子里，唐卡艺术必将焕发出更加绚丽的光彩。

参考文献:

［1］高斯琦:《唐卡神圣性的建构与解构》，中国艺术研究院 2019 年博士论文，第 3 页。

［2］徐思:《非物质文化遗产在数字媒体技术下的保护与发展》，江西师范大学 2018 年硕士论文。

［3］新华网:《中国首次将数字技术引入唐卡图像修复研究》，https://news.sina.com.cn/o/2006-04-15/10438703702s.shtml，访问时间:2024 年 4 月 10 日。

［4］人民网:《西藏博物馆将利用科技保护唐卡》，http://culture.people.com.cn/n/2013/0520/c172318-21545309.html，访问时间:2024 年 4 月 10 日。

［5］［10］［11］赤培·巴桑次仁、杨力勇:《再议西藏唐卡的起源及"唐卡"一词的涵义》，《西藏艺术研究》，2016 年第 1 期。

［6］［7］［8］谢继胜:《唐卡起源考》，《中国藏学》，1996 年第 4 期。

［9］郭姗姗:《唐卡起源及其装裱形式初探》，《商》，2014 年第 5 期。

［12］［16］［17］阿旺晋美:《藏传绘画"齐乌岗巴画派"的艺术风格特点及其历史定义》，《中国民族博览》，2015 年第 4 期。

［13］［19］于小冬:《藏传佛教绘画史》，南京:江苏美术出版社 2006 年版，第 77、232 页。

［14］［15］［18］大卫·杰克逊著，向红笳等译:《西藏绘画史》，济南:明天出版社，拉萨:西藏人民出版社 2001 年版，第 73 页、第 76 页、第 85—86 页。

［20］崔世荣:《从拍卖市场视角看唐卡的收藏价值》，《东方收藏》，2021 年

第 19 期。

［21］张斌宁：《华彩流章——藏族唐卡艺术浅论》，西北师范大学 2004 年硕士论文。

［22］赵伟红：《拉卜楞寺建筑装饰的艺术特点及宗教寓意探析》，中央民族大学 2013 年硕士论文。

［23］张慧聪：《唐卡绘画艺术的审美特征》，《电视指南》，2017 年第 23 期。

作者：

尼玛卓嘎，西藏大学文学院 2022 级文艺学硕士，主要研究方向：马克思主义文艺学美学。

叙　录

目检河西宝卷 58 种叙录（上）

张天佑　赵世昌

摘要： 河西宝卷已整理刊行了 7 种编目、22 部宝卷集，但对其原本的样貌，特别是 1950 年前的原本，大都未见其真面目。在甘肃省张掖市甘州区花寨乡国家级非物质文化遗产传承人代兴位家中，藏有祖上代登科的抄本以及刻本近百种，笔者也收藏有四十余种。因此，选取部分卷本予以叙录，为河西宝卷爱好者和研究者提供文献检录之方便。叙录中的《七真天仙宝传》《仙姑宝传》等皆系甘肃本土刊印，或是代家祖上保存的刻本、抄本，也有部分未见于已出版的各类整理本，如《汗衫宝卷》《金牛公案》等。

关键词： 河西宝卷；叙录;58 种

河西宝卷是指河西人编写的，带有河西文化、历史痕迹的宝卷，也指那些河西人念唱、抄写、刊印、藏存的外来宝卷。河西宝卷的编目已经刊印的有 7 种，包括车锡伦编目、段平编目、王学斌编目、王文仁编目、宋进林编目、桂发荣编目，以及朱瑜章编目。

车锡伦在《中国宝卷研究》[①] 中专门列出《甘肃河西地区流传抄本民间宝卷目》，共 155 种。段平编目应为国内最早的河西宝卷编目，收录于其在 1988 年出版的《河西宝卷选》。该编目共列出 108 种宝卷。据段平所述，在这 108 种宝卷中，有 4 种是河西人自己编写的，包括《一心宝卷》《仙姑宝卷》《草滩宝卷》与《救劫宝卷》，但《草滩宝卷》尚未见于任何已出版的宝卷集中。王学斌编目列于其所编撰的《河西宝卷集粹》末尾，这份卷目表按照音序顺序，列出《河西宝卷集萃》收录以外的宝卷名称，共 56 种。

王文仁编目发表于《丝绸之路》2010 年第 12 期，名为《河西宝卷总目调查》。编目对宝卷做了三种分类：第一种是宝卷册、集收录的宝卷，共 99 种；第二种是尚未出

[①] 参见车锡伦:《中国宝卷研究》，桂林：广西师范大学出版社 2009 年版。

版的宝卷，共 60 种；第三种是车锡伦《中国宝卷总目》中没有录入的宝卷，共 63 种。据王文仁教授自述，其搜集到的宝卷共 361 部，除去同卷异名后，共 150 种。宋进林编目见于《甘州宝卷》开篇的概述中，与列于《金塔非物质文化遗产集萃·民间宝卷》末尾的"金塔民间珍藏宝卷待出版作品"（即上面所提到的"桂发荣编目"）名录一致，都是当地的宝卷。

朱瑜章编目发表于《文史哲》2015 年第 4 期，这一编目又分为"刊本存目表"和"非刊本编目存目表"。其中"刊本存目表"列出现已出版发行的、出版物中的宝卷收录情况，此表囊括了 110 种宝卷的收录现状；"非刊本编目存目表"列出的是尚未见于出版物，但被列入各种编目的情况，涉及 100 种宝卷。

目前，已编纂出版的河西宝卷集计有兰州大学段平与民乐县王学斌共同编纂的《河西宝卷选》，这部选集出版于 1988 年，收录了 8 种宝卷；后来中国台湾新文丰出版公司于 1992 年、1994 年出版《河西宝卷选》《河西宝卷续选》，共收录 43 种宝卷，去掉重复的 8 种，余 35 种。由河西学院（原张掖师范专科学校）方步和编的《河西宝卷真本校注研究》出版于 1992 年，录入 10 种河西宝卷。王学斌集纂的《河西宝卷集萃》（上、下），出版于 2010 年，共收录 18 种宝卷。

河西各地市还相继出版了收集整理的本地宝卷卷本，计有《金张掖民间宝卷》（五卷本）、《酒泉宝卷》（六卷本）①、《永昌宝卷》（两卷本）、《甘州宝卷》（两卷本）、《山丹宝卷》（两卷本）、《民乐宝卷精选》（两卷本）、《民乐宝卷》（三卷本）、《临泽宝卷》《凉州宝卷》《凉州小宝卷》《宝卷》（九卷本）、《金塔非物质文化遗产集萃·民间宝卷》等。以上河西宝卷的出版物共 22 部，总计收录 586 种宝卷，除去"同卷异名"的情况，计 153 种宝卷。

甘肃省张掖市甘州区花寨乡代继生家藏宝卷原件较多（其家中五代抄卷、念卷，父亲代兴位是国家级非物质文化遗产项目河西宝卷传承人），笔者近 10 年来，也收藏了各类宝卷原件 40 余种，现捡其两家所藏要者 58 种（其中有 2 种为他人藏本）叙录之。

1.《白海棠割肝救母》

《白海棠割肝救母》，刻本。牌记右书小字宣统元年孟春新重镌，中上大字

① 实际上，《酒泉宝卷》最早的版本，也即河西地区最早以地县市命名的宝卷集，是 1991 年由甘肃人民出版社出版的《酒泉宝卷》（三辑），编者署名为：西北师范大学古籍整理研究所、酒泉市博物馆，实为郭仪、高正刚、谢生保、谭禅雪、伏俊琏诸先生编撰。

横书白海棠，下书大字割肝救母，左书缺损，版存等信息不详。编者信息不详。版宽
12.1厘米，高19.3厘米，面8行，行15字，共23页。黑口，乌丝双栏，双鱼尾下书
叶序。此卷在张掖市、酒泉市流传，现存甘肃省张掖市甘州区花寨乡代继生处。

以7字句韵文讲述嘉庆年间河北金香县金员外家的儿媳白海棠自进门以后，孝敬公
婆，饥荒时，为解婆婆之饥，割肝救母，又有神仙治疗伤口，后蒙皇恩褒奖的离奇故事。

2.《白马宝卷+张青贵割肉救母+箍麻桶歌》

《白马宝卷》《张青贵割肉救母》系光绪三十三年（1907年）代登科抄本，三种合一
册。版宽22厘米，高23厘米，面12行，行23字，馆阁体，圆润绵软、平和整饬。除
这两个卷子外，后有小戏《箍麻桶歌》，惜缺页。此卷在酒泉市、张掖市各区县流行，
现存甘肃省张掖市甘州区花寨乡代继生处。

《白马宝卷》亦名《熊子贵休妻宝卷》《金定宝卷》，主要讲述熊子贵娶妻杜金定，
天生富贵命。熊子贵不信，也为了证明自己，休了妻子。金定由白马驮到乞丐张三处，
张三发家致富；熊子贵败光家产后，又将一双儿女玄玄和观音卖与他人，诬陷张三，后
被谷糠噎死。杜金定找到了儿女，儿子玄玄官至巡按。有老君来地上画了七只鹤，让一
家人骑鹤飞升天宫。原来金定是九天玄女转世，张三是福禄寿神下凡，玄玄和观音分别
是左金童和右玉女，熊子贵是狗叫星或狗咬星降生。

《张青贵割肝救母》主旨是劝孝。穷书生张青贵母亲病重，想吃羊肉，张青贵借贷
无门，遂割自身之肉。后有观音菩萨将其救活，得皇帝褒奖。原来张青贵是太白童子转
世，妻子是粉团星下凡，母亲则是插花圣母。

3.《敕封平天仙姑宝卷》

《敕封平天仙姑宝卷》亦名《仙姑宝卷》。据卷末题识："康熙三十七年五月吉旦板
桥仙姑庙主持经守卷板太子少保振武将军孙施刻吏部侯铨州同知金城谢壈编辑将军府椽
书张掖陈清书写刻字凉州罗友义王璋福建颜顺贵甘州韩文"。可见该宝卷公元1698年
（康熙三十七年）制作于张掖。

《仙姑宝卷》版宽12.68厘米，高21.20厘米，面9行、行24字，72个筒子叶。有
天头、地脚，版心双鱼尾间上书《仙姑宝卷》，下书叶序。本卷影印本存张掖南华书院
黄岳年先生处。《仙姑宝卷》的主要流行区域在张掖市、酒泉市各区县。该宝卷共十九
品，以流传于张掖临泽板桥镇一带有关平天仙姑的神迹故事演化而来。故事发生时间
自汉至崇祯九年（1636年），其主要故事有"仙姑修行""发愿修桥"等等。车锡伦先生
据卷末"大哉虚皇道，开悟演真诠。救济众生苦，化现玉女言。合黎参山顶，青阳应灵

源"，认为该宝卷系虚皇道典籍。南朝梁时的陶弘景在《真灵位业图》中云："虚皇道君应号元始天尊。"

《敕封平天仙姑宝卷》有北京大学藏本、张掖临泽博物馆藏本，笔者目见有甘肃省张掖市甘州区花寨乡代继生家的抄本（惜首页残半页），甘肃省岷县张润平先生藏多部该宝卷的影印件（皆为抄本），可见在甘肃省洮岷地区亦广为流传。

4.《达摩宝传》

《达摩宝传》又名《达摩传》《达摩宝卷》《达摩祖卷》《达摩祖师宝卷》《弥陀超出三界达摩西来自在王菩萨经》《达摩西来度人自在王菩萨经》《达摩西来直指单传返本还源归根复命破惑指迷宝卷》等。无牌记，版本年代不详。开首为《记心印来历》，开卷署"悟真子补述，陈士绅、钱紫芙校阅，谢学愚公书"。版宽 12 厘米，版高 12.8 厘米，面 8 行，行 21 字。上下卷合一册，上卷 49 叶，下卷 33 叶，加《记心印来历》5 叶，计 77 叶。四周乌丝栏，版心单鱼口，鱼口上为"达摩宝传"，下为卷次、叶码，要说明的是：《记心印来历》实为 3 页，但版心标 5 页，查其他版本疑为牌记和《悟真子序》此版残缺，且下卷第三十三处以"使后人认定宗源正派，以好返本还源，而宗其正也"结束，删去了 52 行的七字句和 6 行的偈语。钤红色"吉明德堂"印。《达摩宝传》曾流行于酒泉市，此卷现存西北民族大学张天佑处。

《达摩宝传》版本甚多，据侯冲、杨净麟考：李世瑜著录了清代刊本六种，泽田瑞穗著录了藏本三种，车锡伦仅清刊本就著录了十种，但仍有未著录者。其主要情节为：达摩祖师西来度梁武帝被驱赶。度神光被打落门牙两颗。度胭脂女被骗。又度神光，神光拜其为师。达摩祖师传道。

5.《丹凤图》

《丹凤图》，又称《丹凤宝卷》，公元 1934 年戴家抄本，卷本末尾标有"民国二十三年二月吉日抄卷人戴登科[①]书"，共一卷。卷本封面正中书"光绪二十八年四月初一日立"，不知其故。卷本扉页画有"丹凤图"，扉页背面写有"初一日出城，十六日进城。李桂英挂帅，石猴子领兵。一物破……"版宽 22 厘米，高 23 厘米，面 12 行，每行 20 字。此卷在张掖市甘州区流行，存甘肃省张掖市甘州区花寨乡代继生处。

---

① 戴登科，字天恩，代家祖上抄卷者，与代登科同为一人。

卷本主要内容为：明洪武年间，常州府官员郑明党生子郑元和，成人后与仆从一起进京赶考，求取功名。曲江县李哑相原为丹凤公主下凡，自幼父母双亡，与婶婶马氏一同过活。李小姐为逃马氏虐待，流浪在外，遇李老包收为义女。恰郑公子与哑相一见钟情，便不思进取，不再考取功名。郑明党高升，一路上打听儿子的下落。李老包后将郑公子赶出了桃花院，郑公子拜了叫花儿头李五个为师，乞食为生。李老包死后，李小姐又将郑公子接回院子，刺瞎左眼，励其考取功名。最后郑公子高中状元，一家团圆。

6.《丁郎寻父宝卷》

《丁郎寻父宝卷》，亦名《仲举宝卷》《对镜宝卷》。此抄本由代天恩于公元 1932 年抄写。封面只可见"郎""宝"二字，卷尾页一面为插画"水墨莲花"。该卷版宽 21 厘米，高 22 厘米，面 11 行，行 21 字。此卷在河西各地区流行，存甘肃省张掖市甘州区花寨乡代继生处。

代家藏本有开卷偈语一首，"有缘躲过轮回苦，定坐南山一仙人，因果宝卷终展开，诸佛菩萨降临来，天龙八部生欢喜，男女宣卷永无灾，莫要交头又接耳，要你存心仔细听，正月新年上元日，看经念佛免灾星，一炷明香敬天地，请与家宅众神灵。"开卷诗前尚有一句"天堂地狱门对门，专等阳间造恶人"。

宝卷主要讲述了山东历城秀才高仲举的儿子丁郎外出寻父的故事。在此过程中，以严嵩、年七等为代表的贪官污吏陷害忠良、胡作非为；以高仲举、胡尚书、张老爷等为代表的正直官员则与之针锋相对，无论处于何种艰难境地，始终坚持，特别是余氏之贞烈节行感天动地。以玉皇大帝、关公为代表的神祇，站在正义一边，帮助高氏父子一家重新振作，最终获得大团圆的结局。

7.《佛说释销报恩经》

《佛说释销报恩经》，全称《佛说释销归家报恩真经》，分上下二卷，二十四品。该卷本为经折装，每卷封面中书卷名，抄写时间、抄卷者不可考，版宽 13 厘米，高 32 厘米，面 4 行，每行字数依体制不一。此卷曾流行于武威、张掖、酒泉各县市，现存甘肃省张掖市甘州区花寨乡代继生处。

卷本主要内容是讲述菩萨奔盘山修道一十四载，未报母恩，每念及目连、王祥、丁郎等人之孝行，自己却无可报，只好留下"无字真经"一部。主要讲述人有三身四智，天有三盘四贵，车有羊、鹿、牛，佛有燃灯、释迦、弥勒。为人父母，养育子女不易，故子女需修行以报恩。全卷每品在曲牌后惯用"话说"或"经云"之散文句，然后用"七字句""十字句"，以及偈语结构全本，从中可以看出，此系早期宝卷的固有制式。

8.《佛说三元真经》

《佛说三元真经》全名为《太上三元赐福赦罪解厄真经》分别为《佛说上元一品天官赐福真经》《佛说中元地官赦罪真经》《佛说下元水官解厄真经》。经折装，版宽 13.2 厘米，高 38 厘米，面 4 行，行字 15～18 字。据《佛说上元一品天官赐福真经》封底，此卷由甘肃省张掖市花寨乡戴登科于公元 1920 年抄写，此卷在张掖市甘州区流行，现存甘肃省张掖市甘州区花寨乡代继生处。

三官大帝是道家供奉的天官、地官、水官之统称。《元始天尊说三官宝号经》说这三位天帝分别为："上元一品赐福天官紫微大帝""中元二品赦罪天官清虚大帝""下元三品解厄水官洞阴大帝。"所谓天官赐福，地官赦罪，水官解厄。三元：在天为三台，在地为三官，在人为三元。三元者精气神、上中下、性命心。道家亦有上元节、中元节、下元节合称"三元"。

《佛说上元一品天官赐福真经》救苦大仙就信仰、家庭、修行、忏罪、超拔等作何果报，六问天尊，天尊一一作解。《佛说中元地官赦罪真经》帝官就中元五刑十恶罪永不赦除作何果报请问天尊。五刑名天刑、地刑、君王刑、父母刑、师长刑。《佛说下元水官解厄真经》天尊就因人心不改，造恶不善招致病疫以及如何解厄讲说。

9.《佛说皇极金丹九莲正信皈宗还乡宝卷》

《佛说皇极金丹九莲证性归皈宗还乡宝卷》简名《还乡宝卷》，公元 1930 年抄本，卷末尾记有"民国十九年五月吉日抄写"，抄卷者从字体和抄卷时间推测，应为张掖南山阳化东渠花寨堡儒学童生戴登科，卷本封面为红色纸封，无字，版宽 12 厘米，高 31.8 厘米，面 4 行，每行字数依体制不一，从十三品至二十四品共两卷。此卷流传于张掖市甘州区，存甘肃省张掖市甘州区花寨乡代继生处。

从《佛说皇极金丹九莲证性归皈宗还乡宝卷》所抄内容可看出封面所标的上下卷有误，卷上应为卷下。而整本内容是刻本《皇极金丹九莲归真宝卷》的下卷部分，但是，此本的开经偈等与《皇极金丹九莲归真宝卷》不同，卷上"证表明宗品第十八"与刻本同，而卷下又有"无为说三阳开太星宿当权品第十八"刻本所无，当为抄者所据他本，抑或抄者误抄？

10.《佛说泰山幽冥地藏十王真经》

《佛说泰山幽冥地藏十王真经》，又称《泰山东岳十王宝卷》《佛说太上幽冥地藏十王真经》，民国十九年（1930 年）抄本，卷本末尾记有"民国十九年岁在庚午九月十六日戴登科抄写笔"，共一卷。卷本封面中书"佛说泰山幽冥地藏十王真经"，版宽 11.4 厘米，高 31.2 厘米，面 4 行，每行字数依体制不一。上下卷合一册。此卷流传于张掖市甘州区，现存于甘肃省张掖市甘州区花寨乡代继生处。

《泰山东岳十王宝卷》为明代悟空编，西大乘教经卷。该卷受敦煌变文《大目乾连冥间救母变文》《佛说十王经》的影响十分明显，以衲子悟空游冥串联地狱之景、十王之像，言修行之功德。

11.《佛说孔雀明王真经》

《孔雀明王真经》，共三卷，经折装，版宽 12 厘米，高 26 厘米，面 5 行，行 16 字，无分品。该卷本系张掖市甘州区花寨乡国家级非物质文化遗产传承人代兴位的祖父代登科于公元 1930 年抄录，捐资人"李向义"。《佛说孔雀明王真经》虽冠佛名，但实则是名为《太上元始天尊说宝月光皇后圣母天尊孔雀明王经》的道家经卷，与佛家的《佛母大金耀孔雀明王经》相异。此卷流传于张掖市甘州区，存甘肃省张掖市甘州区花寨乡代继生处。

该卷本渊源为："传说孔雀明王经卷，乃大藏经中骨髓，度人无量，秘言传流下方。度脱众生，遵依吾教，一一奉行。是时，宝月光圣母领此经法，演说妙言，传之于后土，后土授之于妙行，妙行真人传流于下世，定光真人敷衍（易文），宣演普救世间善男信女。"卷本内容以召诸各路神仙、罗刹女、龙王降临法场，天尊演说孔雀明王经结构，阐明了吟诵该卷可以消灾灭罪、增福寿的主旨要义。

12.《高上玉皇普度尊经》

《高上玉皇普度尊经》三卷三册，未见它名。抄写年代不详，版宽 13.5 厘米，高 26.5 厘米，面 5 行，行 16 字左右，有句读。字迹工整欠流利，实为后世学者所为。与民国十五年湄邑北区刻版相较，抄本将开坛仪式所诵的"咒、赞、宝诰、礼、愿"等文字皆未抄录，正文未见增删。卷三后抄录了名为第十八代玉帝（关羽）的《玉皇心印妙经》之文字，但与第十七代的《玉皇心印妙经》对读，更像是儒家的日用伦理纲常而非道教的精气神修炼。此卷曾流传于张掖市甘州区一带，现存西北民族大学张天佑处。

《高上玉皇普度尊经》凡五品：明义开宗清虚品第一，太上历劫功德品第二，太上广发神通品第三，扶运消劫品第四，报应灵验品第五。以原始天尊、大成至圣、牟尼文佛率三教诸圣、群真赴蟠桃盛会，宴席之间，举荐关羽继任新一代玉皇为叙述关节，推演三期普度已到，修真度人之理。

13.《高上地母解论正信皈真宝卷》

《高上地母解论正信皈真宝卷》，石印本，无牌记，疑为民国时代制品。首页缺，尾叶缺半叶。版宽14.7厘米，高21.6厘米，单面8行，行16字，上下卷合一册，计104页。版心单鱼口，大花口书地母真经，鱼口下为叶序。此卷在张掖市甘州区流行，现存甘肃省张掖市甘州区花寨乡代继生处。

此本始为"十炷香"礼请诸神圣、仙佛，才为开经坛等。正本分十二（第八品、第十品各有不同名的两品）品：论天地由来品第一、论寅时生人预生万物品第二、论无极敕命灵性下界品第三、论立巢氏钻木取火品第四、论八卦干支排方位立向辨明五行品第五、论男女择配人畜择贱品第六、太尝杂物以备家常应用品第七、黄帝画野制衣冠品第八、安神祇配合天地品第八、地母烦恼众生品第九、知恩不报品第十、论不生杂心品第十，叹家常（共十叹）。

此本为教派宝卷，其将传说中的盘古开天地、神农尝百草等等皆归于无极老母求无极圣祖后，由老母所派遣而为，有趣的是无极圣祖"取土为皮肉，取水为津（原文如此——编者注）血，取火为热，取木为筋骨，取风为气……得成人体，谓之始祖，继传后代一名亚当，号称盘古"。

14.《古佛天真考证龙华宝经》

《古佛天真考证龙华宝经》又称《龙华宝经》，目见版本为铅印线装本，一函四卷（册），函封面记有"古佛天真考证龙华宝经"，四卷封面皆题"龙华宝卷"。此本版宽13厘米，高20.5厘米，面11行，行22字，四卷共116叶。四周双边，无界栏，有天头、地脚，版心单鱼尾上记有《龙华宝经》书名，单黑鱼尾下记有页码，小（细）黑口。行文韵散结合，铅印字迹清晰易识，保存完好，通篇无句读。此卷曾在酒泉市肃州区流传，现为西北民族大学张天佑藏。

泽田瑞穗云《龙华宝经》受《古佛天真收圆结果龙华宝忏》的影响。欧大年认为《古佛天真考证龙华宝经》书成于公元1654年，一说是公元1652年（清顺治九年），撰者是"弓长"，大乘天真圆顿教的创立者。濮文起考证，此人俗名海量，道号无双，又号天真。北直隶顺天府霸州（今河北省霸州市）桑园里大宝庄人，明嘉靖四十三年（1564年）生。

15.《观音济度本愿真经》

《观音济度本愿真经》牌记中竖行：观音济度本愿真经，右竖行：咸丰癸丑年重镌，左下竖双行：版存陕西省城按察司门西边关帝庙内黄家刻字处便是。版宽15厘米，高22厘米，面10行，行24字，上下卷合一册，计109叶。版心单黑鱼口，上为：观音济度本愿真经，下为卷次，叶序。曾流传于酒泉市。此卷现存西北民族大学张天佑处。

《观音济度本愿真经》首面为观音济度神像一幅，再依次为"观音梦授经""后附斋期""观音古佛原本读法十六则""西天达摩祖师题赞""孚佑大地吕祖题赞""观音济度本愿真经叙"。该叙落款为：大清康熙丙午岁冬至后三日广野山人月魄氏沐手敬叙于明心山房。"观音古佛原叙"，该叙落款为：永乐丙申岁六月望日书。如此落款不假，则此卷最早刊印时间当为公元 1416 年。

车锡伦《中国宝卷总目》："本卷始刊于清道光三十年（1850 年）"。《观音济度本愿真经》核心情节与《香山宝卷》同，郑振铎《佛曲叙录·香山宝卷》云："又有《观音济度本愿真经》一种，内容事实和结构俱与《香山宝卷》相同，仅改作观音菩萨的自叙传口气而已。"李世瑜《宝卷综录》更将此卷著录于《香山宝卷》项下，作为异名宝卷。据车锡伦言《观音济度本愿真经》系清彭德源所编，彭德源即"广野山人月魂氏"，主要活动年代在清道光、咸丰朝。

16.《黑骡子告状宝卷》

《黑骡子告状》，又称《对镜宝卷》《乌鸦吐丹宝卷》《哑巴告状宝卷》《毒蛇计宝卷》《乌鸦宝卷》。此本由代天恩于公元 1933 年抄写。抄本宽 23 厘米，高 24 厘米，俗称大方巾本，面 13 行，行 23 字。卷尾页画有一匹披白马鞍、系红缰绳的黑骡子。此卷流行于张掖市各区县、金昌市，存甘肃省张掖市甘州区花寨乡代继生处。

卷本主要内容为：大宋仁宗年间，汴梁城外村民王小全，娶了员外刘太玄之女刘玉莲。因天降大旱，小全将身怀有孕的妻子托付给岳父家，出门谋生。小全来到四川成都客店大兴店落脚，同店的还有一云南商人兰半城。兰半城觉得小全忠厚老实，便让小全随他去云南做生意，小全修书一封，让伙计杨龙将信送回家。杨龙对刘玉莲心生邪念，从此种下祸根。小全在云南五年，攒了不少银子，回到家中后，刘玉莲等到三更时候，杀害小全并毁尸灭迹。被冤枉害死王小全的刘家人上京找包公，告状申冤。包公查明真相，将刘玉莲骑木驴游街示众三日后斩首。

17.《汗衫宝卷》

《汗衫宝卷》，又名《汗裳卷》，系代天恩公元 1939 年抄写。抄本宽 21 厘米，高 22 厘米，俗称大方巾本。封面左竖题"汗衫卷壹本"，紧接着是合体字"招财进宝"，中竖题"民国二十八年吉月"，右上合体字由"天恩、泽臣"组合，疑似抄卷者的名和字，右下是"戴"字，再下一字模糊不识。扉页面为插画，画面似为书籍盒，尾页有水墨荷花一支。此卷流行于张掖市甘州区，存甘肃省张掖市甘州区花寨乡代继生处。

卷本主要内容为：南京城马巷口员外张金，娶妻刘氏，生子张孝英，娶妻李鹅玉，有丫鬟珍儿，家人兴儿。员外夫妻乐善好施，将花子陈虎收为学童，并与孝英结拜，陈虎对鹅玉有邪念，从此种下祸根。员外见犯人尚义冤枉，遂赠银五十两，鹅玉赠金簪子一副。鹅玉怀孕十三个月未生，陈虎骗孝英、鹅玉去安山烧香。在船上，陈虎将孝英、兴儿推入江中，要与鹅玉为妻。鹅玉产下一男婴，将孩子交与珍儿，并与其互换身份，将身上的汗衫撕为两半为信物。陈虎误将珍儿当成鹅玉，带孩子去了安山，并给孩子起名为计中。张孝英被江边打鱼的刘清父女救起。兴儿被他人救起后，常州府兵部李侍郎招为女婿。最后，尚义从兴儿口中得知原委，去安山刀刮了陈虎，接来了珍儿、张孝英、李鹅玉，一家人大团圆。

18.《何仙宝传》

《何仙宝传》又名《何仙修真度世宝传》，兰州曹家厅新会馆刊本。《何仙宝传》版宽15.4厘米，高24.6厘米，面8行，行24字，上下卷合二册计124叶。乌丝栏，版心单鱼口，鱼口上有"何仙传"，下有叶码。首面为何仙插画，牌记中竖为"何仙宝传"，右竖栏为"中华民国岁次戊午夹钟月重刊净手翻阅慎勿秽亵"，左竖栏"兰省城内曹家厅新会馆存版"。原序作者不详，落款为"道光六年岁次丙戌天官田树真座湖南总督镌"，可知，至少还有公元1826年版。紧接四十八回目次的是"何仙修真度世宝传全部上卷纯一撰书""西江月二首明山新镌刻"。上卷末叶中竖大字行"蓝采拐李仙鸾降"，右竖行"大清乾隆十六年岁次"，左竖行"中华民国七年夹钟月陕西华原刘维荣耀亭敬录鹿苑刘真伯玉校正"，如属实可知最早的《何仙宝传》由纯一托名作于公元1751年（乾隆十六年）。此卷曾在武威市一带流传，现存于西北民族大学张天佑处。

《何仙宝传》与《何仙姑宝卷》不同，一是《何仙宝传》后于《何仙姑宝卷》，其中有大量的修炼之法。二是《何仙宝传》更接近于小说文本，其中有"看书人""细览体看"等等。三是《何仙姑宝卷》以吕祖发愿为中八仙度女仙为王母娘娘敬酒为核心，而《何仙宝传》则以何仙姑修行为中心。

19.《护国佑民伏魔宝卷》

《护国佑民伏魔宝卷》亦名《伏魔宝卷》，清初刻本，上下两卷，经折装，无牌记、龙头。版宽10.05厘米，版高26厘米，面5行，行15字，上卷71叶，下卷75叶，计146叶。单鱼口，鱼口上有"伏魔宝卷"下有卷数，叶序，乌丝栏。此卷流行于张掖市甘州区，现存甘肃省张掖市甘州区花寨乡代继生处。

甘肃省张掖市甘州区花寨乡代继生处亦藏有《护国佑民伏魔宝卷》抄本，上卷末尾记有"民国十七年三月中旬戴登科出纸抄笔"，下卷末尾记有"民国十九年五月上旬""信士弟子戴登科抄写"，卷本封面中书"护国佑民伏魔宝经卷"，版宽11.8厘米，高32.5厘米，面5行，每行字数依体制不一，共两卷。

《护国佑民伏魔宝卷》开卷偈语为"伏魔宝经力（立）意深，传留后世劝贤人。有人信受伏魔经，万劫不踏地狱门"。共分为"伏魔宝经品第一""三人和合万法归一品第二""三官保本玉帝封神品第三""关老爷转凡成圣品第四""关老爷心内欢见大众圣心喜悦第五品""圣贤佛出救众生第六品""敕封伏魔第七品""伏魔功德第八品""参禅打坐出苦难沉第九品""调神出性第十品""见性明心第十一品""伏魔显灵降圣第十二品""伏魔佛化人为善品第十三""万神拥伏魔品第十四""伏魔宝经结果品第十五""伏魔宝经功德大品第十六""伏魔安邦定国品第十七""伏魔大帝成登证觉品第十八""伏魔参禅透五蕴品第十九""劝众参禅品第二十""伏魔洒药品第二十一""伏魔佛保明朝品第二十二""伏魔大帝护民品第二十三""收元结果品第二十四"。

明万历三十三年神宗封关羽为"三界伏魔大帝神威远镇关圣帝君"之后，关羽得到官方认可的祭祀，所以《护国佑民伏魔宝卷》自明万历四十五年（1617年）刊行以来，版本甚多。惟上海宏大书局的《伏魔宝卷》值得关注，该卷实名为《伏魔宝卷降乩注释》为光绪二十二年（1896年）吉林北山关帝庙学善堂刻本，分元亨利贞四册，有各类乩文，注解正文托为吕祖降注，其中对该宝卷编撰者的说辞有参考价值。

《伏魔宝卷》分二十四品，每品有曲牌，当为典型的教派宝卷形制。其内容一是关羽爱国护民的行迹及被封圣。二是劝众人舍财修行"未后一着"见娘面、安于龙天安排的命运及一些教内的炼丹之术。三是编、刊宝卷之不易，劝大众请卷宣卷保佑平安。宝卷常见曲调包括：《上小楼》《红莲儿》《叠落金钱》《山坡羊》《耍孩儿》《傍庄台》《侧郎儿》《皂罗袍》《折桂令》《销南枝》《驻云飞》《画眉序》等。

20.《黄氏宝传》

《黄氏宝传》又名《黄氏女卷》《佛说黄氏女看经宝卷》《三世修行黄氏女宝卷》等，又因许多地方"黄""王"不分，所以亦有《王氏女宝卷》等等。《黄氏宝传》无牌记，有原叙，无署名。版宽11.7厘米，版高18厘米，单面8行，行21字，一卷一册，计66叶。版心单鱼口，鱼口上有"黄氏宝传"下为叶数，刊印年代不详。此卷曾在酒泉市、张掖市民乐县流传，现存西北民族大学张天佑处。

《黄氏宝传》虽版本甚多，但基本情节模式有三：一是黄桂英自小持斋，受观音点

化诵《金刚经》，父亲逼其嫁与屠夫赵令芳；二是黄桂英游地狱对《金刚经》；三是黄桂英借知县张世亨之尸还魂，修行成佛。

该宝卷至少在明嘉靖万历年间就已经广泛流行，而民间教派借其宣教，如酒泉的《黄氏女卷》中云："无极来枉化，黄氏善女监，命终离别哭，劝化度众生。此句出在老祖经中"，老祖经即《五部六册》中的《正信除疑无修证自在宝卷》。

21.《还乡宝卷》

《还乡宝卷》全名为《元始天尊新演还乡宝卷》，光绪二十五年（1899年）重刊本。牌记中书大字"还乡宝卷"，右书小字"光绪岁次己亥重刻"，左下书小字"苏城玛瑙经房刷印流通"。版宽16厘米、高24.5厘米，面8行，行22字。版心上书"还乡宝卷"，下书叶序。有《文昌帝君〈还乡宝卷〉叙》与《元始天尊新演〈还乡宝卷〉叙》两篇叙文。此卷曾流行于张掖市甘州区、临泽县一带。现存甘肃省张掖市甘州区花寨乡代继生处。

据其中的先天道神谱溯源等文字，应是先天道的教派宝卷。在正文中有何仙姑、张三丰等劝诫世人戒鸦片、戒溺女婴等等。

22.《皇极金丹九莲归真宝卷》

《皇极金丹九莲归真宝卷》，宣统元年（1909年）镌本，异名甚多，主要有《皇极金丹九莲正信皈真还乡宝卷》《武当山玄天上帝经》等。该上卷扉页刻有"元始天尊化身黄九祖师著皇极金丹九莲归真宝卷大清宣统元年春王正月镌"，卷内自称的卷名，凡见9次的有"皇极金丹九莲卷""九莲金丹卷""证性归真卷""皇极宝卷"或"皇极经"，凡见7次的有"金丹九转还乡卷"或"还乡卷"。

该卷版宽12.5厘米，高22.2厘米，面8行，序行21字，正文行20字。分上、下卷，全卷计143叶。四周双边，无界栏，有天头、地脚。版心部位《序》部分单黑鱼尾，上记有《皇极经序》名，单黑鱼尾下记有序字样和叶序。正文部分单黑鱼尾上记有《皇极经》书名、卷之上字样及叶序。整本内容包括皇极经序、述文、正文及捐洋人名单，行文韵散结合，字迹工丽清晰，疏朗易识，保存完好，通篇有句读。此卷曾流行于酒泉市肃州区，现为西北民族大学张天佑藏。

据《述文》黄九祖黄德辉，清康熙二十三年（1684年）二月八日生于江西省饶州府，著有《皇极金丹》又名《九莲归真》，但学界异议较大。据谢忠岳、马西沙、欧大年等考此宝卷应在万历四十六（1618年）或明末编就，连立昌认为是弘治十一年（1498年），泽田瑞穗等认为是康熙年间黄德辉编写。

23.《金牛公案》

《金牛公案》，全称《金牛脱壳公案》，抄写时间、抄卷者不可考。抄件高 24 厘米，宽 12 厘米，厚 1 厘米。全卷由毛笔小楷抄写，朱笔圈点，每叶 8 行，每行 19 字。此卷流行于酒泉市肃州区一带，现存甘肃省酒泉市肃州区图书馆。

卷本主要内容为：金波国王三皇后生太子，才出生就被大皇后、二皇后指使蓬草、产婆将其换为狸猫，后在太白金星的帮助下，通过自己的努力，从牛再变化为人的故事。从内容来看，《金牛脱壳公案》当属《金牛宝卷》文本系统。《金牛宝卷》，据车锡伦《中国宝卷总目》又名《金牛太子宝卷》，车先生列刻本、写本共 14 种，最早的是清光绪二十七年（1901 年）的写本，但不包括《金牛脱壳公案》。

24.《康熙私访山东宝卷》

《康熙私访山东》，又称《康熙宝卷》，该卷由代天恩于民国二十二年（1933 年）六月吉日抄写。该抄本宽 25 厘米，高 24 厘米，俗称大方巾本。封面左册竖题"康熙私访山东"六个字，面 14 行，行 28 字，尾页有水墨树木一棵、蝴蝶一只。此卷流行于河西各地区，存甘肃省张掖市甘州区花寨乡代继生处。

卷本主要内容为：山东六府大旱十三年，民间饥荒，但奸臣索奈公压着上奏的折子，康熙皇帝一直不知情。山东的五湖道台王复同，为官清廉，决定亲自去京城送奏章，却被索三搜出奏本，并将其押入监狱，诬陷其贪污。史部天官施锡龙觉得其中有蹊跷，便将王复同救走。康熙带上正殿将军王进忠两人来到山东微服私访。路上，康熙和王进忠二人被灾民冲散，康熙独自上路，到了七河县，留宿在卖酥饼的周富贵家中，并收他为义子。当地王知县派人护送周富贵去北京，但索三以为又是山东来报饥荒的官员，要将他们处死。施不全救下周富贵后，知道了康熙的近况，随后，他们计划营救康熙主子回朝。回京途中，康熙和王进忠虽历经艰险，但却有众神暗中保佑，也查明了真相。故事的最后讲了康熙回朝，杀了索三全家，并晋封了一路上所有帮助过他的人。

作者：

张天佑，男，甘肃省会宁人，西北民族大学教授，硕士生导师。主要研究方向为民间文艺、现代文学。

赵世昌，男，山东莒县人，河南师范大学文学院讲师，硕士生导师。主要研究方向为文学人类学与宝卷学。